모빌리티
정의

이 논문 또는 저서는 2018년 대한민국 교육부와 한국연구재단의 지원을 받아 수행된
연구임 (NRF—2018S1A6A3A03043497)

모빌리티 정의

왜 이동의 정치학인가?

미미 셸러 지음 | 최영석 옮김

MOBILITY
JUSTICE

앨
르피

모빌리티인문학은 기차, 자동차, 비행기, 인터넷, 모바일 기기 등 모빌리티 테크놀로지의 발전에 따른 인간, 사물, 관계의 실재적·가상적 이동을 인간과 테크놀로지의 공-진화co-evolution라는 관점에서 사유하고, 모빌리티가 고도화됨에 따라 발생하는 현재와 미래의 문제들에 대한 해법을 인문학적 관점에서 제안함으로써 생명, 사유, 문화가 생동하는 인문-모빌리티 사회 형성에 기여하는 학문이다.

모빌리티는 기차, 자동차, 비행기, 인터넷, 모바일 기기 같은 모빌리티 테크놀로지에 기초한 사람, 사물, 정보의 이동과 이를 가능하게 하는 테크놀로지를 의미한다. 그리고 이에 수반하는 것으로서 공간(도시) 구성과 인구 배치의 변화, 노동과 자본의 변형, 권력 또는 통치성의 변용 등을 통칭하는 사회적 관계의 이동까지도 포함한다.

오늘날 모빌리티 테크놀로지는 인간, 사물, 관계의 이동에 시간적·공간적 제약을 거의 남겨 두지 않을 정도로 발전해 왔다. 개별 국가와 지역을 연결하는 항공로와 무선 통신망의 구축은 사람, 물류, 데이터의 무제약적 이동 가능성을 증명하는 물질적 지표들이다. 특히 전 세계에 무료 인터넷을 보급하겠다는 구글Google의 프로젝트 룬Project Loon이 현실화되고 우주 유영과 화성 식민지 건설이 본격화될 경우 모빌리티는 지구라는 행성의 경계까지도 초월하게 될 것이다. 이 점에서 오늘날은 모빌리티 테크놀로지가 인간의 삶을 위한 단순한 조건이나 수단이 아닌 인간의 또 다른 본성이 된 시대, 즉 고-모빌리티high-mobilities 시대라고 말할 수 있다. 말하자면, 인간과 테크놀로지의 상호보완적·상호구성적 공-진화가 고도화된 시대인 것이다.

고-모빌리티 시대를 사유하기 위해서는 우선 과거 '영토'와 '정주' 중심 사유의 극복이 필요하다. 지난 시기 글로컬화, 탈중심화, 혼종화, 탈영토화, 액체화에 대한 주장은 글로벌과 로컬, 중심과 주변, 동질성과 이질성, 질서와 혼돈 같은 이분법에 기초한 영토주의 또는 정주주의 패러다임을 극복하려는 중요한 시도였다. 하지만 그 역시 모빌리티 테크놀로지의 의의를 적극적으로 사유하지 못했다는 점에서, 그와 동시에 모빌리티 테크놀로지를 단순한 수단으로 간주했다는 점에서 고-모빌리티 시대를 사유하는 데 한계를 지니고 있었다. 말하자면, 글로컬화, 탈중심화, 혼종화, 탈영토화, 액체화를 추동하는 실재적·물질적 행위자agency로서의 모빌리티 테크놀로지를 인문학적 사유의 대상으로서 충분히 고려하지 못했던 것이다. 게다가 첨단 웨어러블 기기에 의한 인간의 능력 향상과 인간과 기계의 경계 소멸을 추구하는 포스트-휴먼 프로젝트, 또한 사물 인터넷과 사이버 물리 시스템 같은 첨단 모빌리티 테크놀로지에 기초한 스마트 도시 건설은 오늘날 모빌리티 테크놀로지를 인간과 사회, 심지어는 자연의 본질적 요소로 만들고 있다. 이를 사유하기 위해서는 인문학 패러다임의 근본적 전환이 필요하다.

이에 건국대학교 모빌리티인문학 연구원은 '모빌리티' 개념으로 '영토'와 '정주'를 대체하는 동시에 인간과 모빌리티 테크놀로지의 공-진화라는 관점에서 미래세계를 설계하기 위한 사유 패러다임을 정립하려고 한다.

나는 우선 이 책을 고故 존 어리John Urry에게 헌정하고 싶다. 그는 여러 면에서 영감을 준 나의 멘토였다. 나는 그와 함께 일하고, 글을 쓰고, 편집을 했으며, 2003년에 랭카스터대학에 만들어진 '모빌리티 연구센터the Centre for Mobilities Research'와 2006년에 나온 학술지《모빌리티즈 Mobilities》의 공동 창립자였다. 학문에 전념하고 협업을 즐겼으며 많은 성과를 남긴 데다 유머 감각과 훌륭한 인간성까지 겸비한 사람이었다. 이 프로젝트들을 함께 수행 중인 친구와 동료들에게, 그리고 '국제운송교통모빌리티역사학회T2M: the International Association for the History of Transport, Traffic, and Mobility', '코스모빌리티즈 네트워크the Cosmobilities Network'를 비롯한 전 세계의 여러 모빌리티 연구 네트워크에서 만난 분들에게도 감사 드린다. 덕분에 많은 회의와 모임에서 자극을 받고 생생한 아이디어를 나눌 수 있었다.

2010년 지진으로 파괴된 아이티를 체험한 후, 모빌리티 정의mobility justice라는 개념을 중심으로 책을 쓰겠다는 생각을 하게 되었다. 국립과학재단의 후원을 받아 드렉셀대학 동료인 프랑코 몬텔로, 패트릭 구리안, 마이클 피아세키와 함께 진행한 연구였다. 당시 함께한 젠 브리튼, 라보 베르네, 장 드 베르네, 이브 레베카에게도 감사 인사를 드리고 싶다.

2012년 아이티 기후변화에 관한 또 다른 국립과학재단 프로젝트에 참여하도록 도와준 마이클 피아세키에게 감사 드린다. 뉴욕 시티 칼리지의 연구자 조르지 곤잘레스와 산토 도밍고 기술 연구소의 공동 연구자 요란다 레온에게 특별히 감사한다. 이 연구의 결과는 앞으로 출간될 책인 《Island Futures : Global Mobility and Caribbean Survival》(Duke University Press, 2019)에 담길 것이다. 조금 더 경험에 근거한 책이 될 예정이다.

재난 후의 불평등한 이동성에 대한 애초의 생각을 발전시키면서, 2011년에는 델라웨어 교통센터 대학교에서 '지속 가능한 모빌리티와 모빌리티 정의'라는 강의를 했고, 크리스토프 게이, 빈센트 카우프만, 실비 랜드리브, 스테파니 빈센트-젤린이 편집한 《Mobile / Immobile: Quels choix, quels droits pour 2030?》(Editions de l' Aube, 2011)와, 마거릿 그리에코와 존 어리가 편집한 《Mobile/Immobile: Quels choix, quels droits pour 2030?》(Ashgate, 2012)에 이 주제에 관한 글을 실었다. 2013년에는 몬트리올의 콩코르디아대학에서 킴 쏘축 등이 주최한 범미 모빌리티 네트워크의 '모빌리티: 교통과 사회에 대한 새로운 관점Mobilities: New Perspectives on Transport and Society' 컨퍼런스에 참석해 '모빌리티 역량: 사회 정의와 운동의 대항 지리학'을 발표했고, 이때 로렌스 페어런츠의 작업을 접하면서 비판적 장애 연구의 중요성을 깨닫기 시작했다. 인더펄 그레왈의 초청을 받아 예일대학교의 '트랜스내셔널 페미니스트 연구와 그 이론적 패러다임'의 일환으로 '트랜스내셔널 모빌리티 정의를 향하여'를 발표하기도 했다. 미완의 작업과 함께 씨름해 준 모든 주최자와 청중들께 감사 드린다.

2015년 시리아전쟁이 낳은 난민 위기와 북아프리카·중앙아메리카·멕시코에서 자행된 폭력을 피해 안전한 곳을 찾던 많은 사람들이 죽음에 직면했을 때, 모빌리티 정의의 폭넓은 세계적 측면을 다룰 일반적인 책이 필요하다는 생각이 들었다. 또한, '흑인의 생명도 소중하다Black Lives Matter' 운동의 등장과 전 세계의 광업, 수력발전 시설, 대규모 인프라 프로젝트에 대한 현지 주민들의 항의 운동도 이 책에 영향을 주었다. 활동가 동료들의 훌륭한 네트워크와 페이스북 친구들이 없었더라면 이 운동들을 제대로 알지 못했을 것이다. 그들에게도 감사한다. 또한, 내게 사람들이 자발적으로 만든 다민족 모빌리티 정의 운동들의 존재를 알려 주고 자신들의 통찰력과 경험도 공유해 준, '자전거 문화 네트워크Bicicultures Network'의 창설자이자 '언토커닝 프로젝트Untokening project'의 멤버이기도 한 아도니아 E. 루고와, '시카고 자전거 천천히 타기 운동Slow Roll Chicago Bicycle Movement'과 모빌리티 정의를 옹호하는 단체인 '이퀴티시티Equiticity'의 공동 창립자인 올라툰지 오보이 리드에게 감사를 표한다.

보크사이트 채굴과 알루미늄을 다룬 다큐멘터리 영화〈Fly Me to the Moon〉를 함께 만든 에스더 피게로아는 전 지구적 규모의 자원 약탈, 인권, 지구 생태학 문제를 잊지 않도록 계속 영감과 격려를 불어넣어 주었다. 인프라 문제에 창의적으로 접근한 데보라 코웬, 스티븐 그레이엄, 리사 파크의 영향도 크다. 버소출판사를 소개해 준 스티븐에게 특히 감사한다. 알루미늄, 인프라, 모빌리티에 대한 강연을 하게 해 준 하버드대학교 디자인대학원의 다이앤 데이비스, 닐 브레너, 가레스 도

허티에게도 감사를 드린다.

말레네 프로 덴달-페데르센, 요르겐 올레 바예홀트에게 감사를 표한다. 2015년 덴마크 로스킬레대학교에서 영광스럽게도 명예박사학위를 받았다. 나는 당시 연설에서 이 책의 기본 뼈대를 이루는 정의의 여러 면모를 이야기했다(그리고 인체 내부 나노 규모의 이동성을 다루어 달라고 했던 훌륭한 질문자에게 사과해야겠다. 이 책에 담기는 어려웠어요!). 함께할 자리를 마련해 주고 토론과 대화를 나눠 준 스벤 케셀링, 올레 B. 젠슨에게도 감사한다.

2015년 하노버에서 열린 카리브해 연구학회에서는 '카리브해 지역과 모빌리티 정의'로, 2016년 싱가포르 국립대학의 브렌다 여가 주최한 '모빌리티와 일시성' 학술대회에서는 '모빌리티 정의와 다중 스케일적Multi-Scalar 이주의 일시성'으로 기조연설을 했다. 2016년 샌프란시스코에서 열린 미국 지리학협회 연례 회의와 멕시코시티에서 열린 T2M 연례 회의에서 패널로 참석했고, 아이오와주의 그린넬대학교, 밴쿠버의 시몬 프레이저 대학교, 하버드 디자인대학원에서 이 책의 여러 측면에 대한 공개 강연을 했다. 2017년에는 오스트레일리아 사회학회와 오스레일리아 모빌리티 네트워크의 창립식에서 이 책에 관한 기조연설을 했다. 파리다 포즈다와 데이비드 비셀에게 감사드린다. 여러 행사에 나를 초대해 준 분들에게, 수업에 참석해 준 분들에게, 내 생각을 다듬도록 해 준 질문들을 던진 청중들께 감사를 표한다.

이 책에 담긴 문제의식은 곧 출판될《Mobility, Mobility Justice and Social Justice》(Routledge, 2019)에서도 이어진다. 편집자인 데이비드 부츠

와 낸시 쿡은 다정한 격려를 해 주고, 세계적 맥락에서의 모빌리티 정의에 관한 내 생각에 영향을 끼쳤다. 2장의 일부는 내 논문 〈필라델피아에서의 인종화된 모빌리티 전환: 도시의 지속 가능성과 교통 불평등 문제Racialized Mobility Transitions in Philadelphia: Urban Sustainability and the Problem of Transport Inequality〉(*City and Society*, Special Issue on Cities and Mobilities, edited by Malene Freundendal-Pedersen, Vol. 27, Issue 1, April 2015, pp. 70~91.)에서, 4장의 일부는 〈세계적 네트워트의 도시성Globalizing Networked Urbanism: Frictions and Connectivity in Elite and Subaltern Mobilities〉(in *Exploring Networked Urban Mobilities*, edited by Malene Freudendal-Pederson and Sven Kesselring, New York and Abingdon: Routledge, 2018, pp. 19–35.)에서, 6장의 일부는 〈속도와 빛의 세계 에너지 문화Global Energy Cultures of Speed and Lightness: Materials, Mobilities and Transnational Power〉(in the "Energizing Society" Special Issue, edited by David Tyfield and John Urry, *Theory, Culture and Society*, Vol. 31, No. 5, 2014, pp. 127–54.)에서 가져왔다. 귀중한 논평을 해 준 모든 편집진들과 이 책에 논문이 수록되도록 허락해 준 학술지들에 감사를 표한다. 피터 아디, 팀 크레스웰, 안나 니콜라예바, 제인 리, 안드레 노보아, 크리스티나 테메노스가 모바일 라이프 포럼의 지원을 받아 진행한 '모빌리티 이행 속에서의 삶Living in Mobility Transitions' 프로젝트의 검토자로 참여하면서 많은 도움을 받았다. 특히 2018년 암스테르담대학에서 강연하도록 초대해 주고, 이동적 공유재 mobile commons 개념에 근거해 사안을 바라보도록 도와주고, 진행 중인 작업을 너그럽게 공유해 준 안나 니콜라예바에게 감사한다.

　이 책을 쓰는 동안 받은 제도적 지원도 빼놓을 수 없다. 2017년 드렉셀대학교에서 6개월 동안 안식 기간을, 펜실베이니아대학교 아넨베르크 커뮤니케이션 스쿨의 글로벌 커뮤니케이션 연구센터에서는 펠로우십을 받았다. 센터의 마르완 크라이디에게 감사의 말씀을 전한다. 드렉셀대학교의 동료들, 특히 사회학과의 수잔 벨, 과학, 기술 및 사회 센터의 켈리 조이스, 여러 가지로 연구를 지원해 준 모빌리티 연구와 정책 센터의 모든 분들에게 감사드린다. 박사 과정 학생인 줄리아 힐데브란트는 내가 T2M 회장 직을 맡고 있을 때 비서 역할을 하고 연구 조교로 일하면서 정말 큰 도움을 주었다. 줄리아의 꾸준한 관리가 없었다면 글쓰기에 집중하기 힘들었을 것이다. 이 책의 편집자 레오 홀리스와 신중한 편집인인 안젤리카 스구로스, 버소출판사의 모든 직원에게 감사 드린다. 덕분에 이 책이 세상에 나와 독자들을 만나게 되었다.

특히 부모님께 감사 드린다. 반세기를 살아오면서 언제나 부모님의 모습을 닮으려고 노력해 왔다. 우리 가족은 사회정의에 관련된 문제들과 여러 문화의 지식, 학문, 예술에 관심을 갖도록 해 주었고, 내 삶을 풍요롭게 했다. 몸소 나의 모범이 되어 준 내 어머니 스텔레 셸러는 필라델피아 공립학교에서 자폐아를 가르쳤고, 평화와 자유를 위한 여성 국제 연맹에서 자원봉사를 해 왔으며, 만나Manna(질병으로 고통받는 이들에게 식사를 제공하는 단체) 일에도 매주 참가했고, 평생 정치적 집회에 꾸준히 참석해 왔다.

어머니만큼 내게 큰 영향을 끼친 나의 아버지 스티븐 A. 셸러는 시민권 사안, 노동조합 문제, 기업의 불법행위에 대한 소비자 대응 사건 등을 법률적으로 지원했고, 산드라 셸러와 함께 템플대학교의 '사회정의

센터'와 드렉셀대학교의 '스티븐 앤 산드라 셀러 11번가 가족 건강 서비스'를 설립하였다. 필라델피아 전역의 여러 다른 자선 단체들에도 기여해 왔다.

　당연히, 나의 짝이자 훌륭한 예술가이며 지적 자극을 주는 사람이자 스스로 깨우친 이론가인 댄 쉬멜이 없었다면 이 책은 나올 수 없었을 것이다. 그가 내놓은 아이디어들은 칠면조 깃털 모양의 버섯들이 환하게 피어나는 모습처럼 이 책의 모든 페이지를 부드럽게 밝혀 주고 있다. 우리의 작은 보금자리를 가꿔 준 당신에게 감사한다. 앨리, 에비, 너희들이 이 책을 읽게 된다면, 세상의 다원성과 이동의 아름다움을 누리는 삶이 가득한 미래를 꿈꾸는, 희망의 희미한 빛이 이곳에 아직 남아 있기를 바란다.

차례

사회적으로 더 정의로운 모빌리티 체제를 만들어 내야 더 지속 가능한 인간 모빌리티(또한 사회)로 전환할 수 있다. 이 말은 이 책의 기본적인 전제이기도 하다. 누가 이동하고 무엇을 움직일 수 있는가를 결정짓는 거대한 불평등이 존재할 때, 이동이 에너지 소비에 기초한 권력의 행사일 때, 언제나 '이동 특권층'들은 에너지를 과잉 소비하는 경향이 있다. 화석연료 에너지 장악에 기반한 사회 지배층, 정치권력, 부유층의 권력은 현대 도시환경과 전 세계 도시 운영 환경에 구축된 불평등한 모빌리티에서 표출된다. 이 권력 형태들은 다른 이들에게 공해라는 외부효과를 겪게 하고, 이동할 때 위험부담을 안기며, 공간적 한계를 만들고, 부동성을 강요하거나 이동을 강제한다. 권력을 쥐지 않은 이들은 자기의 이동과 머묾을 스스로 결정할 수 없다.

따라서 대체에너지와 탈-탄소라는 기술적 해결책이나 자율주행 차량, 하이퍼루프 열차, 그리고 자동화와 빅데이터로 모빌리티를 관리하는 소위 스마트 시티 등 새로 도입된 기술이 기존의 모빌리티를 대체하는 방식만으로는 지속 가능한 모빌리티로 전환하기 어렵다. 근본적으로 모빌리티 정의justice가 필요하다. 기술적 해결책은 모든 사람의 요구를 만족시켜 주도록 설계되지 못한다면 모든 사람의 필요를 충족시켜 주지 못할 것이며, 모든 생명체의 요구를 만족시켜 주도록 설계되지 못한다면 모든 살아 있는 생태계가 필요로 하는 것들을 제공해 주지 못할 것이다. 모빌리티 정의는 현대의 전 지구적 위기 앞에서 우리에게 윤리적 행동을 요청한다.

기후변화, 지속 불가능한 도시성, 폐쇄적인 국경이라는 삼중의 위기는 1년 전 이 책이 처음 세상에 나왔을 때와 마찬가지로 계속 심화되고 있다. 세계 생태계의 죽음을 알리는 과학 연구들이 속속 제출되면서 우리는 기후 위기에 대해 더 많은 것을 알게 되었다. 빙하가 녹아 사라졌고, 해수면이 상승했으며, 아마존에 화재가 빈발했고, 가뭄과 홍수와 폭풍이 심해졌으며, 멸종 생물이 늘어났다. 우리는 새로운 기술이 우리 자신과 세계를 구원해 주리라는 희망을 품으면서 더 지속 가능한 도시, 모빌리티 체제, 식량 공급, 저탄소 에너지를 창출해 줄 사회적 전환에 필요한 지식들을 매년 쌓아 나간다. 또한 기후 재앙과 미래에 닥칠지 모를 자원전쟁이 지금 살고 있는 곳에서 사람들을 몰아낼 것이라는 사실을 잘 알면서도 세계의 반동적인 정부들이 국경을 강화하고, 이주자들을 쫓아내며, 그들에게 필요한 인도주의적 지원마저 거부한다는 것도 매년 확인하고 있다.

꼬리에 꼬리를 물면서 사회를 정치적 극단으로 몰고 가는 이 매듭들을 어떻게 풀어야 할 것인가? 이 책의 목적은 각각의 문제들(기후, 도시화, 이주)이 다른 문제들과 어떻게 연결되어 있는지, 왜 이 문제들이 모빌리티 관리 문제인지, 더 정의롭고 지속 가능한 모빌리티로 이 문제들을 해결할 방법은 무엇인지를 보여 주는 것이다. 세계 기구들의 역할이 줄어들고 인종주의와 파시즘 정치가 부활하는 상황 속에서 모빌리티 정의의 기초를 다지는 일은 그 무엇보다 시급한 책무이다. 모빌리티 정의는 이동과 주거에 대한 인간적·자연적 권리가 보호되도록 이끄는 도덕적 나침반이다. 누구나 자기의 움직임을 결정하거나 한 장소에 머물기를 선택할 수 있도록 돕는 것이며, 미래의 지구에서 모든 존재들이 살아남을 수 있게 해 주는 식물, 동물, 토양, 바다, 숲 등 인간 아닌 존재들의 복잡한 공생을 인식하는 일이기도 하다. 모빌리티 정의란 다른 사람들을 해치지 않고, 살아 있는 존재들을 말살하지 않으며, 의미 깊은 장소와 살아갈 만한 미래를 파괴하지 않도록 우리의 모빌리티를 제한하는 것이다.

나는 이 책에서 모빌리티 정의의 윤곽을 그려 내면서 '모빌리티 권리'라는 추상적인 개념에 철학적인 기반을 부여하고자 노력하였고, 그렇게 함으로써 기존의 교통정의나 공간정의 개념을 극복하려고 했다. 이를 위해 나는 다양한 스케일들(신체, 거리, 도시, 국경, 지구)에 걸친 부당한 모빌리티 체제의 역사적 기원을 추적하였다. 권력은 다른 이들에게 비자발적인 모빌리티를 강요하거나 분리, 구금, 감금, 그리고 인종적이고 젠더적인 폭력으로 부동성을 강제하면서 언제나 모빌리티 통제를 통해 행사된다. 이동의 자유와 머무를 자유는 우리가 공유재와 협상하면서 스스로 정한 한계를 필요로 한다. '공유지의 비극'은 모두에게 접근을 허용하는 것이 아니라 일부가 이를 전유하고 다른 사람들이 공동으로 가진 권리를 부정하기 때문에 발생한다. 따라서 모빌리티 정의는 이동적 공유재와 내가 말한 '공유 모빌리티commoning mobility'를 다시 활성화할 것을 요구한다.

권력이 모빌리티/부동성을 통제하면서 행사된다는 것을 인식하면, 우리는 '이동 특권층'이 왜 제한 없는 모빌리티의 즐거움을 포기하지 않으려 하는지를 잘 알게 된다. 특권층은 어떤 장소나 사물에 접근하지 못하게 되는 일을 꺼리며 그들에게 편리한 삶을 제공해 주는 물류 시스템의 변화를 싫어한다. 혹은 '우리'가 싫어한다고 말해야 할 것이다. 우리 중 상당수는 손쉬운 모빌리티의 이점을 누리는 고도산업국가에 살고 있기 때문이다. 고에너지 화석연료는 자동차 모빌리티를 이용한 우리의 여행에, 항공 여행에, 그리고 세계 곳곳에서 출발해 우리 앞에 당도하는 수많은 상품의 이동에 사용된다. 우리가 누리는 모빌리티와 소비문화의 과잉은 우리의 이익이 침해되거나 모빌리티가 제한될 때 우리가 왜 그토록 분노하는지를 잘 설명해 준다. 우리는 자동차를 운전하고 비행기로 여행하고 온라인으로 물건을 주문한다. 우리의 삶에서 지금의 물류시스템이 계속 유지되기를 원한다. 그러나 기후변화는 우리가 일상에서 기대하는 바를 점점 뒤흔들고 있다.

에너지 소비와 온실가스 배출을 줄이고 살아 있는 세계와 다른 사람들에게 해를 적게 끼칠 지속 가능한 모빌리티로의 전환이 필요하다는 것을 우리가 깨닫는다 해도, 일상의 풍경으로 자리 잡은 불균등 모빌리티는 불평등한 모빌리티 체제와 도시의 생활 패턴을 바꾸기 어렵게 만든다. 사실, 진정한 변화는 거대한 저항에 부딪힌다. 지나친 에너지 소비와 폐기물 생산을 낳은 그 권력을 어느 정도 포기해야 하기 때문이다. 화석연료 산업과 다른 거대 산업체들이 지닌 정치적 권력은 미국, 러시아, 브라질, 그리고 '탄소 자본'이 정부에 강한 영향력을 행사하는 여러 나라들에서 명확하게 나타난다(탄소 자본은 언제나 '군산복합체'의 중심이었다). 미래는 군산복합체의 권력과 이동 특권층이 더 많은 장벽을 쌓아 자신들의 이익을 지키는 방향으로 나아갈 것인가, 아니면 더 정당하고 지속 가능한 세계로 향할 것인가?

현재, '탄소 자본'으로 불리는 산업 권력들은 전 세계에서 계속해서 석유와 가스를 시추하고 광산을 개발하며 고속도로와 발전소를 건설하고 숲을 없애고 있으므로 제한을 거부하는 방향으로 나아가고 있는 듯 보인다. 화석연료 지배 체제는 가장 먼 곳과 가장 깊은 바다까지 샅샅이 뒤지며 우리의 도시 생활을 지탱해 줄 재생 불가능한 자원을 캐내고 있다. 자동차로 여행하고 비행기를 타고 쓰레기통에 플라스틱 병과 알루미늄 캔을 던질 때마다, 대형 공기 조절 장치가 설치된 고층 건물에서 지낼 때마다, 지속 불가능한 화석연료 모빌리티 체제와 우리는 공모하고 있는 셈이다.

일부 도시와 국가들은 지속 가능한 모빌리티로의 전환, 모빌리티의 제한과 관리, 탄소 배출과 에너지 소비 감소에서 어느 정도 성공을 거두었다. 에너지 전환의 모범 사례로 언급되는 유럽연합뿐 아니라 한국도 비슷한 여러 정책을 도입하였다. 그러나 우리는 이 노력들을 실천하고 확장할 때 마주칠 반발과 반동을 인식해야만 한다. 어떤 사람들은 자기가 살아온 방식이 위협받는다고 느낄 테고, 또 어떤 이들은 문제의 원인을 '외부자'들과 소수자들에게 돌려 희생양으로 삼으려고 할지 모른다. 어떤 정치인들은 정치적 이득을 위해 이 부정적인 에너지를 이용하려고 할 것이다. 지속 가능성으로의 전환이 모빌리티 정의의 확대와 함께 이루어져야만 한다는 주장을 이해하는 것이 중요한 이유가 여기에 있다.

모빌리티 정의는 소외된 빈곤층, 이주민, 소수자들을 희생시키는 방식으로는 생태적 도시화나 '녹색'도시가 성립할 수 없음을 의미한다. 정의 없이 지속 가능성을 얻어 낼 수는 없다. 요새화된 도시와 강하게 국경을 통제하는 사회를 만들어 낸다면, 환경 폐해나 사회적 비용을 국경 밖으로 전가하자는 유혹에 시달릴 수밖에 없다. 그렇게 되면 지구 위 모든 장소들과 생태계가 서로 연결되어 있다는 사실을 잊어버리게 된다.

이 책의 주제를 좀 더 분명하게 말해야겠다. 젠더적 폭력과 성적 지배 사이에는, 또 인종/민족적 폭력과 자연 파괴 간에는, 화석연료 획득을 위해 자연을 쥐어짜는 개발과 자본주의적 이익 사이에는 분명한 연관성이 존재한다. 다양한 지배 이데올로기를 내세우며 이동 권력을 과시하는 미국의 도널드 트럼프 대통령과 브라질의 자이르 보우소나루 대통령은 서로 일치하는 점이 많다. 이들이, 또 이들의 추종자들이 여성과 LGBTQ에 대한 증오심을 감추지 않는 현상은 결코 우연이 아니다. 이들은 소수민족과 소수인종들의 인간성을 말살하려고 한다. 원주민 집단학살과 난민 인권침해를 정당화한다. 자연을 보호하려는 노력에 훼방을 놓고, 북극의 야생동물 보호지역이나 아마존 열대우림의 개발을 밀어붙인다.

비판적 인문학 관점에서 역사, 문학, 예술을 연구했거나 식민주의와 이성애-가부장제-백인우월주의의 역사를 알고 있는 이들에게는 명백해 보이는 사실일지 몰라도, 지금의 자연과학이 보여 주는 탈정치적 접근 방식이나 IPCC(기후변화에 관한 정부 간 협의체)가 추진하는 탄소 회계와 탄소 배출에 관한 국제협약처럼 기술적 관리에 중점을 둔 접근 방식에 익숙한 많은 사람들에게는 성폭력과 저탄소 전환 사이의 관계나 소수자 권리 보호와 자연보호와의 관련성에 대한 인식, 그리고 집단학살과 생태학살이 하나이고 같은 문제라는 생각은 여간해서 자리 잡기 어렵다. IPCC 보고서는 이러한 관계에 대해 아무런 언급도 하지 않으며, 그 기저에 있는 권력 메커니즘을 들여다보게 하지 못한다.

따라서 모빌리티 정의 개념에는 좀 더 미묘한 의미가 담겨 있다. 우리는 더 유연하고 유동적으로 정의에 관한 문제들을 연결시키고 경계를 넘어 사유해야 한다. 지금 이 시기에 좀 더 비판적인 접근이 필요하다는 절박한 요구에 부응하려면 여러 스케일과 영토와 학제와 존재론들을 가로지를 필요가 있다. 'STEM' 과목(과학, 기술, 공학, 수학)이 세계적으로 강조되면서 학생들은 인문학과 멀어졌고, 가장 필요한 순간에 인문학적 사유의 전통과 가치는 대학에서 자취를 감추었다.

'새로운 모빌리티 패러다임'이 모빌리티를 연구 주제로 삼았을 뿐만 아니라, 사회과학과 이동적 존재론을 새롭게 활용하고, 또 서로 분리된 주제 · 분야 · 하위 분야들로 나누어진 기존의 지식 구분을 폭넓게 비판해 온 이유가 여기에 있다. 2004년 존 어리와 나는 랭커스터대학에 모빌리티 연구 센터를 만들었고, 2005년에 공동 편집자 케빈 해넘과《모빌리티》를 창간했으며, 여기에 〈새로운 모빌리티 패러다임The

New Mobilities Paradigm〉(Sheller and Urry 2006)과 〈모빌리티, 부동성, 계류Mobilities, Immobilities, and Moorings〉(Hannam, Sheller and Urry 2006)를 기고했다. 애초부터 우리는 사람과 사물이 세계 속에서 어떻게 이동하느냐만이 아니라 이동 시스템이 어떤 권력 형태를 이루는지, 그런 권력 형태가 어떻게 사회 변형의 기반이 되는지, 그리고 사회 변형이 지식 체계나 존재론에 어떻게 나타나는지에 초점을 맞추었다. 이러한 존재론들은 그 자체가 권력의 이동적 형식이다.

나는 독자들이 이 책을 읽을 때 이 모든 차원에 관심을 가져 주기를 희망한다. 미래를 생각하려면, 아니 미래를 맞이하기 위해 투쟁하려면, 노예제 폐지와 민권운동, 여성해방운동과 지금도 진행 중인 LGBTQ의 자유를 위한 투쟁, 세계 도처에서 벌어지는 토착민 학살과 식민주의에 대한 저항운동 등 정의를 향한 위대한 운동들의 과거를 돌아보고 이해해야 한다. 우리가 여전히 이 역사적 과정 속에서 살아가고 있으며 이 운동들이 요구했던 변화 과정 속에 있다는 것을 이해해야 한다. 화석연료가 추동하는 이동의 세계는 이 역사들의 결과물이며 우리는 그 결과 속에서 살아간다. 우리는 우리의 과업을 멈추지 말아야 한다.

2019년 8월

미미 셸러

　이 글을 쓰는 동안, 세계는 계속 덮쳐 오는 기후 재앙으로 비틀거렸다. 내가 사는 곳과 그리 멀지 않은 카리브해를 허리케인 이르마와 마리아가 휩쓸었고, 텍사스에 상륙한 허리케인 하비는 허리케인 카트리나에 대한 불편한 기억을 떠올리게 했다. 격렬한 폭풍이 카리브해 섬들의 가정, 학교, 병원을 덮치자 전기, 유선전화, 휴대전화가 끊겼다. 도로, 항만, 공항, 차량이 파괴되었으며, 나무들이 뽑혀 나가고 농경지는 엉망으로 변했다. 식량, 물, 연료 제공이나 금융과 같은 기본 시스템이 작동을 멈췄다. 이 즉각적인 충격 뒤에는 더 느린 위기가 존재한다. 원조가 지연되고, 많은 사람들은 제 삶을 수습하거나 섬을 떠날 수조차 없는 처지이며, 집, 도로, 전력망과 이미 상당히 취약했던 경제를 재건해야 하는 심각한 문제가 도사리고 있는 것이다.

　이 복합적인 재난은 여러 면에서, 기후변화의 영향을 받는 세계 여러 곳에 닥쳐 올 비참한 미래의 징조다. 이 끔찍한 사건들은 불균등한 모빌리티uneven mobility와 모빌리티 정의mobility justice 문제에 그 어느 때보다도 주목하게 만든다. 취약한 주권과 불안정한 국경이라는 식민지적 유산은 사회적으로 보호받거나 보호받지 못하는 상태가 어지럽게 뒤죽박죽인 상황을 만들어 놓았다. 예를 들어 푸에르토리코에서 계속되는 정전 사태는 노인과 환자들을 죽음의 위협으로 내몬다. 미국 시민인 많은 푸에르토리코인들과 미국령 버진아일랜드인들은 미국 정부가 그들을 버렸고 2등 시민 취급을 한다고 느낀다. 파괴된 바부다 섬 사람들도 마찬가지로 앤티가 정부가 그들의 땅을 빼앗았고 영연방의 도움을 받지 못하고 있다고 생각한다. 자연재해는 항상 사회적 · 정치적 요소를 가지고 있다. 불균등한 모빌리티는 재난이 가한 충격에 내포된 차별적 차원을 드러낸다. 역사적 뿌리가 깊은, 위기 상황에서 나타나는 사회적 취약성은 새로운 형태의 착취가 자리 잡는 경로가 된다. 모빌리티 권력을 가진 자들에겐 그 편리함이 기회가 되기 때문이다.[1]

재계의 거물들과 암호화폐로 돈을 번 백만장자들은 자신들의 재산과 해변에 사들인 부동산을 관리하기 위해 섬을 이용한다. 이들은 수십 년간 쏟아져 들어 온 자본들의 조세피난처를 마련해 준, 카리브해의 '역외' 금융기관들이 지닌 가상의 주권을 활용한다.[2] 자본과 상품의 모빌리티는 허용하지만 노동의 모빌리티는 억제하는 방법을 써서, 이 특별 구역들은 낮은 세금과 값싼 노동력을 활용한 기업들이 지역 정부에는 별 보탬이 되지 않는 방식으로 큰 수익을 거두게 했다. 불균등한 모빌리티는 불평등한 공간적 양식과 여기서 야기된 생태학적 압력을 낳는다. 예를 들어 재난이 발생한 뒤 여러 섬에서 사람들을 대피시키는 데 동원된 크루즈선을 떠올려 보자. 크루즈 산업은 이 지역을 통과하는 세계에서 가장 큰 여객선에 탄 관광객들의 특권적 모빌리티를 가능하게 하는 수단이며, 이곳에 환경오염과 아주 적은 수입만을 남긴다.[3] 나는 내가 가진 모빌리티 특권을 떠올리면서 이 지역 안팎의 차별

적 이동이 갖는 불공정성에 주목하였다.[4]

　더 넓게 보자면, 지구온난화와 강력한 열대 폭풍의 등장을 낳은 직접적인 원인은 바로 미국에서 벌어진 에너지와 화석연료의 과잉 소비다. 반면에 기후변화에 거의 영향을 끼치지 않았음에도 불구하고, 지금의 카리브해 지역은 4급 및 5급 허리케인의 희생양이 되었다. 그러므로 허리케인은 단순한 자연재해가 아니라 불공정한 모빌리티에서 비롯된 인재人災라 할 수 있다. 이는 오늘날 불균등한 모빌리티 운용이 가져온 전 세계의 많은 위기 중 하나에 불과하다. 사람, 상품, 자본이 어떻게, 언제, 어디로 움직이는가는 어떤 측면에서 보더라도 정치적 문제다. 기후 재해 앞에서, 이 문제는 삶과 죽음을 가르는 것이 무엇인지를 묻는 도덕적 질문을 낳고 있다. 애슐리 도슨Ashley Dawson은 《극단의 도시Extreme Cities》에서 "일시적 일탈이 아니라 자본주의의 본질적 특징"인 극단들을 언급한다. "비참한 빈곤"과 "놀랄 만한 풍요"가 "함께 존재하지만 불평등한" 지역들은 "제국주의와 인종적 자본주의의 시대"가 낳은 산물이라는 것이다. 허리케인과 같은 자연재해는 "극도의 불평등이 남긴 상처"를 그저 더 깊게 파고들 뿐이다.[5]

　지금은 돌아가신 영국의 사회사학자 에릭 홉스봄Eric Hobsbawm(내가 대학원에서 가르침을 받은 교수들 중 한 분인)은 20세기를 '극단의 시대age of extremes'라고 했다. 《극단의 시대age of extremes》에서 그는 "인류가 받아들일 수 있는 미래를 가지려면, 과거나 현재를 연장하는 것만으로는 불가능하다"고 주장했다.[6] 끝없는 성장과 기후 붕괴로 향하는 궤적을 달리고 있는 우리 시대에서, 그의 말은 20세기보다 오늘날에 더 잘 어울리는 듯하다. 모든 진보적 정책이 심각한 반발에 부딪혀 역행하는 정치적 시기를 맞이한 미국에서, 현재의 모빌리티 정치는 자동차에 덜 의존하고 화석연료에 덜 의지하고 새로운 송유관 건설을 중지하고 더 지속 가능한 교통과 에너지 사용 수단을 개발하려는 시도들에 한정되지 않는, 그 이상의 문제들도 포괄하게 되었다. 모빌리티 정의는 그런 '지속 가능성' 문제들과 함께, 대인 신체 폭력에서부터 전 지구적 규모의 인권침해 문제에까지 이르는 여러 극단적 불평등 문제들을 포함한다.

기후변화도 지금 우리가 살아가며 마주하는 극단들 중 하나이지만, 불균등한 모빌리티 측면에서 바라보아야 할 다른 극단들도 있다. 예컨대 미국에서의 모빌리티 정의는 멕시코와 미국 사이의 국경장벽 건설 논쟁이나, 트럼프 행정부가 이민자와 난민들의 입국을 제한하고 밀입국자들을 추방하려고 하는 시도와도 깊은 관계가 있다. 경찰의 총기 사용, 구금, 편파적인 검문 정책, 집단 감금 등에 항의하는 '흑인의 목숨도 소중하다' 운동the Black Lives Matter movement과, 경기 전 국가를 부를 때 무릎을 꿇는 방식으로 미국의 인종차별에 항의한 NFL 선수들에 대한 정치적 논쟁도 마찬가지다. 성추행에 항의하는 미투 운동이나 미국의 총기 폭력에 반대하는 네버어게인 운동도 이에 포함된다. 모빌리티 정의와 이동적 공유재mobile commons 개념은 이 저항운동들 속에서 출현했다고도 할 수 있다.

이 책 집필을 마무리할 즈음에 모빌리티 정의 문제를 다루는 몇몇 지역사회 단체들을 알게 되었다. 언토커닝The untokening은 "모빌리티 정의와 평등을 추구하기 위해, 소외된 공동체들의 경험을 중심으로 구성된 다민족적 집단"이다.[7] 이들은 공동체에 기반한 토론 과정을 거쳐서 '모빌리티 정의의 원칙Principles of Mobility Justice'을 정했다. 이 원칙들은 이 책에서 제기한 주장들과 상당히 겹치는 부분이 많다. 특히 우리가 더 깊숙한 역사적 접근을 해야만 한다는 생각이 그러하다.

역사적으로 겪어 온 권리의 박탈, 투자와 환경 정책에서의 소외, 유색인 공동체를 겨냥한 억압적인 감시는 우리들의 건강·복지·모빌리티·안전에 끊임없이 부정적인 영향을 끼친다. … 모빌리티 정의는 공동체들이 경험한 역사적 현재적 불의를 완전히 파헤치고 인식하고 조정할 것을 요구한다. 거리에서 벌어지는 사건들과 모빌리티 문제는 지역사회가 과거부디 현재까지 체험해 온 불의를 적극적으로 드러내 준다. 인구가 과밀하고 발전이 정체된 공동체들도, 이를 정치적으로 지지해 주고 새로운 모델을 수립할, 상상과 실천을 가능하게 할 공간과 자원을 가지고 있다.[8]

이 책의 목적은 모빌리티 정의를 이론화할 틀을 제시하는 것이지만, 지역사회에 기반해 이미 전개되고 있는 운동들을 인식하는 것도 매우 중요한 일이다. 2014년 자말 줄리앙Jamal Julien과 올라툰지 오보이 리드Olatunji Oboi Reed가 함께 만든 '시카고 자전거 천천히 타기 운동Slow Roll Chicago Bicycle Movement', 리드가 새로 조직한 '이퀴티시티Equiticity' 등의 단체들은 "흑인, 유색인종, 원주민들의 삶을 향상시킬 인종 평등, 모빌리티 향상, 인종적 정의"를 옹호하려고 자전거 타기 이벤트를 기획해 왔다.[9] 자전거 타기를 교통수단으로서뿐만 아니라 지역사회의 건강, 화합, 그리고 일자리 확보 도구로 활용하는 이들의 시도는 결국 도시에서 벌어지는 폭력에 대항하는 데에도 도움이 될 것이다.

무엇보다 이 단체들은 역사적으로 교통계획에서 배제되어 온 유색인이나 여성 등을 위한 공간과 자원을 요구한다. 이들은 자신들이 스스로 쌓아 온 지식에 기반하여 행동을 구상하고 실천하려고 하며, 더 평등한 모빌리티와 도시계획에 실질적인 변화를 가져오고 정의를 이론화하는 데에도 공헌하고자 한다. 에밀리 리드-무슨Emily Reid-Musson에 따르면,

북미 지역의 도시들에서 자전거 타기가 받아들여지기 시작하면서, 자전거 옹호자들과 연구자들은 미국의 자전거 운동이 평등과 정의라는 문제를 무시할 때가 많다는 주장을 내놓았다(Golub et al. 2016; Hoffman 2016; Lugo 2016; Stehlin 2014). 자전거 타기가 더 지속 가능하고 공정한 세상을 향한 지평을 형성하게 해 주기는 하나, 자전거 타기 운동이 사회적·생태적 영역에서 그 잠재력을 실현하려면 소외된 자전거 이용자들의 필요와 목소리에 더 관심을 기울여야 한다.[10]

사회정의와 기후정의climate justice를 결합시키는 이러한 운동들은 지역 자원의 인종 불평등(차별적인 경찰의 감시, 교통접근성 및 의료 접근성), 국가 차원의 이주정의migrant justice 문제(이동의 자유에 대한 법적 자격을 갖추지 못한 비시민 배제), 기후정의와 인권 문제(사람들을 제 집에서 쫓아

내고 기후변화에 영향을 끼치는 채굴용 토지 확보 및 석유 시추) 등과 접점을 모색 중이다.

더 나아가 모빌리티 정의에는 직장에서 성희롱과 신체적 폭행을 거부할 여성의 권리, 공중화장실을 이용하고 원하는 대로 옷을 입으며 특정 성별로 귀속되지 않는 신분증을 소지할 수 있는 트랜스젠더들의 권리, 사람들을 도시 중심 지역에서 몰아내고 안전하게 쉴 곳을 없애는 퇴거·노숙·젠트리피케이션의 위기에 대응하는 것까지도 포함된다. 언토커닝 운동이 지적한 바와 같이, "사람들이 여러 억압적 벡터들의 교차점에서 살아갈 때, 모빌리티와 공공공간에 대한 제한 없는 접근은 보장되지 않는다. 인종차별주의, 성차별주의, 계급주의, 능력주의, 외국인혐오증, 동성애 혐오증, 그리고 관습에 따르지 않는 젠더를 지닌 이들에게 부과되는 제약조건들 때문에 많은 사람들은 공공공간이 적대적이라고 느낀다. 우리의 몸은 각기 다른 위험과 마주칠 수밖에 없고 서로 다른 필요를 지닌다."[11] 그러나 이 문제의식이 더 지속 가능한 교통수단을 구상하는 출발점이 된 적은 거의 없었다. 변화가 필요하다. 능동적 교통관리, 저탄소 정책으로의 전환, 스마트 모빌리티를 계획하고 있는 도시들에서는 이 목소리들을 들어야 한다.

계급, 인종, 젠더, 그리고 정의와 관련된 여러 복잡한 요소들을 망라하는 모빌리티 정의 개념을 어떻게 발전시킬 수 있을 것인가? 기후변화, 이주, 도시 내 평등 등은 이질적인 문제들의 묶음처럼 보일 수 있으나, 나는 많은 면에서 이 사안들 모두가 불균등한 모빌리티/부동성(im)mobilities 문제로 귀결된다는 것을 보여 주려고 한다. 이 책에서 탐구한 개념들이 겨냥하는 바는, 이 다양한 문제들을 조명하면서 그 상호연관성을 이해할 새로운 사고방식을 제공하는 것이다.

개인의 신체적 취약성, 도시 공공공간과 주거지 마련을 위한 투쟁, 인프라 시스템의 불균등한 배치, 시민권 제도와 국경에 대한 불공정한 관리, 전 지구적 환경 위기 속에서의 불평등한 충격 사이에는 모종의 관계가 있다. 그러나 대부분의 학술 연구는 특정한 하위 분야에 치중하는 경향이 있어 전체적인 지형을 확인하기가 쉽지 않다. 더욱이 학술 연구들은 해당 분야의 접근 방식을 탈피하기가 어렵다. 예를 들어, 교통과 모빌리티에 관한 아이디어나 실천 방향을 글로벌 사우스Global south*의 현실, 원주민들의 지식, 비판적 장애 연구에서 찾아내는 일은 드물다. 콜롬비아 인류학자 아르투로 에스코바르Arturo Escobar는 《다원적 세계를 위한 기획Design for the Pluriverse》에서 변형을 일으킬 수 있는 체계적인 변화는 다양한 신체와 (글로벌 사우스를 포함하는) 여러 장소의 관점으로 문제를 바라보면서 "참여적이고, 상향식이며, 특정 상황과 장소에 근거한 기획"에 기초를 두는 자율적 사유를 요구한다고 지적했다.[12] 원주민의 인식론indigenous epistemologies과 관계적 존재론relational ontologies에 대한 그의 개념은 뒤에서 다시 다루고, 일단 여기서는 그의 논의가 내 접근 방식에 영향을 끼쳤다는 점을 분명히 해 둔다.

---

* 남아메리카, 아프리카, 아시아의 저발전 지역을 가리키는 용어. 반대 의미를 갖는 말은 '글로벌 노스global north'이다. 경제적 미발전 지역을 가리킨다는 점에서 '제3세계'라는 용어와 유사하나 제3세계가 냉전 시기의 정치적 진영 논리에 따른 분류에 가깝다면, 글로벌 사우스는 경제적 차원을 중심에 놓은 용어이다.

이 책의 집필을 가능하게 한 배경이기도 한, 학제간 모빌리티 연구는 불균등한 모빌리티 형태들에 관한 여러 논의들이 처음으로 서로 소통할 수 있는 기회를 제공했다. 모빌리티 연구의 사회적 함의는, 우리가 이 복잡하고 상호의존적이며 인간을 뛰어넘는 거대한 사회적 기술적 체계들에 내재되어 있는 모빌리티 체계 전체, 물류 이동의 관행, 에너지 문화, 일상에서 모빌리티를 실천하는 방식들을 다루어야 한다는 것이다. 이 체계들은 근본적으로 정치적이고 사회적인 문제들이며, 일상생활, 장소 이동, 물건 이동, 모바일 정보처리를 '하고 있는' 지금의 방식에서 태동한 사회적 불의不義에 주의를 기울이게 한다.

모빌리티를 연구하는 새로운 방식들은 이동의 구체적이고 물질적인 실천, 디지털과 커뮤니케이션 모빌리티, 이동을 (불)가능하게 하는 인프라와 관리 시스템, 그리고 이동과 부동不動 모두에서 나타나는 재현, 이데올로기, 의미에 관심을 기울인다. 새로운 모빌리티 연구는 모빌리티와 부동성 혹은 일시적 부동성과의 관계를 강조하고, 여기에는 불균등한 모빌리티의 정치적·윤리적 측면도 포함된다. 모빌리티 연구는 현대 모빌리티 제도·기술·실천의 역사적 출현 경로를 추적하기도 하지만, 지속 가능한 모빌리티·인종 평등·이주자의 모빌리티 권리처럼 현재 정치적으로 쟁점이 되고 있는 문제들을 다루거나, 도시의 공공공간, 교통, 통신 인프라에 대한 신체적 접근과 같은 일상적 모빌리티 능력을 적극적으로 갖추도록 돕는 일도 중시한다.

모빌리티 정의 개념을 발전시키면서, 나는 불균등한 모빌리티가 낳은 시스템의 역사적 발전(그리고 현재에 끼치는 영향)이 사람들 사이의 관계, 사람과 세계와의 관계를 어떻게 왜곡했는지를 보여 주고자 노력했다. 또한, 이 기획이 지역사회에 기반한 기존 운동 및 조직과 연결되면서 모빌리티 정의를 꾀하는 운동들과 새로운 상승작용을 일으키기를 희망한다. 책의 여러 곳에서 모빌리티 정의의 기본 원칙들을 언급하기는 하나, 독자들이 한 눈에 알아볼 수 있도록 책 말미에 '모빌리티 정의의 원칙'을 제시하였다. 책 전반에서 언급되는 핵심적인 이론적 용어, 운동, 조직들은 '용어 해설'에 실었다.

결론에서는 이동적 공유재mobile commons 개념을 논의하였다. 나는 이 개념을 통해 우리가 미래에 더 성공적인 집단적 모빌리티를 상상하고 계획하고 만들어 나가기를 바란다. 하지만 그 일은 특정한 상황과 장소를 고려하면서 참여하는 과정을 거쳐야만 이루어질 수 있다. 이를 통해 우리는 더 나은 미래를 함께 설계할 수 있을 것이다. 중요한 발상들과 사례들을 모으기 위해, 중요한 역사들을 기억하기 위해, 모빌리티 정의를 이루려고 이미 움직이고 있는 '이동적 공유재' 운동을 지향하기 위해, 나는 이 책을 썼다.

삼중의 위기

일러두기

· 이 책에서 원주는 미주로, 옮긴이주는 긱주로 처리하였다.
· 본문의 [ ]는 옮긴이주이다.

전 세계 사람들과 정부들은 이동 방식과 관련된 위기에 처해 있다. 전 세계가 환경적으로 지속 가능하고 사회적으로 알맞은 모빌리티로 어떻게 이행할 것인가라는 시급한 문제에 직면했다. 화석연료에 지나치게 의존하는 교통은 지구온난화를 낳았고, 기후변화는 대량멸종이나 인간이 지구에 거주할 수 없게 될 시기를 자꾸만 앞당기고 있다. 대기오염과 교통체증, 그리고 기후변화가 초래한 홍수·폭염·폭풍이 붕괴시킨 도시 인프라까지, 자동차에 의존하는 도시들은 눈앞에 나타난 환경 변화와 싸우고 있는 중이다. 한편, 제2차 세계대전 이래 최대 규모의 난민 이동은 대부분 기후 문제와 관련되어 있으며 국경 봉쇄, 군대를 동원한 이주자 관리, 국경에 대한 국가 차원의 보안 강화 등 우려할 만한 현상을 낳았다. 바다에서 사막에서 죽어 간 수천 명의 이주민들, 외국인혐오증에 걸린 사람들이 이주민 출신들에게 가하는 차별, 난민과 망명 신청 거부, 장벽과 수용소 건설, 유럽과 북아메리카 등지에서 지속되는 인종 폭력과 자민족중심주의적 정당들의 부활… 모두 우리가 목도하고 있는 현실이다.

기후climate, 도시화urbanization, 그리고 이주migration라는 세 가지 위기는 모빌리티 및 부동성immobility의 문제와 얽혀 있고, 불균등한 모빌리티가 보여 주는 부당한 권력관계에 주목하게 한다는 공통분모를 갖고 있다. 모빌리티 정의는 우리 시대의 중요한 정치적·윤리적 문제들 중 하나이다. 모빌리티 정의는 어떤 장소에 머물거나 거주할 권리의 불평등성 뿐만 아니라 불평등한 이동 능력이라는 정치적 문제에도 초점을 맞추게 한다. 교통접근성만큼이나 성희롱과도 관련되어 있고, 자원 약탈만큼이나 인종차별적 폭력과도 연관된 것이 모빌리티 정의이다. 이 개념은 신체, 도로, 교통체계, 도시화urbanization(단순히 도시만 관련된 현상은 아니다. 교외나 낙후된 비도시 지역도 이 문제와 관련이 있다), 지역적/초국가적인 인프라, 국경, 광범위한 전 지구적 모빌리티를 더 선명하게 사고하도록 해 주고, 도시 위기·이주 위기·기후 위기 사이의 관계를 드러내기도 한다.

나는 겉보기에 서로 다른 것처럼 보이는 이 세 가지 위기가 공통의 문제에서, 즉 모빌리티/부동성의 정치 및 권력관계에서 어떻게 출현했는지를 보여 줌으로써 이 위기들을 연결지으려고 한다. 모빌리티와 부동성이 항상 연결되어 있고, 관계 맺고 있으며, 상호 의존적이며, 따라서 우리가 언제나 이를 이항대립이 아니라 역동적인 다중 스케일multi-scales,˙ 동시적 실천, 관계적 의미의 배치로서 함께 사고해야 한다는 것

˙ 인간 활동을 지리와 관련지어 연구하는 인문지리학에서는 어떤 장소, 지역, 국가, 대륙 등의 스케일 중 하나를 확고한 지리적 단위로 간주하면 특정 스케일에 고정된 공간 이해 방식이 작동하게 된다고 비판한다. 예컨대 일본 동부 지역을 후쿠시마현을 포함한 스케일로 바라보느냐, 혹은 도쿄 지역만을 확대한 스케일로 바라보는가는 특정 지역, 일본 사회, 원전 사고에 대한 이해 방식과 담론 상의 심대한 차이를 낳는다. 스케일은 규모, 척도, 축척 등으로 번역 가능하나 인문지리학에서의 개념 용어로 스케일이 널리 쓰이고 있으므로 이를 따른다. 다중 스케일multi-scales

을 알리기 위해 나는 '모빌리티/부동성(im)mobility'이라는 용어를 사용할 것이다. 인문지리학human geography에서는 스케일scale이 사회적 구성물이라고 주장한다.[1] 이동movement은 시공간을 (재)구성하며 서로 다른 스케일들을 결합시킨다. 실천practices은 인간 행위자actor, 비인간 행위자, 물질적 과정을 지속적으로 조합하여 사회적 관계를 맺고, 안정시키고, 이동시키는 방식이다. 그리고 의미meanings는 우리가 계속되는 모빌리티/부동성을 통해 만들고, 변형하고, 살아가는 특정 시공간의 맥락을 이해하고 이에 관한 이야기를 말하는 방식이다.

여러 스케일에 동시에 걸쳐 있는 복합적이고 불균등한 모빌리티/부동성에 초점을 맞춤으로써, 우리는 접근성, 교통, 도시화, 인프라, 국경, 기후의 정치를 새로운 방식으로 재사유할 수 있다. 이 접근 방식은 지금 진행 중인 논쟁들을 더 넓은 맥락 속에 위치시킨다. 지속 가능한 교통, 저탄소 전환, 도시계획, 그리고 흔히 특정 도시 지역의 교통정의transportation justice 문제로만 여겨지는 사안 등에 관한 논쟁들을, 신체의 대면접촉부터 사람은 물론이고 에너지와 자원의 전 지구적 이동까지 포괄하는 여러 불평등한 모빌리티 체제들이라는 더 광범위한 맥락 속에서 바라보게 해 주는 것이다. 많은 풀뿌리 지역사회 조직들은 이미 비슷한 시도를 해 왔다. 예를 들어 이들은 식민주의, 자본주의의 착취, 토지 강탈의 긴 역사를, 또 사람들이 살던 곳에서 쫓겨나고, 마음대로

은 이 책의 핵심적 방법론 중 하나로, 여러 스케일들을 동시에 겹쳐 놓고 사고하여 모빌리티와 모빌리티가 드러내는 권력, 구조, 사건들을 조명하는 방식이다.

이동과 정착을 할 수 없도록 방해받고, 받아들이기 힘든 삶을 감내하도록 만든 과정을 모빌리티와 도시 접근성 차원에서의 인종 불평등과 연결시켰다.

모빌리티 정의는 도시 내 교통수단 문제에만 한정되는 것이 아니라, 인종 · 계급 · 젠더 · 장애 · 섹슈얼리티가 영향을 끼치는 신체 스케일의 작은 미시적 모빌리티 문제를 다루는 것이기도 하다. 또한, 관광객 · 여행자 · 노동자 · 학생 · '이동 특권층kinetic elite'*의 모빌리티만을 대상으로 삼는 것이 아니라, 국경을 건너려는 난민과 이주자들의 모빌리티 권리에 관한 것이다.[2] 물과 음식을 제공하고 파이프라인과 케이블을 통해 에너지와 화석연료를 공급하는, 전 지구적 스케일의 거시적 모빌리티를 형성하는 도시체계와 인프라 공간에 관한 것이기도 하다. 이 모두는 새로운 군사 이동이나 물류시스템, 디지털 모빌리티 및 금융자본 이동 기술들과 관련이 있다.

특권층의 휴가와 출장, 노동이주와 단기계약직, 난민 운동과 이주자 구금, 군대 배치와 땅을 잃은 농민, 인종차별적 감시와 성폭력, 이 모든 것은 모빌리티와는 물론이고 서로 간에도 모종의 관계가 있다. 이 인적 모빌리티들human mobilities은 기후변화, 자원 약탈, 도시 회복력Urban Resilience,** 군사 이동과 글로벌 물류 연결망, 인종차별, 퇴거, 노숙자, 대

---

* 전 세계를 돌아다닐 모빌리티를 갖춘 정치나 사업 분야의 지배층. 특권층을 뜻한다.

** 도시에 자연적 · 비자연적 재해가 닥쳤을 때 이를 예측하거나 예방하고, 손실을 복구하거나 상황을 개선하는 능력을 의미한다. '도시 방재력'이라고 옮기기도 한다.

량 투옥, 그리고 노인, 아동, 장애인, 빈민의 모빌리티 접근, 여성, 퀴어, 트랜스젠더들의 일상적인 신체 이동을 성규범을 내세워 제약하는 일 등과 분리될 수 없다. 모빌리티 정의의 개념은, 이 문제들을 각각 고립 시켜 다루는 방식을 뛰어넘어 그 사이에 대화의 장을 마련한다. 물론 모빌리티 정의 개념이 교통정의, 인종정의, 이주정의, 성적 정의, 장애 정의, 기후정의 운동들 및 이론들이 제공한 통찰에 기반을 두고 있는 것도 사실이다.

불균등한 모빌리티/부동성 정치에 관련된 문제들을 어떤 방식으로 공통의 프리즘을 통해 사유할 수 있을까? 이 문제들이 서로 교차하고 나아가 동시에 여러 방향으로 굴절되고 강화되는 것을 어떻게 보여 줄 수 있을 것인가? 다른 문제들과의 연결성을 드러내어 개별 문제들에 대해 영향을 끼칠 수 있을까? 나는 전통적 분과 학문을 뛰어넘고 21세 기의 복잡성을 다루기 위해 출현한 접근 방식인 새로운 모빌리티 패러 다임을 제시하려고 한다.[3]

모빌리티 연구는 사람, 사물, 정보의 복잡한 이동, 그리고 모빌리티/ 부동성 관리 뒤에 숨어 있는 권력관계를 분석할 새로운 이론적 접근과 방법론적 혁신을 포함한다. 가속, 차단, 중단과 함께 느림도 숙고하며, 유동성이나 순환만큼 마찰도 염두에 두고, 이동의 자유 못지않게 강제 이동도 고려한다. 이런 이동과 함께 존재하는 실천, 실제 경험, 재현, 의미에도 관심을 기울여야 한다.[4]

모빌리티 연구의 유물론적 전환은 불균등한 모빌리티가 나타나는 인프라 공간과 지구 지리학에 대한 비판적 접근을 요구한다. 모빌리티 및 에너지의 마이크로 인프라와 매크로 인프라 사이의 연결 지점들을 추적하여, 모빌리티 정의 개념을 통한 접근이 어떻게 새로운 질문과 비판적 관점을 낳을 수 있는지를 보여 주려고 한다. 여기에는 내러티브, 재현, 속도와 가속의 정당화, 이동의 특권에 도전하는 작업도 포함된다. 이제 서론에서는 현대의 모빌리티 위기들을 간단하게 설명하고, 새로운 모빌리티 패러다임을 소개하며, 모빌리티 정의를 사유하는 데 필요한 기초를 마련할 것이다.

삼중의 모빌리티 위기

21세기의 첫 번째 모빌리티 위기는 기후변화의 등장이다. 끝없는 성장과 끊임없는 이동에 하루빨리 제동을 걸어야 한다. 지구의 기후는 해를 거듭할수록 인간에게도, 다른 생명체들에게도 위험해졌다. 빙하가 녹아 해수면이 상승했고, 혹독한 날씨, 가뭄과 화재, 홍수와 폭풍우가 세계 대부분에 영향을 미친다. 셀 수 없이 많은 과학적 연구들은 우리가 이미 대량멸종을 경험하고 있고, 2100년에 이르면 생물권이 극단적으로 붕괴될 가능성이 있다고 경고한다. 그러나 사회과학자들은 인간이 초래한 위기를 이제야 막 저울질하기 시작했다.[5]

이 책을 쓰던 2017년 7월, 거대한 라르센 C 빙붕氷棚이 남극대륙에서 떨어져 나왔다. 장마와 사이클론이 동남아시아의 여러 곳, 특히 방글라데시, 스리랑카, 미얀마를 휩쓸었다. 남부 유럽을 비롯한 여러 지역이 폭염을 경험했고, 캘리포니아는 1년 동안 5천여 건의 산불에 시달렸다. 아프리카에서는 홍수가 발생해 남수단, 나이지리아, 에티오피아를 파괴했다. 9월에는 허리케인 하베이가 휴스턴과 마이애미를 물에 잠기게 했고, 시속 185마일의 허리케인 이르마와 마리아는 카리브해와 마이애미를 덮쳐서 바부다, 도미니카, 세인트 마틴처럼 재난에 취약한 섬들을 무너뜨리고 푸에르토리코인들을 인도주의적 지원이 시급한 상태로 내몰았다. 12월에도 캘리포니아 전역에서 대형 산불이 일어났다. 2018년 1월, 미국과 캐나다에는 영하의 날씨에 이른바 '폭탄 사이클론'이 불어닥쳤고 호주에는 폭염이, 남아프리카의 케이프타운에는 가뭄이 생겨났다.

기후변화는 적어도 세 가지 면에서 모빌리티의 위기다. 첫째, 교통 관련 배기가스가 지구온난화의 주요 원인이다. 국제에너지협회IEA에 따르면, 세계 온실가스 배출의 약 4분의 1은 교통수단에서 나왔다. 둘째로, 현행 이동 패턴을 뒷받침하려고 시설을 짓고 토지를 사용하면서 지구의 기후를 변화시키고 모든 생명체가 의존하는 물, 공기, 바다, 땅을 오염에 빠뜨렸다. 셋째, 기후변화는 사람들을 뿌리 뽑힌 상태로 만들고 전 세계의 인프라 시스템과 공급망을 뒤흔들어 놓으며 생태적 사회적 붕괴에 직면한 사람들이 환경 문제로 인한 이주를 택하도록 만든다. 전 세계는 기후변화에 대응해 나가기 시작했다(물론 이 흐름을 거스르는 곳도 있었지만 말이다). 온실가스를 줄이고, 화석연료 의존을 끝내자는 운동이 벌어졌다. 그리고 사람 및 상품의 이동과 식량 생산과 사회에 에너지를 공급하는 방식을 결정하는 교통 인프라를, 또 이에 관련된 토지 이용 패턴을 근본적으로 변화시키려는 노력을 기울였다.[6]

그러나 산업이 발전한 북미나 유럽에서는, 또 급격하게 성장 중인 아시아, 아프리카, 중남미에서도, 에너지 과잉소비, 문화적으로나 공간적으로 자동차에 묶여 있는 생활 패턴, 도시 팽창 등의 문제는 극복되지 않았다. 자동차 이후, 탄소 이후로의 이행은 아직 요원한 셈이다. 기후변화는 우리가 빠져나갈 방법을 찾을 수 있는 기술적 문제가 아니라, 아직 우리가 다룰 방법을 알지 못하는 사회적·정치적·경제적·문화적 문제다. 기후변화가 물, 작물, 그리고 생물권 전체를 위험에 빠뜨리는데도, 온실가스를 감축하려는 노력에 역행하는 흐름이 거세지고 있다. 화석연료 옹호론자들, 기후변화 부정론자들, '탄소 자본'을 거의 독점하고 있는 자들이 현재 트럼프 행정부의 핵심부에 있다.[7]

세계는 미국의 행동에 경악했다. 파리기후협정에서 탈퇴하고 환경보호국을 해체하더니 대기오염방지법을 무력화하고 탄광 개발을 촉진했으며, 나아가 석유와 가스 탐사를 위해 공유지를 내주고 중유를 운반할 새로운 파이프라인의 건설을 승인했다. 기후변화의 책임은 사람에게 있다는 과학적 합의를 거부한 것이다. 이런 정치적 여건 속에서 우리는 어떻게 해야 화석연료, 자동차 의존, 무한 성장, 중공업, 고에너지 소비를 극복할 수 있을까? 과연 우리는 청정에너지, 자원 사용 제한, 그리고 지역 경제 중심의 모빌리티 제한 등에서 출발하는 '녹색 경제'로 이행할 것인가?

이 사회적·정치적 문제들은 기술적인 수정과 정책적인 보완 이상의 것을 필요로 한다. 나오미 클라인Naomi Klein이 말했듯이, "모든 것이 변화해야 한다." 우리 경제·정치·삶의 방식을 완전히 바꾸어야 하기 때문에 어떤 권력자들은 지레 겁을 먹는다.[8] 확실한 것은, 우리가 만들어 낸 "파국에서 빠져나오도록" 도와줄 새로운 사회적·정치적 모델을 찾고 있는 사람들의 목소리가 분명히 점점 커지고 있다는 사실이다.[9]

전 세계가 직면한 두 번째 모빌리티 위기는 도시화 위기다. 거대도시들의 팽창 속에서 도시 성장, 자동차 모빌리티automobility(자동차, 고속도로, 연료 인프라, 자동차회사, 정부 정책, 자동차 문화 등이 서로 맞물려 있는 시스템)의 확산, 광범위한 도시 확장, 자원 수요 증가, 사회적 불평등의 확대, 분산된 접근성, 토지 점유와 대량 퇴거 등의 문제들이 쌓여 간다.[10] 여러 곳에서 도시화는 교통혼잡, 대기오염, 에너지 부족을 초래했고, 생태계 균형을 무너뜨려서 물 부족이나 홍수 위험까지 증가시켰다.

2007년에는 인류의 절반 이상이 도시로 이주했다. 특히 급격한 도시화가 진행 중인 중국에서는 도시 인구가 이미 농촌 인구를 추월했고, 2030년에는 중국에서만 10억 명이 도시에 거주하게 될 것이다.[11] 존 어리John Urry와 데이비드 타이필드David Tyfield가 지적한 바와 같이, '자동차 모빌리티'는 대기오염, 정체, 열악한 도로 상태, 스트레스, 사회적 고립 등 사회 시스템의 혼란을 불러왔다. 기술혁신 노력에도 불구하고 내연기관은 중국과 글로벌 사우스를 빠른 속도로 장악하고 있으며, '자동차화된 자아automobilized self'에 단단하게 연결된 '자동차 감성automotive emotions'은 서구 세계의 상식과 일상생활 방식에 깊숙이 침투해 있다.[12]

도시 모빌리티 문제는 전 세계에서 '생태적 도시성ecological urbanism' 또는 '지속 가능한 도시성sustainable urbanism'으로도 불리는 새로운 형태의 도시계획, 교통, 자원 사용, 인프라 설계를 모색하게 만든다.[13] 기후변화로 인한 재난에 대비하고, 중요한 인프라를 점검하고, 도시 회복력을 갖추려는 노력이 이어지고 있는 것이다. 과연 세계의 거대도시들, 나아가 일반 도시, 교외, 도시 외곽 농촌들은 기후변화 앞에서 점점 커져 가는(또 불균등한) 취약성을 어떻게 메울 것인가? 모빌리티, 물류, 거주 문화를 새로운 방식으로 관리해야만 한다는 목소리에는 또 어떻게 대답할 것인가?

교통 분야에서는 이미 '새로운 모빌리티 패러다임'으로의 전환이 일어났다고 말하는 이들도 있다. 차량 공유, 연결성과 접근성의 강화, '스마트 모빌리티', '자동차 인터넷', '모빌리티 서비스MaaS: Mobility as a Service' 등이 그 증거다.[14] 이 연구들은 새로운 기술이나 혁신만이 아니라 더 지속 가능하고 알맞은 모빌리디를 지향하기도 한다. 능동적 교통관리, 자전거 인프라, 완전한 거리complete streets(어떤 운행 수단이든 안전하게 통행이 가능하게 설계하는 것), 비전 제로Vision Zero 안전 정책(교통사고 사망률을 0으로 줄이기 위한 운동 및 정책), 그리고 운송 계획, 교통 구역 제도, 혼잡요금제, 개인 차량 운행을 줄이기 위한 교통 수요 관리처럼 새로운 시도도 이루어지고 있다.

이미 많은 도시들은, 특히 유럽에서는 '피크 카peak car*'에 도달했다는 관측도 있다.[15] 유럽의 도시들은 이제 차량 사용을 줄이려고 애를 쓴다. 3장에서 더 자세히 논의하겠으나, 자동차 없는 날, 보행자 중심 도로, 통행료 도입, 주차 공간 감소에 더해 무료 대중교통까지 도입되었

---

* 특정 지역에서 소화 가능한 차량 대수가 한계에 도달했음을 가리키는 용어.

다. 그러나, 교통 지리학자 팀 슈와넨이 질문했듯이, 더 '탄력적인' 자동차 모빌리티의 등장으로 누가 그리고 어떤 이익을 거둘 것인가? 이 도시 모빌리티 해결책들은 도시 위기를 초래하는 근본적인 힘에 제대로 대처하고 있는가? 불균등한 인프라와 '분열된 도시'라는 심각한 사회적 균열을 해결할 수 있을 것인가?[16]

접근성, 도시인으로서의 권리, 교통정의 등을 보장받기 위한 오랜 운동에도 불구하고, 글로벌 노스에서든 글로벌 사우스에서든 '모빌리티 빈민mobility poor'이나 '이동 하층민kinetic underclass'이 그 혜택을 받을 가능성은 낮다.[17] 자율주행차와 스마트폰 연계 공유 모빌리티가 시장을 장악하기 위해 경쟁적으로 개발되고 있지만, 이 흐름은 "도시 인구 전체에게 안전과 웰빙을 보장해 주는 모빌리티 시스템"의 출현이 아니라 불평등한 모빌리티의 지속을 암시한다.[18] 어떻게 하면 생태학적으로 건전하고 사회적으로 공평한 저탄소 전환으로 나아갈 수 있을까?

나는, 우리가 도시 내에서 A에서 B로 가는 단순한 문제에 머무르는 모빌리티 혁신과 교통정의transport justice에 만족하지 말고, 다중적인 스케일들과 이동성을 고려하여 이 문제에 접근해야 한다고 믿는다. 즉, 확장된 도시 인프라 공간 문제나 전 지구적인 금속 및 화석연료 자원의 추출 문제 등을 둘러싼 더 넓은 맥락의 정의를 문제 삼아야 한다는 것이다. 모빌리티 정의는 도시화가 모빌리티/부동성의 구체적 권력관계 양상들과 지역적으로 또 세계적으로 어떻게 연결되어 있는지를 다루어야 한다. 토지수용, 생태 파괴, 퇴거, 추방, 그리고 전 세계적인 도시화를 촉진하는 이주의 물결 등이 그 대상이다.[19]

세 번째 모빌리티 위기는 전 세계적인 난민 위기다. 국경 폐쇄, 바다와 사막에서 수천 명에 달하는 이주민들의 죽음, 외국 출생자에 대한 적대적 대우, 많은 나라들의 새로운 난민 수용 거부, 그리고 인종차별적 폭력과 민족중심적 배타성의 지속. 2015년 여름, 해법을 찾기 어려운 시리아 내전 속에서 도시들이 붕괴하자 삶의 터전을 잃어버린 수천 명이 유럽과 북미로 몰려들었고, 세계는 제대로 작동하지 않은 난민 및 망명 제도에 주목했다. 전쟁으로 피폐해진 이라크, 아프가니스탄, 소말리아, 시리아에서는 끊임 없이 테러 사건이 발생한다. 나이지리아, 이스라엘, 파키스탄, 터키에서도 분리주의 테러가 빈발했다. 그리고 이제는 서유럽에도 새로운 테러의 물결이 덮쳤다. 2015년 바타클랑 극장 테러를 비롯한 프랑스에서의 테러들, 2016년 브뤼셀 폭탄 테러, 2017년 영국에서 세 차례 발생한 테러 사건들, 2016년 12월 베를린 크리스마스 시장 테러 등은 난민 수용에 대한 반발을 낳았고, 반이민 우파 정당을 부상시켰으며, 인도주의적인 난민 수용 제도의 위기를 불러왔다.

2016년, 지중해를 건너려던 5천 명 이상의 난민들이 바다에 빠져 사망했다. 영국은 반이민 정서에 기반한 '브렉시트Brexit'에 찬성했고, 유럽의 선거들에서는 우파 외국인 혐오 정당들이 약진했다. 도널드 트럼프는 미국-멕시코 국경장벽 건설과 불법이민자 추방이라는 공약을 내걸고 미국 대선에서 승리했다. 극우 정치는 2017년에도 계속 자리를 넓혀 갔다. 2017년 1월, 트럼프는 무슬림이 다수인 7개국(이란, 이라크, 리비아, 소말리아, 시리아, 수단, 예멘)에서의 이민을 금지하는 행정명령에 서명했다. 전국의 공항에서 시위가 벌어졌고, 이 행정명령의 합법성을 인정하지 않은 법무장관 대행이 해임되었으며, 여러 주 정부들과 피해 당사자들이 연방법원에 제소했다. 2017년 9월 트럼프 행정부가 DACA 프로그램*을 중단하자 항의하는 목소리가 더 커졌다. DACA 프로그램이 보호하던, '드리머DREAMer'라고 불리던 청년들이 한 번도 밟아 본 적 없는 자신들의 출신국으로 추방된다면 그들의 삶은 무너져 버릴 것이다.

우리는 자주 '석유전쟁'이라는 표현을 접한다. 이라크와 시리아의 유전 지대를 장악하려고 강대국들이 다투고 있기 때문이다. 그러나 세계 난민 위기를 이야기하면서 우리가 자동차 모빌리티, 기후변화, 도시화, 그리고 세계 에너지 소비가 사회적 폭력을 낳고 사람들의 삶을 망가뜨리는 방식과 연결지어 말하는 경우는 거의 없다. 당연히, 나오미 클라인이 《충격 정책: 재난자본주의의 등장The Shock Doctrine: The Rise of Disaster Capitalism》에서 말했듯이, '위기'의 언어는 '재난자본주의disaster capitalism'가 모빌리티와 안전을 관리하는 방식들 중 하나이다.[20] 나 역시, 2010년 아이티 지진과 같은 재난 발생에 대처하는 인도주의적 비정부 활동을 위기가 촉발시킨 불균등한 모빌리티라는 관점에서 검토

---

* DACA(Deferred Action for Childhood Arrivals)는 오바마 정부 시절인 2012년 행정명령으로 시행된 제도로, 어린 시절에 미국에 건너온 불법체류 청년들에 대한 추방을 유예하여 최소한의 법적 지위를 가질 수 있도록 구제해 주는 것이 목적이다. 이들을 부르는 별명인 DREAMer는 2001년 발의된 불법체류 청년 구제 법안인 'The Development, Relief and Education for Alien Minors Act'의 머리글자에서 유래했다. 2019년 현재까지도 트럼프 행정부의 폐지 결정에 대한 법적 소송이 진행 중이다.

한 바 있다.[21] 지진, 쓰나미, 허리케인 등의 위기에 대응하고 재해를 복구하는 과정에서는 토지를 사유하려는 시도가 자주 나타나며, 불균등한 모빌리티가 다시 견고해지고, 도로 건설이라는 명분으로 도시의 불평등이 심화된다.

'도시성의 위기crisis urbanism'라는 말은 재난자본주의를 지탱해 줄 위험성을 품고 있지만, 그럼에도 나는 모빌리티 위기에 초점을 맞춰야 부당한 모빌리티/부동성을 관리하고, 이의를 제기하고, 방해하고, 전복하는 다중 스케일적 정치 프로젝트 전반을 생각할 수 있는 유용한 지침을 얻을 수 있다고 믿는다. "도시의 위기는 현대 도시들의 근본적인 권력구조, 오랫동안 무시된 부당성, 그리고 잘 인식되지 않는 불평등을 드러내기" 때문에, 위기 이후의 복구 과정은 사회의 계층 질서와 권력의 재생산에 대해 많은 것을 알려 준다.[22] 재난 후의 불균등한 모빌리티는 위기의 결과로 (혹은 위기라는 명목으로) 불평등이 재생산되는 사회적 · 정치적 메커니즘의 가장 중요한 예라 할 수 있다.[23] 나는 위기의 언어를 그 본래의 모습으로 되돌리고 싶다. 모빌리티의 복잡한 부조리들이 어떻게 덩치를 불려 가는지 확인하고, 모빌리티 정의를 세우려는 운동들은 위기의 부작용들에 어떤 식으로 맞서는지를 이해하도록 돕고 싶다.

국제 이주와 도시성의 위기는 모두 전 세계의 농촌 생태계를 파괴하고, 토지와 물을 빼앗고, 공동체를 뿌리뽑고, 사람들을 떠나게 하는 현대 정치경제 발전의 불안정성과 근본적으로 연관되어 있다. 그러므로 우리는 이주 위기나 난민 위기를 예외적인 순간으로 볼 것이 아니라,

오히려 모빌리티/부동성을 둘러싼 지금의 불안과 안정의 정치가 낳은 결과라고 보아야 한다. 지속 가능성을 중시하는 교통 시스템으로의 전환에 많은 관심이 집중되었지만, 우리는 부당한 모빌리티와 모빌리티 정치가 교차되는 넓은 맥락에서 교통정의를 생각해야만 한다. 동시에 국경, 이주, 망명, 인도주의 문제들도 역시 모빌리티/부동성의 관리와 관계 있는 인종, 계급, 젠더, 성적 과정으로 형성된 전 세계적 도시화, 기후변화, 탈국가적 신체 관계의 맥락에서 논의되어야 한다.

우리는 확장된 도시 공간의 생산이 어떻게 스케일 간의 관계들을 변화시키고 이동이 갖는 맥락을 다시 만들어 내는지를 보여 주는 방법으로 모빌리티 전환을 이론화할 필요가 있다. 삼중의 모빌리티 위기는 한 가지 스케일 혹은 기술적 해법만으로는 해결할 수 없다. 우리 몸의 이동 방식, 그리고 서로 다른 신체들의 능력 및 취약성을 정치적으로 깊이 있게 고려해야만 해결책이 나올 수 있다. 어디에 우리가 살며, 어떻게 우리 도시를 건설했는지, 우리가 만든 인프라가 무엇인지, 어떻게 건설하고 어떻게 이동하는지, 전 세계에 걸쳐 에너지 · 물 · 음식 · 자원을 어떻게 얻고 있는지를 숙고해야 한다. 모빌리티 정의는 미시적이자 거시적이고, 지역적이면서 세계적이고, 인간과 인간 이상의 것과의 관계이며, 물질적 문제이자 도덕적 문제이다.

우리는 교통 및 물류 네트워크로 도시 시스템에 공급되는 광물, 석유, 수자원, 에너지의 '운영 환경'과 '확장된 도시 시스템' 사이의 연결성이 도시 인프라, 토지 이용과 상호작용하는 차원에 더 많은 관심을 기울여야 한다.[24] 낡은 교통계획과 연구는 당연히 발전되어야 하겠지만,

'스마트 모빌리티' 지향이나 '교통정의' 개념은 세계적 도시화와 불균등한 인프라 공간이 낳는 복잡한 문제를 해결하기엔 역부족이다.[25] '공간정의spatial justice' 개념은 이 복잡한 문제에 대한 우리의 인식을 어느 정도 확장해 주기는 하지만 주로 도시 스케일에 한정되어 있고 공간적 양식에 초점을 맞춘다. 모빌리티 그 자체나, 도시 안팎에서 모빌리티/부동성을 정치적·경제적으로 관리하는 시스템이 어떻게 형성되는지까지는 다루지 못했다.

우리에겐 공간적 불안정성과 마찰들에 대한, 영토화만큼이나 탈영토화에 대한, 지하·대기·지구 차원의 스케일 변화와 복잡성에 대한 더 유연하고 관계적인 감각이 필요하다. 교통정의와 공간정의라는 기존 개념들은 우리가 직면한, 심중의 나선을 그리며 얽혀 있는 모빌리티 위기를 다루기엔 충분하지 못하다. 여기서 새로운 모빌리티 패러다임이 중요한 역할을 해야 한다. 모빌리티 연구는 역동적이고 총체적인 방식으로 이 위기 상황을 분석하기 시작했다. 교통과 관련된 에너지 전환, 국경과 이주의 정치, 에너지의 유통, 공정하지 못한 도시 공간 접근성, 그로 인해 완전하게 획득되지 않는 정치적 주체성, 그리고 이 모든 것들이 연결되는 방식까지를 이해하고 분석할 수 있는 새로운 개념적 도구를 제공하는 것이다. 새로운 모빌리티 패러다임은 미시적 층위에서 거시적 층위에 이르기까지, 즉 사람 간의 신체 관계에서부터 교통과 거리 디자인, 도시와 지역 문제, 인프라 공간, 탈국가적인 이주, 전 지구적 자원 분배 문제까지를 포괄한다.

유연하게 스케일을 적용하는 시각은 기후변화나 에너지 문제를 다룰 때만이 아니라, 모빌리티 정의의 기반을 다지기 위해서도 필요하다. 모빌리티 정의를 이룩하기 위해 꼭 필요한 이 방식은, 더 정당한 사회–생태적 관계를 추구하기 위해 극복해야 할 여러 복합적인 도전들에 맞설 방법들을 제공한다. 정당한 사회–생태적 관계는 도시 내 교통 문제만 바꿔 놓는 것이 아니라, 에너지·음식·물·사람의 이동, 그리고 궁극적으로 탄소에 기반한 우리 문명의 이동을 위한 전체 시스템의 변화를 가져올 것이다.

새로운 모빌리티 패러다임

기후, 도시화, 이주를 둘러싼 현대의 위기들은 지배적 제도들이 처한 큰 불안의 일부분이다. 우리는 이 위기들을 모빌리티와 관련하여 이해하고, '새로운 모빌리티 패러다임'이라고 불리는 새로운 학제간 연구의 시각으로 설명할 수 있다. 세계화, 즉 후기자본주의에 대한 이전의 연구와는 달리, 새로운 모빌리티 패러다임은 이동과 순환이 새로운 현상이라고 보지 않으며 20세기 후반의 세계화 이론처럼 후기 근대의 세계사적 조건이라고 생각하지도 않는다. 모빌리티는 언제나 서로 다른 주체, 공간, 스케일의 출현에 필요한 전제조건이었다. 모빌리티는 역사를 지니고 있으며, 모빌리티 전환은 이동성을 중시하는 요즈음의 방법론만큼이나 역사적 방법론을 활용한다.

지금의 위기들을 이해하는 데 필요한, 모빌리티의 역사적으로 내재적이고 교차횡단적인 스케일들에도 주목해야 하겠지만, 이동적 존재론mobile ontology에 기초하는 모빌리티의 학제간 이론화도 중요하다. "이동은 존재, 공간, 주체 및 권력의 기본적 조건"이라고 보는 이동적 존재론은 우리가 세계의 구성적 관계성을 새로운 방식으로 그려 보도록 돕는다.[26] 이 접근법은 "무엇인가를 구성하는 관계에 앞서서 존재하는 것은 없다"는 관계적 존재론relational ontology에 기초한다. 에스코바르Escobar에 따르면, "이러한 존재론에서, 삶은 처음부터 항상 상호관계적이며 상호의존적이다."[27] 우리는 미리 형성된 물체인 국민국가, 사회, 개인, 집단이 당구공처럼 서로 부딪힌다고 상정하면서 고정된 관점으로 사회를 분석하기보다는, 세계를 지속적이면서도 일시적인 상태로 만드는 관계, 공명, 연결, 연속성, 혼란을 탐지하기 위해 노력하는 것을 우리의 출발점으로 삼을 수 있다. 움직임을 비롯한 모든 것은, 다른 움직임에 달려 있다.

인류학자들은 1990년대 세계화 논의에서 전제한 '이동에 대한 가정', 즉 "운동은 변화를 낳는다. 운동은 자명하다. 모빌리티의 증가가 현재의 특징이다"에 의문을 제기했다.[28] 인류학자 빌 마우러Bill Maurer는, "네트워크를 타고 전 세계를 날아다니는 변화무쌍한 자본주의"라는 이미지가 대답이 꼭 필요한 다음 질문들을 묻지 못하게 만들었다고 주장한다. "자본에는 무엇이 중요한가? 이동에는 무엇이 중요한가? 특정한 실천과 과정은 '자본'을 어떻게 '이동' 가능하도록 구성하는가, 또 세계화 논의들이 말하는 효과를 가질 수 있도록 어떻게 '이동'을 구성하는가?" 이 질문들은 여전히 유효하다. 우리가 "자산이 먼저 있고, 그 움직임은 두 번째"라고 가정하면 "자산의 대상을 만들고, 다른 형태의 '자본'을 확

인하고, '이동'의 다른 가치와 벡터를 허용하는 일시적인 분절"을 간과
하게 된다는 것이다.[29]

깔끔하고 빠르고 우아한 환상 속의 모빌리티와는 달리, 실제의 모
빌리티는 마찰과 끈적임과 정지와 권력관계 투성이다. 우리는 이동성
을 갖는 것, 잠재적으로 이동성을 갖는 것, 혹은 이동성을 갖지 않는 것
에 대해서만이 아니라, 어디서·언제·어떻게 그 권력에 저항하거나
대항 운동이 일어나는지도 이해할 필요가 있다. 모빌리티는 항상 우발
적이고, 갈등적이고, 수행적이다. 모빌리티는 결코 자유롭지 않다. 다
양한 방법으로 항상 연결·추적·통제·지배되며, 감시와 불평등 아
래에 놓인다. 성별, 인종, 민족, 계급, 카스트, 피부색, 국적, 나이, 성별,
장애 등의 구분은 사실상 불균등한 모빌리티의 효과로 경험된다.

지난 15년 동안 "새로운 모빌리티 패러다임"으로 불리는 이론적 관
점이 이 문제들을 다루기 위해 발전해 왔다. 2006년 존 어리와 함께 그
기초를 이루는 논문을 내고 학술지 《모빌리티즈Mobilities》를 창간하면서
편집자 서문인 〈모빌리티, 부동성, 계류Mobilities, Immobilities, and Moorings〉
를 쓴 이래, 내 연구는 모빌리티 제도가 글로벌 노스와 글로벌 사우스
에서 행사해 온 불균등한 모빌리티, 불평등, 권력이라는 주제에 초점
을 맞춰 왔다.[30] 나는 연구 네트워크를 만들고, 학술대회에 참석하고,
전문 기구를 창립하고, 여러 권의 책을 쓰면서 새로운 분야를 만들어
온 내 경험에 기반하여 이 책을 썼다.[31]

모빌리티 연구는 대부분의 사회제도와 실천에서 이동이 수행하는
구성적 역할에 초점을 맞추고, 다양한 스케일의 모빌리티, 부동성, 시

기와 속도, 연결과 제한을 관리하는 시스템을 둘러싼 권력의 구성에 주목한다. 모빌리티 연구는 단순히 이동 그 자체에 주목하는 것이 아니라 이동과 정지, 동원과 탈동원, 자발적이거나 비자발적 이동의 효과를 만들어 내는 모빌리티 담론, 실천, 하부구조의 힘에 초점을 맞춘다. 이러한 담론, 실천, 하부구조는 모빌리티 집합이라고 부를 수 있는 것, 즉 행위자actors, 행동actions, 의미meanings에 의해 문화적으로 형성된다. 모빌리티 집합은 누가, 무엇을, 언제, 어떻게, 어떤 조건 하에서 어떤 의미를 가지고 움직이거나 멈추는지를 지배하는 모빌리티 체제의 영향을 받는다. 속도, 그 문화적 가치, 불균등한 분배에 관한 연구도 역시 모빌리티 연구의 범주에 든다. 기후변화, 자동차 이후 및 탄소 이후로의 이행, 대안적 모빌리티에 대한 관심과 분명하게 연결되어 있는 것이다.[32]

이 접근 방식은 사회과학의 '공간적 전환spatial turn'에서 비롯되었다. 공간을 연구하는 사회학에서 결정적인 순간은, 1991년에 영어로 번역된 앙리 르페브르Henri Lefebvre의 《공간의 생산Le Production de l'espace》(1974)과 도린 매시Doreen Massey의 《노동의 공간 분할Spatial Divisions of Labour》(1984) 및 그 후속 연구가 출간되면서 촉발된 논쟁이었다. 후대에 큰 영향을 끼친 이 연구들은 자본이 공간의 내외부로 복잡하고 다양하게 이동하는 현상, 각각의 장소 안에서 나타난 침전물 및 공간적 배치의 형태, 공간과 그 생산을 두고 벌어지는 투쟁을 파고들었다. 도린 매시는 공간이 "상호관계의 산물"이며 "항상 만들어지는 과정"에 있다는 점을 강조하면서 공간의 관계적 분석이 출현하도록 해 주었다.[33] 사회학자

존 어리는 여기에 영향을 받아 공간과 그 생산의 사회적 관계, 다시 말해서 전체 그 자체를 담는 그릇이 아닌 "전체 사이에 존재하는 일련의 관계"로서의 공간에 관심을 기울였다. '이동적 사회학mobile sociology'과 '사회 너머의 사회학sociology beyond societies'을 낳게 한 것이다.[34]

점차 영향력을 확대한 공간적 전환은 세계 정치경제학과 도시화 과정을 다룬 에드워드 소자Edward Soja, 데이비드 하비David Harvey, 나이젤 트리프트Nigel Thrift, 사스키아 사센Saskia Sassen 등 1980~1990년대 공간 이론가들의 작업들과 연관이 깊었다.[35] '흐름'과 '네트워크' 공간에 대한 이론화는 특히 마누엘 카스텔Manuel Castell의《네트워크 사회의 권력The Power of the Network Society》(1996)에서 중요하게 다루어졌으며, 사회 공간 이론 내에서도 모빌리티, 순환, 흐름에 대한 강조가 점점 늘어났다. 이는 스케일화 과정에 대한 관심을 높였고, 에리크 스윈게두Erik Swyngedouw, 케빈 콕스Kevin Cox, 닐 브렌너Neil Brenner와 같은 정치지리학자들이 스케일적 구성의 '권력 기하학'을 구상하는 등 사회 공간적 관계들이 만들어 낸 장소와 자연에 대한 새로운 연구들이 나타났다.[36] 지그문트 바우만Zygmunt Bauman도 모빌리티에 대한 관심을 높이는 데 일조했다. 그는《액체 근대Liquid Modernity》에서 이렇게 말했다. "모빌리티는 누구나 가장 갈망하는 가치가 되었다. 이동의 자유는 언제나 부족하고 불평등하게 분배되는 상품이며, 우리의 후기 근대 또는 포스트모던 시대의 주요한 계층화 요소로 재빠르게 자리 잡았다."[37]

존 어리의《사회 너머의 사회학Sociology Beyond Societies》(2000)은 새로이 떠오른 공간사회학과 인문학적 연구의 핵심 개념으로 모빌리티가 자리 잡도록 해 주었다. 모빌리티 전환을 내건 존 어리와 다른 모빌리티 연구자들은 예전의 모빌리티 연구와 몇 가지 점에서 달랐다. 이들은 모든 형태의 관계적 공간에 대한 존재론적 기반으로서 모든 종류의 '복잡한 모빌리티complex mobilities'를 급진적으로 강조했고, 이러한 정치적·경제적 관계적 공간이 어떻게 관광, 자동차 모빌리티, 소비와 같은 사회적·문화적 실천 속에서 생산되었는지를 문화 분석을 통해 깊이 있게 파고들었다. 예를 들어, 모빌리티 연구자 피터 메리만Peter Merriman은 생성철학process philosophy을 바탕으로, 장소는 과정 중에 있으며 개방적이고 역동적인 공간 형태라는 것을 보여 주었다. 그는 빅토리아 시대 후반 영국의 자동차 문화에 역사적으로 접근하여 '이동-공간'의 간가이라고 할 수 있는 리듬, 힘, 대기, 영향, 물질성을 제시하는 흥미로운 연구를 수행하였다.[38] 마찬가지로 존 어리는 물리적 모빌리티뿐만 아니라 상상적이거나 가상적인 모빌리티를 포함시켜 연구하였다. 대규모 모빌리티 시스템을 분석하면서, 이동하는 모든 주체들의 이동적 상상력을 탐구하였던 것이다.

이러한 관점에서, 모빌리티는 불균일한 모빌리티들의 특정한 배치를 통해 조직된다. 일상적 통근, 이주, 관광, 수학여행, 치료 목적의 여행, 임시적인 일자리, 밀수, 망명, 군대 배치, 긴급 대피, 구호 활동, 그리고 그 밖의 여러 인적 모빌리티들이 여기에 포함된다(이 모빌리티들은 중복되어 동시에 일어날 때도 많다). 수많은 비인간 모빌리티들도 존재한다. 사물, 식물, 동물, 기상, 물, 에너지의 이동을 위한 모든 물류시스템과 인프라가 여기에 들어가며, 이것들은 지구 그 자체의 움직임과도 관계가 있다. 이 모든 복잡성은 모빌리티 분야가 여러 다른 분야와 정책 영역에 개입할 수 있게 한다.

모빌리티 연구는 여러 분야에 영향을 끼쳐 새로운 연구 방향들을 제시했다.[39] 예를 들어, 도시 연구 분야에서 새로운 모빌리티 패러다임은

> 연구자들이 공간, 특히 도시 공간에 대해 생각하는 방식을 변형시켰다. 도시에 대한 관계론적 사고는 도시 공간을 바라보는 닫힌 시각을 무너뜨리고, 도시에 대한 연구와 도시들의 더 넓은 사회적 관계, 연결, 흐름을 조사하는 데 새로운 전망을 열어 준다.[40]

모빌리티 전환은 또한 국경 연구 분야와도 접점이 있다. 국경 연구에서는 국경의 관행, 이동식 국경 관리 과정 등에 주목할 뿐만 아니라, 국경경관borderscapes 같은 새로운 개념도 등장한다.[41] 국제 이주 연구에서는 모빌리티/부동성이 안보 정치와 어떻게 교차하는지를 보여 준다. 안보 정치는 순환 속에 개입하고, 목표를 찾고, 규제를 만든다. 여러 시대와 여러 장소에서 이동성의 실천이 나타나는 움직이는 영역으로 '안보화securitization'를 바라볼 수 있게 해 주는 것이 모빌리티 개념이다.[42] 따라서 새로운 모빌리티 패러다임은 안보 연구, 국제관계, 개발학, 정치경제 분야에도 개입한다.

불균등한 모빌리티와 모빌리티 권리, 윤리, 정의에 관련된 문제도 중요시된다.[43] 차이화 모빌리티, 불균등 모빌리티, '모빌리티', 잠재적 모빌리티, 모빌리티 능력 등의 개념들에, 그리고 권력, 정의, 모빌리티

권리처럼 일반적인 문제들에 이목이 쏠리고 있다.[44] 모빌리티에 대한 관리(혹은 순환에 대한 관리)는 국경의 형성, 영토의 정의, 국가 정치의 출현에 기초한다. 광범위한 학제간 연구들이 정치적인 것을 이동성이 있는 것으로, 혹은 '이동정치적kinopolitical'인 것으로 이론화하기 시작했다. 토머스 네일Thomas Nail이 내놓은 이 개념은 'kino'(운동감각적kinesthetic이라는 단어에서 가져왔다)와 '정치'를 결합한 것이다.[45]

모틸리티motility, 즉 이동의 잠재력은 엘리엇과 어리가 '네트워크 자본network capital'이라고 부른 것에 달려 있다. 모든 사람들은 각기 다른 이동 능력과 이동 잠재력을 가지고 있지만, 일반적으로 특권 집단이 더 많은 잠재력을 통제하고, 더 많은 이동의 편리를 즐기고, 더 다양한 종류의 모빌리티에 접근한다. 네트워크 자본은 이동 가능한 능력의 조합이다. 여권, 비자 등의 적절한 서류와 돈(금융자본), 교육이나 전문적 지위(문화자본)라는 자격요건을 갖춰야 한다. 이동을 위한 물리적 능력을 지니려면 신발, 적절한 옷, 충분한 영양 공급, 몸에 맞는 환경, 여기에 더해 차량과 인프라도 필요하다. 원거리 네트워크에 접속하는 능력(사회적 자본)도 있다. 즉, 통신 장비로 가족과 연락하고 은행 업무를 처리하며 동료와 대화하고, 와이파이 핫스팟을 이용해 어디서든지 정보를 얻고, 시간과 여타 자원을 확보하여 조용하고 안전한 회의 장소를 마련할 능력이다.[46]

이러한 역량들의 배분이나 자본의 형태들은 균일하지 않다. 쉬워 보이는 모빌리티에도 접근할 수 없는 사람들이 많다. 이들은 일상적인 설계로 만들어진 계단에서도, 공중화장실이 부족할 때도, 접근 불가능한 운송 시스템을 이용해야 할 경우에도 곤란한 처지에 놓인다. 이들은 움직일 때마다 마찰을 겪는다. 길거리에서 여성을 희롱하는 소리, 소수자들을 겨냥한 인종 공격, 노숙자나 노점상들을 보도에서 제외시키는 규정을 생각해 보라. 그들은 투옥되거나, 억류되거나, 입국을 거부당한다. 그들은 주변에 괜찮은 교통망이 없고 도시 중심지와 멀리 떨어진 곳으로 밀려나, 사회서비스에 접근하기 힘들고 퇴거 위험이 높은 '식량의 사막'에서 살 수도 있다. 최근에 뉴올리언스의 카트리나, 휴스턴의 하비, 카리브해의 마리아 같은 허리케인이 지나간 후에 우리가 목격한 것처럼, 자연재해는 유통·교통·통신의 여러 형태들을 한순간에 사라지게 할 수 있다. 네트워크 자본을 많이 갖지 못한 사람들은 이 상황을 금방 극복하거나 기댈 수 있는 다른 시스템을 구할 수가 없다.

'이동정치kinetic politics'적 시각으로 보면, 모빌리티는 구성적인 정치적 관계이며 심지어 정치적 관계의 구성이기도 하다. 이주자나 여행자만이 아니라 국경 그 자체와 국가 행위의 기반도 이동한다. 모빌리티 체제 안에는 이동과 멈춤의 복잡한 조합이 있으며, 어떤 이동을 빠르게 하거나 느리게 하거나 멈추게 하는 변경 및 분류 장치를 통해 다양한 흐름들을 구별·연결·분리한다.[47] 모빌리티는 기술적 체계 속에서, 그 체계를 통해 만들어지며, 모빌리티 체계는 이동하지 않는 인프라를 전제로 한다. 인프라적인 성격을 갖는 모빌리티의 계류장은 물리적인 것일 수도 있으나 내재된 규제, 법률, 사법 체계, 관료 체제, 사회 관습이기도 하다. 정치적인 것은, 근본적으로 이동성을 갖는다. 정치적인 경계와 정체성은 모빌리티/부동성im/mobility에 의해 형성된다.

모빌리티 연구에는 규범적인 차원도 있다. 모빌리티 체계의 과거와 현재를 비판적으로 분석하는 선에서 멈추지 않고, 대안적인 모빌리티 문화를 가져올 미래의 변화를 그려 보기 때문이다. 모빌리티 연구는 모빌리티/부동성의 관계들이 사회적 실천을 거치면서 문화적으로 어떻게 만들어지는지를 묻는다. 다음과 같은 질문들이다. 누가 모빌리티의 권리나 머무를 권리를 행사할 수 있는가? 그리고 특정 상황에서 모빌리티를 가질 수 없거나 머무를 수 없는 사람은 누구인가? 국가 통제와 규율 체계는 불평등한 이동 주체로서 서로 다른 특징을 갖는 사람들을 어떻게 역사적으로 창출했는가? 공간 · 영토 · 통신 · 속도를 통제하기 위한 지역 · 도시 · 국가 · 세계의 체계들은 인종 · 성별 · 계층 · 국적 · 성별에 따라 다른, 규율된 모빌리티를 어떻게 생성하는가? 어떤 형태의 대항 권력과 전복적 모빌리티가 이동성을 관리하고 영토화하고 보안화하는 권력에 저항하고 이를 전복하거나 피하기 위한 움직임에 영향을 끼칠 수 있을 것인가?

모빌리티의 정치

지금까지 주장한 바를 요약해 보면, 첫째, 더 강력하고 포괄적인 모빌리티 정의 이론은 복합적인 위기인 기후변화, 도시화, 세계적 규모의 이주에 대처하도록 도와준다. 이 위기들은 모든 스케일에 걸쳐 일상생활에 영향을 미치는, 불평등하고 불균등한 모빌리티라는 공통 현상의 일부분이다. 둘째, 새로운 모빌리티 패러다임은 다중 스케일로 보아야 할 문제들을 해결할 이론적 접근법을 제공한다. 이제 나는 정의에 관한 문제들이 모빌리티의 정치에 어떤 영향을 미치는지를 생각해 보고 싶다.

모빌리티 정의는 권력 및 불평등이 사람·자원·정보의 유통에서 나타나는 모빌리티 및 부동성의 불평등한 양식들을 형성하면서 이동의 지배와 통제에 어떤 영향을 미치는지를 파악하는 데 아주 중요한 개념이다. 사람들 간의 상호관계 같은 미시적 층위에서부터, 도시 교통정의와 '도시에 대한 권리'에 관한 중간 층위, 그리고 여행과 국경이라는 초국가적 관계, 그리고 궁극적으로는 세계 자원 흐름과 에너지 순환에 이르는 거시적 층위에 이르기까지 다양한 스케일에 걸쳐 있는 모빌리티 정의를 상정해 볼 수 있다. 이 책에서 나는 흩어진 역사를 연결하고, 모빌리티 정의 이론에 신체·거리·도시·국가·세계에 대한 발견술적heuristic 스케일들을 적용하려고 한다.

권력의 한 형태인 모빌리티에 대한 통제는 오랜 역사를 가지고 있다. 하가르 코테프Hagar Kotef는 모빌리티에 대한 자유주의적 통치를 연구하면서, "누군가의 자유로운 이동이 타자의 존재를 제한, 은닉, 심지어 부정"하는 이동의 체제라고 말할 수 있는 자유주의의 역사를 추적했다. 이동의 자유에 대한 이 미묘한 시각은 자유주의적인 모빌리티 정의 이론에 흥미로운 난제를 제기한다. 코테프는 "운동에 대한 통제"가 "주체의 위치가 형성되는 방식에서, 그리고 어떤 체제가 특정한 정치적 질서를 수립하고 형성하는 방식에서 항상 중요한 문제"였다고 주장한다. 자유주의적인 시각에서는 주체성, 권력, 자유가 이동을 스스로 통제하는 행위에 달려 있다고 본다. "자유로운 주체는 본질적으로 움직이는 주체이며, 그 가장 근본적인 자유는 이동의 자유"라는 것이다.[48] 그러나 자유로운 주체와 시민이 영토국가의 비호를 받으며 잘 조율된 이동의 권리를 통해 형성되듯이, 차이화를 낳는 동일한 과정은 배제·격리·감금·폭력을 겪는 '타자'들을 탄생시킨다. 오늘날의 불균등하고 불평등한 모빌리티를 이해하는 데 아주 중요한 지점이다.

코테프는 자유주의 이론의 시조 격인 홉스Thomas Hobbes와 로크John Locke로 거슬러 올라가 어떤 분열을 찾아낸다. 두 사상가의 진술이 약간씩 다르긴 하지만, 시민과 시민이 아닌 자들의 모빌리티를 분리하여 보는 것은 마찬가지다. "① (법적인 규정에 따르는 것이라기보다는 인종, 계급, 민족, 젠더적인 총체인) 시민은 덕성을 갖추었고 목적이 분명하고 합리적이며 혁신적이기까지 한 모빌리티를 보이며, 따라서 이들의 모빌리티는 더 확대되어야 한다. ② 다른 집단들의 이동은 파괴, 위험, 탈법을 낳는다."[49] 이 구분은 오늘날에도 여전히 남아 있다. "어떤 사람들은 이동이 자유의 표현이며 따라서 더 많은 이동을 해도 좋다. 하지만 어떤 사람들은 이동의 자유를 가지면 문제를 일으키며 따라서 규제받아야 한다." 코테프는 이스라엘이 검문소를 설치하고 팔레스타인의 모빌리티를 통제하는 현실을 분석해 주장을 전개해 나가면서 우리가 더 넓은 시야를 갖추어야 한다고 강조한다. "세계의 어떤 지역을 여행해 보아도 이주와 월경에서, 검문소 배치에서, 빈곤 지역과 점령지에서, 우리는 여전히 이 구별을 마주한다."[50]

유럽과 미국, 그리고 백인 정착민들의 나라인 호주의 현행 국경 및 보안 정책에서 우리가 목도하고 있는 것이 바로 이러한 분열이다. 경찰의 감시, 특정 인종에 대한 불심검문, 유색인종에게 편중된 투옥 비율 등은 이들 국가 내부의 논란거리이기도 하다. 코테프의 주장은, 이동 공간을 더 접근 가능하고 포괄적인 것으로 만든다 하더라도 단순히 도시 접근성을 높이는 것만으로는 왜 모빌리티 정의를 달성하기에 충분하지 않은지를 이해하게 해 준다. 교통정의 개념은 공간을 움직임이 담기는 그릇으로 취급한다. 코테프도 인용한 도린 매시의 말처럼, 공간을 "우리가 놓여 있는 표면"으로 보는 것이다.[51] 교통접근성을 높이는 것, 일반적으로 말해 도시 공간으로의 접근성을 강화하는 것은 해결책이 될 수 없다. 부당한 모빌리티를 만드는 근본적인 과정과 관계들을 무시한다면 말이다. 이는 교통의 표면 아래에 있고(단순히 겉으로 보이는 신체의 문제만은 아니며), 도시 너머에 존재한다(전 세계적 맥락을 고려해야 한다).

코테프는 "공간은 이동을 허용하거나 막으면서 정치적으로 변한다. 모빌리티/부동성이 만들거나 막는 관계들이 정치적 공간을 만든다"고 주장한다. 그러므로 모빌리티 정의를 위한 투쟁은 핵심적인 정치투쟁이다. 공간과 이동에 대한, 그리고 공간과 이동이 형성하거나 와해시키는 권력관계에 대한 투쟁들을 포괄하기 때문이다. 코테프에 따르면, "이동은 정치적 공간의 속성 중 하나다. 정치적 공간은 대개 움직이는 공간이다. 따라서 이동은 정치 영역을 해부하려면 첫 번째로 선택해야 하는 대상이다."[52] 행진하고 집회를 열며 파업을 벌이고 피켓을 들거나 점거를 시도하는 권리, 공공장소에서 발언할 권리, 임의로 체포되지 않을 권리. 이 모두는 이동의 권리에 달려 있다. 어떤 도시나 국가의 내부 정치에서도, 외부를 향한 정치에서도 이 말은 옳다. 국경, 시민권, 목소리, 탈출, 감금, 자유를 놓고 벌어지는 투쟁들에서도 마찬가지다.

  (이동하는 것만이 아니라 머무를 권리도 포함하는) 모빌리티의 잠재력을 '전유'할 수 있는 사람은 누구인가? 지속 가능한 운송과 접근성에 대한 우리의 이해 방식은 인종·젠더·(비)장애 등 미시적 정치와, 모빌리티 인프라의 계획·설계·건설이라는 중간 규모의 정치와, 이주·인종·국경·여행이라는 거시적 지리 정치, 그리고 마지막으로 세계 에너지와 물질 흐름의 더 넓은 지리생태학적 관점에 기댄다면 어떤 식으로 변화할 수 있는가? 이것들은 정치적 질문일 뿐만 아니라(특정한 문맥에서 모빌리티에 대한 어떤 권리가 존재하며 이는 어떻게 행사되거나 보호받는가?) 윤리적인 질문이기도 하다(모빌리티의 어떤 능력이 모두에게 높이 평가되거나 옹호되거나 확장되는가?).

  사회운동은 상호연결된 모빌리티 정의 문제에 주의를 환기시키고 이를 이론화하는 데 매우 중요한 역할을 했다. 노예해방 운동부터 노예제 폐지, 19세기에 시작된 교통정의 투쟁, 미국 시민권운동에서의 버스 탑승 시위와 연좌 농성에 이르기까지, 사회운동은 공간 모빌리티에 대한 접근 문제로 구체화된 인종 불평등을 계속 주목하게 했다. 이는 단순한 교통 문제가 아니었다. 역사학자 로드 클레어Rod Clare는 '흑인의 생명도 소중하다BLM' 운동도 미국 흑인 모빌리티 투쟁사에서 가장 최근에 벌어진 사건일 뿐이라고 본다.

BLM의 등장과 이들의 주장을 살펴보면, 흑인 모빌리티가 오랫동안 제기된 문제였음을 알게 된다. 흑인은 언제, 어디로 갈 수 있는가? 이 질문은 지금의 아프리카계 미국인들에게만이 아니라 그들이 겪은 고난의 역사에도 해당된다. 흑인 모빌리티 개념은 아프리카계 미국인들이 노예로 끌려온 이래 근본적인 질문의 대상이었다. 이들의 운동이나 조직은 언제나 엄격한 감시 대상이었고 법으로 금지되거나 노예 순찰대의 탄압을 받았다. 노예해방 이후에도 20세기에 이르기까지 남부를 비롯한 여러 지역에서 흑인단속법, KKK단의 테러, 소작농 계약, 도시 구역제, 흑백 분리 정책, 그 밖의 다양한 수단을 통해 비슷한 상황이 지속되었다.[53]

이런 관점에 기반해 나는 자유주의적 서구의 탈노예제·탈식민 체제 하의 모빌리티 관리가 계급, 인종, 성별, 장애, 젠더, 시민과 비시민으로 구분되는 주체 형성의 기초를 이룬다고 주장한다. 백인우월주의 사회가 흑인, 유색인, 원주민, 이주해 온 다양한 '타자들'을 감시한다는 사실에만 주목해서는 안 된다. 인종, 성별, 성적 경계와 모빌리티에 대한 끊임없는 감시야말로 이동성을 갖춘 백인, 이성애자 남성, 국민적 주체를 구축하고 이에 힘을 부여하여 백인 권력의 기초를 마련하기 때문이다. 이 권력은 자유로운 모빌리티라는 지배적 내러티브를 지탱해줄 타자를 발견해야만 유지된다. 자유로운 모빌리티는 서구 사회에 깊숙하게 뿌리박힌 환상이다. 확 뚫린 길, 개척자를 기다리는 땅, 낙원의 섬, 야생의 정복, 빠른 속도가 주는 쾌감. 달리 말하자면, 이동정치

Kinopolitics는 "자유와 부자유 사이"에서 흔들리고 있는 현실의 존재론적 기반이다.[54]

　모빌리티 정치는 비서구 문화에서 다른 형태를 취할 수밖에 없겠으나, 모빌리티/부동성 내부의 젠더·성별·인종적 차이를 지배·관리하는, 서로 다른 정치 문화와 모빌리티 체제들을 다룰 이동정치의 비교역사학은 아직 등장하지 않았다. 나의 연구는 주로 서구의 불균등한 모빌리티에 초점을 맞추겠지만, 현재 진행 중인 세계적 모빌리티 위기가 전 인류와 비인간 세계에 영향을 미치는 광범위한 영향을 포착하기 위해 노력할 것이다. 또한 이 연구는 도시환경과 도시화를 강조하긴 하지만, 이를 자원 획득을 위해 먼 '미개척지' 영역까지 끌어들이는 운영 환경이자 비도시 지역과 네트워크를 통해 연결된 곳으로 이해한다. 비도시화 지역 및 외딴 지역 내 모빌리티는 불평등한 접근성이 야기하는 다른 차원의 문제들을 낳지만 여기에서는 충분히 다루지 못했다. 농업·어업·식품 가공 분야의 젠더화된 측면이나, 농업·관광·계절별 노동에서 임시 이주노동자들의 고용 문제, 광업과 석유 시추 산업에서 여기저기로 옮겨 다니는 노동 인력을 사용하는 것, '저속 모빌리티' 경험이나 외딴 지역에서의 통신 접속 문제들이 이에 해당한다.

　모빌리티 정의 개념은 운송 정의, 인종정의, 환경정의 영역에 빚진 바가 많지만, 모든 형태의 이동과 관련되어 있고 다양한 모빌리티/부동성과 모빌리티 인프라를 관리하는 광범위한 기술들에 초점을 맞춘다는 점에서 차이가 있다. 인문학과 사회과학의 학제간 연구인 새로운 모빌리티 패러다임의 가능성은 (계급, 인종, 성별, 장애, 성별 문제처럼) 사회정의를 위한 구체적인 운동, 교통정의와 접근성을 확보하기 위한 투쟁, 도시와 공간정의에 대한 권리 주장, 이민자 권리 운동, 원주민 권리 운동, 탈식민주의 운동, 나아가 기후변화와 인식론적 정의epistemic justice 의 차원까지를 한데 아우른다는 점에서 찾을 수 있다. 모두가 하나의 공통된 틀 아래 들어가는 것이다. 이는 정치적으로 더 효과적인 연대를 형성하고, 가깝거나 먼 미래에 우리가 이동하고 모이며 거주하고 살아가는 방식을 결정할, 우리에게 절박한 사태들에 대처할 길을 마련해 줄 것이다.

《모빌리티 정의》에서는 다중 스케일 속에 존재할 대안적인 미래의 모빌리티 전망을 서술하면서, 각 장마다 개별 스케일에 입각한 모빌리티 정의의 특정 원칙을 구체적으로 제안한다. 이 제안들은 우리를 현행 도시정책에서 사용되는 제한된 교통정의 영역과, 도시 스케일 및 지역 정치에 묶여 있는 경우가 많은 공간정의의 개념을 넘어, 모빌리티의 기치 아래 여러 정치적 투쟁들이 하나로 모이는 더 포괄적이고 총체적인 패러다임을 향해 나아가게 한다. 요약하자면, 완전한 모빌리티 정의 이론은 다음과 같은 부당한 모빌리티의 요소들을 다루어야 할 것이다.

ⓐ 젠더 · 인종 · 나이 · 장애 · 섹슈얼리티 등의 구체적 관계들과 연결되는 부당성. 여성해방 투쟁, 퀴어와 트랜스젠더의 권리, 장애인 권리뿐만 아니라 노예화, 저항, 인종 형성, 계급투쟁이라는 서구 자본주의 역사를 배경으로 한다. 이 각각은 모빌리티의 권리, 접근성의 권리,

공공의 장에 나설 권리에 대한 요구를 수반한다.

ⓑ '도시에 대한 권리'를 위한 투쟁. 불평등한 모빌리티와 도시 · 지역 · 국가 · 세계 공간의 불균등한 발전에 도전하는 방법인 이동의 자유와 집회의 권리 행사를 포함한다.

ⓒ 국경, 이주, 기타 초국가 모빌리티와 관련된 운동. 합법적 노예, 인신 매매, 여성에 대한 폭력, 추방 시스템, 미등록 이주자 체포 및 감금, 난민 및 망명 정책, 국경장벽 건설, 생체인식 데이터베이스 등을 문제 삼는 운동들이 이 범주에 든다.

ⓓ 세계 자본주의 체제에서 상품, 자원, 에너지, 공해, 폐기물의 유통에 관한 정치. 세계 자본주의 체제는 지구 상의 물질 배분에서도, 또 물건을 옮기는 물류 인프라가 지역에 끼치는 영향에 대한 고려에서도 절차적 정당성을 결여하고 있다.

나는 지속 가능한 도시, 교통정의, 도시 접근성에 대한 논쟁이 식민주의, 국경, 관광, 이주 등의 문제를 포함한 더 넓은 초국가적 모빌리티 체제의 맥락에서 이루어져야 한다고 주장한다. 이제 우리는 이런 질문들에 대응해야 한다. 모더니티 속에서 '이동성'을 갖추기 위해 우리가 포기한 모빌리티/부동성은 무엇인가? 우리는 어떤 규범적 · 지배적인 이동의 벡터에 연결되는가? 아니면 반대로 차단되는가? 우리는 그 어느 때보다도 이동성이 높아지는 세계를 어떻게 묘사할 것인가? 그 이야기는 대중 운동의 무력화 혹은 강제적인 모빌리티 형식들을 어떻게 감추는가?

모빌리티가 항상 자유의 일부가 될 수는 없다. 집에서 쫓겨나고, 땅이나 국적을 잃고, 노예가 되거나 인신매매당하거나 끊임없는 불안 속에서 임시 수용소에 강제수용된 사람들에게 모빌리티는 강제적이다.[55] 모빌리티는 심지어 이동의 특권을 지닌 엘리트들에게도 제약이 될 수 있다. 이들은 언제나 '이동하는 삶'에 매여 있는 사람들이다. 다른 사람 집의 쇼파에서 잠을 자거나 밴을 끌고 다니며 거기서 숙식을 해결하는 사람들은 말할 것도 없고, 적당한 가격의 주택을 찾지 못해 로스앤젤레스 같은 도시에서 임시 주차 공간을 찾아 옮겨 다니는 사람들, 아마존 창고형 매장 일이나 계절제 일자리를 찾아 이곳저곳 돌아다니는 사람도 여기에 속한다.[56] 모빌리티 정의는 우리가 어떻게, 언제, 어디로 이동하는지를 넘어 어떻게, 언제, 어디서 사느냐에 관한 것이도 하다.

지배적인 모빌리티 체제에 대한 저항의 한 형태일 수도 있는 '전복적 모빌리티subversive mobilities'도 마찬가지로 중요하다. 역사학자 제이콥 셸Jacob Shell은 "국가관리에서 벗어난 모빌리티 양식, 그리고 탈주 및 연결의 반항적 지리학"과 관계 있는 많은 행위들을 추적했다. 이 행위들은 사막의 낙타 행렬, 시골 언덕을 가로지르는 노새 행렬, 북극의 썰매 개, 남아시아의 코끼리처럼 동물 모빌리티의 전복적 형식을 이용할 때가 많다. 인류학자 제임스 C. 스콧James C. Scott은 동남아시아 고원 지대의 국가 경계 바깥, 조미아Zomia라고 불리는 넓은 지역에서 "국가의 간섭을 받지 않고 언덕, 습지, 늪, 망그로브 해안, 그리고 강어귀의 미로 같은 수로에 살았던 사람들"에 관한 흥미로운 이야기를 기록했다. 이 국가 바깥의 주변 지역, "국가권력으로부터의 피난처, 비교적 평등하고 신체적 모빌리티에 의존한 지역"에서는, 완전히 국가의 통치 바깥으로 나가지는 못하더라도 그 손길에서 벗어나려는 사람들의 끊임 없는 이동이 나타났다.[57]

근대 초기 노동계급을 다룬 역사학자들은 "대서양을 장악한 초기 제국주의 속에서 생각치도 못한 방식으로 광대한 공간 네트워크를 따라 나타난 놀라운 연결"을 묘사했다[58] 피터 라인보우Peter Linebaugh와 마커스 레디커Markus Rediker는 노예제도, 강제이주, 착취, 감금이 판치는 와중에 "선원, 항해사, 범죄자, 연인들, 통역가, 음악가"와 "온갖 종류의 이동 노동자들이 새롭고 예기치 못한 만남"을 겪으면서 이동의 세계를 형성했다고 주장했다. 여기서 영감을 받은 데브 코웬Deb Cowen은 현대 세계의 유동적 인프라 공간에서 비슷한 과정이 만들어지고 있다고 보았다. "아랍의 봄, 월스트리트 점거 운동, 소위 소말리아 해적, 물류 노동자들의 세계적인 운동, 그리고 새로운 수탈에 대한 토착민들의 저항"들은 그 정치적 차이에도 불구하고 "물류 공간을 다르게 점유하고 조직할 수 있는 가능성을 제시한다"는 것이다.[59] 그리고 우리는 여기에 모빌리티의 정치를 하나 추가할 수 있다. 바로 이동정치적 투쟁이다.

역사적으로 전복적인 모빌리티들이 지배적 모빌리티 체제의 부당함에 도전하고 다른 인식론적 의미와 공간적 이동을 보여 주었다면, 현대의 이동정치적 대안에도 희망은 있다. 대항적 모빌리티의 정치를 구상할 때, 우리는 이런 질문들을 마주한다. 모빌리티의 정치에서는 어떤 이동적 존재론이 작동하고 있는가? 좀 더 정의로운 모빌리티의 배치를 옹호할 이동적 대중은 어떤 이들인가? 모빌리티의 정치가 정치의 모빌리티에 달려 있다면, 어떻게 하면 새로운 이동정치를, 나아가 새로운 이동적 공유재를 만들어 낼 수 있을까?

1장

모빌리티 정의란
무엇인가?

모빌리티의 자유는 보편적 인권으로 간주되지만, 실제로는 계급·인종·섹슈얼리티·젠더·능력에 따른 배제가 존재한다. 공공영역, 시민권, 자원에 대한 접근, 모빌리티 수단 등 온갖 스케일에 걸쳐서 모빌리티의 자유는 제한되고 있다. 여러 면에서 모빌리티 정의는 그 자체가 유동적인 개념이다. 정의justice를, 스케일들과 영역들을 가로질러 움직이는 불안정한 구성이라고 보기 때문이다. 1장에서는 모빌리티 정의를 폭넓게 이해하게 해 줄 정의에 관한 이론들을 소개한다. 교통과 관련이 있는 철학적 접근들(공리주의, 자유주의, 평등주의, 역량 접근법 capabilities approaches 등)을 논의하고, 정의의 실천에 대한 다양한 이해들 (숙의deliberative, 절차procedural, 참여participatory 등)을 탐구하며, 공간정의(환경정의, 교통정의, 기후정의)에서 중요시하는 정의 이론 및 그 실천의 맥락을 살펴볼 것이다.

그러나 대부분의 정의 이론은 정주定住해 있다. 즉, 대상을 존재론적으로 안정되거나 이미 존재하는 것으로, 움직이기 전에 이미 멈춰 있는 것으로 취급한다. 이와 달리 새로운 모빌리티 패러다임은 다양한 장소 및 스케일들과 연결된 모빌리티 속의 불평등이 만든 결과를 추적할 뿐만 아니라, 정의 자체가 우연적 주체, 구성된 맥락, 실천의 일시적 순간, 정치적 참여의 유동적 집합임을 보여 주어 이동적 존재론의 발전을 가능하게 한다. 정의는 한번 달성되면 끝나는 상태나 충족해야 할 추상적인 조건들이 아니라 다양한 모빌리티/부동성들의 상호작용이 근본을 이루는 창발적 관계의 과정이다. 가장 중요한 것은, '교통정의' 같은 하나의 현상을 따로 관찰할 수는 없다는 사실이다. '공간정의' 개념이 지금의 정치적 투쟁들을 살아 있게 만드는, 모빌리티에 관련된 문제들을 다 포괄하기는 어렵다.

그 대신에 우리는 접근성과 신체 이동의 자유를, 공평한 인프라와 이동의 권리를 보장해 줄 공간 디자인을, 공정하고 정당하며 지속 가능한 교통 형태와 환경에 해를 덜 끼치는 생태적 도시성을, 자연 자원의 공평한 세계 분배와 이동 및 거주의 권리를 결합시키기 위해 노력해야 한다. 모빌리티 정의/불의mobility (in)justices는 이 모든 행위들에 걸쳐 하나에서 다른 하나로 이동해 나가며, 이들을 하나로 모으기도, 다시 튕겨 나가게 하기도 한다. 실제로, 모빌리티 불의不義는 누군가가 어떤 공간에 '들어간' 후(예를 들어 여행객이 차에 탄 후, 사람들이 도시 공간에 모인 후, 이민자가 새로운 나라에 입국한 후)에 발생하는 것이 아니라, 불공정한 공간 조건과 차별적인 주체가 만들어지는 과정에서 나타난다.

철학적으로, 모빌리티 정의는 다중 스케일과 상호작용의 실행 장소들을 연결하는 이동적 존재론으로 가장 잘 조명할 수 있다. 정의에 관한 다른 이론들과 마찬가지로 이동적 존재론도 공평성 · 형평성 · 포용성을 중시하는 평등주의적 관점에 기반하나, 우리는 또한 ① 모빌리티 정의의 개념을 교통에만 한정짓지 말아야 하며, 도시 스케일의 공간만을 상상해서도 안 된다. ② 신체성corporeality, 관계성relationality, 물질성materiality, 접근성accessibility에 대한 페미니즘, 인종주의 비판, 장애 및 퀴어 이론의 관점으로 이를 보완해야 한다. ③ 세계의 원주민, 비서구, 탈식민 경험과 그 이론적 관점을 참고하여 역사적 지평을 확보해야 한다.

기존의 경직된 정의 이론은 그보다 유연한 개념적 틀과 다중 스케일적인 관계를 이미 인식하고 있는 사회운동들과 보조를 맞추지 못했다. 댐과 파이프라인 같은 거대 인프라 공사에 반대하는 최근의 원주민 시위들, 2011년 이후 사회적·경제적 불평등에 저항하여 일어난 국제적인 점거 운동, 체계적인 인종차별주의에 대항하여 2013년 시작된 '흑인의 생명도 소중하다' 운동(경찰의 아프리카계 미국인들에게 대한 총격 사건이 시발점이었다), 초국가적으로 펼쳐지고 있는 여성 권리 향상을 위한 페미니즘 운동, 과거 멕시코에서 일어난 사파티스타 운동 등은 모두 지역에 기반하면서도 세계적으로 움직인 리좀Rhizome적인 형태였다. 모빌리티 정의는 인종적 모빌리티 관리, 보안 강화, 정의롭지 못한 영토 관리(축출, 배제, 퇴거, 감금, 추방)의 체제인 신자유주의와 신제국주의의 성채에 맞서, 이러한 이동정치적 움직임이 왜 꼭 필요한지, 어떻게 만들어지는지, 유지되고 확장될 수 있는 길은 무엇인지를 이론화하는 방법이다.

모빌리티 정의를 더 넓은 시야로 바라보려면 식민지 역사에 지속적인 관심을 기울이고 세계 모빌리티/부동성의 현대적 형태 및 양식이 어떻게 역사적으로 형성되었는지를 이해해야 한다. 그래야만 모빌리티 정의 이론은 접근성과 인프라 계획에 관련된 일상적 정책 결정에 초점을 맞추는 교통정의 차원(물론 이 차원도 중요하다)에서 벗어날 수 있다. 그리고 특수한 장소로서의 도시에 초점을 맞추고 도시 형태를 구분짓는 공간정의도 넘어서게 될 것이다. 교통정의나 공간정의처럼 국가에 기반한 도시 중심의 모빌리티 정치는 공간적으로 기업화된 도시로 고정되면서, 도시를 찬양하고 '스마트 시티', '커넥티드 모빌리티'를 내세우며 젠트리피케이션gentrification을 낳는 흐름 속에 너무 쉽게 흡수되었다.[1]

더 강력하고 다면적이며 역사적인 모빌리티 정의 이론이, 더욱 깊고 광범위한 식민지 · 신체 · 세계 역사와의 상호 관계를 바탕으로 정치 활동과 사회를 결합할 방법을 찾아내기를 희망한다. 이를 통해 지금까지 분리된 채로 있었던 운동들이 더 강력하게 통합되기를 바란다. 모빌리티 정의는 현재 정치적 위기에 직면한 사람들이 사회과학의 도움을 받을 수 있는 길도 제시해 줄 것이다.

모빌리티 정의는 교통정의 개념과 유사해 보인다. 실제로 최근 들어 모빌리티는 단순히 '교통'을 대신하는 말로 쓰이기도 한다. '모빌리티 서비스'나 '사용자 주문형 모빌리티' 같은 용어가 등장했고, 포드 등의 자동차회사들은 스스로를 가리켜 '모빌리티 회사'라고 부른다. 모빌리티 정의는 그 폭이 넓고 여러 스케일을 포괄한다는 점에서 공간정의 개념과 가장 유사하다고 볼 수도 있다. 그러나 나는 모빌리티 정의가 교통정의나 공간정의라는 기존 개념과 어떻게, 왜 다른지를 앞으로 강조하려고 한다. 이 개념들은 이동적 존재론에 입각하지 않았고, 그래서 우리의 과업을 떠맡기에는 역부족이다.

기존의 정의 이론을 극복하면서 다양한 비판적 관점을 정의 개념에 적용하면 더 포괄적이고 유연하며 유동적인 모빌리티 정의 개념을 발전시킬 수 있다. 불균등한 모빌리티/부동성의 식민지적·인종적·젠더적 역사에 대한 탐색을 기반 삼아, 1장은 모빌리티의 자유에 대한 자유주의적 이론을 비판하고, 식민주의의 역사와 모빌리티의 식민지 관리를 조명하며, 불균등하고 차별적인 모빌리티에 대한 지리생태학적 인식을 설명한다. 교통정의나 공간정의 연구에서 통상 다루는 범위보다는 훨씬 광범위한 주제들을 이야기하는 이 책은 정의 이론들의 결집을 노린다. 자유주의적 정의 이론이나 접근성과 도시 공간에 대한 분배적 접근만으로는 서로 다른 신체들, 불균등 공간, 서로 복잡하게 얽힌 여러 스케일 등의 모든 문제들을 포괄하는 모빌리티 정의를 다루기에는 턱없이 부족하다. 이 문제들은 이 책의 나머지 부분에서 상세하게 살펴볼 것이다.

교통정의를 넘어

모빌리티 정의 이론이 튼튼한 토대를 갖추려면, 먼저 정의에 대한 다양한 철학적 접근 방식들 간의 관계를 이해해야 한다. 앤서니 페레이라Anthony Perreira, 팀 슈바넨Tim Schwanen, 데이비드 배니스터David Banister는 철학적 토대가 빈약했던 교통정의 분야에 다양한 정의 이론들이 어떻게 적용될 수 있는지를 논의하였다. 공리주의, 자유주의, 직관주의에서 말하는 정의가 어떤 한계가 있는지를 검토한 다음, 미국 철학자

존 롤스John Rawls의 분배적 정의 이론과 철학자 아마르티아 센Amartya Sen과 마사 누스바움Martha Nussbaum의 역량 접근 방식CA을 결합한 것이다.[2] 이들의 논의는 교통 문제와 관련해서는 어느 정도 가치가 있지만 시야가 너무 좁다는 한계 또한 가지고 있다.

페레이라 · 슈바넨 · 배니스터는 정치학자 낸시 프레이저Nancy Fraser, 윌리엄 킴리카William Kymlicka, 아이리스 마리온 영Iris Marion Young의 연구를 바탕으로 정의를 이렇게 규정했다.

정의는 아래의 사항들과 관련된 광범위한 도덕적 정치적 이상理想이다. ① 사회에 이익과 부담이 분배되는 방식(분배 정의). ② 결정과 분배에서 과정과 절차의 공정성(절차적 정의). ③ 인정받고 실현되어야 할 권리와 자격.[3]

모빌리티 정의를 논의할 유용한 출발점이기는 하나, 이들은 인식 · 체현 · 숙의 과정에서의 배제 문제에 집중하는 페미니스트들의 정의 이론은 다루고 있지 않으며(영과 프레이저의 페미니스트 철학은 여기에 중점을 둔다), 공간화 과정에 집중하는 '도시에 대한 권리' 문제에도 관심을 두지 않는다.[4] 다시 말해, 이들은 교통에만 초점을 맞추고 모든 개인이 비슷한 신체를 가진 것처럼 가정한다.

철학적 관점에서 볼 때 오늘날 교통계획에서 가장 전형적으로 나타나는 것은 공리주의적 관점으로, 교통에 대한 투자가 어디로 향해야 하는지를 결정하는 비용-편익 분석CBA의 형식을 취한다. 페레이라 ·

슈바넨·배니스터는 공리주의가 개인들 간의 분배가 아니라 총체적 유용성을 따진다는 한계를 지적했다. 누군가의 우선권이 다른 사람들의 자유를 침해하거나 축소시킬 수 있으며, 최대 다수의 행복이 개인의 권리는 존중하지 않는 결과를 낳을 수 있다는 사실을 공리주의가 간과했다는 것이다. 구체적인 예를 들자면, 교통계획을 짤 때 비용−편익 분석은 고임금의 사업가(주로 남성)의 시간을 빈민, 실직자, 재택근무자(주로 여성. 임금을 받는 경우도, 아닌 경우도 있을 것이다)의 시간보다 높이 평가하는 경향이 있다. 비용−편익 분석은 가장 효율적으로 A지점과 B지점을 연결하는 것이 교통이라는 가정에 기대고 있으며, 고소득자(고액 세금 납부자)를 우선순위에 놓는다.

공리주의적 비용−편익 계산은 대중교통이나 도보 이동보다는 자동차 인프라나 고속도로에 더 많이 투자하도록 유도할 때가 많으며, 누군가에겐 해를 입히고 누군가에겐 이익을 가져다주는, 자동차가 지배하는 지금의 상황을 조성했다. 페레이라·슈바넨·배니스터는 "공리주의적인 관점에서 보면 도로를 확장하기 위해 도로변에 살던 수백 명을 퇴거시켜도 전혀 문제가 되지 않는다. 이들이 적절한 보상을 받지 않았더라도 마찬가지다."라고 했다.[5] 예를 들어, 미국의 도시고속도로 건설은 유색인들이 주로 거주하는 가난한 지역의 대기오염을 가중시킨다. 또, 이들의 교통 투자 요구가 받아들여지지 않으면서 이들은 더욱 위험한 도로 환경 속에서 살 수밖에 없다.[6] 교통 문제가 효율적인 이동에만 초점을 맞추는 바람에, 거리와 이웃과 지역사회 사이의 연결은 끊기고 그로 인해 다양한 사람들의 생계·복지·건강이라는 가치는 무시되는 것이다.

또한, 비용-편익 분석은 공간을 교통 인프라가 이동해 지나가는 빈 배경이라고 가정한다. 이동적 존재론의 관점에서 보면, 일부의 유용성을 극대화하느라 다른 사람들의 공간을 희생시키는 것은 불공평한 이동적 정치적 주체를 만드는 권력관계의 재생산이라고 할 수 있다. 리드-무슨Reid-Musson의 말처럼,

> 자동차를 소유하는 것과 소유하지 못하는 것은 지금의 북아메리카에 존재하는 계급, 젠더, 시민권, 능력, 인종에 따른 분열을 그대로 드러낸다. … 더 많은 특권을 가진 집단이 안심하고 이동할 수 있게끔 안전하고 효율적인 여행을 보장하고 통신 인프라를 마련하려는 시도는, 불안한 빈민층 · 유색인종 거주지를 우회하거나 가로지르는 이동 공간 건설로 귀결되었다.[7]

따라서 특권층의 안전, 보안, 효율성, 편의를 보장하는 모빌리티를 위해 존재하는 인프라는 다른 사람들이 함께 향유할 수 없는 공간을 형성할 뿐만 아니라, 평가절하된 공간을 우회하고 갈라 놓아 불안과 불편을 유발한다.

모빌리티의 분배는 강력한 힘을 가진 집단이 공공장소와 길거리를 점유하고 정치적 의사결정을 지배하도록 불균등한 네트워크 자본을 구축하는 방식으로 공간을 재구성한다. 다른 이들은 여기서 소외되거나, 한데 모일 수가 없거나, 그 장소에 머무르기 불가능하게 된다. 이들

의 '편익'은 그다지 중요하게 취급되지 않고 이들에게 들어갈 '비용'은 총계 분석에서 무시되기 때문이다. 배제되거나 소외된 집단에 속한 사람들이 보도·거리·통로 등의 공공장소에 들어갈 때, 이들은 그들의 모빌리티에 대한 감시와 억압에 직면하게 된다. 노숙자와 '부랑자'가 앉거나 누워 있지 못하게 막고, '성노동자'가 특정 지역을 배회하지 못하게 하고, 노점상을 주요 지역에서 몰아내고, 경찰에게 유색인을 불심검문할 수 있는 권한을 부여하는 정책들을 예로 들 수 있다.[8]

공리주의와 달리, 정의에 대한 자유주의적 접근은 개인의 권리와 자유시장에 기반한 분석 틀에 전적으로 기댄다. 자유주의자들은 이상적인 조건 아래에서라면 자율규제 시장이 가장 정당한 결과를 가져온다고 가정한다. 그러나 이 가정은 틀릴 때도 많다. 공공보조금, 시장의 실패, 시장에 근거하지 않는 결정 과정 등과 관련될 때가 많은 교통 인프라에서 특히 그러하다.[9] 도덕철학자 마이클J. 센델Michael J. Sandel(나는 하버드에서 그의 유명한 '정의' 강의를 들었다)은 '자유롭게' 보이는 계약에도 자유로운 동의와 선택을 불가능하게 하는 불공정한 권력이 끼어든다고 주장한다. 권력을 쥔 자들이 선택을 완전히 지배하여 하위 집단의 자유로운 동의를 막는 방식으로 공공영역을 형성하기 때문에, 교통과 같은 공공재는 시장의 결정에 맡겨 두어서는 안 된다. 페레이라·슈바넨·배니스터에 따르면, 자유주의적 개인주의는 별다른 제한 없이 공공재를 사용하게 하므로 "혼잡, 대기오염, 교통사고처럼 부정적인 효과"를 낳을 수도 있다.[11]

페레이라·슈바넨·배니스터는 철학자 로버트 노직Robert Nozick의 정의에 대한 직관주의적 접근도 받아들이지 않았다. 상대주의에 기초한 다원론적 도덕 이론인 직관주의는 모든 결정이 맥락 의존적이며 궁극적으로 임의적이라고 보기 때문에, 이에 따르면 우리는 정의에 대한 서로 다른 판단 사이에서 미묘한 균형점을 찾아내야 한다. 이 연구자들은, 교통에 관한 결정을 내려야 하는 상황에서는 서로 경쟁하는 도덕적 가치들 사이에서 희미하게 느껴지는 직관에 의존하는 것이 그다지 도움이 되지 않으며, 무엇이 공정한지에 대한 합리적인 합의에 도달할 수 있어야 한다고 주장한다.

따라서 페레이라·슈바넨·배니스터는 롤스의 논의를 중심에 놓고 역량 접근 이론으로 보완하면서 정의에 접근했다. 정의 철학에 큰 영향을 끼친 존 롤스의 《정의론A Theory of Justice》(1971)은 두 가지 기본적인 규범 원칙에 기초한다.[12] 우선순위에서 앞서는 첫 번째 원칙은 "개인들의 권리와 자유를 정의하는 규칙은 모든 사람에게 동등하게 적용되어야 하며, 이 개인들은 타인의 자유를 침해하지 않는 한 가능한 한 많은 자유를 가져야 한다"이다. 두 번째 원칙은 사회적 자산(소득, 부, 기회, 권력, 그리고 자기존중의 기반이 되는 것들)의 분배가 "① 공정한 기회 평등의 상황에서 이루어져야 하며, 동시에 ② 사회의 최소 수혜자의 이익을 위해 이루어져야 한다"는 것이다.[13] 공정성을 강조하는 롤스의 이 '차이 원칙difference principle'에 따르면, 기회의 불평등이나 권력의 차이(부, 사회적 지위 등)가 가져온 자의적 결과가 존재하더라도 정책은 최소한의 복지가 이루어지도록 기초 재화를 최대한 제공하려고 노력하는 분배 원칙을 따라야 한다.

그러나 이 세 사람은 아마르티아 센이나 마사 누스바움이 역량 접근법Capabilities Approach을 내세우면서 서술한 롤스 비판에도 주목했다. 센이 보기에, 자원과 기초 재화의 분배는 그 자체가 목적이 될 수 없다. 진정으로 가치 있는 목적이나 열망과 연결된, 인간의 욕구와 선호가 갖는 다양성을 인식하지 못하는 것이기 때문이다. 역량 접근법은 사람들의 역량이 기회에 따라 형성된다고 본다. 내적 역량과 외적 환경이 이 기회들을 만들어 내며, 외적 환경에는 개인의 '기능functionings'을 제한하는 사회구조도 포함된다.[14] 따라서 역량 접근법은 기본적 역량과 최소한의 기준치를 사회에서 제공해 주는 것이 보장되어야 한다고 여긴다. 누스바움에 따르면, 정의로운 사회라면 최소한 각 개인들이 생명, 건강, 신체 보전, 이동의 자유, 그리고 자기 환경에 대한 정치적·물질적 통제 등을 유지하는 일이 가능해야 한다. 누스바움은 이것들을 '역량capabilities'이라고 불렀으며, 물론 여기에는 추가될 수 있는 다른 역량들도 많다. 역량 접근법은 '직업 정의' 같은 개념에도 영향을 끼쳤다. '직업 정의'는 신체 역량에 주목하며, 교통정의에서 간혹 놓치는, 신체 관계에서의 정의에 대한 페미니즘적 시각과도 밀접한 관련이 있다.

누스바움의 역량 접근법은 "삶에 영향을 주는 정치적 의사결정에 효과적으로 참여하고 자유롭게 여기저기를 옮겨 다니며 건강을 유지하는 역량들"까지를 포괄하지만, 페레이라·슈바넨·배니스터는 역량 접근법을 교통정의에 적용하며 그 논의의 폭을 "일상의 이동이나 교통 접근 차원에서 관찰되는 교통 관련 자원의 불평등성"으로만 한정한다.[15] 따라서 이때 역량 접근법은 이동에 관여하는 인간의 모든 역량을 다룬다기보다는 교통 접근을 어떻게 분배하느냐에 관한 실용적 문제로만 한정된다. 그렇게 되면 이동의 자유와 연관된 더 넓은 역량들은 주목받지 못하고 더 제한된 분배적 접근만이 논의 대상으로 남는다. 분배 정의 개념은 이를 교통 문제에 적용할 때 교통수단의 공정한 분배(이를테면 자동차 소유)나 모빌리티에 접근할 동등한 기회(이를테면 교통 서비스에 대한 근접성)만이 아니라, 모빌리티 인프라와 관련된 위험, 편의, 피해(이를테면 오염, 충돌 사고)의 공정한 분배까지를 의미한다.

분배적 정의의 관점에서 보면, 가난하고 취약한 상황에 놓인 이들은 교통에 접근하기도 아주 어려운 데다가 부적당한 모빌리티 체계 속에서 그 부정적 외부효과negative externalities•인 위험, 상해, 죽음에도 가장 많이 노출되어 있다. 예를 들어, 가난한 사람은 편리하고 안전한 교통 이용에서 제외될 가능성이 크고, 길을 걷다가 자동차 충돌로 사망할 확률도 높다.[16] 대기오염과 기후변화는 이들에게 더 많은 피해를 끼친다. 젠더, 연령, 인종, 섹슈얼리티, 장애는 여러 방식으로 이동을 제약한다. 따라서 '비장애인'들도 도시 공간을 이동할 때 이 장애물을 뛰어넘어야 하며 모빌리티를 저해하는 환경은 이들에게 '장애' 경험을 가져다준다. 비만과 비만 관련 질병은 빈곤층, 원주민, 그리고 불리한 상황에 처한 이민자들에게서 특히 많이 관찰된다. 이로 인해 요즘 널리 쓰이는 '능력', '자기 관리', '건강'이라는 말은 인종화, 젠더화되고, 자전거 타기 같

• 경제학에서 '외부효과'란 어떤 행위가 의도치 않게 낳는 비용이나 편익을 의미하며, 부정적 외부효과란 그 효과가 부정적인 결과를 낳을 때를 가리킨다. 제품 생산 과정에서 발생하는 환경오염을 그 대표적인 사례로 들 수 있다.

은 '능동 교통active transportation'에만 초점을 맞춘 정책으로 접근성 문제를 다루게 된다.

그러나 교통 시스템, 일반적으로 말해 사람들의 모빌리티는 단순하게 무한정 확대될 수는 없다. 교통 자원의 제약(도로 공간, 교통혼잡, 에너지 비용)과 서로 다른 '이상적인' 모빌리티 간의 충돌(안전, 공해, 온실가스)을 고려할 때, 모빌리티를 최대한 확장하고 어디서나 속도를 높이게 되면(즉, 자동차, 비행기, 고속도로 등을 이용할 수 있는 사람이 많아질수록), 교통혼잡과 온실가스와 기타 환경오염 피해가 증가할 것이라는 점은 자명하다. "사회적 정의와 환경을 중시하는 관점에서 보면, 사람들의 실제 모빌리티를 증가시키는 정책과 사람들이 원하는 목적지에 도착할 수 있는 역량을 향상시키는 정책 사이에는 상당한 차이가 있다." 페레이라 · 슈바넨 · 배니스터의 지적이다.[17]

교통정의 논의가 접근성에 초점을 맞추는 이유가 바로 여기에 있다. 접근성 개념은 "사람들이 자기가 있는 곳으로부터 어떤 장소와 기회에 쉽게 도달할 수 있게 하는 편의성"이자, "개인과 교통 시스템과 토지 이용이 각각 갖는 특성들이 상호작용한 결과"로 이해된다."[18] 접근성에 주목하면 모빌리티 확장이 모두를 위한 것이라는 단순한 생각에서 벗어날 수 있다. 이 생각은 이동을 무한히 늘어나게 하고 공해와 혼잡을 낳는다. 그러나 접근성을 중시하는 접근 방법에도, 어떤 여정의 출발지와 도착지에만 주목하면서 공간이 움직임을 담는 그릇이라고 보는 시각은 여전히 남아 있다. 여기서 모빌리티는 목적을 위한 수단일 뿐이다. 달리 표현하면, 이때 공간은 모빌리티 행위를 위해 비어 있는 배경에 지나지 않으며, 모빌리티가 공간을 생성하는 방식도, 모빌리티 주체들이 서로 관계하거나 공간적 형식과 연결되는 복잡한 방식도 논외의 대상일 뿐이다. 관계적 이동 공간 개념은 나중에 다루고, 여기에서는 교통정의 이론이 이 부분을 생략했음을 지적해 둔다.

　교통정의 논의에서 접근성을 다룬 연구들 중 카렐 마르텐스Karel Martens의 연구는 특히 주목할 만하다. 그는《교통정의: 공정한 교통 시스템Transport Justice: Designing Fair Transport Systems》에서, 교통계획 수립 시에 효율적인 이동이 아니라 접근성의 배분에 중점을 두어야 한다고 주장했다.[19] 페레이라 · 슈바넨 · 배니스터와 달리, 마르텐스는 로널드 드워킨Ronald Dworkin의 정의에 대한 자유주의적 정치론을 동원해, 우리가 만족할 만한 교통정의의 기본 원칙은 "(사실상) 모든 사람에게 접근성을 보장하는 시스템이 공정한 교통 시스템이다"라고 결론 내린다. 마르텐스는 이 원칙에 따라 접근성을 측정했다(암스테르담에서 30분 내로 직장에 접근할 수 있는가를 기준으로 이동 편의성을 따져 본 데이터에 기초했다). 이 자료는 접근성을 충분히 보장받는 영역에 있는 사람들과 그 영역 아래, 충분하지 못한 접근성 영역에 있는 사람들 사이를 가르는 접근 기준치(이는 정치적 숙의deliberation 대상이기도 하다)를 보여 준다. 마르텐스는 접근성이 충분한 영역에서는 교통 개선 자금을 스스로 조달해야 하고, 충분치 않은 영역에서는 사람들이 그 접근 기준치로 올라갈 수 있도록 정부 보조금과 투자가 이루어져야 한다고 주장한다. 사회 최상층에는 자유시장을 내세우는 자유주의를, 최하층에는 국가 보조가 필요하다고 주장하는 평등주의를 적용하면서 이 두 사상을 한데 묶은 셈이다.

이에 따라 마르텐스는 사람 중심 교통계획의 세 가지 규칙을 정한다. ① 시스템이 아닌 사람에서 출발할 것. ② 효율성을 기준으로 삼지 말고, 얼마나 효과적으로 사람들을 접근성의 최소 기준치 이상으로 향상시키느냐에 따라 교통정책을 평가할 것(즉, 속도보다는 접근의 공정성을 목표로 삼을 것). ③ 자동차 중심의 세제를 통해 교통 자금을 조달하는 대신, 소득에 기반한 접근성 보험 제도를 만들 것. 마르텐스의 규칙들은 현재 유럽의 사회민주주의 시스템에서 도시 교통계획이 나아갈 바를 일러 주는 귀중한 제안이다. 그러나 마르텐스의 이론 속에 등장하는 정부는 실제보다 자비롭고 현명하고 공정성을 추구하는 정부라는 인상을 준다. 현실 정부는 정의 문제에 접근할 때 숙의의 차원이나 의사결정에서의 참여 보장 차원을 그다지 신경 쓰지 않아서 그 결과로 여성과 소수민족, 장애인을 배제할 때가 많다. 또한, 마르텐스는 모빌리티 시스템의 변화가 도시 공간 자체를 변화시키거나, 기존 사회 계층 구조에 영향을 끼치거나, 세계의 자원 및 에너지 생산 장소들 간의 관계를 바꿀 수 있다고는 보지 않는다. 때문에 마르텐스는 도시설계와 정책 결정의 역할에만 집중한다. 불균등한 모빌리티의 근본적이고 폭넓은 정치성에 대한 인식이 반영되지 못한 피상적인 '공정한' 교통접근성이 어떻게 불공정한 권력에 기초하거나 이를 재생산하는지는 그의 관심사가 아니다.

자동차 모빌리티와 화석연료 산업이 대부분의 교통계획을 계속 지배하는 미국과 같은 곳에서 마르텐스의 제안이 정치적으로 실행 가능할지는 의문이다. 또 그의 주장은, 이동적 존재론 내에서 불균등한 공간적 관계들을 역사적으로 형성하고 구축해 온 자유, 개인주의, 자유주의 사상과 모빌리티가 어떤 관계인지에 관한 근본적인 철학적 의문들에 제대로 답하지 못한다. 모빌리티 정의는 토론, 조정, 개선을 낳는 인식, 참여, 숙의, 절차적 공정성을 필요로 한다. 또한, 대부분의 정의 이론들이 기대는, 공간을 배경으로 간주하는 정주적 존재론을 넘어설 것을 요구한다. 교통접근성을 넘어서, 우리는 불균등한 모빌리티가 정상적인(혹은 장애를 가진) 주체들을 차별화하거나 공간을 이용 가능하게(혹은 불가능하게) 차별화해 온 방식을 인식해야 한다. 우리에게는 모빌리티 공간 및 이동적 주체들의 상호 의존적인 생산을 바라볼 이동정치적 시각이 필요하다.

교통정의는 다른 분배 정의 이론들과 마찬가지로, 공간 그 자체가 누구나의 몫이 될 수 있다고 가정하기보다는 공간이 이미 존재했고, 그 안에서 재화가 배분되거나 절차적 정의가 일어나거나 권한이 부여된다고 가정한다. 반대로 이동적 존재론에 기반하는 모빌리티 정의는 접근과 재화(차량, 교통, 접근성)에 대한 정치적 주장들이 공간과 주체를 재구성하며, 정치 영역에 영향을 끼치는 역사적 · 신체적 · 생태적 · 세계적 관계들을 활용한다고 본다.

이미 여러 연구자들은 제약 없는 모빌리티나 끊임없이 증가하는 속도, 즉 자유로운 이동이라는 관점을 해체하여 이동 · 모빌리티 · 여행이라는 의미 · 상징 · 은유가 국적 · 계급 · 인종 · 젠더 간의 권력 차이라는 중요한 문제를 모호하게 만들었음을 드러냈다.[20] 분배 정의 개념을 비판한 이들은 특정 형태의 모빌리티가 증가하면 다른 활동을 가로막는 장벽이 된다는 점에 주목했다. 예를 들어, 자동차 모빌리티를 효율적으로 작동시키는 인프라 구축은 보행자와 자전거의 접근을 제한한다. 그러므로 분배 정의 개념은 모빌리티 정의를 다루기에 불충분하다. 이 문제를 해결할 방법으로 접근성에 중점을 둔다고 해도, 교통정의는 또한 어떤 활동이 보호되고(예를 들어, 대중교통 시스템에 대한 물리적 접근을 용이하게 할 투자가 이루어져야 하는지), 어떤 활동이 제한되어야 하는지(예컨대 무료 주차, 자동차 보조금, 고속도로 확충, 그리고 화석연료 사용 여부), 그리고 이 사안들을 누가 결정해야 하는지를 두고 '실질적인 가치들에 관한 숙의'를 요구한다.

교통정의에 대한 숙의는 단순히 모빌리티 혹은 접근성을 확장하는 것이 아니라, 모빌리티의 다양한 수단 및 인프라를 둘러싼 문화적 의미와 위계에도 관심을 기울인다. 여기에는 가치 평가, 그리고 이 가치를 결정하는 사람까지도 포함된다. 이는 무엇이 관련된 사실과 의미들을 구성하는지를 의심해 보게 한다. 우리는 평소에 모빌리티, 건강, 인종정의, 생태학적 복지, 그리고 누가 결정을 내리는지까지를 숙고하고 있을까? 더 나아가 우리는 모빌리티/부동성이 공간, 주체, 신체적 차이를 어떻게 형성하는지를 우선 고려해야 한다. 다음은 시카고 자전거 느리게 타기 운동Slow Roll Chicago Bicycle Movement에서 내놓은 '공정성 선언Equity Statement'의 일부이다.

자전거 공정성은 우리 사회의 구조적 · 제도적 · 체계적 인종차별주의에 대한 대중의 인식을 필요로 한다. 여기 시카고에서 자전거를 불공정하게 취급하는 행위는 그 같은 차별의 일환이다. 공정성이란 직접적이고 정직한 방식으로 인종주의를 다루고, 시정하고, 없애기 위한 대중의 참여이다. 불공정은 누군가의 불공평한 특권을 동반한다. 그들은 같은 불이익에도 부담을 느끼지 않고, 억압받는 지역사회보다 비교적 큰 권력을 지닌 위치에서 이득을 얻는 사람들이다. 자전거 공정성을 쟁취하려면 역사적 억압에서 기원했고 다른 사람들의 불리한 처지로 인해 얻어 낸 불공평한 특권을 제거해야 한다.

자전거 공정성은 다양성 및 인종을 의도적으로 포용intentional inclusion 하기 위해, 자전거 커뮤니티에 속한 사람들뿐만 아니라 자전거를 옹호하는 이들과 교통계획과 도시계획 분야에 이르는 공공의 참여를 요구한다. 공정성이란 의도적으로 다양성을 반영하겠다는 약속이다. 진정한 포용은 보통의 노력으로는 달성할 수 없다. 우리 사회에서 오랫동안 주변화, 불이익, 소외를 겪어 온 이들을 포용하려면 그 이상의 노력이 필요하다.[21]

이 선언문은 모빌리티 정의를 위한 공정한 이동 개념이 달성하려고 하는 것보다 훨씬 포괄적이고 급진적이다. 접근성의 분배나 평등주의적 접근으로는 달성하기 어려운 이 선언문의 목표는, 의사결정 과정에서 제외된 사람들을 의도적으로 포용하고 불공평한 특권을 제거하여 주변화와 불이익을 극복하자는 것이다. '억압' 받고 '소외'된 집단들을 전면과 중심에 내세우자는 기획이다.

페레이라 · 슈바넨 · 배니스터는 롤스의 '차이 원칙'을 교통에 적용하면 밀집된 도시 지역에서는 대중교통, 걷기, 자전거가 우선순위를 차지하고, 저밀도 지역이나 비도시 지역에서는 자동차를 지원해야 한다고 주장한다.[22] 이들은 어떤 역량으로서의 모빌리티 개념을 "결합된 역량으로서의 접근성으로 이해"해야 한다고 강조했다. 사람들은 "식료품점, 교육, 보건 서비스, 고용기회처럼 기본 요구 충족에 필수적인 활동들"에 접근하기 위해 교통 자원을 사용할 수 있어야 한다.[23] 마르텐스처럼, 이들은 접근성의 최소 기준치를 어떻게 규정하느냐, 그리고 민주적 과정을 거쳐 최소 기준치를 보장할 어떤 정책을 내놓느냐가 중요하다고 보았다.

그렇지만 몇 가지 난점도 토로했다. 실제로 접근성을 측정하는 것이 어렵고, 개인과 장소 중 어디에 기반해 측정할지를 결정하기도 쉽지 않으며, 근본적 개념들인 행위 능력agency과 선택의 자유도 여러 제약들에 부딪힌다는 것이다(예를 들어, 전반적인 공정성을 확보하기 위해 일부 형태의 모빌리티를 제한해야 하는 경우가 생긴다). 신체의 차이, 인종정의, 공간정의에 대한 의문들은 여기서 전면에 드러난다. 우리는 다중 스케일과 이동정치적 과정의 교차에 주목해야 한다. 교통정의를 개념화하기 위해 접근성의 최소 기준치를 적용하는 것은 중요한 진전이라고 할 수 있겠으나, 여기에 (그리고 토지 사용 패턴과의 상호작용에서 나타나는 개인적 역량들에) 초점을 맞추는 것은 정의 개념을 지나치게 제한한다. 나는 교통정의라는 개념이 왜 충분하지 않은지를 보여 주고, 이동적 존재론에 기초한, 더 넓은 모빌리티 정의 개념의 필요성을 강조할 것이다.

교통정의에서 모빌리티 정의로

모빌리티 이론가 빈센트 카우프만Vincent Kaufmann은 '모틸리티motility'를 "개인이나 집단이 이동과 관계 있는 가능성의 영역을 전유하고 사용하는 방식"으로 정의했다.[24] 그렇다면 모빌리티 정의는 이 '가능성의 영역'이 갖는 한계가 어디까지이며 모빌리티 역량을 사용하는 특정 형식들의 한계는 또 어디까지인지를 따지는 숙의 과정을 내포하고 있다고 보아야 할 것이다. 모빌리티를 '전유'하는 것은 그 소유권을 가져와 누군가의 것으로 만든다는 의미다. 그러나 그렇게 하면 우리는 공공선公共善에 속해야 하는 것을 유용流用해 버리게 된다.

여기서, 서구에서의 자유는 서로 다른 구성을 갖고 있는 세 부분으로 이루어진 삼부 화음이라고 한 사회학자 올랜도 패터슨Orlando Patterson의 논의에 주목해 보자. 첫째, 개인의 자유에 대한 관념이다. "개인의 자유란 한편으로는 하고자 하는 일을 할 때 다른 사람에게 강요받거나 제지받지 않아야 한다는 생각이며, 다른 한편으로는 다른 사람이 하고자 하는 일을 침해하지 않는다면 원하는 대로 할 수 있다는 확신이다." 이 '개인의 자유'는 이동 측면에서의 개인 자유와도 밀접한 관련이 있다. 제약 없이 자신의 이동을 스스로 결정할 수 있다는 것은 개인의 자유에서 핵심적인 부분이다.

그러나 패터슨이 '주권적 자유sovereignal freedom'라고 부르는 두 번째 차원의 자유도 있다. 바로 "남들의 바람과는 상관없이 자기 뜻대로 할 수 있는 권력"이다. "다른 사람들의 자유를 제한하거나, 다른 사람들에게 또 다른 사람들을 밑에 두고 마음대로 할 수 있는 힘을 부여하는 권력"도 여기에 포함된다.[25] 이 경우에 누군가의 모빌리티는 다른 사람의 부동성에 의존한다. 혹은 한자리에 머물 수 있는 권력은 다른 사람의 모빌리티를 명령함으로써 성립한다. 패터슨은 주인과 노예 관계가 이 두 번째 자유의 극단적인 예라고 설명하는데, 우리 모두는 그 사이 어딘가에 위치하기 마련이다. 모빌리티 차원에서 보면 자유의 첫 번째 차원과 두 번째 차원은 직접적으로 충돌한다. 개인의 자유를 꿈꾸는 예속화된 사람의 욕망은 항상 주인의 주권적 자유 행사와 갈등을 빚기 때문이다.

이 갈등은 우리에게 세 번째 자유, 시민적 자유civic freedom를 상기시킨다. "어떤 공동체의 성인 구성원들이 자기의 삶과 통치에 참여할 수 있는 역량"이 그것이다.[26] 이런 자유가 존재한다는 사실은 "모든 시민이 명확하게 정리된 권리와 의무를 지닌 정치적 공동체를 암시"한다. 덧붙이자면, 여기에는 누가 공동체에 포함되거나 포함되지 않는지를 분명하게 보여 주는 공간적 경계가 존재한다고 말할 수 있다.[27] 이제 우리는 시민적 숙의civic deliberation에서 누가 포함되고 누가 제외되는지에 대한 문제에 도달했다.

역사적으로 서구 민주주의 정치에는 상류층, 백인, 남성 시민들만 포함되었고, 오직 그들만이 모빌리티와 집회 및 정치 참여의 자유를 누려 왔다. 그러므로 그런 자유에 다가서려는 노력은 항상 정치적 투쟁의 원천이었다. 예를 들어, 다양한 배경을 지닌 미국의 가난한 사람들은 경제적 정의와 인권을 확보하기 위해 1968년 워싱턴에 모여 '가난한 자들의 행진Poor People' s March'에 참여했다. 가난한 사람들은 마틴

루터 킹 주니어 목사의 주장에 호응하여, 정치인들에게 자신들을 직접 보여 주고 자신들의 요구를 들려 주고자 수도 워싱턴에 모여들었다.

> 우리는 노새가 끄는 수레에 앉아, 낡은 트럭을 타고, 손에 넣을 수 있는 모든 교통수단을 이용해 여기 와야 합니다. 인민들은 워싱턴에 와서, 필요하다면 길 한복판에 앉아서, 이렇게 말해야 합니다. "우리가 여기 있소! 우리는 가난하고, 한 푼도 없소. 당신들이 이렇게 만들었소! 당신들이 무엇인가를 내놓을 때까지 우리는 여기 있을 것이오!"[28]

워싱턴을 지킨다는 명목으로 2만여 명의 군대가 동원되었고, FBI는 POCAM 작전*을 은밀하게 진행해 시위를 방해하고 감시했다. 1968년 4월 4일, 비극적인 킹 목사 암살 사건이 일어났지만 5월 12일, 3천여 명이 모여들어 워싱턴의 내셔널 몰에 '부활의 도시'라는 이름이 붙은 캠프를 설치하고 그들의 권리를 보장할 경제 법안의 통과를 요구하며 6주간 농성했다.[29] 가난한 사람들이 이동하고, 모이고, 미국 정치체제의 핵심부에서 상징적인 농성 활동을 벌인 것은 이동정치적 기획으로서의 전복적 모빌리티를 보여 준 것이었다.

모빌리티의 자유에서, 정치적 참여와 공동체의 경계 획정은 일반적으로 생각하는 것보다 훨씬 더 중요한 문제이다. 시민적 자유만이 개

---

* Poor People's Campaign의 단어 앞 글자를 딴 작전명. FBI는 이 시위가 체제 전복적인 음모의 소산이라는 여론을 조성하려고 각종 역공작을 벌였다.

인의 자유와 주권적 자유 사이의 불협화음을 (잠재적으로) 해결할 수 있기 때문이다. 이때 시민적 자유는 어느 정도 모빌리티의 자유를 필요로 한다. 주디스 버틀러Judith Butler가 최근 지적한 바와 같이,

집회의 자유 없이는 민주주의도 있을 수 없고, 움직이고 모일 자유가 없는 집회도 있을 수 없다. 불법체류자들이 모일 때, 또는 집에서 쫓겨난 사람들이 모일 때, 실업자나 퇴직당한 사람들이 모일 때, 이들은 몸으로 공공장소에 대한 권리를 주장하면서, 정치권력에 대한 대중적 요구를 내놓으면서, 우리에게 그들이 누구이며 누구여야 하는지를 깨닫도록 이미지와 담론을 제공한다. 시위, 집회, 농성을 금지하고 진압하는 것을 '사회질서 유지'라고 정당화한다면, 민주적 권리와 민주주의 그 자체의 소멸을 앞당기게 될 것이다.[30]

버틀러의 말은 지켜 내야 할 이동적 공유재mobile commons의 존재를 암시한다. 공유재는 모든 사람에게 속하는 공유 공간일 뿐만 아니라, 사람들이 어떤 장소에 모일 공동의 권리다. 어떤 공유재나 어떤 복수성plurality을 형성한다는 것은, 버틀러의 말에 따르면, "공공공간에 대한 신체적 주장이며 정치권력에 대한 공공의 요구이다." 따라서 집회의 자유를 지켜 내는 것은 특정 공간을 보호하는 것이 아니라 이동의 자유를 누리게 하는 일종의 이동적 공유재를 보호하는 것이다. 이동적 공유재는 어디에나 있다. 광장에도, 공항 도착장에도, 나아가 다코타

액세스 송유관[•]을 따라서도, 벌채되지 않게 지켜 내야 하는 숲에서도, 수많은 시위 현장에도 존재한다.

그렇기 때문에 무엇이 정의를 구성하는지를 숙의하는 것과 무엇이 공정하고 공평한지를 결정하는 데 참여하는 것이 중요하다고 여러 정의 이론들에서 한목소리로 말하고 있는 것이다. 일례로, 역량 접근법을 활용해 교통 문제에 접근하는 이들도 교통과 접근성의 분배가 필요하다고 강조하는 선에서만 그치지 않고 교통정책 의사결정 및 참여 과정에 존재하는 정의 문제에 우리가 더 관심을 기울여야 한다고 주장한다.[31] 우리는 교통계획과 의사결정 과정에서 누가 포함되고 누가 배제되는지를 고려할 필요가 있다. 숙의적 정의deliberative justice는 결정에 반영될 시민 의견의 잠재적 영향력과 합리적 가능성을 따져 볼 수 있을 만큼 더 정교해져야 한다. 환경정의 이론가들은, 이를테면 데이비드 슈로스버그David Schlosberg는 (사적인 이익들이 경쟁하는 다원적 과정이 아닌) 평등주의 원칙에 기반하는 숙의 과정을 이용하여, 참가자들 사이에 이미 존재하는 권력 불평등을 해결하기 위한 노력이 경주되어야 한다고 주장한다.[32]

숙의 과정은 먼저 '인정recognition'을 필요로 한다. 의사결정권자들은

• 다코타 액세스 송유관the Dakota Access Pipeline은 미국 북부 유전 지역부터 중부까지 4개 주를 관통하는 대형 송유관을 건설하기 위한 '다코타 액세스'사의 건설사업을 뜻한다. 경제적 파급효과가 크다는 홍보에도 불구하고, 인디언 보호구역의 식수 공급처와 신성한 땅을 관통했기 때문에 여러 환경적·문화적 논란을 불러일으켜 전국적인 반대운동을 낳았다. 일단 중지되었던 공사는 트럼프 행정부 출범 이후 강행되어 2017년 4월 완공되었다.

지역사회 구성원들이 참여하는 것이 정당하다고 인정하고, 구성원들의 의견을 의사결정 과정에 중요하고 유의미하게 기여하는 것으로서 존중해야 한다. 슈로스버그는 인정에 관한 정치적 이론과 함께 누스바움과 센의 연구도 참조하면서, 집단적이고 규범적인 틀에 입각한 역량 접근법은 "특수하고 지역적인 취약성이 존재한다는 것을, 또 기후변화가 다양한 장소와 서로 다른 조건 하에 있는 사람들의 기본적 욕구 충족을 가로막는다는 것을 사회적·정치적으로 인정하게 할 수 있다"고 주장한다.[33] 이 말을 모빌리티 문제로 확장해 본다면, 다양한 모빌리티들이 끼친 피해(교통 그 자체뿐만 아니라 교통과 밀접한 연관이 있는 현상인 대기오염, 온실가스, 그리고 그 결과인 건강에 미치는 영향과 신체적 위험까지를 포함하여)를 입은 특정 집단들의 취약성에 대해서도 폭넓은 정치적 인정이 필요하다는 것이 분명해진다. 이웃과의 단절이나 접근성 결여로 인한 피해 역시 고려되어야 한다.

이는, 영향을 받는 당사자가 교통 시스템 관리에 의미 있게 참여하는 것으로 정의되는 절차적 정의procedural justice에 관한 논의들로 연결된다. 절차적 정의는 적어도 다음의 조건을 만족시켜야 한다.

- 정보에 대한 접근
- 실질적인 이해(지역사회에 기반한 참여적 지식 생산 필요)
- 전문가에게만 기대는 것이 아니라 '지역 지식local knowledge'에 기반한, 사전에 주어진 정보에 입각한 동의. 이는 참여와 이해를 가능하게 할 역량들을 지원하는 조치에 바탕해야 함.

그러나 기후정의 개념은 이해당사자들이 광범위하게 참여하고 사회-생태적 관계를 대대적으로 변화시키기를 요구하는데, 이 부분은 교통정의 논의에서 빠질 때가 많다.[34] 절차적 정의는 숙의 및 의사결정 과정에 결정권을 갖지 못했던 집단들을 참여시키기 위해 꼭 필요하다.

어떤 이들은 절차적 정의를 특정 상황에 근거하고 상향식이며 상호작용하고 참여적인 계획으로 확장한다. 여기에는 "글로벌 사우스/를 위한/에 의한/로부터의 계획"도 포함된다. 이는 더 적합한 사회-기술적 체계를 도입하려는 중요한 시도이다.[35] 아르투로 에스코바르Arturo Escobar는 글로벌 노스에서 제기한 전환 이론(주로 저탄소 전환을 통한 지속 가능성에 초점을 맞춘다)과 페미니즘 정치 생태학, 그리고 서구 유럽 중심주의 자본주의적 근대를 신랄하게 비판하는 토착민 정치 존재론을 연결한다. 절차적 정의는 이런 인식론적이고 존재론적인 질문들을 놓고 근본적인 논쟁을 벌이는 것이 가능하도록 해 주어야 한다.

과정을 중시하는 태도는 교통과 접근성이라는 좁은 관점 너머로 나아가게 한다. 인정, 그리고 절차적 정의라는 원칙은 더 넓은 범위의 참여를 가능하게 하고, 지금의 자동차 모빌리티를 떠받치는 관련 문제들—예를 들어 석유 시추, 송유관, 수압 파쇄 등의 환경 문제들—이 수면 위로 올라 오도록 해 주기 때문이다. 수력발전댐의 영향, 토지수용, 토착민들의 축출, 그리고 사회적·생태학적 해악을 낳을지도 모를 농산물 생산에서의 화석연료 사용도 이 과정을 통해 비판 가능하다. 그러므로 모빌리티 정의와 관련된 문제들인 교통, 직업, 교육 접근성 및 정치적 참여에서만이 아니라, 햄버거용 소를 기르기 위한 삼림 벌채, 다코타 액세스 파이프라인, 캐나다의 타르 샌드 채취, 북극해 석유 시추, 난민과 망명과 이주의 권리를 둘러싼 논란에까지도 정치적 관점이 중요하게 작용할 수 있다.

중요한 것은, 이 포괄적인 문제들이 교통정의를 논의하는 좁은 범주에서 출현하는 것이 아니라 모빌리티 정의에서 주목하는 대상이라는 것이다. 모빌리티 정의는 도시 교통정책과 계획에 영향을 미치는 정치적 틀과 절차를 확장하기 위한 기반이다. 누가 참여자로 인정받는가? 무엇이 숙의 주제로 정당하다고 인정되는가? 어디에서(그리고 어떤 스케일에서) 갈등이 해결되어야 하는가? 서로 얽힌 스케일들과 경계의 유동성을 인정하는 이동적 존재론 안에서 모빌리티 정의를 이론적으로 확장하는 것은 교통정의 논의를 다른 평면으로 옮긴다. 아니, 양자 얽힘quantum entanglement의 다차원 공간으로 옮긴다고 해야 할 것이다. 이는 그저 교통에 관한 문제라고만은 할 수 없다. 모빌리티 정의는 다양한 이동정치적 문제들로 숙의의 초점을 옮기게 한다.

이동적 공유재 개념은 '군중mob'이라는 말의 기원에도 있다. '군중'은 라틴어 'mobilis vulgus'(흥분한 무리들)의 약어에서 나왔다. 정치적 권력과 사적 자산을 지닌 이들은 군중을 비이성적이고, 위험하며, 폭력에 물들기 쉬운 자들로 보아 왔다. 우리는 공통의 목적을 위한 이동 행위가 군중의 부정적 이미지 대신에 어떤 종류의 긍정적 이미지를 가지고 있는지를 질문해 볼 수 있다. 모빌리티 위기의 시대에 언제, 어디서 모빌리티 정의를 수호하기 위해 모일 수 있을 것인가? 이동적 공유재의 대항 지리학과 대항 모빌리티는 무엇일까?[36]

도시에 사는 사람들이 자원을 둘러싼 갈등으로 촉발된 전쟁 앞에서, 그리고 물·에너지·식량에 대한 접근을 위협하는 기후변화라는 자연재해 앞에서 취약하다는 것을 스스로 깨닫게 되면서, 우리는 복원적 정의restorative justice의 관점에서 이 광범위한 불공정 모빌리티들을 바로잡아야 한다는 생각을 품게 되었다. 이동 특권층과 석유회사, 군산복합체 권력이 기후변화에 더 큰 영향을 주었으니, 지구온난화에 비교적 적은 영향을 준 이들에게 끼친 손해를 책임져야 하지 않는가? 인프라 붕괴나 석유 가격 폭등, 희소자원 통제를 위한 긴축정책 실행으로 모빌리티가 제한되거나 많은 비용을 치러야 한다면 차별적인 모빌리티의 불평등성은 더 심화될 것이다.[37] 사회질서 유지와 국가안보 문제가 큰 이슈로 떠오를 테고, 이런 상황에서 화석연료 사용 증가나 가혹한 도시 치안 활동, 이주민 배제 등이 유발하는 지속적인 위험은 불균등한 모빌리티의 부당성을 더욱 악화시킬 것이다.

트럼프 정부가 들어선 후 우리가 목도했듯이, 모빌리티를 포함한 대부분의 중요한 정책 이슈들의 기반을 이루는 '사실'을 둘러싸고 근본적인 투쟁이 벌어지고 있다. 증거에 기반한 정책 자체가 위험에 처했다. 그웬 오팅거Gwen Ottinger는 과학과 기술 연구STS: science and technology studies의 관점으로 기후정의를 다루면서, 관련 사실과 정보는 그저 아직 존재하지 않는 것일 수 있다고 했다. 과학과 지식은 출현하고 나서 논쟁을 거치며 오랜 시간에 걸쳐 변화를 겪기 때문이다. 정책 숙의 과정에 적절한 지역적 지식을 포함시키고자 할 때 우리는 단순히 절차에 포함되었다는 사실 자체에 만족해서는 안 된다. 특히 지식 체계 전체가 아직 충분히 발전하지 않았다면 여러 분야의 여러 사람들이 참여할 수 있도록 문호를 개방해야 한다. 따라서 "절차적 정의에는 지식의 빈틈을 메울 능동적 지식 생산이 포함되어야 하며, 지역 지식의 출현과 과학 지식의 변화에 따라 지역사회가 위험 상황의 존재를 파악할 수 있게 하는 장치가 보장되어야 한다."[38] 이는 새로운 지식들, 새로운 사실들, 그리고 겉으로 보기엔 너무나 달라서 나란히 놓기 불가능해 보이는 앎의 방식들을 조화시키는 새로운 방법들을 인식하고 창조하는 인식론적 정의epistemic justice라고 할 수 있다.

인식론적 정의는 소외된 이들의 관점에 의거해 활동하는 집단들에게서 잘 드러난다. 언토커닝 프로젝트의 '모빌리티 정의의 원칙'이 좋은 예이다. 이들은 도시계획에 사용되는 언어들을 포함한 정보들에 접근하게 될 때, 또 지역 지식에 기반할 때 유색인들이 보여 주게 될 인식론의 중요성을 강조한다.

모빌리티 정의는 기본형으로 받아들여지는 유럽중심주의적 해결책을 탈중심화하며, 남미와 중미, 동남아시아 어느 곳에서든 역동적이며 지역사회에 기반한 접근과 해결책을 지향한다. 모빌리티 정의는 언어 정의와 정보 접근을 요구한다. 다른 언어를 말하거나 전문적 · 기술적 · 학술적 은어를 쓰지 않는다는 이유로 배제되어서는 안 된다. … 지역사회의 지역적 지식을 가치 있게 여길 것. 지혜를 공유해 준 이들에게 보상할 것.

의사결정 과정에서 양적 데이터에 의존할 때, 또 '사실'을 표현하는 특정한 방법에만 기댈 때, 그것은 "지식을 적극적으로 거부하고 지역주민들의 투쟁과 기여를 지워 버리는" 것일지도 모른다. 더욱이 "권력 기관들은 소외된 공동체의 경험과 참여를 못마땅해 하거나 불신한다." 이는 소외된 자들도 힘을 지닐 수 있는 새로운 의사결정 시스템을 요구하게 만든다.

모빌리티 정의는 지역사회가 스스로의 미래를 설계하거나 공공자금 지출 방향을 제시하거나 당면한 '진짜' 문제를 이해할 능력이 없는 것처럼 취급당한다는 것을 잘 안다. 모빌리티 정의는 자신들의 시각을 중심에 두고 자신들의 가치와 삶의 경험이 녹아든 운영 원칙을 세우기 위해 지역사회에 의해, 지역사회를 위해 만들어진 새로운 의사결정 시스템과 구조를 요구한다. 지역사회는 억압적 틀과 억압적 과정을 거부하고, 우리의 경험을 중심에 두는 시스템과 공간을 창조할 수 있어야만 한다. 의사결정 과정은 지역사회를 만족시켜야 하며, 지역사회의 리더십을 완전히 받아들여야 한다. 미리 정해진 생각을 수용하거나 조금 수정하는 것이 아니라 상호작용하고 권력을 공유하는 새로운 방식을 구축해야 한다.[39]

모빌리티 정의는 복원적 정의restorative justice 개념에 근거하여 과도한 모빌리티로 인한 기후변화로 피해를 본 사람들에게 배상할 방법을 찾고, 더 나아가 책임·진실·화해를 위한 시인을 요구한다. 허리케인 이르마와 마리아가 카리브해 지역을 휩쓸고 지나간 후, 서인도제도 대학 부총장인 힐러리 베클스 경Sir Hilary Beckles은 기후변화뿐만 아니라 노예제도와 식민주의에 대한 배상 책임을 물어 유럽연합에 '새로운 마셜 플랜' 이행 비용을 요구하였다. 그는 카리콤[•] 배상위원회의 공동의장을 맡아 영국 의회에 이 사안을 회부하였으나, 영국 의회는 즉각 이를 기각하였다. 그러나 그는 이 과정에서 노예제의 직접적인 영향으로 지금의 막대한 부와 정치권력을 축적한 과거 플랜테이션 소유 가문들 및 은행들을 직접 추적하였으며, 영국 의회가 노예 소유주들에게 (그들의 인간 자산에 손실이 생겼다는 이유로) 지급한 노예해방 보상금도 확인하였다. 우리는 이 배상 요구를 엑슨모빌, 쉘, BP 등의 석유회사로도 확대할 수 있다. 이들은 카리브해의 유전과 석유 정제소에서 만든 석유를 팔아 엄청난 수익을 벌어들였고, 지구온난화를 낳고 허리케인을 악화시킨 기후변화에 직접적인 책임이 있다.

요약하자면, 나는 지금의 교통정의를 넘어설 필요가 있다고 주장하였다. 앞에서 이야기한 바대로 교통정의 논의는 모빌리티 정의의 다중 스케일적이고 복잡한 층위들을 모두 담아내지 못하기 때문이다. 나는 접근성을 비롯한 분배 관련 문제들을 포괄하면서 초점을 조금씩 이동하였고, 숙의적 · 절차적 · 복원적 · 인식론적 정의와 같은 개념들을 하나씩 논의하였다.(도표 1 참조)

• CARICOM(Caribbean Community and Common Marke): 카리브 공동체. 1973년에 발족한 정치 경제 공동체로 카리브해 근방 15개국이 소속되어 있다.

여기에는 위계가 존재하지 않으며 더 좁거나 더 넓은 조리개들 사이의 상호작용이 있을 뿐이다. 이동적 존재론 안에 있는 정의의 서로 다른 요소들에 번갈아 가면서 초점을 맞춘 것이다. 패터슨이 말한 자유의 화음이 음표를 더하고 구성 방식을 바꾸면서 서로 충돌하는 개인적 · 주권적 · 시민적 자유라는 세 요소들을 결합하는 방식을 보여 주기도 했다.

그러나 정의에 접근하는 이 방식들 중 어느 것도 모빌리티의 공간적 · 지리적 측면을 고민하지 못했다. 정의 이론들 모두 각기 다른 방

도표 1. 정의에 대한 중첩된 접근 방식

분배적 정의

교통 평등	접근성	최소한의 역량들
	▼	
인정	숙의	참여
	▼	

절차적 정의

정보	이해	정보에 입각한 동의
	▼	

복원적 정의

시인	진실과 화해	배상
	▼	

인식론적 정의

능동적 지식 생산	적합한 지식을 찾는 계속적인 과정

식으로 비공간적이거나 탈공간적이다. 다시 말해, 이 이론들은 공간을 사회적 과정이 담기는 그릇으로 간주했다. 사회과학에서의 공간적 전회가(그리고 새로운 모빌리티 패러다임이) 제공해 준 근본적인 통찰은 탈공간적 이론을 극복해야 할 필요성을 알게 한 것, 그리고 모빌리티를 실제 존재하는 공간 · 실천 · 물질세계의 조합을 수행하는 행위로 이해하게 해 준 것이다.[40] 에드워드 소자Edward Soja가 이론화한 '공간정의'는 중요하고 유용한 개념이며, 교통에만 한정된 논의들을 넘어서 모빌리티 정의를 이론화하는 데에도 긴요하다. 그러나 공간정의는 비이동적 존재론에 머무른다는 한계가 있다.

공간정의의 활용

큰 영향력을 발휘하는 '공간정의' 개념이 이미 있는데도 왜 모빌리티 정의 개념이 필요하냐고 묻는 사람들이 있을지도 모르겠다. 공간정의 개념의 기원은 1960년대에 앙리 르페브르Henri Lefebvre가 쓴 《도시에 대한 권리Le droit a la ville》(1968)와, 지리학자 데이비드 하비가 1973년에 에세이 〈사회적 정의와 공간적 시스템Social Justice and Spatial Systems〉에서 윤곽을 잡고 《사회정의와 도시Social Justice and the City》에서 발전시킨 '영토적 사회정의territorial social justice' 개념에서 찾을 수 있다. 하비는 사회정의를 "적절하게 이루어진 적절한 분배"처럼 분배에 관련된 용어로 이해했다.[41] 그는 이 개념을 해당 영역 내의 인구에게 '소득'을 공평하게 배분하며 가장 가난한 지역에도 자원을 할당하는 메커니즘을 지닌, '영토적 배분'이라는 공간적인 렌즈를 통해 해석했다.

특히 미국의 도시 이론가인 에드워드 W. 소자가 정교화한 공간정의 개념은 교통수단을 비롯한 도시 자원의 공정하고 공평한 분배에 초점을 맞추었다. 그러나 소자의 말에 따르면, 교통수단은 단순히 목표에 닿기 위한 수단이다. 다른 것들(교육, 직업, 병원)에 접근하기 위해 어디론가 간다는 의미다. 그는 모빌리티 자체가 아니라 모빌리티가 연결하는 위치들을 강조했다. 아이러니하게도, 공간정의를 다루는 그의 책은 'LA 버스 이용자 연합BRU'을 예로 들면서 시작하지만 그는 공간정의를 서술하면서 교통이나 모빌리티를 거의 언급하지 않는다.

1990년대 LA에서 일어난 BRU 운동은 도시철도에 대한 공공자금 투자를 줄이고 유색인과 가난한 이들이 많이 이용하는 도시 버스 시스템에도 공평한 투자가 이루어져야 한다고 주장했다. 이 운동은 도시 교통, 접근성, 인프라 투자 결정의 절차적 공정성과 관련된 정치적 의사결정을 문제 삼은, 따라서 '모빌리티의 정치'에 해당하는 대표적인 '이동정의transit justice' 운동이었다.[43] 소자의 논의는 이동정의 운동이 도시 공간에 대한 일련의 사회적 투쟁들 중 하나라는 것을 우리에게 알려 준다. 어떤 면에서는 공간과 도시 사용 그 자체를 주어진 것으로 보고 있기는 하지만, 앞에서 언급한 교통정의 관점과 달리 소자와 르페브르의 공간정의 관점은 공간 생산에서의 사회적 권력 문제를 주목하게 만든다.

그렇지만 소자의 도시 공간 개념은 움직임을 거의 고려하지 않았다. 그는 도시의 다중 스케일적인 성격을 인지하면서도, 장소에 기반하고 지역에 한정된 관점 탓에 특수한 도시 현장 및 현장에 기반한 정치운동에 그다지 흥미를 보이지 않았다.

우리는 인체의 부당한 지리학에 대해 말할 수 있다. 낙태, 비만, 줄기세포 연구, 장기이식, 성행위, 그리고 어떤 사람의 행동을 외부에서 조종하는 행동 등에 관한 논란들이 여기에 해당한다. 다른 한편으로는 지구 전체를 다루는 물리적 지리학도 성립 가능하다. 지구는 공간적으로 규정되는 환경적 불의로 가득 차 있고, 사회적으로 생성된 기후변화 및 지구온난화가 끼친 불균등한 지리적 영향이 이를 악화시킨다. 이 두 극단(신체와 지구)은 공간적 정의/불의 개념과 지리적 투쟁의 한계를 규명할 때 유용하겠으나 여기에서는 더 이상 논의하지 않을 것이다.[44]

소자는 다중 스케일적인 이해 방식에서 재빨리 후퇴하고는(다중 스케일적 접근은 도시에서 다채롭게 교차되는 모빌리티들을 포착하며, 여기에서 불균등한 신체성과 세계의 도시화가 나타나는 모습을 관찰하게 해 준다), 대신에 미시적 지리학과 거시적 지리학의 사이에 존재하는 "중간 규모의 지리학적mesogeographical" 투쟁과 "도시에서의 삶이 갖는 특별한 조건"에 초점을 맞춘다. 특히 그는 도시 스케일의 공간에 주목하면서 공간정의를 "지리학을 둘러싼 투쟁"으로 이해하는데, 그래서 하비처럼 소자도 대체로 분배적 정의 관점에 의지하면서, 공간의 불공정성을 해결하는 방법으로 더 공정하고 공평한 도시 접근을 내세운다.

때문에 소자는 모빌리티 정의/불의를 통찰하기가 어렵고, 이것이 여러 스케일들에 걸쳐서 차별적 공간과 모빌리티 관계들을 만들어 내는 방식을 분석하는 데에도 한계를 드러낸다. 예컨대 '부당한 지리학 생산에 관하여'라는 장에서 그는 영토 점유와 관련된 여러 현상들을 다룬다. 장벽, 요새, 게토, 국경지대, 엘리트들만의 주거지역 등이다. 그는 이 각각의 사례들을 부당한 공간이라는 관점에서 다루지만, 이것들이 의지하고 재생산하는 부당한 모빌리티를 꼬집어 내지는 못한다. 소자는 에얄 바이스먼Eyal Weizman이《공허한 땅: 이스라엘의 건축적 점령Hollow Land: Israel's Architectural Occupation》(2007)에서 든 예들을 활용하여 공간을 놓고 벌어진 전쟁의 결과로 불도저가 집을 파괴하고 새로운 장벽들이 세워지는 과정을 강조하지만, 그 과정은 또한 모빌리티/부동성을 둘러싼 전쟁이기도 하다. 다시 말해, 장벽들을 가로질러 지나가는 이스라엘의 도로망은 팔레스타인의 모빌리티를 관리하는 일일 뿐만 아니라, 모빌리티를 다시 만들고 다시 연결하는 적극적인 이동 과정인 것이다. 이 "공간적 전술과 전략"은 불공정한 공간만큼이나 불공정한 모빌리티를 생산해 내는 이동적 전략이기도 하다.[45]

로스앤젤레스에서 엿보이는 "도시 생활의 방어적 요새화"를 다룬 마이크 데이비스Mike Davis의《수정의 도시City of Quartz》(1990)를 그가 설명하는 대목도 마찬가지다. "사생활의 천국privatopias"이자 "안전에 눈이 뒤집힌 섬"인 폐쇄적인 지역사회들은 공간 통제만이 아니라 모빌리티 통제도 보여 준다. "상상의 산물인 침해 위협", 침입자, "노숙자와 굶주린 자들의 습격"은 갈등 중인 모빌리티를 둘러싼 투쟁이다. 침해, 침입, 습격은 결국 전복적인 이동 형식인 것이다.[46] 공공공간과 '공유지commons'

는 단지 우리가 사유화로부터 지켜야 하는 장소인 것만이 아니라, 공공 자산과 사유재산 너머에 있는 이동적 공유재를 시사한다. 소자는 다음과 같이 썼다.

교차로나 광장만이 아니라 공공 관리 대상인 도시의 모든 거리들은 공유재의 일부이며, 대중교통 네트워크와 도시를 가로질러 이동하는 버스나 기차(자동차까지는 아니더라도)도 마찬가지다. BRU 사례뿐만 아니라, 공공 버스의 어느 곳에나 앉을 수 있는 민주주의적인 공간 권리를 요구한 로자 파크스Rosa Parks*도 떠올려 보라. 사람들이 걷는 길도 공유재의 일부일까? 해변과 공원은? 숲과 벌판은?[47]

우리는 이 모든 장소들이 이동적 공유재라고 말할 수 있을 것이다. 누가 여기에 모이고 누가 여기에서 움직일지를 두고 중대한 이동정치적 투쟁이 벌어지는 곳이다. 도시 자체를 훨씬 넘어서는 이동에 관한 문제들도 여기에 포함되어 있다. 그러나 교통정의 이론을 이야기하는 다른 사람들처럼 소자는 이를 금방 "분배적 불평등"이나 "접근성의 차별적 지리학"으로 축소시켜 버린다.[48] 달리 말해, 그는 특정 장소에 접근할 권리만 중시하고 공간 및 이동적 정치 주체 생산의 기초를 이루는 모빌리티의 권리는 등한시했다. 그는 '불공정한 도시화'와 연결된

---

* 1955년 앨라배마주 몽고메리에서 백인에게 버스 자리를 양보하지 않았다는 이유로 인종 분리 조례에 의거해 경찰에게 체포된 흑인 여성. 그녀는 이 사건을 촉매로 삼아 전국으로 확대된 민권운동의 상징적인 인물이 되었다.

데이비드 하비의 '영토적 불공정성' 개념을 빌려 와 접근성 문제에서의 불평등을 탐색하며, 이를 도시에서의 환경 문제라는 측면에서 "환경정의"와 연결짓는다. 그런데 초점을 모빌리티 정의로 옮겨 본다면?

교통정의 이론들이 교통 접근과 접근성의 문제로 축소되는 것처럼, 소자는 공간정의를 도시 스케일의 '지역적 차별'과 세계적 스케일의 '불균등한 발전'이라는 문제로 환원한다. 불균등한 모빌리티와 모빌리티/부동성의 관리 전략은 불균등한 지리학을 만들어 내며, 배제와 장애와 속박과 제한을 겪는 신체들을 생산하고, 이들이 경험하는 인종차별, 성차별 혹은 '타자화'는 누가 정치적 주체인지, 정치의 적절한 장소와 형식은 무엇인지를 결정한다. 소자는 이 부분을 파고들지 못했다. 그는 "언세나 지리학은 그 안에 내재한 공간적 불의와 분배적 불평등을 만들어 낸다"고 말하지만, 공간에 대한 분배적 접근은 인식론적 · 복원적 정의를 깊이 숙의하지 않는다면 모빌리티 문제들을 해결하지 못할 것이다.[49] 소자는 이러한 과정의 공간적 본질을 강조하면서 그 이동적인 본질은 간과했다. 그는 롤스가 "기본적으로 탈공간적이며 탈역사적인 정의 개념"을 갖고 있다고 비판했지만, 도시 공간에 국한된 상상력이라는 한계를 지닌 그 자신도 결국엔 정주적 공간정의 개념에 머물고 만다.[50]

소자의 공간 이론이 지닌 가장 큰 한계 중 하나는 식민지 역사와 신식민지적 현재 상황에 주의를 기울이지 않는다는 것이다. 르페브르나 하비를 참고하면서, 그는 1960년대에 시작되어 1990년대 들어 다시 나타난 도시 위기에 관해 이야기한다. 이 이야기의 중심은 파리나 로스앤젤레스처럼 서구의 산업화된 도시들이다. 일례로 "만남의 장소, 공공공간을 갖춘 도시는 민주주의, 평등, 자유, 인권, 시민권, 문화적 정체성, 현 상태에 대한 저항, 사회적·공간적 정의를 향한 투쟁을 사유하게 만드는 원천"이라고 소자가 말할 때, 서구 유럽과 북미의 '도시 산업화 자본주의'에 입각한 이 시각은 세계 다른 곳들의 각기 다른 도시화 역사들을 무시한다.[51]

카이로, 라고스, 자카르타, 뭄바이, 리우데자네이루, 멕시코시티에서의 공간정의는 어떻게 이야기할 것인가? 서구 세계를 다룰 때조차, 소자의 설명 방식은 아메리카 대륙 전역에서 플랜테이션 노예들이 벌인 세계적 투쟁들을 무시해 버린다. 특히 아이티 혁명은 민주화, 자유, 평등을, 그리고 그가 앞서 나열한 인권과 시민권처럼 사회적이고 공간적인 정의 개념들을 숙고하고 진전시키킬 핵심적 사건이라고 할 수 있으나 이 역시 언급되지 않는다.[52] '도시'에만 초점을 맞추면 세계적인 투쟁들이 시야에서 사라지며, 노예화와 식민주의와 제국주의가 강요한 모빌리티를 모빌리티 권리와 공간정의를 둘러싼 더 넓은 논의들에서 분리시키는 결과를 가져온다.

더 광범위하고 이동성을 더욱 고려하는 공간 역사는 다른 스케일과 다른 시간 관념으로 파악한 다른 이야기를 낳는다. 노예제도와 노예제 폐지 운동, 식민주의와 식민주 저항운동의 역사는 다양한 노동·자본·상품·자연·문화들의 모빌리티에 대한 역사이기도 하다.[53] 우리는 공간적 정의를 서구와 서구 도시에 국한시킬 수만은 없다. 공간적 정의는 그것이 발생한, 그리고 항상 연관을 맺고 있는 더 폭넓은 과정을 고려해야만 제대로 조명될 수 있다.

도시를 멈춰 있는 것으로 취급하는 접근 방식은 도시 자체가 지닌 생태적·지리적 모빌리티를 무시한다. 장애, 젠더, 섹슈얼리티, 인종에 따라 구분되면서 서로 관계를 맺고 있는 신체들의 모빌리티가 도시를 구성한다. 이주는 인간의 이동만이 아니라 식량, 자원, 에너지, 질병, 동물, 오염, 폐기물의 이동까지 낳으면서 도시를 재구성한다. 이 모든 이주 모빌리티들은 모빌리티 정의를 이해하는 데 중요한 요소이다. 모빌리티 정의는 교통정의나 공간정의에서 다루어지지 못하며, 교통정의와 공간정의는 고정된 중간 규모의 지리학적 스케일로 도시 '내부'에서 벌어지는 일에만 관심을 쏟는다.

모빌리티 정의 이론은 인간과 (나중에는 탈인간posthuman 세계를 이룰지도 모를) 사물의 세계적 순환을 지배하는 여러 체제들에 똑같이 관심을 기울인다. 모빌리티 정의에는 누가 한 인간으로 간주되는지에 대한 존재론적인 질문들도 포함된다. 역사적으로 여성, 노예, 퀴어, 장애인이 여기서 배제되어 왔으나, 많은 토착적 존재론들에서는 동물, 식물, 살아 있는 존재들 모두를 포괄했다. 모빌리티 정의는 토착민들의 제 땅에 대한 권리와, 서구 철학의 이원론 너머에 있는 '공동체의 미학'에 주목한다. 모든 인간들은 사회적 관계의 일부이며, 이 관계에는 땅과 비인간 존재들이 포함되어 있다.[54]

모빌리티 정의는 몸에 대한 신체 권력에서부터, 국경을 넘는 모빌리티의 권리를 둘러싼 초국가적 투쟁을 따라 나타나는 인프라와 물류 권력까지 조명한다. 비판적 마르크스주의 지리학은 '국가 재설계'와 도시 재건축 문제에 대해 사회 공간의 역사성, 지리의 다형성, 스케일의 역동적 재구성, 국가 공간과 도시 공간의 지속적 재형성을 강조했다. 닐 브레너Neil Brenner는 "오랫동안 현대 국가 간 시스템을 설명하는 데 사용되어 온 동질적이고 자기폐쇄적이며 연속적인 영토라는 전통적인 데카르트식 좌표 평면 모델보다, 이제는 중첩되고 상호 침투하는 연결점, 층위, 스케일, 형태들의 복잡하고 얽힌 모자이크로서의 정치-경제적 공간의 이미지가 더 적절해졌다"[55]라고 주장하면서, 이를 자원 추출과 에너지 전송의 확장적 인프라를 통해 세계의 먼 지역들을 함께 연결하는 새로운 형태, '전 지구적 도시화planetary urbanization'의 출현으로 이론화했다.[56] 그러나 이 이론의 다중 스케일적인 역동성을 모빌리티 정의 문제와 연결하려는 노력은 거의 없었다.

한편, 이주노동자와 이민을 배척하는 노동운동 사이의 갈등은 고정된 스케일들 간의 충돌을 보여 주는 중요한 예라 할 수 있다. 비록 소자가 무스타파 디케이Mustafa Dikeç가 논의한 파리 교외 지역의 '이민자 투쟁'에 주목하고 있기는 하나, 이주 모빌리티나 구금과 추방은 그가 생각하는 도시 정치의 지리학에서 중심이 아니다. 소자는 파리의 중심에서 '밀려난' 도시 노동계급과 1870년대 오스망Haussmann 남작이 파리대로들을 건설하면서 나타난 '이동의 효율성'을 서술하면서도 이 인구이동을 모빌리티 정의 문제나 공간이 생산하는 이동식 존재론과 연결짓지는 않는다.[57] 파리 노동자들이 도시 중심에서 밀려난 것, 파리에 대로들이 건설된 후 군대 진주가 쉬워진 것, 이후 탈식민 지역의 이주민들이 비슷하게 파리 교외에 정착 혹은 분리된 것 사이에는 어떤 관계가 있을까?

　도시는 (재)건설을 거쳤지만 지금도 작동 중이다. 모빌리티는 그저 나타나는 것이 아니라 장소를 만들어 낸다. 도시는 불의가 쌓이는 공간일 뿐만 아니라 불균등한 모빌리티, 불평등한 신체, 분산된 인프라를 생산하는 적극적인 메커니즘이다. (탈)식민지 도시들에서는 특히 그러하다. 소자는 '식민지 및 탈식민지 지리학'을 다루는 짧은 장에서 에드워드 사이드Edward Said에 기대면서 "실제이자 상상적인 지리학, 물질적이고 상징적인 위계화된 식민 점령 공간, 이를 생산하고 고립 · 배제 · 지배 · 제재 · 통제를 맥락화하는 과정"과 가능한 저항 형태를 기술한다.[58] '부당한 지리학' 사례들의 핵심은 모빌리티(그리고 정착)를 통제하고 감독하는 권력과 직결되어 있지만, 소자는 부당한 모빌리티가 아니라 부당한 공간의 생산에 초점을 맞출 뿐이다.

　그러므로 이 책에서 나의 목표 중 하나는 모빌리티/부동성의 이동정치가 여러 형태로 나타나는 불의의 기반을 만드는 방식에, 또 불의가 모빌리티/부동성의 통제와 관리를 통해 계속 지속되는 방식에 주의를 돌리는 것이다. 우리는 모빌리티가 자유와 동의어가 아니라는 것을 알고 있다. 그러나 공간정의만으로 충분할까? 우리가 도시 같은 거주지의 위치나 장소를 단지 '공간'이 아니라 이동적인 것으로 이해하면 어떨까? 그러면 우리는 공간이 이동을 통제하는 체제라고 보면서, 권력의 시공간적 형성 방식인 모빌리티 체체에 도전하기 시작할 수 있을 것이다.

　게다가 공간적 과정들은 물리적 공간성의 균열과 재생산만큼이나,

점점 더 가상공간과 불균등한 통신 인프라가 가져오는 균열과 마주하고 있다.[59] 사회과학에서의 모빌리티 전회는 공간 이론에 기반하지만, 공간 이론을 활용하기도 한다.[60] 도시와 공간정의에 관련된 개념들을 활용하면, 우리는 더 수월하게 신체에서 지구 전체에 이르는 많은 장소들을 포괄할 수 있을 것이다.

이동의 식민지적 체제

이동의 식민지적 체제의 역사와 식민주의에 뒤따른 세계적 모빌리티는 교통정의 및 공간정의 논의에서 거의 다루어지지 않았다. 서구사상에서 근대성, 진보성, 그리고 특권적 백인 남성성은 모빌리티와 결부되어 온 반면, 부동성, 정체, 정주성은—혹은 유목, 방황, 방랑처럼 '나쁜' 비이성적 모빌리티들은—'후진적'인 사회나 '원시적'인 사람들의 속성으로 간주되었다.

현대사회학의 기틀을 마련한 카를 마르크스, 막스 베버, 에밀 뒤르켐의 저작에서 등장하는 아시아적 전제주의, 동방 농노제, 중세 봉건주의에 관한 논의들이 그 좋은 예이다. '원시적 축적primitive accumulation'을 위한 신세계로의 항해·탐험·착취, 근대 유럽 북서부 개신교 문화와 밀접한 '자본주의 정신spirit of capitalism'', 북미를 지배하라는 신의 명령에 따랐다는 미국의 이데올로기인 '명백한 운명manifest destiny', 미국의 서부 개척 등은 서구를 이동성과 확장성으로 규정하는 문화적 표준들의 일부일 뿐이다. 탐험가, 기업가, 개척자라는 상징적 남성 형상은 자율적이며 자발적인 모빌리티를 행사하지 못하는 '타자'들을 필요로 했다. 여성, 어린이, 노예, 하인, 계약노동자, 게으른 빈민, 야생 원주민이 그들이었다.

모빌리티 통제 체제로서의 식민주의를 공간정의 문제에 대한 우리의 해석과 통합해 본다면 어떨까? 역사학자 앤 로라 스톨러Ann Laura Stoler에 따르면, 보통명사로서의 '식민지colony'는 "사람들을 드나들게 하는 곳"이다. "활기차고 희망적이지만 절망적이며 폭력적인 순환의 장소"인 이곳에서는 "불안과 강제이주가 두드러진다." 또한 "정치적 개념"으로서의 식민지는 "어떤 장소가 아니라 모빌리티 관리의 원칙이며, 사회의 성격을 규정하는 일련의 변화하는 규칙과 위계에 따라 인구를 동원하거나 움직이지 못하게 한다. 모집, 재정착, 배치, 원조, 강제노동, 강제수용을 낳는 것이다."[61]

여기가 중요한 대목이다. '도시' 또는 '국가'가 단순히 고정된 장소가 아니라 내부에서 외부로, 본국에서 식민지로, 지역에서 세계로, 몸의 내부에서 저 먼 제국으로까지 확대되는 모빌리티의 관리 원칙principle of managed mobilities이라는 것을 우리가 인식하게 된다면 공간정의 이론은 이동성으로의 전회에 더 가까워질 것이기 때문이다.

어찌 보면 스톨러는 식민지 개념 자체를 불안정하게 하고 그 진폭과 모호함을 보여 주는 방식으로 이 개념을 활용하고 있다. 스톨러는 미셸 푸코Michel Foucault의 말을 빌려 와서 "안보를 '순환의 자유 혹은 이동의 자유'에 대한 접근에 따라 정의하는 것이 어느 정도 가능하다면, 식민지는 결코 안전하지 않다"고 주장한다.[62] 보안 담론은 언제나 모빌리티의 통제와 감시, 국경 강화, 위험한 '타자'들의 배제에 의존한다. 2017년의 미국 트럼프 행정부가 그 좋은 예이다. "내부와 외부란 눈에 보이는 국경처럼 고정된 채로 유지될 수 없는 이동적 위치다. 봉쇄와 격리의 형식을 취하지만, 무엇을 누구를 지켜야 하는지, 무엇이 누가 남아 있어야 하는지는 고정되지도 쉽게 판단하기도 어렵다. 내부의 적들은 잠재적이며 어디에나 있다."[63]

스톨러는 식민지(지금의 미국도 여기에 해당할 것이다)가 "위반, 도피, 구류, 의심, 밀입국, 함정, 그리고 수많은 감시로 가득 차 있다"는 주장으로 나아간다.[64] 우리는 식민지 개념에서처럼, 도시화를 이동적인 과정으로 상정함으로써 경계를 지닌 공간 단위로서의 도시라는 지리적 관념의 기반을 불안하게 만들 수 있다. 식민지와 마찬가지로 오늘날의 도시는 불안한 순환의 장소다. "내부에서나 외부에서나, 식민지는 두려움과 불안과 강제력을 동원한다"고 스톨러는 말한다. "여기서 예외는 없다. 안전망과 피난처가 되도록 설계한 식민지는 결코 안전하지 않다. '식민지'라고 불리는 정착지는 불안한 순환들이 교차하는 곳이다. 정착지에서 안전하게 정착된 것은 없다."[65] 도시에서도, 역시, 안전하게 정착된 것은 없다.

여러 가지 면에서, 소자가 그려 낸 도시 세계나 현재 미국과 유럽의 국경지대는 불규칙한 두려움과 불안과 동요를 품고 있는 모빌리티의 장소이다. 도시의 부당한 공간성과 현대 국가는 세계적인 부당한 모빌리티, 이에 의거한 식민지적 순환, 그리고 폐쇄와 봉쇄가 만들어 낸 것이다. 모빌리티 관리와 인종화된 신체라는 견고하지 않은 형식을 통해서 말이다. 도시, 국가, 그리고 그 인프라는 세계적인 흐름과의 관계 속에서 지속적으로 재구성되는데, 이 순환에는 사람뿐만 아니라 박테리아, 바이러스, 외래종과 세균의 침입, 사이버 공격, 가상공간에서의 위협, 데이터 유출까지 포함되며, 이 모두는 더 심해지고 가속화되는 길을 밟으며 안보 강화로 귀결된다.

이제, 나의 목표는 이동정의나 공간정의보다 훨씬 더 광범위하게 모빌리티 정의를 개념화하는 것이며, 이를 위해 나는 공간 생성에 움직임을 더하여 공간정의 이론을 재론하고 활용하려고 한다. 우리는 분배적 정의 문제에만 시선을 돌릴 수 없으며, 숙의적·절차적 정의로 시야를 확대해도 마찬가지다. 모빌리티에 대한 신자유주의적 통치가 깊숙한 영역에까지 영향을 미치며 자유와 부자유, 중심과 주변, 인정과 축출을 만들어 내는 양상을 이해해야만 한다. 그렇게 하려면 불균등한 모빌리티/부동성의 다중 스케일적 과정들과, 여러 다른 스케일들에서 나타나는 서로 상충되는 모빌리티들을 둘러싼 정치적·사회적 투쟁을 수면 위로 드러내야 한다. 이를테면 퀴어 신체, 보도 확장, '완전한 거리', 접근성이 강화된 공공 교통 시스템의 모빌리티들과, 관광객이나 이주노동자의 모빌리티, 그리고 물이나 에너지의 이동, 혹은 커뮤니케이션을 위한 보편적인 공공 인프라 건설을 둘러싼 갈등들까지도 살펴야 한다.

하지만 그 다음에는 이런 질문들도 던져야 한다. 글로벌 사우스에서 급속도로 도시화하는 지역들은 우리가 일반적으로 품고 있는 인프라, 이동, 국경에 대한 관념에 어떻게 도전하고 있는가? 남아시아 또는 아프리카의 도시에서 자동차 모빌리티, 자전거 타기, 전기자동차, 동물 운송 사이의 관계는 어떻게 보아야 하는가? '합리적'이고 '개별적'인 '소비자'라는 가상의 모델을 기반으로 한 비용–편익 분석을 넘어, 새로운 도시성과 교통계획 방식을 이끌어 낼 만한 잠재적인 전환점이 존재하는가? 교통과 통신 인프라가 구축될 때 어떠한 다른 형태의 국제적 이동정치가 작동하는가? 우리가 이 문제들을 교차 횡단과 다중 스케일로 바라보기 시작하는 것이 빠르면 빠를수록, 우리는 자동차 모빌리티와 속도의 문화만이 아닌 모든 종류의 부당한 모빌리티가 어떠한 사회적 · 정치적 결과를 가져올지를 더 수월하게 예상할 수 있을 것이다.

재난과 그로 인한 모빌리티의 혼란은 여러 가지 다른 이동정치적 문제가 우리 시야에 포착되는 사례라고 할 수 있다. 나는 다른 글에서 모빌리티/부동성의 문제적이고 복잡한 정치를 설명한 적이 있다. 재난 이후 네트워크 자본을 가진 사람들은 자신들의 자원을 동원하여 새로운 인프라, 새로운 모빌리티 시스템, 새로운 물류를 형성하는데, 이는 구호 대상인 사람들에게 접근하는 길을 막아 버린다. 특히, 재난의 '피해자'들이 섬의 경계 안쪽에 있고 바깥 쪽으로 나오는 길은 통제된다면, 움직일 수 있는 외국인들만 연결되어 '내부 난민'들이 애태우는 동안 몇몇 사람들만이 도움을 받게 된다. 허리케인 카트리나가 덮친 뉴올리언즈나 지진 후 아이티에서도, 그리고 허리케인 하비가 휩쓴 텍사스나 허리케인 이르마와 마리아가 파괴한 카리브해 제도에서도, 모빌리티 빈민mobility poor들이 내부 난민이 되고, 소외를 겪고, 고립되는 과정이 반복되었다. 모든 준비를 갖춘 사람들이 섬을 들락날락하는 동안

에 이 비참한 섬 속에서 그들은 옴짝달싹하지 못했던 것이다.[66]

도시는 지역과 세계, 또는 미시와 거시 '사이에' 존재하는 것이 아니다. 한번에 모든 스케일을 가로질러 침투하고 작동하는 삶정치적 biopolitical이고 전 지구적인 도시화의 관계적인 분절이라고 해야 할 것이다. 이 책에서는 모빌리티 정의에 다중 스케일로 접근하는 방식을 발전시켜 보려고 한다. 여기에는 모빌리티의 다층적 정치가 포함되며, 최소한 아래의 것들도 들어 있어야 한다. 불균등한 모빌리티 자유와 불평등한 역량들에 영향을 끼치는 인종화, 젠더, 나이, 장애, 섹슈얼리티의 일상적이고 구체적인 관계들. 효율적인 흐름을 좇는 표준화된 공간을 방해하는 공공공간에서의 점유 및 현존의 정치와 밀접한, 도시에 대한 권리와 이동적 공유재. 보안과 군사행동의 맥락 속에서 갈등이 발생하는 곳인 국경, 이주, 그리고 초국가적인 여러 모빌리티/부동성들(노예, 인신매매, 추방, 망명 등)에 대한 윤리적 공간. 지구의 물질 배분에서 절차적 정의가 결여된 글로벌 자본주의 체제의 상품, 자원, 에너지의 부당한 순환. 사람, 상품, 에너지, 오염, 폐기물을 전 세계로 이동시키는 물류 인프라와 지역에서의 환경적 불의를 연결짓는 투쟁들.

이 책의 나머지 부분에서는 이에 대한 논의들을 자세히 설명하고, 교통정의와 공간정의의 요소들을 기반으로 하는 포괄적인 모빌리티 정의 이론을 내놓으려고 한다. 신체에서 시작하여 교통 시스템, 도시 스케일의 시스템과 도시 인프라, 국경 체제와 이주 및 관광의 초국가적 모빌리티, 전 지구적인 모빌리티와 지리생태학에 이르기까지, 여러 스케일들을 가로지르며 서술하게 될 것이다. 확대된 스케일로 바라보면 전체 체계를 인식할 수 있다. 그러나 각각의 스케일들이 항상 뒤엉키고, 교차하고, 수행적이며, 지속적으로 다시 만들어지고 있다는 것도 분명하다. 브레너가 주장하듯이 국가의 재조정이 그 자체로 모빌리티 관리의 전략 중 하나라면, 스케일들을 건너뛰는 것은 자본을 위한 공간적 해결책이자 이동 특권층들이 도피할 경로이기도 하지만, 저항을 위한 잠재적 전술이기도 하다. 우리를 새로운 이동정치학으로 이끌어 줄 전복적인 이동이 그러한 저항을 낳을 것이다.

2장

신체 이동과
인종정의

인간의 이동을 신체 스케일로 바라보면 다양한 조합과 배치가 있는 군무처럼 보인다. 우리의 이동은 다른 사람, 탈것, 우리의 모빌리티를 돕는 인공 기술과의 관계 속에서 이루어진다. 다양한 이동을 가능하게 하거나 막으면서 어떤 행동을 하도록 유도하는, 공간적 · 물질적 환경과 맺는 관계도 중요하다. 인간이 혼자 이동하는 경우는 거의 없다. 대부분 무언가에 의존하거나 연결되고, 그것을 향해 가거나 회피하며, 그 무언가를 위해서 혹은 대신하여 움직인다. 단순히 성별, 인종, 섹슈얼리티, 계급, 나이, 능력 같은 사회적 요소만이 다른 사람들과의 관계 속에서 우리 이동의 역량과 스타일을 형성하는 것이 아니라, 우리의 이동 역량도 규범적 사회질서와 헤게모니적 모빌리티 체제 속에서 우리의 신체적 경험과 정체성을 만들어 간다. 우리의 몸은 이동의 욕구 · 역량 · 한계와, 환경 · 인프라 · 장소가 만나면서 이동하는 것이다.

우리는 이동하며 우리 몸을 움직이고 공간적 · 사회적 세계에 흔적을 남긴다. "우리는 우리의 이동 능력을 계속 형성하고 재구성하는 풍경 속에서 보고, 들으며, 우리의 길을 간다. 이런 환경은 어떤 몸을 다른 몸들보다 선호한다. 우리는 각기 다른 모빌리티를 가지고 있다." 킴 쏘축Kim Sawchuk은 장애를 다룬 사려 깊은 에세이에서 이렇게 말했다.[1]

이동하는 우리의 몸은 서로 다른 힘을 지니고 있으며, 서로 다른 손상을 입고 있다. 우리의 이동은 움직이며 관계를 맺는 춤으로 세상을 만들고 스스로를 만든다. 물론 그 춤에는 신체 권력이 항상 작동 중이다. 우리는 여러 몸과 역량과 공간, 이 군무의 일부인 이동 수단까지가 어우러진 오케스트레이션을 상상해 볼 수 있겠지만, 이는 큰 제약을 안고 있으며 때로는 강제로 추어야 하는 춤이기도 하다. 이동 능력은 운전, 자전거 타기, 걷기, 비행을 뜻하는 것이면서도 수레 밀기, 목발짚기, 꿈지럭대기, 비틀거림, 절뚝거림, 그리고 어떤 경우에는 공포와 뒷걸음질과 사회적 폭력을 유발하는 모빌리티들을 의미하기도 한다.

팀 크레스웰Tim Cresswell의 말처럼, 우리는 모빌리티의 다른 배치들에 다가가려는 안무 속에서 움직인다. 신체의 움직임, 그 의미와 표현, 독특한 살아 있는 경험이 담겨 있는 배치들이다. 그러므로 불균등한 모빌리티 개념은, 우선 이동의 지형과 경험으로서의 이 안무를 의미한다. 여기에는 특정한 구체적 환경, 다양한 조건들, 경로와 진로, 다른 접근과 이동 수단, (비)연결성의 부분적인 집합이, 간단히 말해서 서로 다른 모빌리티 역량이 있다. 두 번째로, 불균등 모빌리티 개념은 편리하고 편안하고 유연하며 안전한 것만이 아니라 갈등과 소음과 속도, 소란까지 포함하는 이동 수단과 방식을 의미한다. 셋째, 공간적 양식, 인프라 공간, 통제 구조를 의미한다. 이것들은 모빌리티와 부동성, 빠름과 느림, 안락과 불편을 통제하고 다면화한다. 곧, 모빌리티를 통치하고 관리한다. 이 장에서는 이 불균등 모빌리티의 신체적 기반이 무엇인지, 그리고 인간 신체 스케일에서 나타나는 저항의 정치가 어떤 것인지를 탐사해 볼 것이다.

먼저, 교통과 모빌리티와 모빌리티 정의 문제를 둘러싼 많은 정책 담론에서 젠더적 인식이나 젠더적 분석이 부재할 때가 많다는 점에 주목해야 한다. 백인 비장애 중산층 남성 전문가나 기술자가 교통정책과 도시 교통 관련 기관을 지배하므로 그 정책, 계획, 디자인은 여성, 아동, 장애인, 빈곤층의 시각, 경험, 요구를 간과하거나 아예 해당 분야와는 관련이 없다고 치부하게 된다.[3] 마찬가지로 인종적 측면에서의 차별적이고 불균등한 모빌리티를 분석하는 경우도 거의 없다. 장애인 문제에 대한 인식이 약간 엿보이긴 하지만, 최근까지도 퀴어나 트랜스젠터의 모빌리티에는 전혀 신경 쓰지 않는다. 모빌리티에서의 이러한 배제를 '자유주의적' 시민사회의 기초를 이루는 가부장제, 인종적 지배, 식민주의, 성차별, 능력주의의 길고 폭력적인 역사라는 맥락에 놓고 보는 경우도 거의 없다.

1990년대 페미니스트 사상가들은 포스트모더니즘의 '노마드 이론 nomadic theories'(유목주의)과 과정이론을 받아들였다. 그러나 동시에 이들은 서구를 보편화하고 '노마디즘'을 일반화하는 세계화 이론들을 비판했다. 노마디즘은 백인, 남성, 특권적 이동 주체가 지니는 모빌리티의 자유를 맹목적으로 받아들인 남성적 이해 방식을 바탕으로 한다.[4] 페미니즘 이론의 정치경제학적 · 문화적 분석은 계급, 인종, 성별, 성적 불평등의 공간 형성을 다차원적으로 분석하는 데 도움을 주었다.[5]

많은 사람들이 마르크스나 짐멜처럼 고전적인 이론가들에서부터 들뢰즈나 르페브르 같은 포스트모더니스트, 바우만과 어리 같은 현대 사상가에 이르는 서구 남성 철학 전통을 따라 모빌리티 패러다임을 탐색한다. 그러나 이 계보는 페미니스트 철학의 공헌을 인정하지 않고, 인간 모빌리티 및 모빌리티 통치에 관한 모든 형식들을 지탱하는 젠더적이고 인종적이고 전통적인 뼈대를 문제 삼지 않는 경향이 있다. 블랙비판이론, 블랙 페미니스트 이론, 탈식민지 이론은 모빌리티 · 공간 · 정의에 대한 주류 논의에서 그다지 주목받지 못했다.

새로운 모빌리티 패러다임이 모빌리티 · 노마디즘 · 세계시민주의 담론을 그저 특권화하는 것이 아니라, 사회적 세계에 대한 정주적 설명과 노마디즘적 설명이 작동하는 맥락을 상세하게 살피려고 하는 이유가 여기에 있다. 이 패러다임은 젠더적 · 인종적 · 식민주의적 · 신자유주의적인 모빌리티/부동성 담론들이 어떻게 작동되고 유포되는지, 그리고 어떻게 강화되거나 불안정해지는지 이해하기를 요구한다. 어떤 모빌리티가 강화되고 어떤 모빌리티는 약화되는가? 누구의 모빌리티는 인정받고 누구의 모빌리티는 차단되는가? 어떤 종류의 모빌리티가 양도할 수 없는 권리로 자리 잡으며 여성, 특정 인종으로 분류된 소수민족, 성적 소수자들, 이민자, 난민 같은 사람들은 어떻게 그 권리를 빼앗기는가? 그리고 모빌리티의 차별적 재현과 실천은 어떤 식으로 서로 결합하는가?

우리에게 친숙한 여러 이동과 초국가적 순환 사이의 연결성을 드러내기 위해, 우리는 식민지 영토를 지배하고 모빌리티를 관리하는 젠더적/인종적 방식들과 식민주의 역사에 주목해 볼 수 있다. 식민지의 역사, 이를테면 강제 모빌리티, 노동착취, 신체적 학대를 동반한 성매매,

백인 정착민과 식민주의의 폭력적 이동, 그리고 앤 스톨러Ann Stoler가 말한 전 세계에 걸친 '제국의 협박imperial duress' 등은 모빌리티의 정치에 깊은 영향을 끼쳤다.[6]

1990년대 비판이론의 물결 속에서 카리브해 문화이론과 탈식민지 이론은 강력한 흐름을 형성했다. 스튜어트 홀Stuart Hall, 아르준 아파두라이Arjun Appadurai, 에두아르 글리상Edouard Glissant, 안토니오 베니테스 로호Antonio Benitez Rojo 등은 디아스포라, 트랜스내셔널리즘, 사람·상품·사상의 다양한 글로벌 모빌리티를 논의하였다. 이들의 연구는 대서양 횡단 노예무역, 플랜테이션 경제, 크리올 문화와 디아스포라 정체성이 형성되면서 모빌리티와 부동성의 근대적 형식들이 만들어졌다고 인식하였다. 대서양 횡단 노예무역은 지금까지 이어지는 근대 체제―불균등 모빌리티, 차별, 불평등한 거주 및 이동의 권리―의 기초가 되었다.[7]

우리는 젠더적·인종적 차별의 모빌리티를 종합적으로 분석해야 한다. 명백하게 노예제도, 식민지주의, 가부장제의 역사 안에 있는, 모빌리티 역량을 방해하는 여타 공간적 장애들도 마찬가지로 분석의 대상이다. 불균등 모빌리티는 모빌리티 통제 체제와 관련된 젠더·인종·계급·섹슈얼리티·능력에서의 차별 형태로 신체 관계 스케일에서 작동한다. 이동에서의 차별적 역량은 인간이라는 말이 뜻하는 바에, 그리고 '자유인', '노예 소녀', '운전수', '하인', '운동선수', '절름발이'와 같은 이동적 주체를 형성하는 방식에 영향을 끼친다. 그러나 이런 신체 관계들은 전복적인 신체 이동의 대항 지리학을 시사하기도 한다. 전복적 이동과 새로운 공간적 가능성을 이해하려면, 우리는 우선 모빌리티 정의에 관한 논의를 젠더, 성, 장애, 인종적 모빌리티 체제들에 대한 신체적 투쟁과 다시 연결할 필요가 있다.

젠더, 섹슈얼리티, 그리고 몸의 이동

'차별적 모빌리티'는 모빌리티 연구에서 점점 더 강조되는 개념이다. "일련의 규제하고 통제하는 규칙, 관습, 제도 전체 … 시스템화된 네트워크"와 관계 없는 모빌리티의 자유란 있을 수 없다는 것은 이제 널리 알려진 사실이다.[8] 특히 킴 쏘축은 '불균등한 억압적 지리학'을 다룬 도린 매시를 인용하면서 권력이 어떻게 "사람들의 차별적 이동 능력에서 명백하게 나타나"는지를 이야기하였다.[9] 도린 매시는 "어떤 이들은 다른 사람들보다 〔모빌리티의〕 더 많은 몫을 차지하고, 이동하고 움직인다. 어떤 이들은 다른 이들보다 불리한 입장에 처하고, 그 속에 갇혀 버린다"고 했다.[10] 젠더화된, 그리고 성적인 차별과 불평등은 신체적 모빌리티가 사회 · 문화 · 경제 · 정치 · 지리학적 권력의 작용 과정에서 차별화되고 다르게 규정되게 만드는 기본적 관습과 제도의 일부이다.[11]

차별적 젠더 모빌리티를 냉정하게 묘사한 글 하나를 소개하겠다. 가속과 속도의 철학자로 불리는 프랑스 이론가 폴 비릴리오Paul Virilio가 1984년에 쓴 《네거티브 지평L'Horizon negatif》(2005년 《Negative Horizon: An Essay in Dromology》로 영역되었다)의 앞머리에 실린 '승객의 윤회The Metempsychosis of the Passenger'라는 글이다. 불평등한 젠더 모빌리티를 신랄하게 다루고 있는 이 글을, 자유주의적 페미니스트라면 굉장히 불쾌하게 여길 것이다. 남성 중심적 서술인 데다가 여성을 남성의 '탈것'으로 대상화하고 있기 때문이다. 하지만 급진적 페미니스트는 가부장적 지배 이론과의 유사성을 알아챌 수 있을 것이다. 내용을 음미하기 위해 길게 인용한다.

남자는 태어날 때뿐만 아니라 성관계를 갖는 중에도 여자의 승객이다. … 여성은 남성이 자신을 재생산하기 위해 발견한 수단, 즉 세상에 나오기 위한 수단이라고 말할 수 있다. 이런 의미에서, 여자는 인간이라는 종을 위한 첫 번째 교통수단이었다. 여자는 첫 번째로는 탈것이며, 두 번째로는 이주와 공동 항해를 위해 준비된 서로 다른 육체 간의 결합이라는 수수께끼를 품고 있는 말horse이다. … 사육의 시초를 생각해 보면, 여자는 길러 낸 짐승보다 앞서서, 노예제와 농사의 등장 이전에 등장한 첫 번째 경세 형식이다. 여자는 원시적 사냥을 넘어, 전쟁을 하기 위해 조직된 가부장적 사회, 목축 사회로 이끄는 운동을 시작한다. … 가부장제는 여자를 포획하면서 나타났고 가축을 사육하면서 성립되고 완성되었다. 목축 단계를 알리는 이 폭력의 경제에서 아름다운 여자는 짐승보다 앞서 존재하였고, 이 두 가지 가축들의 공존이야말로 지배적인 성을 확립하였다. … 길들여진 동물이 나타나기 전에, 여자는 등짐을 진 짐승으로 봉사하였다. 짐승 무리와 마찬가지로, 여자는 들판에서 일하고 남자들의 통제와 감독을 받았다. 다툼이 벌어져 다른 곳으로 옮겨 가게 되면 여자는 짐을 날랐다. 길들여진 당나귀를 쓰기 전에는 여자가 유일한 '운송 수단'이었다.[12]

비릴리오가 임신 그 자체를 어머니가 아직 태어나지 않은 (남성) 태아를 세상으로 운반해 주는 여행이라고 보고, 그리고 나아가 성관계를 남자가 다른 여자에게 '올라탄다'고 묘사한 것은 곱씹어 볼 만하다. 여기서 우리는 인간 탄생 과정에 깃든 근본적 불평등을 이해할 수 있다. 이 의미심장한 인간 운송 형식 때문에 여성의 몸은 남성의 몸에 종속된다. 그러나 우리는 그가 말하는 '첫 번째 교통혁명'의 폭력성을 눈치챌 수 있다. 비릴리오는 이동 자유의 근본적인 기초를 건드렸다. 이동의 자유는 여성, 동물, 노예와 같은 타자의 몸을 지배하면서 나타난다. 그는 이런 지배가 교통 및 물류를 지배하는 권력으로서의 전쟁 수단과 맺는 관계도 보여 주었다.

이 이야기는 이동의 자유를 행사할 권리를 품고 있다고 가정되는 개인에게서 출발하는 자유주의적 내러티브와는 다른 방식으로 이동의 자유를 이해하게 해 준다. 모든 사람들이 동등한 모빌리티를 누린다고 가정하기보다는, 우리는 이동의 자유가 곧장 타자의 착취로 이어지는 의미심장한 불평등에 주목하고 이를 분석해야 한다. 이때 타자들은 신체적으로 통제받고 지배당하면서 강제로 이동당한다.

비릴리오의 글을 한 번 더 인용해 보겠다. 남성이 지닌 이동의 자유가 '길들여진 여성들'의 '병참 지원'에 의존한다는 내용이다. 이 여성들은 자유로운 남성들이 전쟁을 벌이도록 지원하는 '교통 모빌리티 automobility'의 일부이다.

첫 번째 자유는 운동의 자유이다. 여자들이 사냥하는 남자들에게 제공했던 이 자유는 유흥의 일종이 아니라, 전쟁의 가능성과 동일한, 원시적 사냥을 넘어서는 이동의 가능성이다. 길들여진 여자는 사냥꾼의 사냥 준비를 떠맡아 첫 번째 병참 수송을 해내면서 전쟁을 가능하게 한다. 침략자가 기동을 제대로 해내면 영토를 확보하듯이, 남자의 짝으로 붙잡힌 여자들은 그 즉시 교통수단으로 바뀐다. 여자의 등은 나중에 등장할 운반 수단들의 모델이며, 모든 교통 모빌리티는 이 인프라, 이 기뻐하며 정복당한 집단에 그 뿌리를 둔다. 정복하고 침범하려는 모든 욕망은 여기, 이 길들여진 탈것에서 발견된다. 임신, 육아에서 계속 운반 수단 역할을 하는 이 '등짐을 진 여자들'은 전사들에게 때로는 즐거운 시간을, 대부분은 자유로운 시간을 선사한다.[13]

이 난삽한 서술에서 비릴리오는 여성과 영토의 정복으로 얻어 낸 성적 쾌락, 물류 운반의 권력, 모빌리티의 자유를 한데 묶는다. 비릴리오는 전쟁 테크놀로지, 더 크게는 그가 '질주경dromoscopy'이라고 부른 대상을 연구하면서 모빌리티의 자유를 현대 '시민'사회의 근간을 이루는 (성적 지배도 포함한) 폭력 및 폭력적 지배 수단과 곧장 연결한다.

그는 여성의 모빌리티를 제한하는 것이 여성에 대한 위협 및 폭력과 얼마나 밀접하게 연결되어 있는지를 선명하게 보여 주었다. "즐거운 시간"은 성적 지배에 근거하며, "자유로운 시간"도 여성의 시간 · 몸 · 노동의 착취에 기반한다. 비릴리오의 글에서 다루지 않은 부분이 있다면 인종적 타자의 모빌리티에 대한 폭력적인 지배 형식인 식민주의에 대한 분석이라고 할 수 있다. 그러므로 교차분석이 필요하다. 예를 들어 '이동의 자유'를 향유하는 백인 여성의 '해방'은 식민화된 "등짐을 진 여자", 유색인 여성의 종속을 전제로 하고 있음을 보여 주는 것이다. 가령 카렌 카플란Caren Kaplan은 "특권적인 코스모폴리탄 모빌리티의 결과로 나타난 특정한 시각"을 언급하면서, 이 '시각'이 자신이 말하는 전쟁에서의 "우주적 시야the cosmic view"와 유사하다고 주장한다. 그가 말하는 우주적 시야는 세계를 바라보는 "신의 눈God's eye"과 달리 남성성이 낳은 영공 지배와 관련되어 있다.[14]

이런 분석은 또한 백인 여성이 공공영역과 직장에서 획득한 이동의 자유를 남성의 성적 지배가 어떤 식으로 감시하고 제한하는지를 드러낼 수 있다. 2017년 말, 남성들이 여성들에게 저지른 성폭력을 폭로한 미투운동(할리우드, 의회, 언론계, 학계와 같은 여러 공공영역에서 만연한 성추행을 폭로한 운동)은 젠더권력의 기반인 성적 지배를 표출하는 행위가 널리 퍼져 있다는 것을 보여 주었다. 그러나 유색인 여성, 가사노동자, 서비스노동자, 공장노동자, 시민권이 없는 이주민, 농업노동자 등 자기 직장에서 더 많은 여성들이 성추행을 겪어 왔다는 사실은 미투운동에서 제대로 조명되지 못했다.

여기서 요점은 여러 가부장적 사회에서, 여성의 신체를 인종화하고 규범에 어긋나는 섹슈얼리티를 통제하는 체제에 여성의 일상적 모빌리티가 얽매여 있다는 사실이다. 이는 전시 물자 공급과 경제적 지배에서의 노동 통제 및 이주 패턴들을 만들어 내기도 한다.[15] 마찬가지로 검은색, 누런색으로 분류되는 신체들의 모빌리티는 모빌리티를 차별적으로 통제하는 식민지 역사와, 또 이에 대한 전복적 저항과 깊은 관계가 있다. 관리받는 모빌리티들 사이의 긴장, 그리고 이 상황에 대한 저항은 사람들 간의 폭력으로 비화되어 마찰을 낳는 경우도 많다.

20여 년 전에, 아르준 아파두라이는 세계화 속 문화 순환을 다룬 글에서 이렇게 날카롭게 지적했다. "그런 마찰은 특히 여성에게 가장 큰 타격을 입힌다. 여성들은 가문의 유산을 어찌할지를 두고 고민하는 정치적 상황에서 장기판의 졸 취급을 받기 때문이다. 공간적이고 정치적인 지형도가 변화할 때, 물려받은 유산과 새로운 기회 사이에서 갈팡질팡하는 남성은 여성을 학대와 폭력의 대상으로 삼을 때가 많다."[16] 다양한 비서구 국가들에서 여성의 모빌리티를 감시하고 폭력적으로 제어하고 있다는 이야기들에 대해서도 생각해 볼 필요가 있다. 이 이야기들의 특징은 동양을 타자화하면서 서양을 치켜세운다는 점이다. 19세기의 오리엔탈리즘으로 거슬러 올라가 볼 수 있는 이런 담론들은 할리우드가 중동의 '하렘'을 묘사하는 방식에서 아주 잘 드러나며, 여성의 모빌리티를 제한하는 이슬람 근본주의 체제에 대한 요즘 미디어들의 묘사도 같은 맥락이라고 할 수 있다. 인도나 이집트에서 대중교통을 이용하던 여성들이 당한 추행, 최근에야 운전할 권리를 얻은 사우디 여성, 부르카 착용이 의미하는 모빌리티의 제약. 이 이야기들은 서구 미디어에서 오르내릴 때 '서구'라는 공간을 여성들이 모빌리티의 자유를 맘껏 향유하는 공간으로 위치시켜 주는 상징적 역할을 한다.

역사적으로 보면 성적이고 인종적인 용어로 모빌리티의 문화적 가치를 판단할 때가 많았다. 그러니 집과 거주에 관련된 비유들이 젠더 차이를 본질화하고 집과 관련된 여성성을 낭만화하며 여성과 밀접한 정주 공간 및 신체를 평가절하하는 방식으로 여성화되는 것도 그리 놀라운 일은 아니다.[17] 여성은 '이동적 주체성'이 결여되어 있어서 어떤 장소나 집에 머무른다고 규정되지만, 남성적 서사는 여행, 길찾기, 집에서의 탈출과 밀접하다. 서구에서나 비서구 문화에서나 남성과 여성, 소년과 소녀는 지역적이든 국가적이든 세계적이든 몸의 이동과 지리적 여행에 접근하는 패턴이 다르다. 이는 "단순히 누구냐에 관한 문제가 아니라, 언제·어떻게·어떤 상황에서 여행하느냐의 문제이다."[18]

우리는 이를 모빌리티에 대한 접근 문제로만 보지 않고 데이비드 크론리드David Kronlid의 말처럼 어떤 '역량'으로서의 모빌리티 문제로 받아들일 수도 있다. 이 역량은 서로 다른 역사적·문화적 맥락에 따라 얼마간 제약을 받거나 어느 정도 가능한 것이 된다. 옷과 신발의 스타일, 인공기관이나 이동 보조 도구, 신체 능력 혹은 신체적 한계, 이 모두가 이동에서 역량의 차이를 만든다. 할 수 있는 것, 그리고 할 수 없는 것은 옷, 주택, 건물, 도시의 디자인에 반영되며, 몸을 움직이는 방식이나 몸을 구속하는 방식에 따라 변화한다. 페미니스트 이론가들은, 이를테면 남자아이들에게는 공간을 넓게 쓰라고 가르치고 여자아이들에게는 움직임을 억제하라고 하는 사회 관습에 주목했다. "계집애처럼 던진다 throw like a girl" 같은 말이 이런 상황을 잘 대변해 준다.[19] 여성들은 머리, 팔다리, 몸을 가리는 '얌전한' 드레스를 입어서 모빌리티를 방해받는다. 남자들은 지하철에서 다리를 쩍 벌리고 앉는 방법을 익히지만, 여자들은 공간을 되도록 적게 차지하면서 다리를 꼬는 법을 배운다. 이웃에 놀러가거나 별다른 제한 없이 친구를 만나러 나가거나 친구와 자전거를 타거나 캠핑, 낚시, 하이킹을 가고 대중교통을 이용할 때 모두, 여자아이들과 비교할 때 남자아이들은 좀 더 자유롭다.

백인이고 신체장애가 없고 남성적인 몸은 문화적으로 더욱 이동성이 있는 몸으로 받아들여지지만, 여성의 몸(그리고 백인이 아닌 몸)은 훨씬 더 제한을 받고 공간적인 한계를 가진다. 다시 말해 소년과 소녀의 사회화는, 부르디외Pierre Bourdieu의 용어를 빌리자면, 차이가 분명한 아비투스habitus와 '신체적 관습bodily hexis'을 만들어 낸다. 남자아이들은 공간을 가로질러 이동하고 활동하며 여행을 하고 때론 위험을 감수하는 일도 벌일 자유를 더 많이 갖지만, 여자아이들이나 규범에 어긋나는 소년들은 더 정적인 활동과 더 공간을 적게 점유하는 일과 위험 회피로 기울게 된다(폭력을 쓰겠다는 위협을 받거나 실제 폭력에 노출되기도 한다).[20] 이런 모빌리티 역량들은 백인 남성성의 생산과, 또 그것이 현실화된 상황과 깊숙하게 연결되어 있다.

권력관계로서의 모빌리티를 다루는 페미니즘 이론은 모빌리티, 지배, 폭력 사이에 근본적인 관계가 있음을 시사하면서 현대의 자유주의 담론에서는 제대로 보지 못하는 것을 폭로한다. 모빌리티, 여행, 코스모폴리타니즘을 예찬하는 '노마드 이론'과 관련된, 자유와 모빌리티를 동일시하는 이야기들은 노골적으로 젠더적이고 인종적이며 낭만적인 모빌리티 논의에서 유래했다.[21] 비벌리 스케그스Beverley Skeggs는 세계적 모빌리티 담론이 "부르주아 남성 주체"와 통하는 바가 많다고 주장한다. "모빌리티, 그리고 모빌리티 통제는 둘 다 권력을 반영하고 강화한다. 모빌리티는 모든 사람에게 평등한 자원이 아니다."[22] 실라 수브라마니안Sheela Subramanian의 주장처럼, "젠더, '인종', 공간 이동 사이에는 깊은 연관성"이 있으며, 젠더적 모빌리티는 항상 인종적이기도 하다. 수브라마니안은 구체적인 실천을 중시한 철학자들인 주디스 버틀러와 프란츠 파농에 기대어 "몸과 공간이 서로를 어떻게 만들어 내는지, 그리고 부동성이 인종화된〔그리고 젠더화된〕신체를 어떻게 구성하는지"를 보여 준다.[23]

모빌리티의 자유는 서구 사회에서 젠더, 나이, 인종에 따라 불균등하게 분배될 뿐만 아니라, 특정 종류의 '훌륭한' 모빌리티를 확립하게 해 주는 일종의 제약으로 나타날 수도 있다. 일례로 자동차 모빌리티에 기반을 둔 사회에서 중산층들은 위험을 관리하고 안전을 걱정해야 하는 한편, 특정 형태의 '훌륭한 어머니'에 대한 기대도 품고 있다. 이 때문에 중산층 어머니들은 어디든지 아이들을 따라다녀야 한다고 느끼면서 매 순간 재빠르게 상황에 대처해야 하는 '초-모빌리티hyper-mobility'를 강요당한다.[24] 특권층에 속하며 이동성도 높은 전문직 여성이라 해도 "사회관계 속에서의 젠더적 차이"를 경험한다. 가령 연세 높은 부모를 돌보는 일은 전 생애에 걸쳐 이 여성들의 모빌리티를 제한한다. 어떠한 사회적 · 경제적 집단에서도 "젠더는 모빌리티와 이주에 영향을 끼치기" 때문이다.[25] 보이어Boyer · 메이스Mayes · 피니Pini에 따르면 "모빌리티와 부동성에 대한 이야기들은 여성의 이동을 규범에 가두고, 나아가 여자는 부동적이고 남자는 이동적이라는 젠더 이분법 그 자체를 강화한다."[26] 물론 일상의 실천 속에서, 이를테면 트랜스젠더의 비이분법 속에서 이 이원론이 불안정해질 가능성이 없는 것은 아니다.

로빈 로Robyn Law에 따르면, 일반적으로 젠더 이분법은 모빌리티의 구성에 깊숙하게 개입하며 이동이 갖는 사회적 의미를 제한한다.[27] 그러나 여기에는 변화의 가능성도 있다. 지배 서사의 자연화에 도전하고, 이 서사가 기대는 젠더 이분법에 맞서면서 새로운 모빌리티 패러다임은 이 이분법과 이것이 수행하고 재생산하는 불평등한 권력관계를 불안정하게 만들 수 있다. 우리는 공간과 맺는 다른 관계들을 지렛대로 삼아 우리의 몸을 동원할 수도 있다. "우리 자신을 바꾸는 것이 세상을 바꾸는 것이라면, 그리고 이 관계가 상호적인 것이라면, 역사를 만들어 가는 일은 결코 저 멀리에 있는 것이 아니라 항상 바로 여기, 우리의 감각, 사고, 느낌, 움직이는 몸의 경계 지대에 있다." 페미니즘 철학자 깁슨 그레이엄J.K. Gibson-Graham의 말이다.[28]

우리가 움직이는 방식은 세상이 만든 방식이다. 여성들이 여행하고 이동하지 못하도록 그 능력을 제한하는 문화들이 많다. 여성의 정숙함을 강조하는 종교 관습(베일 착용, 푸르다purdah[남아시아 무슬림 사회의 여성 격리 관습], 일반적으로 행해지는 성에 따른 분리)들은 여성의 여행을 금지하거나 남자 친족이 동행했을 때만 여행을 허락한다. 중국의 전족, 빅토리아 시대의 코르셋, 현대 도시에서의 하이힐 구두 같은 문화적 유행은 여성의 이동성을 제한하는 것이지만, 어찌 보면 여성의 부동성에 대한 페티시이기도 하다. 달리 보자면, 전족이나 하이힐은 더 이상 등짐을 지지 않아도 되는 특권층 여성들의 높은 위상을 보여 준다는 점에서 흥미롭다. 물론 그 대신에 이들에게 봉사하는 다른 종속 집단이 존재할 것이다. 어느 쪽이든 간에, 이 구체적인 관행들과 섹슈얼리티의 지리학에 저항할 가능성은 남아 있다.

비판지리학자 캐서린 맥키트릭Katherine McKittrick의 연구는 흑인 여성의 지리학을 이동에서의 저항과 협상 공간이자 "공간과 장소를 더 정당하게 개념화하는 작업으로 나아가는 영역"으로 자리매김했다는 점에서 중요하다.[29] 맥키트릭은 "정당함과 장소, 차이와 지리학, 새로운 공간적 가능성들 사이의 연결"을 보여 주는 장소들을 주의 깊게 살펴서, 우리가 인식하지 못했던 흑인 여성들의 신체적 저항 장소들을—'두 다리 사이', 노예 경매 구역, 탈주 노예들이 숨어 있던 다락방—에 주목하도록 만든다. 이 급진적인 지리학은 "세계를 깨닫고 상상하는 다른 방법"을 제공하고 세상을 가로질러 이동하는 다른 길을 열어 준다. 신체 모빌리티 역량에 대한 통제를 전복시킬 잠재력을 품고 있고 "아래로부터의 시민권"과 구체화된 자유가 가부장제 국가의 성폭력에 도전하는 "흑인 이동"의 전체 지형도를 펼쳐 놓고 있는 것이다.[30]

여성의 성적 모빌리티는 심각한 사회 논쟁을 낳는 장소다. 매매춘과 가정 바깥에서 일어나는 여러 형태의 성매매가 이 문제와 연결되어 있다. 최근에는 인신매매에 가까운 성매매 형태에 대한 반대운동이 뜨겁다. 성매매에 관련된 남성들은 여성을 인신매매하는 일에 가담하는 셈이다. 그러나 국제 성노동은 이주, 대중매체, 관광, 디아스포라의 복잡한 교차점들을 포함할 때가 많다.[31] 여성은 이주나 관광과 관련된 모빌리티를 동시에 해방이자 강압으로 경험하기도 한다. 여성들은 새롭게 출발할 수도 있지만 특정한 젠더적/인종적인 틀 속에 갇힐 때도 있다. 서구 여성들의 성적 욕망 표현에 큰 영향을 끼친 여행이라는 환상,

이국적인 세계의 유혹은―서구 여성들보다 더 가난한 흑인 남성, 황인 남성들도 이 성노동에 관여한다―"이동적 섹슈얼리티"에 관한 논란들을 낳으며, 카리브해처럼 '뜨거운' 지역과 결부된 인종적 신체의 구축이라는 문제도 제기한다.[32] 아파두라이가 지적한 것처럼, 특정한 영토에 간히지 않는 자본, 상품, 사람들은 영화, 오락, 포르노라는 "미디어가 보여 주는 세계mediascape"를 접하면서 "타자에 대한 환상, 여행의 편리함과 유혹, 세계무역경제, 아시아를 비롯한 세계 여러 곳에서 젠더 정치를 지배하는 잔인한 모빌리티적 환상 등을 한데 묶는 고리"를 만들어 낸다.[33] 섹슈얼리티는, 달리 말하자면, 언제나 이동정치적이다.

국경과 국가 내부에서 모빌리티를 통제하면서 섹슈얼리티가 어떻게 구성되고 관리되는지를 잘 보여 주는 것이 퀴어 이주 정치다. 실제로 퀴어 이주 정치는 국가 정체성의 형성과 안정화에 결정적인 역할을 한다. '퀴어 이주'에 관한 요즈음의 접근들은 초기의 연구들, 이를테면 글로리아 안살두아Gloria Anzaldua의《국경지대: 새로운 혼혈Borderlands/La Frontera: The New Mestiza》같은 저작의 자장 아래에서, 국경과 규범에 기반한 정체성 구축에 오랫동안 영향을 끼쳐 온 남성/여성, 자국인/외국인, 고향/타지라는 이분법을 해체한다.[34] 이제 섹슈얼리티 지리학 분야 전체는 "이주, 물리적·사회적 모빌리티, 모틸리티motility 등 다면적인 이동들이 게이 집단의 형성이나 최근의 성적·젠더적 풍경의 변화를 뒷받침해 줄" 여러 방식들의 흔적을 쫓기 시작하였다.[35]

요약하자면, 페미니즘, 흑인, 퀴어 연구는 신체와 공간 생산의 교차점을 마련하면서 놀랍도록 생산적인 새로운 모빌리티 정치 개념을 제시했다. 젠더, 인종, 섹슈얼리티는 모빌리티/부동성에 대한 운동정치적 투쟁을 통해 강화되거나 불안정해지며 신체적·정신적·문화적·환경적 장애만이 아니라 이동의 가능성도 만들어 낸다.

장애와 장애를 강요하는 환경

정당하지 않은 모빌리티 체제는 어떤 이동은 가능하게 하면서 다른 이동은 방해하는 건축 환경, 거리, 국경, 도시에서도 나타난다. 비판적 장애 연구자인 로렌스 페어렌트Laurence Parent는 이렇게 주장한다. "보행 관습, 이동 방식, 차별적 모빌리티, 그리고 모빌리티 정의에 대한 관심이 증가하고 있는 데도 불구하고 휠체어를 타고 도시에서 움직인다는 것이 무엇을 의미하는지는 거의 알려진 바가 없다."[36] 비판적 장애 연구(또한 퀴어 장애 연구)는 우리가 사는 도시의 수많은 접근불가능성과 다양한 신체 모빌리티들을 제한하는 공통적인 방식들에 주목하면서 큰 성과를 냈다. 이 연구는 모빌리티 정의를 이론화하는 데 또 다른 중요한 차원을 제공한다.

장애를 겪게 하는 환경은 일종의 폭력이다. 여성의 비인간화에 대한 비릴리오의 설명과 똑같이, 비판적 인종이론가들이 밝혀낸 인종적 타자의 비인간화처럼, 서로 다른 사람들을(그리고 우리 모두를) 비인간화하는 것이다. 어떤 경우이건 지배는 하위 집단의 모빌리티와 부동성을 통제함으로써 달성되며, 다른 사람에게 해를 끼치면서 우위를 점하고, 우리의 공통된 인간성은 지워지게 만든다. 보편적 접근성 운동은 건축 환경을 변화시키고 우리가 현재의 교통 및 통신 시스템의 불의에 주목하면서 더 포괄적인 도시환경 및 공공장소에 관심을 기울이게끔 노력해 왔다. 이는 모빌리티 정의의 근본적인 토대라고 할 수 있을 것이다.

장애이론가들은 신체장애를 자본주의적 도시가 낳는 '장애 효과dis-abling effect'의 일부라고 간주하며, 신체가 아니라 건축과 공간 환경이 책임져야 할 사회적 억압의 형식이라고 이해한다. 예를 들어, 브렌던 글리슨Brendan Gleeson은 다음과 같이 주장한다.

특정한 사회 공간적 경험으로서의 장애는 자본주의적 도시의 중요한 특징이다. … 장애를 일으키는 자본주의적 도시의 심각한 특징은 접근 불가능한 설계다. 도시의 물리적 외관―거시적인 토지 사용 방식에서부터 건물 내부 디자인까지를 포괄하는―은 장애인들의 모빌리티를 위한 요구 사항을 받아들이지 않음으로써 장애인을 차별한다.[37]

모빌리티 역량이라는 관점에서 보면, 보편적이지 않은 설계가 만들어 내는 손해도 모빌리티 정의 문제에 해당한다. 지리학자 롭 임리Rob Imrie 역시 "현대 서구 사회가 이동과 모빌리티를 제한하지 않는다는 가정은 특정한 몸과 특정한 모빌리티 방식과 특정한 이동을 우선시하는 헤게모니적 사고방식"이라고 말한다.[38] 모빌리티 정의는 모든 신체의 이동에 적합한 설계를 요구한다. 이는 더 포용적이고 보편적인 공간을 필요로 하는 이들의 광범위한 사회운동으로 연결될 것이다.

지리학자 팀 크레스웰은 장애이론가 마이클 올리버Michael Oliver의 글을 인용하면서 우리가 걷는다는 것이 "인간이 된다는 것, 남자가 된다는 것과 관련된 일련의 의미 체계"를 익히는 일이라고 했다. "걸을 수 없는 존재는 완전한 인간이 아니다."[39] 어떤 연구자들은 '신체적 장애'라는 범주 대신에 '모빌리티 장애'를 주목해야 한다고 주장한다. '장애'라는 말을 두고 여러 논란이 있지만, 인생을 살아가면서 우리 모두가 어느 정도는 "의료 장비에 기대는 시민"이 된다는 것만은 분명하다. 또한 이때 우리의 모빌리티 역량이 "공공영역이 제공하는 행동 지침에 따라야" 하는 제약을 받는다는 것도 분명한 사실이다.[40] 그리스 고대 신화의 스핑크스는 테베의 입구를 가로막고 서서 수수께끼를 냈다. "아침에는 다리 네 개, 점심 때는 두 개, 저녁에는 세 개의 다리로 걷는 동물은 무엇인가?" 오이디푸스는 정확한 답을 내놓았다. "그것은 인간이오." 인간은 살아가면서 시력이나 청력을 비롯한 여러 신체 능력의 손실을 경험하며, 이는 우리 신체가 처해 있는 환경의 모빌리티 장애를 분명하게 느끼도록 만든다. 장애는 노화나 부상 때문일 수도 있지만 꼭 그런 것만은 아니다. 구조적 불평등은 가난한 이들을 모빌리티 장애가 낳은 천식이나 당뇨 같은 질환에 더 많이 노출시킨다.

장애의 원인이 무엇이든, 미디어가 재현하는 도시의 물리적 환경 속에서 특권적인 주체는 장애가 없고 자율적이며 개인적인 이동 주체이고 남성, 상류층, 백인일 때가 많다. 이 정형화된 재현에서 신사복을 입고 넥타이를 맨 백인 남성과 바지 정장을 입고 걷기 편한 구두를 신은 백인 여성은 높은 모빌리티 접근성을 지닌 형상들이다. 후드티를 입고 스니커즈를 신은 흑인 남성, 하이힐을 신고 드레스를 입은 유색인 트랜스젠더, 휠체어를 운전하며 지하철에 타려고 애를 쓰는 사람들은 시야에서 사라진다. 이들은 각기 다른 모빌리티 역량과 우리에게 들려줄 각기 다른 이야기를 지니고 있을 뿐만 아니라, 도시설계와 교통계획의 의사결정 과정에 참여할 수 있는 정도도 각기 다르다. 정치적 저항을 위해 모이는 일과 교통 모빌리티는 매우 긴밀한 관계라고 할 수 있다. 신체적 모빌리티의 자유 없이는 지배적 모빌리티 체제와 이동 특권층에 균열을 내기가 불가능하기 때문이다.

크레스웰이나 아데이 등이 모빌리티의 정치를 강조하기는 했으나, 모빌리티 연구자들은 불균등한 모빌리티의 구체적인 차이들이 계급·젠더·인종·민족·국적·섹슈얼리티·신체적 능력의 차이를 생산하면서 조율·안무·통제되는 방식을, 지식 생산 형식들이 어떻게 만들어 내는지는 충분히 보여 주지 못했다. 비판적 장애 연구는 모빌리티 인프라가 특권적 공간과 비특권 공간을 '갈라 놓을' 뿐만 아니라 '차별적 모더니티'를 생산한다는 것을 우리에게 알려 주었다. 쏘축에 따르면, "건축 환경 속에는 구조화된 신체적 차이의 위계가 있다. 이 위계를 만드는 신체 규범과 어떤 이동 방식들이 상응하는지를 탐구하는 일은, '차별적 모빌리티'라는 용어와 밀접한 관계가 있다." 이런 구조는 인프라의 일부이며, "'온전한 신체'와 자신이 거리가 멀고, 쉽게 이동하도록 허락하지 않는 세계가 자신들을 배제하고 있다는 것을 깨닫게 한다."[41]

빠르게 움직이는 보행자나 자동자 통근자를 위하여 효율적인 교통 흐름을 우선시하고 제한 없는 모빌리티를 강조하는 것과는 달리, 신체적 모빌리티의 불균등한 지형에서는 '살아 있는 마찰vital frictions'이 존재한다. 말하자면 다양한 사람들이 인도를 걸을 때, 이들이 반가워서든 다툼 때문이든 사회적 만남으로 인해 뒤섞이고 느리게 걷거나 멈출 때를 뜻한다.[42] 불균등 모빌리티와 차별적 장애의 공간들은 언제나 근접성과 혼잡성의 미시정치 속에서 갈등을 겪는다. (여러 이유로 모빌리티에 장애가 생긴 사람들을 포함하여) 주변화된 사람들은 이동이 차단된 상황을 활용하여 공공공간에서 제 존재를 드러내는 점유의 정치를 만들어 낼 수 있다. '정상'과 정상적인 모빌리티의 공간에 균열을 만들고 신체적으로 다른 모빌리티를 드러내어 인식론적 대안을 제시하는 것이다. 거리에서 모이거나, 자신들만의 소통 방식을 만들거나, 파이프라인 건설 장소에서 농성하는 등 이동 특권층에게서 모빌리티 공간을 다시 확보하려는 이동정치를 펼칠 방법은 여러 가지가 있다.

시카고 자전거 느리게 타기 운동은 자전거를 교통수단이라고 강조하는 것을 의식적으로 피하면서 부담 없이 느리게 자전거를 타는 이벤트를 열어 흩어진 지역사회를 한데 뭉치게 하려고 한다. 공동 창립자인 리드는, 이 운동의 목표는 사회적 화합 행사를 치르면서 지역사회를 하나로 묶는 것이라고 말한다. 공공공간에서 함께 움직이면서 이야기를 나누면 건강에도 좋고, 폭력으로 깨진 이웃 간의 신뢰도 회복된다는 것이다. 사람들이 신뢰와 화합을 이룩하게 되면 지역 상권을 지원하는 일도 가능해져서 지역 일자리도 늘어나고 이 거리에서 폭력을 억제하는 일에도 도움을 줄 것이다. 이 운동의 모토는 '좋은 동네를 만들기 위한 자전거 타기'다.[43] 이 공동체적이고 자율적인 운동은 (여기에는 휠체어를 탄 사람들부터 느리게 걷는 사람들까지 어떤 식으로든 함께 움직이는 사람들이 모인다) 뒤에서 내가 강조할 이동적 공유재를 위한 좋은 모델이 될 것이다.

도시에 대한 권리가 교묘하게 제약당하고 있다고 느끼는 사람들에게 공공 인프라 투자나 교통계획은 정치적 투쟁의 장소가 될 수 있다. 그곳은 일상에서 이동 중에 차별을 겪는 사람들이 인프라 공간의 완고함에 도전하는 장소이며, 모빌리티가 대중적 경쟁과 갈등의 문제로 나타나는 곳이다. 장애 활동가들은 '휠체어 승하차 운동'을 조직하여 접근성이 현저히 낮은 지하철역 입구에 모인다. 다른 사람들의 접근성도 막히면서, 이들은 문자 그대로 거기에 끼어 있는 상태가 된다. 생각하지 못한 지연, 혼잡한 군중, 갈라진 사람들, 일시적인 멈춤은 불균등 모빌리티를 지렛대 삼아 소외된 이들이 힘을 갖는 정치적 공간을 만든다. 이런 항의와 대항 운동은 지식과 정치적 행동이 만들어지는 장소를 변화시킴으로써 일종의 인식론적 정의를 재정립할 수 있다.

건축 환경의 젠더적인 측면과 장애에 관련된 측면에 더하여, 미국 도시들(다른 백인 정착민 사회와 많은 탈식민주의 사회에서도 마찬가지지만)이 보여 주는 가장 중요한 측면 중 하나는 모빌리티의 인종화이다. 흑인 사회운동들과 공간을 점유하고 공간을 요구하는 구체적인 운동들—이동정치적인 틀 속에서 '흑인의 이동 문제'라고 부를 수도 있는—은 백인 중심의 식민주의적인 자본주의 모빌리티 체제가 드러내는 불의에 대항하는 데 역사적으로나 현재적으로나 중요한 역할을 맡아 왔다.

흑인의 이동 1 : 도망자의 전복적 모빌리티

다양하고 이질적인 모빌리티/부동성이 정치를 어떻게 형성하는지를 두고 많은 연구들이 진행되었지만, 인종/젠더/성적인 위계 체제에서의 이동정치적 교차점들에 주목한 경우는 놀라울 만큼 많지 않았다. 모든 인종적 과정, 인종적 공간, ('백인'을 포함하는) 인종적 정체성은 차별적 모빌리티에 달려 있다. 인종 경계는 이동하는 권력관계에 따라 형성되고 재형성되면서 변형을 겪는다. 인종은 차별적 모빌리티의 수행이다. 인종적인 기획들은 모빌리티 관리와 뗄 수 없는 관계이다. 어딘가에 머무르고, 살고, 자신이나 가족의 이동을 결정할 자유는 모두 모빌리티 정의의 기본 요소이다.[44]

식민지 역시와 탈식민지 시대 모빌리티 체제의 역사를 깊이 있게 이해하는 것은 오늘날의 모빌리티 정의 이해에 어떤 도움을 줄 것인가? 카리브해 연구자 실비아 윈터Sylvia Wynter는 "빈곤한 섬들"이라는 용어로 차이의 공간화를 설명한다. 윈터는 인종, 계급, 젠더, 성적 지향, 민족과 관련된 투쟁들을 환경, 지구온난화, 심각한 기후변화, "지구 자원의 불공평한 분배"와 연결시킨다. 이는 다중 스케일적인 접근법의 중요한 출발점이다. 이 지리적 관점은 "프란츠 파농이 말한 '저주받은 사람들les damnés'의 탈식민지적 변형으로서, 부유한 나라의 문 밖에서 오도 가도 못하는 난민이나 경제적 이유로 이민을 택한 이들이라는 전 세계적 층위에서 정의된다." 이 집단들에는 "흑인과 짙은 피부색을 지닌 라틴계 도시 남성들의 대다수(이들이 범죄자로 취급받는 것과 교도소–산업

단지prison-industrial complex•의 급성장은 밀접한 관계가 있다)"만이 아니라 "전 세계적으로 흩어져 있는 섬들, 즉 저발전 지역이라고 불리는 제3, 제4 세계 사람들"까지 포함된다.[45] 다시 말해, 이 공간들은 서로 연결되어 있다.

불평등한 권력관계는 항상 모빌리티를 인종이나 섹슈얼리티에 따라 구분한다(사회적 통제를 위해 집단들을 분리하거나, 인구 재생산을 제어하는 방식을 동원한다). 모빌리티 관리와 관계된 여러 문제들은 오랫동안 논쟁의 대상이 되어 왔다. 그 구체적인 양상들은 모빌리티/부동성에 관한 식민지적 신체정치의 역사를 깊이 있게 이해하도록 해 줄 것이다. 여기서는 간단하게나마 서구 이동정치의 기원인 노예제를 살펴보고, 이에 맞선 전복적 모빌리티의 투쟁을 검토해 볼 것이다.

역사가들은 이제 대서양 노예무역이 어떻게 "금융자본주의 시스템의 기초를 만들어 냈는지"를 더 잘 이해하게 되었다. "유동적 공간"인 금융자본주의는 "그 자체를 발생시키고 유지하기 위해 폭력에 기대고, 자본을 빼앗거나 자본에 저항하려고 폭력에 호소하게 하는, 폭력의 한 유형인 운동"이었다는 것이다. 코테프에 따르면, 대영제국을 비롯한 여러 식민제국들이 마음껏 누린 "바다의 자유"는 "폭력의 헌장"이자 "무역과 폭력을 가속시킨 운동"이었다.[46] 따라서 근대 자본주의 세계

• 미국의 교도소–산업 단지는 일종의 감옥 민영화로 이해할 수 있다. 주 정부와 계약을 맺고 죄수들을 관리하거나 심지어는 값싼 노동력을 활용해 '사업'을 하기도 하는 교도소 '기업'들은 죄수/노동자를 최대한 많이 확보해야 이윤을 담보할 수 있으므로, 유색인종 투옥률을 높이는 주범이라고 비판받기도 한다.

체제를 만든 자본 모빌리티의 자유는 인종화된 타자들, 특히 플랜테이션 자본주의와 그 재생산을 위해 노예가 된 사람들의 모빌리티를 제한함으로써 지켜질 수 있었다.

고향에서 강제로 끌려와 사슬에 묶여 대서양을 건넌 사람들은 매일같이 노예사냥꾼과 주인과 감독자들의 감시 아래 일하고, 시간에 맞춰 행동하고, 전혀 자발적이지 않은 방식으로 자신들의 몸을 움직여야 했다. 이 강제 모빌리티는 부동성의 형식이기도 했다. 이들에게 사슬을 채우거나 플랜테이션을 떠나지 못하게 감시하는가 하면 이들을 천막, 감옥, 사창가, 침실에 가두었던 것이다.[47] '주인'의 주권적 권력은 다른 사람의 개인적 자유를 매일같이 반복하여 거부하는 일에 기초하였으므로, 노예제기 미침내 무너졌을 때 백인들은 자유로워진 자들의 모빌리티를 혐오하고 두려워하였다. 따라서 노예해방 이후의 체제는 강제로 흑인 모빌리티를 통제하는 방향으로 기울었다.[48]

그러나 대서양 노예제의 역사는 또 다른 사실을 우리에게 알려 준다. 자본주의 이윤 창출을 위해 납치되고 감금되어 대서양 너머로 끌려간 아프리카인들은 신대륙 전체에 전복적인 저항운동을 전파했다. 노예제는 개인의 자유, 즉 사회학자 올랜도 패터슨Orlando Patterson이 말한 자기 몸의 움직임을 스스로 결정하는 자유를 완전히 파괴한다. 그러나 개인의 자유는 이를 위해 투쟁하는 사람들에게는 핵심 가치로 자리 잡았다.[49] 노예화는 일반적으로 자율적 신체 모빌리티의 상실이나 손상을 의미하지만, 폭력의 손아귀에 붙잡힌 사람들도 살아남기 위해 어느 정도의 모빌리티 역량을 만들어 냈다.

상업 경로를 따라 이동하면서 자신의 자유를 사기 위해 돈을 모은 흑인 상인이나 선원들도 있었고(유명한 여행기를 쓴 올라우다 에퀴아노 Olaudah Equiano가 좋은 예다), 자기의 이동 역량에 의존해 노예제에서 스스로를 해방시킨 사람들도 있었다. 이들은 플랜테이션에서 달아나 자신들의 뒤를 쫓는 노예순찰대를 피해 산과 늪지대 같은 오지로 숨어들어 갔다.[50] 탈주민들은 이 험준한 지형을 헤치며 나아갔고 야생에서 살아남아 플랜테이션을 가끔 습격하기도 했다. 탈주민들의 이동 역량은 이들이 자율적 모빌리티를 성공적으로 발휘했다는 것을 보여 준다. 탈주민 공동체들은 도망 나온 노예들을 받아들이거나 아메리카 원주민과 협력하거나 해적들과 거래하기도 하면서 일시적이고 불안정한 식민지 정착지 주변에서 살아남았다. 정착민들에게 이들은 실존하는 위협이었다.

미국에서는 수천 명의 노예들이 '철도'라고 일컬어진 다양한 교통 인프라를 이용하여 탈출했다. 지하철도Underground Railroad●의 역사는 숨겨진 모빌리티와 비밀 '정류장'들을 기억한다. 역사학자들은 노예들이 야외 시장을 여는 식으로 공간을 활용하면서 "노예의 한계에 도전하는 대항 지리학"을 만든 방식을 밝혀냈다. 노예들은 "플랜테이션을 이해하고 사용하는 다른 방식 … 농장주의 생각과 요구에 저항하는 공간"을 고안해 냈다. 이 대안 지식은 대항 모빌리티의 형성으로 이어졌다.

● '지하철도'는 남북전쟁 이전, 노예들이 노예제가 금지된 캐나다 등지로 탈출하도록 도운 비밀 조직을 가리키는 말이다. 이 명칭은 이들이 '역장(조직원)' '정류장(은신처)' '철도(이동 경로)' 등의 철도 용어를 일종의 암호로 쓴 데에서 유래했다.

"농장주가 자기 농장을 고정된 장소로 인식하고 있다면, 대항 지리학은 움직임이 특징이다. 플랜테이션 공간 안팎에서 몸, 물체, 정보의 이동이 이루어졌다."[51]

실비아 윈터는 이를 플롯plot(계략)과 플랜테이션 사이의 경쟁이라고 불렀다. 노예들은 계략을 꾸며서 비자본주의적 경제 운영과 공동체적 재생산이 이루어지는 대항 공간을 만들었고, 이곳은 노예해방 이후에 일종의 공유지가 되었다. '작은 탈출petit marronage'은 노예제의 기초인 신체 자유의 강제 통제에서 벗어나기 위해 잠깐 도망치는 것을 가리키는 말이다. 인류학자 리처드 프라이스Richard Price는 "이웃 농장에 사는 가족이나 연인을 만나는 일시적인 목표를 달성하기 위해 반복적이고 수기적으로 행한 결근"이라고 정의했다.[52] '작은 탈출'이 내비치는 사소해 보이는 자율적 모더니티의 행사는 지리적으로 확실히 탈출하는 것을 가리키는 대탈주grand marronage만큼이나 중요하다. 자율적 신체 모빌리티의 자기결정권이라는 모빌리티 정의의 기초를 상기시켜 주기 때문이다. 간헐적인 탈출은 물론 노예제에서의 완전한 탈출과는 비견할 바가 못 되겠으나, 특히 여성들이 가족들을 통제하고 성관계를 유지하는 데 유용하게 활용되었다.

폭력으로 점철된 흑인의 삶을 고찰해 본다면, 우리는 노예제도에서 '탈출'하거나 '해방된' 사람들이 마주한 '자유로운 삶의 고난'이 무엇인지 날카롭게 파고들 수 있다. 탈출과 해방, 두 용어는 어떤 것이나 어떤 사람에게서 놓여나는 모빌리티 형식을 의미한다. 모빌리티의 자유는 이동정치적 투쟁과 복잡하게 얽혀 있다. 이 투쟁은 인종적/성적인 신체 및 공간, 그리고 식민 자본주의적인 백인 이민자 국가의 억압적 인종/젠더/성적 기획과의 투쟁이다. 노예제도는 폐지되었지만 하룻밤만에 사라지지는 않았다. 흑인 모빌리티는 흑인의 자유를 위해 투쟁하는 핵심 장소가 되었다.

맥키트릭은 "대서양 흑인문화는 항상 지리학과 밀접한 관계를 유지해 왔다"고 지적한다. 이 지리학은 "정체성과 장소의 자연화, 인종 위계의 공간화, 차별·게토·감옥·국경으로의 강제이동, 그리고 저항과 공동체의 장소들"을 포함한다.[53] 맥키트릭은 식민적 지리학에서부터 교도소 개혁 운동까지를 폭넓게 다루면서 현재에까지 이르는 모빌리티 정치의 역사적 양식들을 정교하게 연결한다. 이 모두는 불균등 모빌리티의 장소이자 모빌리티 정의를 위한 투쟁이 일어나는 곳이다. 비판적 흑인 이론가이자 시인인 프레드 모튼Fred Moten은 스테파노 하니와의 공동 연구에서 존재의 '접촉성hapticality', 노예선의 선창에서 발생한 신체 접촉, 탈출 노예들의 역사를 탐구한 '흑인 연구'를 통해 '숨겨진 공유재undercommons'*가 어떤 식으로 출현하는지를 환기시켜 주었다.[54]

깁슨 그레이엄이 감각·사고·느낌·움직이는 신체를 다루었듯이, 이 연구자들 모두는 "자아와 세계 사이의 유동적인 접속을 이 둘 모두가 생성되는 공간으로" 이해한다.[55] 지배권력에게는 수상해 보이는 이동정치적인 몸의 움직임은 가장 즉각적인 의미에서 부당한 모빌리티 체제에 대한 도전이다. 흑인의 이동은 느끼고 듣고 움직이는 새로운

---

* 이 책의 결론에서 서술되는 '공유재' 논의에서 중요한 역할을 하는 개념이다.

방식들을 낳았다. 노예의 전복적 움직임과 접촉의 정치학은 흑인의 이동이 만들어 낸 세계에 파문을 일으킨다.

흑인 이동 2 : 수상한 움직임

미국의 인종차별적 모빌리티 체제는 흑인의 신체와 모빌리티를 강제적이고 폭력적으로 통제한 노예제도에서 비롯되었다. 그러나 현대의 불균등 모빌리티 체제는 노예제 폐지에 대한 반동과 남북전쟁 이후의 이른바 재건 시기에 나타난 반발에 기초를 두고 있으며, 이때 짐 크로우 법과 같은 분리 규정들이 만들어졌다. 자유민이 된 사람들은 모빌리티를 인정받고 공공공간에 접근하기 위해 긴 투쟁의 역사를 겪어야 했다. 노면 전차와 대중교통에서의 인종 분리는 20세기까지 계속되었다. 1920년대에서 30년대에 걸쳐 대이주가 일어나 남부 지방에서 북부 지역의 도시들로 흑인 인구들이 대거 옮겨 갔고, 열차에서 짐을 운반하고 시중을 드는 직업은 흑인들이 가장 많이 취직하는 일자리가 되었다. 도시 교통 시스템과 공공공간을 동등하게 이용할 권리는 투표권이나 교육받을 권리 등과 함께 시민권 투쟁에서 핵심적인 부분이었다. 로자 파크스를 비롯한 많은 사람들이 모빌리티 제한에 도전하였다.

짐 크로우 법은 삶의 모든 측면으로 파고들었다. 교통수단도 마찬가지였다. 자전거 동호회조차 아프리카계 미국인을 받아들이지 않았다. 1890년대에 자전거 붐이 불었을 때 첫 번째로 만들어진 자전거 클럽인 '전미 자전거 연맹'은 대놓고 자전거 타기가 "백인의, 남성적, 국가적인 기획"이며 "나아가 개인이나 공공의 모빌리티는 중상류층 백인들만이 누리는 독점적인 특권"이라고 표방했다.[56] 자전거 타기와 자동차 운전은 사회 위계 속에 고착되어 있어서 누가 탈 수 있고 탈 수 없는지를 강제하였고, 이는 계급·인종·젠더에 따른 타자들에게 2등·3등·4등 시민이라는 낙인을 찍는 일이었다. 흑인 모빌리티 억제는 20세기까지 합법이었고 지금도 비공식적으로 경찰의 불심검문이나 흑인 운전자의 차를 일단 세우는 행위, 그리고 비백인 인종에 대한 입국 차별 등으로 이어지고 있다.

노예제 배상 문제는 오늘날에도 여전히 배상정의를 요구하는 목소리로 남아 있다. 또한 이동의 자유와 국경 폐지를 요구하는 운동으로도 확대 가능하다. 공항의 생체인식은 인종차별적인 감시와 관계 깊다. 시몬 브라운Simone Browne은 "인종차별의 긴 역사가, 그리고 노예제 하에서 흑인의 삶을 감시했던 방법들—낙인찍기, 도망 노예 포스터, 등불법lantern laws•—이 어떻게 현대의 감시 기술과 그 활용에 영향을 미쳤는지"를 명확하게 보여 주었다.[57]

미국의 역사학자 코튼 세일러Cotten Seiler는 "이동하는 사람들의 정체성 및 그 정체성이 그들이 움직이는 방식에 미치는 영향이라는 너무나 중요한 문제를 다룰 때, 연구자들이 가정에 의존하거나 이 부분을 생략하면서 모빌리티를 추상적으로 다루는 경우가 너무 많다"고 했다.

• 18세기 뉴욕에는 백인이 아닌 자는 일몰 이후 길에 나설 때 꼭 등불을 들고 다녀야 한다는 법이 존재했다.

그는 "모빌리티의 인종화", 즉 "고도로 인종차별적인 현대의 관행과 제도"에 주목했다.[58] 법학자 미셸 알렉산더Michelle Alexander도 미국에 노예제의 인종불평등을 지속시키는 인종차별적 사회 통제 시스템이 존재한다는 강력한 증거를 제시했다. 그 첫 번째가 인종적 분리와 제약을 강제한 짐 크로우 법이었다면, 이제는 인종차별적인 대량 수감 시스템이 그 역할을 대신하고 있다는 것이다.

알렉산더는 다른 연구들에 큰 영향을 끼친 책인《새로운 짐 크로우 The New Jim Crow》에서 레이건 행정부가 시작한 소위 "약물과의 전쟁"이 흑인 운전자, 보행자, 대중교통 이용자를 영장 없이 수색하는 것을 정당화하면서 "인종차별적 카스트 제도"를 당연한 것으로 만들었다고 보았다(최근 제프 세션스 법무부 장관이 의무 최저 형량 제도*를 다시 도입한 것도 같은 맥락이다). 엄청나게 균형이 맞지 않는 많은 수의 흑인 시민들이 변호사의 부족, 지나치게 높은 보석금, 의무 최소 형량 제도로 인해 사법 체계의 희생양이 되었다.

알렉산더는 모빌리티 자체에 초점을 맞추지 않았지만, 우리는 경찰의 영장 없는 수색, 인종적 선입견에 따른 수사, 불심검문이 공공장소, 보도, 거리, 고속도로에서의 흑인 이동 통제를 중심으로 이루어져 왔음을 알고 있다. 이러한 인종차별적(그리고 성차별적) 모빌리티 체제의 대표적인 예는 젊은 흑인(그리고 그 밖의 유색인종)에 대한 미국 경찰

---

* 특정 범죄의 최저 형량을 정해 놓고 처벌하는 제도. 예를 들어 코카인을 소지하면 무조건 5년형 이상을 선고하는 규정이다. 오바마 행정부 시절 중단되었다가 트럼프 행정부 들어 행정명령으로 다시 적용되기 시작하였다.

의 불심검문 강화다. 2013년 미국시민자유연맹ACLU: American Civil Liberties Union의 조사에 따르면 뉴욕 경찰국NYPD은 2002년 이후에만 4백만 건 이상의 불심검문을 수행한 것으로 밝혀졌다. 이중 90퍼센트는 완전히 결백했다. 54퍼센트가 흑인이었고, 라틴계가 31퍼센트를 차지했다. 이 수치는 2003년에서 2014년까지 비슷하게 유지되었다. 흑인의 불심검문 비율은 53퍼센트에서 56퍼센트 사이였다. 이 숫자는 뉴욕시의 일반 인구통계와 전혀 일치하지 않는다.

미국 전역에서, 명확한 규정이 없는 '일탈적인' 신체 모빌리티는 아프리카계 미국인들을 불심검문하는 핑계로 사용되어 왔다. '정해진 걷는 방식'을 지키지 않았다는 사유는 아프리카계 미국인들에게 편중되게 적용되었다. 2014년 8월, 경찰 총격으로 18세 소년 마이클 브라운이 사망한 사건과 밀접한 관계가 있는 미주리주 퍼거슨시의 악명 높은 조례, '도로를 따라 걷는 방식manner of walking along roadway'**이 그 좋은 예이다.[59] 연방 보고서에 따르면 퍼거슨에서 이 조례 위반으로 불심검문을 받은 사람의 95퍼센트가 아프리카계 미국인이었다.

플로이드 대 뉴욕시 소송***에서, 원고 측은 뉴욕 경찰의 불심검문 절

** '보행자는 도로가 아니라 인도로 걸어야 한다'는 조례 자체는 상식적인 것으로 보이지만, 이를 사유로 경찰이 흑인 보행자를 불심검문하거나 괴롭히는 일이 빈번해지면 인종차별의 법률적 근거가 된다. 본문에도 언급되다시피 2011년에서 2013년 사이, '도로를 따라 걷는 방식'으로 인해 경찰에게 붙잡힌 사람들의 95퍼센트는 아프리카계 미국인이었다. 2014년 미국 전역에 걸쳐 대규모 소요 사태를 불러온 마이클 브라운 사살 사건은 이 조례를 위반했다는 이유로 경찰이 소년을 검문하는 중에 일어났다.

*** 2008년 데이비드 플로이드 등 흑인 남성 4명은 뉴욕 경찰의 불심검문 관행이 헌법 위반이라는 이유로 뉴욕시를 상대로 소송을 걸었다. 2013년 8월 12일, 법원은 불심검문 관행이 부당한 체포

차에는 '합리적인 의심'이 포함되어야 하며 인종에 관계없이 시행되어야 한다고 주장하였다. 판사는 '수상한 움직임' 같은 경찰의 공식적인 불심검문 사유 규정에 매우 비판적이었다. 판사가 보기에 수상한 움직임은 의심을 품을 만한 합리적인 근거가 되지 못했다. 경찰들의 증언에 따르면,

> "수상한 움직임은 아주 광범위한 개념"이며, "방향을 바꾸"거나 "특정한 방식으로 걷고", "약간의 의심스러운 행동", "일반적이지 않은 행동을" 하고, "안절부절 못하거나", "손을 주머니에 넣었다 뺐다" 하고, "어디에 들락날락하고", "앞뒤를 계속 돌아보면서", "어깨 너머로 돌아보고", "바지춤을 올리거나 벨트를 만지고", "얼른 차에 타거나 내리면서", "몸을 반대로 돌리고", "어떤 주머니나 허리께를 움켜쥐고", "불안해하고 몸을 떨거나", "말을 더듬는" 것이다. 증언한 경찰들은 "보통" 수상한 움직임은 "건물 앞에서 어슬렁거리거나, 벤치에 앉아 있는 그런 것"이나 "갑자기 움직이며", "구부리거나 재빨리 일어나고", "건물로 들어가고… 얼른 나오거나", "갑작스레 불안해하면서 주위에 신경 쓰는" 것이라고 설명했다. 만약 위의 행위들이 불심검문을 정당화해 주는 수상한 움직임이라고 경찰관들이 정말 믿고 있다면, 불심검문이 범죄 증거를 잡아내는 경우가 드문 것도 그리 놀라운 일은 아니다.

와 수색을 금한 수정헌법 4조 위반이며, 특정 인종들을 주로 대상으로 삼았다는 점에서 법에 의한 평등한 보호를 규정한 수정헌법 14조 위반이라는 판결을 내렸다.

도시에 사는 흑인과 라틴계 청년들이 움직이는 특정한 방식들을 설명하고 있는 이 진술은, 겉보기에 별 문제 없어 보이는 몸의 움직임도 '수상한' 것으로 분류될 수 있다는 사실을 입증한다. 이런 조건에서라면 그 누구의 움직임도 수상하게 보일 것이다. 판사는 인종 편견을 토대로 삼은 뉴욕 경찰이 흑인과 라틴계 시민에게 편중된 불심검문을 행했다는 결론을 내렸다.

플로이드 대 뉴욕시 소송은 흑인 모빌리티 정치의 몇 가지 측면들과 미국 사법 시스템에 배어들어 있는 흑인 및 라틴계에 대한 통제 방식을 상기시켜 준다. 분명히 공권력은 차별적으로 적용되고 있으며, 거꾸로 보면 백인은 쉽게 이동할 수 있다. 흑인은—특히 흑인 청년 남성은, 그리고 퀴어와 트랜스젠더는—미국에 사는 어떤 사람들보다도 이동에 제약을 받지만, 대개 백인 남성은 공공장소에서 별다른 제약 없이 움직인다(물론 어떤 계급에 속하느냐에 따라 다를 수는 있다). 인종차별을 받는 소수자들에게는 조금 불편하게 느끼는 선에서 끝날 일이 아니다. 굴욕적이고 모욕적이며 높은 체포율과 사망률로 이어지는 일인 것이다. 2014년에는 마이클 브라운, 에릭 가너, 타미 라이스, 2015년에는 에릭 해리스, 2016년에는 앨튼 스털링 등 많은 흑인 소년소녀들이 논란의 여지가 많은 경찰 총격으로 목숨을 잃었다.

인종 편견에 따른 대응은 특히 운전자들을 차별적으로 정지시키는 행위에서 잘 드러난다. 예를 들어, 1990년대에 뉴저지와 메릴랜드에서 실시된 연구에 따르면 "뉴저지 턴 파이크에서는 운전자의 15퍼센트만이 소수인종이지만 차량 정지 건수의 42퍼센트와 체포 건수의 73퍼센트는 흑인 운전자가 차지했다. 그러나 흑인과 백인의 교통법규 위반 비율은 거의 동일하다."[60] 흔히 DWBDriving While Black · While Brown나 DWI Driving While India라고 불리는 이 인종 선입견은 왜 비백인 운전자를 그렇게 자주 경찰이 정지시키고 구금하거나 검문하는지를 설명해 준다. 마이클 브라운 총격 사망 사건 이후 미 법무부가 퍼거슨 경찰국을 조사한 결과에 따르면, 아프리카계 미국인은 퍼거슨 인구의 67퍼센트이지만 경찰의 운전자 정지 명령 비율에서는 85퍼센트를 차지하는 것으로 밝혀졌다.

1990년대에도 비슷한 움직임이 있었으나 소셜미디어가 등장한 이후 사람들은 본격적으로 차량 검문을 모바일 비디오로 녹화하여 공유하였고, 사소한 차량 검문이 경찰의 총격으로 이어져 사망한 필란도 캐스틸레, 월터 스코트, 샌드라 블랜드 사건에 전 국민적인 관심이 쏠리게 만들었다. 2016년 미국시민자유연맹은 'Mobile Justice'라는 앱을 만들어 배포했다. 이 앱을 사용하면 경찰의 차량 검문을 녹화하고 업로드할 수 있다. 경찰이 흑인 운전자를 세우고 폭력적으로 체포하거나 총을 쏘는 문제 있는 장면들이 여러 휴대폰 비디오들에 담겨 유포되었다. 계속 반복된 이 불의들은 '흑인의 생명도 소중하다' 운동의 기폭제 역할을 했다. 경찰 총격에 대한 항의 운동들은 모빌리티와 인종이 어떻게 교차하는지에 주목하였고, 흑인 모빌리티 통제를 노예제라는 깊은 역사적 연원과 연결시켰다.

인종차별적 모빌리티 체제에 항의하는 운동은 과거 민권운동이 공공장소에서 이동하고 앉을 권리를 주장하며 벌인 행진과 농성에서부터, '흑인의 생명도 소중하다' 운동의 항의 집회, 그리고 최근 콜린 캐퍼닉을 비롯한 여러 NFL 미식축구 선수들이 경기장에서 국가가 연주되는 동안 무릎을 꿇는 퍼포먼스를 벌인 사건에 이르기까지 계속되었다. 미식축구 스타 캐퍼닉은 2016년 8월, 안톤 스털링과 필란도 캐스틸레의 죽음에 항의하고자 처음으로 무릎 꿇기를 했다. 그런데 2017년 8월, 버지니아주 샬롯츠빌에서 발생한 폭력 사태로 세 명이 사망하는 사건이 발생했다. 국가주의자들과 백인우월주의자들이 버지니아대학에 모여서 '우파여 결집하라Unite the right' 행진을 벌이던 중에 벌어진 일이었다. 이 사건은 미국의 네오나치 집단이 가진 힘을 보여 주었다. 2017년 9월에는 이 사태와 이에 제대로 대처하지 못한 트럼프 대통령에게 항의하는 무릎꿇기 운동이 NFL 전체를 휩쓸었다.

이 행위는 항의 방식의 적절성과 흑인 정치 표현의 한계를 두고 전국적인 논쟁을 불러일으켰다. 미국의 인종정의 운동은 지배적인 인종차별적 모빌리티 체제에 행진, 기립, 앉기, 무릎 꿇기 등의 전복적인 신체 움직임으로 대항하였다. 이 사례들은 신체적 자유의 형성 속에 권력과 강압이 결합되어 있고, 모빌리티와 부동성이 젠더 · 성 · 계급 · 장애 · 인종적 실천과 뗄 수 없는 관계임을 알려 준다. 신체적 모빌리티 자유의 역사는 끊임없이 부자유, 제한, 장애를 겪어야 했고, 저항, 대항 운동, 서벌턴의 움직임도 이 역사의 일부분이다.

너는 몸이 있다[*]

신체적 스케일로 볼 때, 모든 사람들은 외부로부터의 과도한 제약 없이 신체를 이동시킬 자유에 대한 권리를 가진다고 상정할 수 있다. 이동의 자유를 보호하고 불법구금을 막는 핵심 토대는 17세기의 영국 법령에 근거한 인신보호청원Habeas Corpus으로, 피구금자가 법원에 불법적인 구금이나 구속을 신고할 수 있게 보장하여 수감의 법적 권위를 확립하는 것이다. 인신보호청원의 가장 유명한 사례는 1772년의 서머셋 재판[**]이다. 법원은 영국에서 노예제는 합법이 아니며 아프리카 노예는 해방되어야 한다고 판시했다. 자유가 박탈되지 않도록 보호하는 유사한 제도는 로마법에 의거한 유럽의 다른 법들에도 존재하며, 미국 헌법과 세계인권선언에도 명시되어 있다.

그러나 전쟁이나 폭동이 일어나면 인신보호청원이 시행 중지될 수 있다는 예외 조항도 있다. 2001년 9·11 테러 공격 이후 미 대통령 조지 W. 부시는 관타나모만의 군사 형무소, 이른바 캠프 엑스레이에 포로들을 가둬서 인신보호청원을 무력화시키려고 했다. 대법원은 보메디네 대 부시 재판[***]에서 수용자들이 인신보호청원의 효력 범위 바깥에

---

[*] Habeas Corpus. 인신보호청원. 라틴어로 '너는 몸이 있다'는 뜻이다. 위법한 신체 구금을 당했을 때 법원에 석방을 요청할 수 있는 제도를 뜻한다.

[**] 아프리카에서 식민지 미국으로 끌려와 노예가 되었다가 주인과 함께 영국으로 온 후 도망친 제임스 서머셋의 신분에 대한 재판. 사상 최초로 탈주 노예의 신분을 자유인으로 인정한 판결이다. 영국 법정은 식민지에서는 노예였더라도 영국에서는 노예를 규정하는 법률이 없다는 이유를 들어 이같이 결정했다.

[***] 부시 행정부는 관련 법률을 조금씩 개정해 가면서, 관타나모가 형식적으로 쿠바에 위치하고 있

있다는 행정부의 주장을 배척했다. 최근에는 미국 이민세관단속국이 이주자 추방 절차를 진행하면서 재판 전 불법구금을 시도했을 때 이에 이의를 제기하기 위해 인신보호청원을 활용한 경우도 있었다. 불법적인 구금에서 놓여날 자유는 개인 이동 자유의 기초에 해당하지만, 오늘날 개인 신체 스케일에서 볼 때 법적으로 보호되어야 하는 이동의 자유는 여러 면에서 매우 위태로운 상황에 처해 있다.

첫째, 미국에서는 자유로울 권리, 개인 자유의 보호가 광범위하게 인정되면서도 젠더, 인종, 성에 따라 차별적인 모빌리티가 계속 지속되고 있다. 백인 남성은 여성보다 더 큰 모빌리티 역량을 과시하며, 여성과 여자아이들은 공공공간에서 성차별이나 성희롱을 경험할 때가 많고, 이분법적 성 분류에 속하지 않는 사람들의 움직임이나 규범적인 젠더 역할을 따르지 않는 행위는 이동의 제약으로 연결되고 공공장소에서 폭력을 부를 때도 있다. '그녀의 이름을 말하라Say Her Name' 운동은 경찰의 총격이나 괴롭힘의 희생양이 된 여성, 퀴어, 트랜스젠더들을 주목하게 했고, '흑인의 생명도 소중하다' 운동도 여기에 적극 지지를 보냈다.

둘째, 소수자들이 모빌리티의 자유를 완전히 행사할 수 없게끔 하는 인종차별적 모빌리티 체제가 존재한다. 적법한 절차와 법적 보호 없이

으로 헌법 상의 인신보호청원이 적용되지 않는 지역이며 이곳의 수감자들은 인신보호청원의 예외 규정(전쟁이나 폭동 시기)에 해당한다는 논리를 폈다. 보스니아 출신의 보메디네 등 6인은 인신보호청원을 받아들여 달라는 소송을 제기했고, 연방대법원은 현재가 예외적인 상황이라고 볼 수 없으며 헌법 상의 기본권은 지켜져야 한다는 이유로 이들의 주장을 받아들였다.

행해지는 경찰의 정지, 수색, 체포, 총격, 구금은 이들의 자유를 지속적으로 침해한다. 이민세관단속국이 추방을 강화하자 이민자들은 구금이나 추방을 두려워하여 원고나 증인으로 법원에 출두하는 것을 기피하게 되었다. 합법적인 이민자들조차도 가족이 수사 대상에 오를까 봐 법률적 권리를 행사하거나 정치적인 행동에 나서지 않으려고 한다. 도슨에 따르면, "미국은 매년 약 40만 명을 추방한다. 미국 교도소 산업단지는 230만 명 이상을 가두고 있다. 아무 날이나 하루를 골라잡아 봐도, 이민법 위반으로 1만 9천여 명이 연방교도소에 갇혀 있으며, 이민세관단속국은 3만 3천 명을 구금 중이다."[61] 이 강력한 "구금 및 추방 체제"는 국가주권의 이름으로 행사되고 있으나 "국가 경계를 넘어 훨씬 더 확장되어 있다."

셋째, 건축 환경과 공공장소의 설계, 특히 접근성을 고려하지 않는 대중교통 설계가 야기하는 신체 모빌리티의 장애가 존재한다. 공공시설에 대한 접근성을 완비하도록 한 미국 장애인법의 요구 사항은 잘 지켜지지 않는다. 어떤 행사를 기획할 때 사람마다 다른 소요 시간이나 이동 경로를 고려하지 않고, 참석자들이 자전거나 걷기처럼 '훌륭한 모빌리티'로 이동하거나 실제로는 모두 이용하기 불가능한 '모든 사람'을 위한 대중교통으로 올 것이라고 가정하는 경우가 많듯이, 접근성을 신경 쓰지 않고 일반적인 관행만을 따르는 것은 사회적 배제이다.[62]

신체 간의 상호적 스케일로 경험되는 불균등하고 차별적인 모빌리티는 서로 다른 모빌리티 접근이 빚어 내는 신체 움직임들과 서로 다른 규범을 몸에 익힌 이동 주체들의 수행을 포함한다. 불균등 모빌리티 개념은 쉽고 편안하고 유연하거나 빠르거나 안전한 이동 수단이나 방식만이 아니라, 갈등과 위험과 공포와 소란을 겪는 이동 주체들의 경험까지도 암시한다. 우리는 불균등하고 차별적인 모빌리티들이 부과하는 공간적 제약을 인식하고, 기초에서부터 모빌리티 정의를 쌓아 나가기 시작해야 한다. 우리의 몸에, 우리의 이동에, 공간을 형성하는 우리의 움직임에 사회적 · 구조적 폭력이 어떻게 개입하는지를 파악하는 것이 그 출발점이다.

교통이나 도시 문제를 다루기 전에, 우리는 신체 스케일에서의 모빌리티 정의 문제에 긴요한 다음 원칙들을 염두에 둘 필요가 있다.

- 각 개인의 모빌리티 자유는 상호성의 규칙에 따라 제한되어야 한다. 즉, 다른 사람의 이동 역량을 짓밟거나 위협하거나 박탈하지 않아야 한다.
- 개인의 모빌리티가 물리적이든 상징적이든 폭력의 위협으로 비자발적으로 제한되어서는 안 된다. 특정 복장을 강요하거나 이동 수단을 분리하거나 모빌리티를 시간적 · 공간적으로 불평등하게 한정해서는 안 된다.
- 젠더적 · 성적 정체성 및 기타 정체성 표지들이 공공영역에서의 배제나 모빌리티 제한의 근거로 이용되어서는 안 된다.
- 인종, 민족, 국적에 따른 편견(원주민의 정체성이나 신체적 수행을 포함하여)이 그 전체 집단에 대한 감시나 개인에 대한 이동 자유의 제한으로 이어져서는 안 된다.

- 보편적 설계는 모든 공공시설에 누구나 접근 가능하게 적용되어야 한다. 특히 모든 대중교통과 대중매체에 접근 가능하게 설계되어야 한다.
- 아동과 노인, 임산부 및 기타 도움이 필요한 이들의 모빌리티에 대한 권리는 보호되어야 하며 디자인 및 계획에 반영되어야 한다.
- 인신보호청원은 시민과 비시민 모두에게 확대되어야 하며, 법적 대리인, 적법 절차, 법적 항의가 보장되지 않는다면 국가는 어떤 형태의 구금도 행해서는 안 된다.

이동 역량, 이동을 중지시킬 강제력, 구금, 투옥은 모두 인권과 정의의 근본에 맞닿아 있는 문제들이다. 모빌리티는 정치, 권력, 저항에서 결정적인 역할을 맡고 있다. 인종정의 운동, 이주민 정의 운동, 난민 보호 운동, '흑인의 생명도 소중하다' 운동, 국경장벽 건설 반대운동, 퀴어 운동에 이르기까지 지금의 사회운동들은 여러 스케일들을 뛰어넘으며 서로 간의 연결 지점을 만든다. 최근 타마라 부코프Tamara Vukov 는 모빌리티 정의 투쟁의 정치적 함의를 설명하면서 모빌리티 정의의 몇 가지 목표를 제시했다. 첫째, "안전하고, 접근 가능하며, 이동과 거주의 정당한 형식이 모두에게 열려 있는 세계의 건설"이다. 부코프는 교통정의만을 다루는 것이 아니라 노숙자에 대한 공평한 정책처럼 주거에 관련된 문제들, 또 거주 및 시민권에 대한 공평한 정책처럼 공간을 차지하고 머무를 권리, 공간정의를 위한 투쟁까지 여기에 통합하여 논의하려한다.

둘째로, 부코프는 "(식민주의와 전쟁이 야기한 강제이동부터 젠트리피케이선이 불러온 추방과 퇴거까지 포괄하는) 수많은 거시적 · 미시적 강제 모빌리티와 강제이동을 종식시켜야" 한다고 요구한다. 우리는 여기서 부코프가 식민지 역사뿐만 아니라 퇴거 같은 현대 도시 문제와 관련된 거시적이거나 중간 스케일에 해당하는 모빌리티 정의 투쟁들, 그리고 '대안 모빌리티altermobilities'라는 목표 제시에 이르기까지 세심하게 여러 스케일들을 조합하는 모습에 주목해 볼 수 있다. 마지막으로, 부코프는 "구금, 감금, (인디언 보호구역 같은) 식민지적 분리정책의 유산, 분리장벽 등 부동성을 강요하는 형식들의 해체"를 촉구한다.[64] 분명히 이러한 원칙들은 달성하기 쉽지 않다. 그러나 모빌리티 정의에 얼마나 다가섰는지를 가늠해 볼 수 있는 이상적 목표로 기능할 수 있을 것이다. 이제 교통 문제 자체를 다루어 볼 차례다.

3장

자동차 모빌리티와
교통정의를 넘어

역사가들은 20세기 중반에서 후반까지 자동차 모빌리티 시스템이 미국 도시들에 자리 잡으면서 발생한 많은 문제들을 계속 이야기해 왔다.[1] 자동차 모빌리티는 신체 피해, 지역사회 해체, 도시 붕괴, 전 세계적 오염과 경제적 불의에 이르기까지 모든 공간 스케일에서 문제를 일으켰다. 많은 사람들은 차에 기반하는 도시가 지역사회를 훼손한다고 지적한다. 자동차 모빌리티 시스템은 물리적 공간을 지나치게 많이 차지하면서 도시에서 다른 방식으로 이동하지 못하게 가로막는다. 자동차 사고는 수많은 사상자들을 낳았고(젊은 층의 가장 큰 사망 원인이다), 화석연료 사용은 대기오염을 가중시키는 동시에 지나치게 석유 의존도를 높여 경제적 불안정성을 초래한다.[2] 역사학자 잭 퍼니스Zack Furness에 따르면 "제2차 세계대전 이후 미국의 재건정책은 문제적이었다. 대도시를 자동차 중심의 도시로 바꾸어 놓았고, 대규모의 교외 이주를 촉진했으며, 안정적인 해외 석유 공급 보장을 위한 지정학적 정책을 추구하게 했기 때문이다."[3]

사회학자 존 어리는 자동차 모빌리티를 복잡한 지배 시스템이라고 정의했다. 나와 공동 집필한 글 〈도시와 자동차The City and the Car〉(2000)에서 자동차 모빌리티는 "본질적으로 서구 자본주의가 만들어 낸 대상", "주택 구입 이후 개인 소비의 주요 항목", "자동차 산업과 다른 산업과의 기술적·사회적 연계가 낳은 매우 강력한 기계적 복합체", "보행, 자전거 타기, 철도 등의 여타 '공공' 모빌리티를 종속시키는 '유사-개인 모빌리티'의 글로벌한 지배적 형식" 등으로 규정되었다. 자동차 모빌리티는 "여러 핵심적인 담론들을 떠받치는 지배적 문화"이며, 이 담론들은 "행복한 삶이란 무엇인지를 정해 주고, 적절한 모빌리티 시민권을 얻으려면 무엇이 필요한지를 알려 주며, 강력한 문학적·예술적 이미지와 상징을 제공해" 준다. 또한 자동차 모빌리티는 "환경 자원 사용의 가장 주요한 원인"이기도 하다.[4]

자동차 모빌리티는 그 다차원적인 특징 때문에 변화시키기 매우 어렵다. 지난 10여 년 동안 자동차 모빌리티의 여러 가지 문제점이 비판되었다. 전 세계 승용차의 수는 2006년 6억 6,700만 대에서 2016년에는 10억 대로 증가하였다.[5] 미국은 "세계 차량의 약 3분의 1이 운행되는 곳이며, 세계 교통 관련 탄소 배출량의 절반을 차지"한다.[6] 미국 에너지부에 따르면, 2011년 미국은 전 세계 모든 온실가스의 25퍼센트를 배출했고 세계 석유의 23퍼센트를 소비했다. 미국 인구는 전 세계 인구의 4퍼센트에 불과하다. 2016년에는 미국이 총 72억 배럴의 석유 제품과 전 세계 석유의 20퍼센트를 소비하여 약간의 감소가 있었다. 그러나 여전히 13퍼센트만 소비한 중국을 능가하고 있다.[7] 미국 온실가스 배출의 34퍼센트는 교통 영역이 차지하며, 그 대부분은 승용차가 원인이다. 미국의 신차 구매 비율은 경기침체 기간 동안 소폭 하락하였지만, 2014년부터 다시 증가하기 시작하였다. 연료를 많이 소모하는 경트럭과 스포츠 유틸리티 차량SUV의 판매량이 늘어났으며, 이에 따라 미국 교통의 에너지 효율이 전반적으로 떨어졌다.[8] 도시 외곽 지역 인구는 계속 증가했고 2017년에는 도시의 성장을 앞질렀다. 미국의 확고한 자동차 의존 구조가 지속될 것임을 보여 주는 지표이다.

자동차 모빌리티 시스템의 지배 아래 살면서 우리가 이를 넘어설 방법을 찾기란 그리 쉽지 않다.[9] 미국은 산업이 발달한 다른 나라들보다 교통 부분에서의 변화가 훨씬 느리다. 자동차 모빌리티 문화를 지원하는 완고한 정책 탓이기도 하지만 '탄소 자본'의 권력 때문이기도 하다. 기후변화를 인정하지 않는 사람인 데다가 석유 산업 경영자 출신인 렉스 틸러슨(엑손 모빌의 전 CEO이며, 트럼프 행정부에서 국무장관으로 일했다)이 장관으로 지명되기 전에도, 이미 연비가 좋지 않은 SUV와 경트럭의 구매 증가를 저유가가 부추키는 상황이었다. 이제 미 정부에는 친-자동차, 친-화석연료를 지지하는 흐름이 다시 기세를 올리고 있다. 규제에 반대하고 각 주의 권한이 확대되어야 한다고 주장하는 보수주의자들과 오바마 행정부의 환경 규제에 반대한 백인우월주의자들이 노골적으로 이런 방향을 지원하고 있다.[10] 정책이나 문화적 차원에서도, 또 지난 10년 동안 미국의 자동차 모빌리티 성장을 잠시 둔화시킨 환경 규제 차원에서도, 모든 것이 후퇴하고 있다.

2010년 BP사의 딥워터 호라이즌*이 폭발하면서 멕시코만에 5백만

---

* 2010년 4월 20일 미국 멕시코만의 석유 시추 시설 딥워터 호라이즌Deep Water Horizon이 폭발한 후 5개월 동안 약 7억 7천만 리터의 원유가 유출되었다. 미국 멕시코만 원유 유출 사고라고도 한다.

배럴의 석유를 유출해도 아무런 변화가 없었다. 텍사스주 휴스턴의 자동차 중심 교외 지역은 세계 석유 생산의 중심지 중 하나이고, 2017년 9월 허리케인 하비가 일으킨 이 지역의 대규모 홍수를 낳은 원인이라고도 볼 수 있는 데도 바뀐 것은 없었다. 롭 닉슨Rob Nixon이 말했듯이, 미국인들은 화석연료 자본주의의 '느린 폭력'을 계속 유지시키는 자동차 지배 환경에서 계속 살아갈 것이다.[11] 전 인류 중 소수에 불과한 이들이 이산화탄소의 '고도 방출자'로서 살아가면서 기후변화의 느린 폭력과 공모하고 있다. 트리니다드나 노르웨이에 사는 사람들도 석유 생산, 정제 및 수출 경제 속에 위치한다는 점에서 다를 바가 없다. 이들은 '녹색'에너지를 쓰고 있다고 주장할지 모르지만, 실상은 우리 모두가 "양심 없는 에너지"를 연소시키며 살아가고 있는 것이다.[12]

그러나 과거를 돌이켜보면, 오랫동안 사용되어 온 모빌리티 시스템조차도 결국에는 다른 것으로 대체되었다는 것을 알 수 있다. 확고한 화석연료 인프라와 거대 석유회사의 힘에도 불구하고 지금도 '포스트카' 도시로 향하는 여러 길들을 따라 전 세계적으로 다양한 모빌리티 전환이 시도되고 있다.

첫째, 스마트폰 연결 공유 모빌리티와 "모빌리티 서비스"라고 불리는 비즈니스 혁신이다. 연결, 자율, 공유, 전기 모빌리티는(Connected, autonomous, shared, electric의 머릿글자를 모아 CASE라고도 한다) 개인 소유의 내연기관 자동차가 사라지면서 자동차 시장에 큰 변화가 일어날 것으로 예상하는 컨설팅 회사들과 미래의 비즈니스 모델을 예측하는 사람들의 유행어가 되었다. 비선형적 기술혁신을 연구하는 비영리 싱크 탱크인 리싱크엑스RethinkX의 제임스 아비브는 전기, 공유, 자율 운행 차량을 사용하는 '교통 서비스'가 10년 안에 새로운 차량 판매를 70퍼센트 감소시킬 것이라고 예측한다. 일자리를 줄이고 급격한 석유 수요 감소를 일으킬 테지만, (그의 생각으로는) 도시를 더 살기 좋게 만들고 사람들이 비용을 아끼고 여유를 갖게 하는 긍정적인 변화가 생길 것이다.[13]

세계적인 글로벌 엔지니어링 회사 중 하나인 WSP 파슨스브링커호프의 미국 동북부 계획·환경·교통 매니저인 스티브 버클리는 기존의 볼보나 도요타, 혹은 테슬라 같은 자동차회사들이 자율 운행 기술을 일부 도입한 개인 소유 차량 모델을 이미 제시하고 있다고 지적한다. 그러나 WSP는 2025년 쯤이면 비자동차 분야 기술 회사(알파벳/구글, 아마존, 애플, 혹은 중국의 새로운 기술 거대 기업)들이 완전히 자동화된 공유 교통 네트워크 모델의 성장을 주도하게 될 것이라고 예측했다. 무인 자동차는 마일당 50센트 정도의 낮은 비용으로 운행될 것이며, 2030년에는 2조 달러 규모의 시장을 이룰 것이다.[14]

기술 이론가 애덤 그린필드Adam Greenfield가 예리하게 짚어 냈듯이, 이 미래 예측들은 그런 미래에 막대한 투자를 한 이들이 주도하는 이데올로기적인 행위이다. 자율 운행, 러닝머신, 알고리즘 제어, 인공지능은 모두 사회적으로 큰 파장을 불러올 상호 연결된 발전이지만 그 방향이 어디로 향할지는 그것의 실행, 규제, 현실화 방식에 따라 달라질 것이다. 어떤 결과가 나타날지 불가피한 것이 아니다. 예를 들어 우리는 아마존 같은 회사가 "자율 운행 트럭 운송, 모바일 웨어하우징, 드론 배송을 네트워크 분석 및 수요 예측 알고리즘으로 결합시키고 효율적으로 배치하면서 물류 혁신에 대한 투자를 통합"하려고 하는 방식에 주의를 기울여야 한다.[15] 정보기술이 우리의 일상을 식민지화하는 현실을 놓고 볼 때, 교통수단에 대한 모든 미래 예측들은 신중하게 검토되어야 한다.

둘째, 도시 교통 당국은 새로운 기술이라는 급류에 휩쓸리지 않도록, 공공영역에 인간 중심으로 접근하는 방식을 계속 옹호함으로써 이러한 변화에 신속하게 적응하려고 하고 있다. 전국 도시교통관리협회 NATCO: National Association of City Transportation Officials의 상무 이사 린다 베일리는 자율주행 차량이 도시를 위해 운행되도록 건강, 안전, 형평성, 접근성 향상에 당국이 개입해야 한다고 주장한다. 도시가 길에 대한 인간의 권리를 다시 발전시키고 안전을 위해 설계되고 공유 데이터를 모으고 더 많은 사람들과 더 적은 차량을 이동시키고 '도로변 정보를 구축'한다면, 교통이 입히는 손해를 줄이고 교통 비용을 감소시키고 공공공간을 확보할 수 있다. '도로변의 정보를 구축하는 것'은 도로변 공간의 편의시설 이용을 규제하고 가격을 책정하는 것을 의미한다. 베일리가 "공유지의 비극"의 일종이라고 여기는, 거리와 도로변을 기업이 전용하는 요즈음의 현상을 피하기 위해서이다. 댓가 없이 공공 버스 정류장을 이용하는 우버의 교통 네트워크 서비스나 구글의 개인 버스 서비스가 여기에 해당한다.[16] 그러나 CASE '모빌리티 서비스'가 함축하는 바를 고려한다면, 도시는 공공영역을 보호하기 위해 그 이상의 노력을 해야만 한다. 2017년 뉴욕시 교통 연구에 따르면 앱 기반의 운송 서비스가 등장하면서 지난 4년 동안 도로에 5만 대의 차량이 더 등장했으

며, 임대 차량 총 운행 거리의 36퍼센트를 증가시켰고, 여객 운송을 15퍼센트 늘어나게 했다.[17]

셋째, '완전한 거리', '살 만한 도시', '교통지향적 발전', '비전 제로' 등의 교통정책들이 등장했다. 이 모두는 자동차 모빌리티를 지속 가능성과 교통 평등을 결합하는 다양한 방식으로 억제하려고 한다. 사회운동들은 대안적 모빌리티 실천과 가치(지속 가능성, 환경, 건강, 관계성, 공유, 모빌리티 공유재)를 내세우는 대항 프레임으로 특정한 모빌리티 가치(경제적 합리성, 유용성, 경제성장, 보안, '스마트' 기술)를 당연하게 받아들이는 지배적 문화 프레임에 계속 도전하고 있다. 거리는 차량만이 아니라 사람을 위한 것이어야 한다. 그렇다면 느린 속도가 중요하다. 설계 솔루션에는 다음과 같은 사항이 포함되어야 한다. 인프라 설계를 보완하여 걷고 자전거를 타는 일이 쉬워져야 하며, (차가 우선권을 가지지 않는) 공유 공간을 이용하고, (모든 도로 포장과 도로변이 평평하도록) 지면을 고르게 다듬어야 한다. 특히 휠체어를 사용하는 사람들이 쉽게 지나갈 수 있어야 한다. 저소득층이 정보에 접근할 수 있도록, 사람들에게 너무 높은 기술 수준을 요구해서도 안 될 것이다.

기존의 지배적인 자동차 모빌리티 시스템과 이와 관련된 교통계획에는 많은 압력이 가해지고 있다. 그러나 모든 사회-기술적 변화는 여러 위치에 분산되어 있고 여러 스케일에 영향을 끼치는 복잡한 시스템들과의 관계 속에서 이루어진다. 지구 기후변화, 자연재해 증가, 자원 부족의 위협 앞에서 지속 가능하고 사회적으로 정당한 모빌리티 시스템으로의 민주적인 전환은 큰 사회적 도전이다. 지속 가능한 모빌리티와 교통정의는 둘 다 모빌리티 전환에서 결정적인 부분이며, 근본적으로 상호 연결되어 있다. 그러나 우리는 자동차 모빌리티를 넘어서려는 이 모빌리티 전환에 단순한 교통 문제 이상의 여러 층위들이 존재한다는 것을 인식해야 한다.

복잡한 변화의 역학을 포착하고 싶다면 미래에 전개될 상황을 예측해 보는 것도 좋은 방법이다. 존 어리는 사회미래연구소에서 수행한 연구를 통해, 모빌리티의 변화에 대한 네 가지 미래 시나리오—고속 모빌리티 도시, 디지털 도시, 살기 좋은 도시, 요새 도시—를 내놓았다. '고속 모빌리티 도시Fast-mobility City'는 수직 도시화, 무인 자동차, 드론 배달 등의 혁신을 시도해 기존의 빠르고 이동성이 높은 삶을 강화하는 것을 의미한다. 그러나 이는 수소 연료처럼 탄소 연료를 대체할 혁신이 재빠르게 진행되어야만 가능한 시나리오이다. 기존의 사회적 불평등은 더 강화될 것이다. 두 번째 시나리오인 '디지털 시티Digital City'는 신체의 움직임을 대체하는 디지털통신과 가상현실의 등장에 기반한다. 디지털 라이프, 디지털 제조, 스마트 시티, 지각 능력이 있는 로봇도 등장하게 될 것이다. 셋째, '살기 좋은 도시Livable City'는 더 규모가 작고 지역화에 치중하며 에너지를 덜 쓰는 활동을 특징으로 한다. 차량 공유와 모빌리티 서비스도 더 많이 발달한다. 네 번째, 새로운 중세를 연상시키는 시나리오인 '요새 도시Fortress City'는 빈곤층과 단절된 부유층들만의 도시를 뜻한다. 장벽 바깥에 있는 폭력적이고 위험한 '무법 지역'으로부터 보호받기 위해 민영화, 요새화, 무장화에 기대는 집단이 되는 것이다. 이미 존재하고 있는 이 네 가지 양상은 앞으로 다양하게 조

합되면서 미래의 모습을 만들어 갈 것이다.[18]

　도시 교통 시스템의 전환은 개인적 선택이나 기술적 변화, 경제적인 힘에만 달려 있는 것이 아니라 전체 모빌리티 문화의 변화를 필요로 한다는 인식이 점점 늘어나고 있다. 지속 가능성과 모빌리티 정의 사이의 관계를 이론화하려면 건축 환경에만 초점을 맞추기보다는 여러 나라의 문화, 경제, 정치를 인식해야만 한다. 자동차 모빌리티를 그저 자유와 개인 권리라는 차원에서의 개인적 모빌리티로 보는 경우가 많기 때문이다. 지배적인 관행으로 자리 잡은 자동차 모빌리티 시민권은 인종, 젠더, 계급 정체성과 연관되며, 나아가 세계적인 불평등에 기반을 둔 더 광범위한 에너지 문화에 깊게 뿌리박혀 있다.[19]

　모빌리티/부동성의 구체적 관계 양상들에 관한 다중 스케일적인 이론 및 전 지구적인 도시화의 확장 인프라 공간을 모빌리티 전환 모델에 통합하지 못한다면 우리는 지금 일어나고 있는 변화를, 또 미래에 일어날 일을 이해하지 못할 것이다. 모빌리티 전환은 도시 '내부에서만' 일어나는 것이 아니며, 교통 문제에만 한정되는 것도 아니다. 모빌리티 전환은 미시적·거시적·중간 규모로 나타나는 여러 관계 양상들을 넘나들면서, 복잡하게 얽힌 여러 정치적 행위자들을 끌어들이고, 권력이 개입하는 사회적·경제적·문화적 장을 변화시킨다. 모빌리티의 재형성은 공간을 다시 형성하면서, 우리 자신도 바꿔 놓는다.

인종, 계급, 젠더 그리고 교통정의

이동의 자유나 머물 권리를 다룰 때, 인종·계급·젠더는 지역사회 교통 접근의 불공평한 분배, 개인의 교통 빈곤, 그리고 대기오염 및 위험한 도로 같은 부정적 외부효과에 이르기까지 결정적인 요소였다. '교통정의' 운동은 인종, 민족, 나이, 능력, 계급이라는 모빌리티 장벽들이 만드는 교통접근성의 불공평한 분배를 강조해 왔다. 그러나 자동차 모빌리티를 분석하는 이들은 역사적으로 지배적인 형식인 백인, 남성, 특권층의 자동차 모빌리티가 도시 모빌리티의 현대적 인프라를 형성하고 다른 이들이 그 특권에 접근하지 못하게 제한해 왔다는 사실을 그다지 중요하게 다루지 않았다.

교통 평등 분야에서는 특히 미국의 교통 접근이 인종적·계급적으로 불공평하게 분배되고 있다는 사실을 강조한다.[20] 1960년대 민권운동이 교통 관련 문제에서 출발했기 때문이기도 하겠으나, 1960년대 후반부터 1970년대 초반 사이에 흑인 공동체를 대상으로 한 '도시 재개발'과 고속도로 건설이 끼친 충격도 컸다. 교통정의를 옹호한 이들 중 일부는 1970년대 들어 급진적인 반자본주의·평등주의 철학을 받아들여서 미국의 자동차 문화, 소비주의, 교외화를 비판했다. 1990년대 이후의 학술적 연구들은 '교통 빈곤'이라는 개념을 발전시켜 왔다. 교통 빈곤은 교통 비용을 마련하기 어렵거나, (엔진이 달린) 교통수단을 이용하기 힘들거나, 교통수단 부족으로 생활에 꼭 필요한 활동을 하지 못하거나, 교통의 부정적 외부효과에 노출되는 상황들의 조합으로 정의된다.[21]

이동의 잠재성, 혹은 이동의 '모틸리티motility'의 높고 낮음 사이의 관계에 관심을 기울이는 모빌리티 이론은 교통정의 이론도 받아들였다.[22] 모틸리티는 이동 역량을 측정하는 개념으로, 우리 자신을 발견하고 우리 자신의 능력을 발휘하면서 환경의 '행동유도성'에 따라 이동하는 방식을 강조한다. 현재의 교통 시스템에는 불공정한 부분이 많다. 불평등은 도시를 여러 부분으로 쪼개 놓으며 교통, 모빌리티 접근, 대기오염, 인간 번영의 기초로 간주되는 기본 서비스(식품, 의료, 교육, 고용기회)를 균등하지 않게 배분한다.

새로운 인프라의 공간 양식은 종종 장벽을 쌓고 사회적 배제를 일으킨다. 팀 크레스웰이 '모빌리티 빈민'이라고 부르는 미국의 흑인, 라틴계, 그리고 인종차별을 받는 이민자들이 그 좋은 예이다.[23] 서구 선진국들이 공공 인프라 프로젝트를 국민국가적이고 도시 중심적인 시각에 입각해 진행하는 동안, 이들은 오랫동안 인종적으로 배제되고 계급과 젠더에 따라 차별받아 왔으며 점점 더 조각나고 해체되었다.[24] 불균등한 개발 양상은 빠르게 성장하는 세계적 도시들에서 더욱 두드러지게 나타난다.

일찍이 도시 인프라의 '파편화'를 연구했던 지리학자 스티븐 그레이엄Stephen Graham은 최근 경제적으로 발전 중인 글로벌 도시에서 고가 고속도로나 입체 교차로 건설이 늘어나는 현상이 매우 불평등한 공간을 만들어 내고 있다고 지적했다. 첸나이, 뭄바이, 마닐라, 자카르타와 같은 메가 시티에서 새로 건설된 고속도로들은 파편화된 도시의 여러 섬들을 연결하는 기능을 맡는다.

고속도로들은 주거, 일, 여가, 이동성에서 안전이 보장된 지역들을 연결한다. 이 지역들은 부유층 자동차 사용자들을 위한 도시 생활의 섬들이라고 할 수 있다. 실제로, 고가 고속도로는 인종적·계급적 계획 아래 분리·격리된 구역들을 지키기 위한 완충지대 역할을 하도록 건설된 경우가 많으며(Bullard, Johnson, and Torres 2004: Henderson 2006), 빈민들이 모여 사는 비공식 도시를 파괴할 의도로 설계되기도 한다.[25]

도시 공간의 분할, 가난한 주민들의 강제 퇴거, 비공식적인 이웃들의 추방은 특권층의 '프리미엄 모빌리티'를 도우면서 박탈이 이익 축적으로 이어지게 한다. 따라서 반짝이는 교차 고속도로와 경제성장이라는 현대적 목표는 이동 특권층에게만 이익을 제공하고 모빌리티 빈민에게는 직접적인 해를 끼친다.

평등해 보이는 공간에서도 이러한 시스템은 '일상 인프라'를 일종의 '제어 아키텍처control architecture'로 사용하여 모빌리티가 멈추거나 진행되게끔 한다. 기다린다는 행위는 내재된 권력관계에 따라 움직이는 춤과 같다. "속도와 이동이 상품이라면, 지연은 통제이다." 질리안 풀러 Gillian Fuller의 주장이다. "스마트 기술을 이용하고 소득이 높은 이들은 늘어선 줄을 뛰어넘지만, 그렇지 않은 이들은 대기해야 한다."[26] 다른 사람들이 '속도'를 내며 지나갈 때 기다려야 한다는 것은, 이를테면, 톨게이트 전자 자동통제 장치의 고속 통과 라인으로 뛰어드는 미국의 운전자들이, 그리고 따로 돈을 내야 하는 도시 '고속도로'를 이용하는 산티아고, 칠레, 자메이카의 운전자들이 매일같이 경험하는 권력이다. 배타적인 고속도로는 구매력이 있는 이들에게 '시공간 압축'을 제공해 줌으로써 사회적·지리적 공간을 재구성한다.[27]

그러나 이때의 기다림은 계단, 출입구, 교통수단에 물리적으로 접근할 수 없게 하는 환경적 장애 효과의 일종이다. 대기한다는 것은 젠더나 인종에 따른 차이를 필요로 하는 사회권력의 산물이다. 이 사회권력은 시간을 무엇보다 가치 있게 여기는 (백인, 남성) 특권층이 빠르게 이동하게 한다. 혼잡통행료는 이동 특권층이 도시 중심부로 빠르게 진입하게 하지만, 많은 도시 지역에서 모빌리티 빈민은 느린 버스를 타고 새벽부터 출근길에 나서거나, 케냐 나이로비의 마타투나 아이티 포르토프랭스의 탭탭 같은 비공식적인 공유택시를 이용하거나, 오토바이 택시의 뒷자석에서 공해와 위험에 노출되어야 한다.

미국은 모빌리티의 권리와 자유에 대한 인종적·계급적 차별의 긴 역사를 가지고 있으며, 이는 자동차 모빌리티 시대에도 도시와 교외의 인종 분리로 이어졌다.[28] 역사학자 캐슬린 프란츠Kathleen Franz와 코튼 실러Cotton Seiler는 미국의 자동차 모빌리티와 대중교통 시스템의 인종정치가 특정한 지역에서 역사적으로 어떻게 나타났는지를 자세하게 기술하였는데, 특히 아프리카계 미국인들의 경험을 강조했다. 분리, 배제, 그리고 접근성 투쟁은 이 역사의 특징이다. 19세기에 백인들은 전차에서의 인종 분리를 통해 인종 범주와 경계를 설정하고, 도시 공간을 형성하였다. 이 혁신적인 '깨끗한' 차량은 새로운 기술, 속도, 산업 현대화를 백인다운 것whiteness과 결부시켰다. "전차회사와 전차 기사가 전차에 행사한 통제 수단은 이런 혜택을 도시의 사회적·기술적 구성

속에서 자연스러운 부분으로 보이게 하여 백인 지배 및 특권을 재생산
하려는 노력이었다."[29]

미국의 도시화와 교외화라는 넓은 맥락에서 살펴보면, 대중교통을
희생시키면서 고속도로 및 자동차 인프라에 불공평하게 투자하고 다
른 형태의 모빌리티보다 백인-교외 자동차 모빌리티를 우선시하는 인
종차별적 모빌리티 체제를 추적해 볼 수 있다. 1950년대 연방주택 당
국은 교외에 주택을 소유하면 보조금을 지급하여 전후 탈산업화 도시
에서의 '백인 탈출'에 기여했다. 1960~70년대 도시 재개발 정책은 공공
주택 사업이 빈민가 조성으로 이어지게 했다. 자동차로 이동하는 교외
의 백인 거주지와 달리 공공주택에는 교통 접근 수단이 제한되었기 때
문이다. 도시 구역 규정 및 최소 주차 공간 확보 규정은 자동차에 의존
하는 개발을 부추겼다. 1995년 연방정부가 55마일 제한 속도제를 폐
지한 후, 1995~2005년 사이에 교통사고로 1만 2,545명이 사망하고 3만
6,583명이 부상당했으며 연료 사용이 늘어나 온실가스가 더 많이 발생
했다.

20세기 후반, 백인들은 교외로 '분리'해 나가기 위해 자동차 모빌리
티를 이용했다. 시키부 허친슨Sikivu Hutchinson은 백인 통근자를 우선시
한 교통계획 패러다임이 어떻게 저소득층과 소수자 버스 이용객을 소
외시켰는지를 보여 주었다. 교통 인프라가 부족한 저소득층 주민들의
건강과 안전은 공해와 위험에 더 많이 노출되었던 것이다. LA 버스 이
용자 연합은 이런 차별적이고 불공평한 교통정책에 성공적으로 맞섰
다.[30] 흔히 DWBDriving While Black · While Brown라고 부르는 운전자 인종 선

입견은 경찰이 자동차 운전자들에게 차별적으로 차를 세우고, 붙들어 놓고, 몸수색을 하는 행위를 일컫는다. 미등 고장, 깜빡이를 켜지 않은 것, 선팅된 창문, 시끄러운 라디오 소리처럼 사소한 위반을 문제 삼아 벌어지는 이 감시 관행은 인종차별적으로 적용되어 비백인 운전자의 자동차 모빌리티를 방해하고 범죄를 자극한다. 지난 10년 동안 인종 선입견이 촉발시킨 경찰의 흑인 운전자 총격 사건들은 '흑인의 생명도 소중하다' 운동을 낳았다.

교통 이용 및 접근 양식은 미국의 인종 분리 양식을 낳은 기반이었으며, 교외의 '가정주부'를 젠더적으로 분리하는 데도 일익을 담당했다. 당연히 인종과 계급은 언제나 젠더 및 섹슈얼리티와 교차점을 형성하며, 모두 공간, 장소, 모빌리티에 접근할 때 불평등한 대우를 겪는다. 페미니즘 공간 역사학자인 돌로레스 헤이든Dolores Hayden은 젠더 모빌리티 관련 자료들을 검토하면서, 교통계획 입안자들이 "남성이 집에서 직장으로 이동하는 단순한 경로만을 검토하고, 여성이 집에서 어린이집으로, 직장으로 이동하는 복잡한 경로는 무시한다"고 지적했다.[31]

사회학자 주디 와이즈먼Judy Wajcman에 따르면, "여성들은 전통적으로 육아, 직업, 사회적인 일과에 관련된 다양한 이유로 남성들과는 다른 리듬으로 움직였으며", 때문에 이들의 이동은 더 자주 "짧은 거리와 짧은 시간 동안" 이루어지는 경우가 많았고, "남성들이 이동할 때와는 다른 시간에" 진행될 때가 많았다.[32] 백인, 흑인, 라틴 여성의 모빌리티 패턴은 큰 차이를 보인다. 인종적으로 구분된 직업시장과 체계적인 인종적/젠더적 차별 때문이다. 대부분 백인이 아닌 가사 서비스 노동자, 호텔 노동자, 건물 청소부는 어두워진 후나 해가 뜨기 전에 운행이 많지 않고 느린 대중교통으로 이동해야 하며, 범죄에 노출될 가능성이 더 높다.

따라서 백인, 남성, 비장애인, 개인, 중산층, 러시아워 통근자를 중심으로 만들어진 지금의 지배적 교통 시스템은 여성에게 필요한 교통 수요를 무시하며, 다른 비규범적 이동 주체들을 시스템에 종속시킨다. 롭 임리는 "구체적이지 않고 일반적인 주체, 즉 성, 젠더, 그리고 여타 사회적 · 생물학적 특성이 없는 중립적인 주체"를 가정하는 교통정책은, 소수자의 요구를 고려하지 않고 설계되어 장애를 지닌 주체를 만들어 낸다고 역설했다.[33]

역사적으로도 서로 교차해 온 모빌리티 · 성별 · 인종은 오늘날 모빌리티를 인종적이고 젠더적인 과정, 장애를 생성하는 과정으로 만드는 불공평한 권력관계 속에서도 서로 교차하고 있다. 불균등하고 차별적인 모빌리티는 인종적/젠더적/장애 공간과 정체성을 만들어 내며, 이때 비장애 백인 남성성은 그들의 필요에 맞춰 정해진 이동 주체 기본값으로서 지배적인 위치를 차지한다. 손쉽게 모빌리티, 속도, 효율성, 편안함을 획득한다는 것은 차별적 모빌리티에, 그리고 여타 서발턴들의 모빌리티를 지배하는 권력의 손에 달려 있다. 이 권력은 이동 공간을 형성하고 접근을 (불)가능하게 하면서 행사되는 것이다.

도시 모빌리티 체제에는 트랜스내셔널한 모빌리티 체제도 속해 있다. 이 체제는 이민자들을 도시 주변부나 특정한 외곽 지역으로 실어나르며, 불편한 교통 연결을 제공할 때가 많다. '비시민'들은 정류장이

멀고 배차 시간이 긴 버스를 타거나, 위험한 길을 따라 걷거나, 자전거를 타기에 적당하지 않은 길로 자전거를 몰면서 직장으로 가야 하지만, 교통 관련 보조금은 거의 받지 못한다. 반대로 어떤 사람들은 보조금이 들어간 고속도로를 따라 차를 몰고 무료로 주차하며 자동차 통근에 따른 세금 혜택을 받는다.

이러한 불평등은 공중보건과도 관련이 있다. 도로, 공항, 항구의 대기오염과 소음공해는 가난한 유색인들이 주로 거주하는 지역사회에 해를 끼친다. 세계보건기구World Health Organization에 대한 마이클 마멋 Michael Marmot의 연구에 따르면, 건강 평등은 공정하고 정당한 모빌리티 시스템 구축을 위해서도 중요한 영역이다. 마멋은 "자전거 타기, 걷기, 대중교통 이용은 네 가지 측면에서 건강을 향상시킨다. 운동을 하게 하고, 치명적인 사고를 줄이며, 사회적 접촉을 늘리고, 대기오염을 줄인다"고 했다.[34] 빈곤층의 공중보건에 불공평한 모빌리티가 끼치는 영향은 실업, 사회적 배제, 스트레스, 영양 부족 등의 요소들과 상호작용한다. 자동차 사용을 줄이고 자전거 타기와 걷기를 장려하는 정책이 필요하다. 이를 위해서는 토지 사용 방식의 변화도 필요하다. "도로 공간을 녹지공간을 바꾸고, 주체 공간을 없애고, 자동차도로를 보행자와 자전거 전용 도로로 정하고, 버스와 자전거 차선을 늘이고, 저밀도 인구 지역인 교외와 도시 바깥의 슈퍼마켓의 성장은 자동차 사용을 증가시키므로 억제해야 한다."

지속 가능한 도시로의 전환 및 교통정의 개념을, 불균등 모빌리티의 역사적 형성 과정을 인식하고 인종적 불의의 과정인 도시 공간 형성에 주목하는 더 큰 틀과 연결하는 방법은 무엇일까? 모빌리티의 인종정치 분석은 호주, 캐나다, 남아프리카처럼 미국과 비슷한 패턴을 보여 주는 백인 정착민 사회에도 적용될 수 있다. 모빌리티 역량 차원에서 유사한 계급 불평등과 민족 불평등을 보여 주는 유럽과 기타 세계 여러 곳에 대해서도 마찬가지다.[35] 모빌리티 전환이 가능하려면, 도시 및 교외 공간의 인종화, 도시와 자동차에 대한 불평등한 권리, 그리고 이 문제들이 인간의 건강과 번영에 끼치는 해로움을 직시해야만 한다.

교통 불평등은 세계 생태적 차원에서 지속 불가능한 전체 자동차 모빌리티 체제와 함께 존재하며, 또 이를 지원한다. 인종차별적 노동, 인종 분류의 현실 적용racial embodiment, 국가 주도의 인종 기획 등은 값싼 에너지에 의존하는 경제구조와 밀접한 관련이 있다. 지금의 경제구조는 인종적으로 분리된 도시 생활, 교외화, 자동차로 멀리 통근하면서 악화된 이산화탄소 배출량, 에너지를 엄청나게 소비하는 교외 주택, 더 크고 강력한 자동차를 몰려는 경쟁 심리를 만들어 내는 것이다. 중국이 자동차 문화를 빠르게 성장시켰으나, 미국은 아직 세계에서 가장 에너지 소비가 많은 국가이며 전 세계적으로 교통 관련 온실가스GHG 배출량의 약 3분의 1을 차지한다.

기후변화에 관한 정부간 협의체IPCC의 다섯 번째 평가 보고서AR5는 교통에서 발생하는 온실가스 배출량이 "2010년에 7.0Gt CO_2eq에 도달하면서 1970년 이후 두 배 이상 증가"했으며 "이 증가량의 약 80퍼센트가 도로에서 운행된 차량에서 배출"되었다고 평가했다. 경감 조치가 없다면, "현재 교통 분야에서의 온실가스 배출량은 현재의 지속적인 성장세를 감안할 때 2035년까지 최대 50퍼센트 증가하고 2050년에는 거의 두 배로 증가할 것이다."[36] 차량의 수가 지속적으로 늘어나는 현상은 지구온난화를 재촉하며, 온난화는 세계에서 가장 가난하고 취약한 지역에 부정적인 영향을 끼친다.

교통 불공정 문제를 다루었으니, 이제는 여러 국가들에서 나타나는 자동차 모빌리티의 변화를 이야기해 볼 차례다. 어떤 측면에서 보면 우리가 20세기를 지배한 자동차 모빌리티 체제를 벗어나고 있는 것일지도 모르지만, 어디로 나아가는지는 확실하지 않다. 모빌리티 전환은 어떤 도시들에서의 전체 자동차 모빌리티 양상만을 놓고서가 아니라 차별적 모빌리티와 모빌리티 정의에 대한 더 광범위한 질문들과의 관련 속에서 평가되어야 한다. 모빌리티 역량에 깊숙하게 자리 잡은 인종적 · 계급적 · 젠더적 · 국제적 불평등이라는 맥락에서 볼 때, 자동차 모빌리티의 쇠퇴는 무엇을 의미하는 것일까?

자동차 모빌리티의 쇠퇴

전 세계 도시들이 기후변화, 교통혼잡, 공해, 건강 불평등, 불충분한 교통접근성 등의 문제에 부딪히면서, 기존의 이동 방식이 무너지고 있거나 아니면 적어도 도시의 수용력과 지속 가능성이 한계를 맞이하고 있다는 사실이 점점 분명해지고 있다. 지금의 지배적인 자동차 모빌리티 체제를 대체하기 위한 시도들은 도시계획과 정책에 대한 적극적인 개입과 새로운 실험을 망설이지 않는다(자동차 모빌리티 체제는 GHG를 방출하는 내연기관, 교외 지역 확장을 뒷받침하는 개인 차량 소유, 대중교통 시스템 대신 도로에 투입되는 예산에 기반한다).

대중교통 중심 개발, 자전거 인프라 구축(자전거 전용도로, 자전거 주차, 자전거 공유), 대중교통 개선 투자(새로운 지하철, 고속버스, 경전철), 능동 교통 촉진(걷기, 완전한 거리, 새로운 구역 규정) 등을 도입한 도시들은 "연료를 많이 소비하는 차량과 고속도로에 쓰이던 예산을 대중교통으로 돌리고, 교외 지역 확장을 막도록 법규를 재정비하며, 인도, 자전거도로, 대중교통을 확장하여 운전하지 않고도 가고자 하는 곳에 가도록 만들"기 위해 노력 중이다.[37] 전 세계 도시들이 이 정책들을 앞다투어 실행하기는 했지만, 그 영향이 얼마나 클지는 아직 불확실하다.

다양한 조치들이 취해진 미국에서는 2004년부터 2013년까지 운전자의 자동차 이용 횟수와 운전 거리가 감소했고 운전면허를 취득한 사람도 줄어들었다.[38] '가벼운 운전'은 (일시적일지 몰라도) 새로운 트렌드로 떠올랐다. 연간 자동차 구매 건수는 천천히 2007년의 판매량으로 돌아왔다. 교통통계국에 따르면 운행 차량 총 수는 2006년에서 2013년 사이에 증가하지 않았으며, 반면에 전국 가정 여행 조사에 따르면 지하철과 경전철 이용은 미국 전역에서 지난 10여 년 동안 꾸준히 증가했다.[39]

자동차 사용 패턴도 세대에 따라 달라졌다. 2001년부터 2009년까지 청년층(16~34세)의 연간 평균 이동 거리는 1인당 1만 300마일에서 1인당 7,900마일로 23퍼센트 감소했다. 연간 7만 달러 이상의 소득을 올리는 부유한 가정의 청년들에게서도 대중교통 이용률과 자전거 여행률은 2배로 증가했다. 여러 연구 보고서와 언론 보도가 이 추세에 주목하여 미국의 '밀레니엄 세대'에 자동차 운전과는 거리를 두는 중대한 변화가 생겼다고 서술하였다. 혹시 고용률 하락, 고유가, 그리고 학생 대출 같은 재정 부담이 낳은 일시적인 상황 변화일까?

그러나 이 추세는 미국만이 아니라 모든 선진국에서 나타난다. 15개국의 운전자 연령 구성 변화를 광범위하게 조사한 한 연구에 따르면, 미국·영국·캐나다·독일·일본·스웨덴에서 젊은 세대의 운전 면허 취득률은 1980년대에서 2000년대 후반 사이에 현저히 떨어졌다. 이유가 무엇일까? 몇 가지를 들어 볼 수 있다. 정책 입안자와 자동차 제조업체 사이의 결속력이 약화되었다. 자동차의 대안을 찾아 충전, 연료, 재료에 대한 실험이 진행되었다. 자동차 사용을 제한하기 위한 도시설계나 비용 책정이 등장하였다. 또 청년층이 차보다는 스마트폰이 더 중요한 기술이라고 본다는 증거도 많이 있다.[40]

최근에는 운전 감소 현상을 자동차 공유, 공유 승차, 교통 서비스 네트워크, '서비스 모빌리티' 개념의 출현을 가능하게 한 새로운 이동통신기술의 등장과 연결짓기도 한다. 새로운(혹은 예전부터 존재하던) 공유 모빌리티는 문화 담론과 공고했던 도시 모빌리티 체제를 변화시키고 있지만, 모빌리티 역량이 확대되고 더 많은 모빌리티 정의를 이끌어 낼 것인지는 아직 분명하지 않다. 실제로, 여러 도시에서는 부동산 가격 상승, 임대료 상승, 젠트리피케이션이 발생했다.

도시에서 다양하게 조합되는 자전거 공유, 자동차 공유, 카풀, 사용자 주문형 승차 공유, 보조 교통수단, 마이크로트랜짓microtransit, 임대 모빌리티 서비스는 새로운 모바일 정보 및 통신 기능을 활용한다. 어떤 이들은 공유 모빌리티가 전통적인 형태의 자동차 모빌리티 및 교통 불공정을 끝장낼 잠재성을 갖고 있다고 평가하지만, 대중교통 서비스를 약화시키고 특권적 모빌리티를 증가시키며 모빌리티 빈곤층에게 공정하게 분배되지 않을 것이라고 우려하는 목소리도 있다.[41] 하버드 디자인대학원의 연구에 따르면, 혁신적인 "새로운 도시 교통 투자는 대부분 지난 세기를 지배한 도시 발전 패턴―공공보조금 집중, 자동차 중심, 환경 파괴―에서 벗어나 있다." 하지만 이 모빌리티 혁신들은 "도시에서 기존의 사회 공간적 불평등을 심화시키지 않더라도, 젠트리피케이션을 증가시켜 복합적인 위험을 낳을 수 있다."

로스앤젤레스는 자동차 의존도가 높은 도시로 알려져 있지만, 로스앤젤레스 도시계획부는 "모든 도로 사용자의 요구를 균형 있게 받아들이"기 위한 '2035 모빌리티 플랜'을 내걸었다. 자전거 타기와 걷기를 장려하는 정책을 시행한 결과 2000년에서 2010년 사이에 자전거 통근이 56퍼센트 증가했다. LA는 미국에서 세 번째로 대중교통을 많이 이용하는 도시이기도 하다. 그러나 이 개선은 노숙자 강제 퇴거와 지속적인 젠트리피케이션 과정을 동반했다. LA에 자리 잡은 새로운 자전거 문화가 LA뿐만 아니라 미국 전역에 받아들여질 수 있는지를 의문시하는 사람들이 많다. 예를 들어, 언토커닝 프로젝트는 도시계획 과정에 깃들어 있는 백인 중심의 편견에 주목하고 LA 같은 도시들의 최근 정책 변화와 교통계획이 과연 포괄적인지를 묻는다.

특권을 지닌 집단에게는 열려 있는 공간에 우리는 신체적 능력, 젠더 정체성의 표현, 복장, 인종, 기타 외양 때문에 출입하지 못한다. 우리의 몸은 서로 다른 위험과 마주하며 서로 다른 요구 사항을 지닌다. 많은 여성들과 트랜스 정체성을 가진 이들은 거리에서 대중교통에서 성희롱을 경험한다. 유색인종들은 공정하지 못한 감시를 받는다. 특정한 표준에 맞춘 도시설계는 움직이는 모든 몸들이 가진 복잡성을 다 담아낼 수 없다. … 우리 모두는 다양한 능력을 지니고 다양한 도전과 마주하기 때문에, 서로 다른 몸들은 공유 모빌리티 환경 내에서 별개의 사회적·신체적·문화적 지원을 요구한다. 진정으로 안전하고 공평한 모빌리티는 모빌리티 계획과 구현에 급진적인 포용을 요구한다.[42]

젊은 밀레니엄 세대는 필라델피아 도심지를 다시 붐비게 만들었다. 조용했던 주거지역에 새로 식당이 들어서고 부동산개발이 시작되었다. 자전거도로를 지키고 거리를 안전하게 하자는 운동은 기존의 자동차 문화에 도전했다. 젊은 전문직 종사자들과 소위 '창조적 계층'(예전에 교외에 살았던, 이들의 은퇴한 부모들까지)은 식민지 시대와 19세기에 지어진 필라델피아의 매력적인 저층 건물들 사이에서 걷거나 자전거를 타고, 자동차가 필요하면 우버나 리프트 서비스를 이용한다. 그러나 반발도 있다. 예전부터 거주하던 주민들은 새로 들어온 사람들 때문에 가로수를 심고 자전거도로를 만들면서 젠트리피케이션이 심해졌다고 생각한다. 더 비싼 주택 개발 사업이 착수되고 임대료가 높아지고 재산세가 인상된 것이다. 젠트리피케이션이 심각하게 일어난 지역인 포인트 브리즈에서는 어느 교회가 저렴한 주택을 짓는다는 명목

으로 7,500달러에 필라델피아시에서 부지를 사들인 후 다시 부동산개
발업자에게 팔아넘긴 사건이 일어났다. 이 업자는 50만 달러짜리 타운
하우스 네 동을 그곳에 짓고 있는 중이다. 시의회에서는 주민들이 자
전거도로를 과연 원하는지, 건설을 진행해야 하는지를 놓고 격론이 벌
어졌다.

도심 상업지구의 성장과 도시 교통정책의 변화는 자동차 문화가 근
본적인 변화를 겪고 있다는 신호일까? 아마도 아닐 것이다. 특권적 모
빌리티의 공간 재분배와 새로운 정보기술 통합에 따른 자동차 산업의
재조정을 반영하는 현상으로 보는 편이 합리적이다. 도심의 부동산 가
격이 상승하면서 저소득층 인구는 대체 교통수단이 부족한 지역으로
밀려났다.

우리는 변화의 순서를 뒤집어야 한다. 사회적으로 포용적이고 환경
적으로 지속 가능한 도시를 위한 비전을 구체화한 다음, 이 목표를 달성
하게 해 줄 도시정책과 기술혁신으로 보완해야 한다. 이런 틀을 갖추지
않는다면 자율주행차처럼 눈앞에 나타나는 혁신들은 점점 커 가는 사
회-공간적 불평등을 다루는 데 거의 도움이 되지 않을 것이다.[43]

자동화된 전기자동차가 효율성을 높이고 교통 비용을 낮추더라도,
도로 상의 차량 수를 감소시킬지는 불분명하다. 또한 더 많은 이동이
발생하거나(이미 뉴욕시가 그러하다) 무인 배달이나 '지능형 고속도로'를
이동하는 자동주행 차량들의 급증으로 인해 기존 교외 지역에서부터

확산되는 유사-도시화의 무차별적 성장이 일어날 수도 있다.

유럽에서 탈-자동차 모빌리티에 열광하고 있는 것과 달리, 미국에서는 여전히 자동차가 왕이다. 자동차 모빌리티는 가족들과의 관계, 사회성, 거주지, 토지 사용, 업무 패턴에 기반을 두고 있으며, 이 모두는 상당히 안정적이며 건축 환경 및 사회 제 양상과 결부되어 있다. 자동차 문화는 사회적이고 물질적인 차원, 그리고 무엇보다도 자동차 관련 논의에서 그다지 중시되지 않는 정서적 차원을 지닌다. 사람들의 정서는 역사적으로 켜켜이 쌓이고 지리적으로 깊게 새겨진 '일상 모빌리티'의 패턴들 속에 내재되어 있으며 쉽게 바뀌지 않는다.[44] 우리는 '자동차 모빌리티 정서'에 주의를 기울여야 한다. 개인들의 일상 루틴이 불공정 교통의 구체적인 측면들을 강화하고 인종, 계급, 젠더, (비)장애의 구체적 요소들을 재생산하기 때문이다.

자동차를 가진다는 것, 혹은 가지지 않는다는 것은 복잡하고 모호하며 모순적이다. 자동차 소비는 합리적이고 경제적인 선택의 문제가 아니라, 일련의 개인적 실천들과 강하게 결합된 운전 행위에 대한 미적·정서적·감각적인 반응에 가깝다. 어떤 이론가들은 심리학적 관점에서 자동차를 부러움, 애착, 심지어 '중독'으로도 설명하지만, 사회적 맥락과 사회적·물질적 환경 속에서 개인의 행위를 이해하는 편이 더 적절해 보인다.[45] 자동차 문화는 정치와도 밀접하다. 입법 과정에서 합리적인 분석의 대상이 되는 일도 흔치 않다. 예컨대 미국 도시들에서 자전거 인프라 구축은 강력한 반발을 낳을 때가 많았다.

보행자, 자전거 타는 사람, 전기자동차 운전자가 숨막히게 하려고 경트럭을 개조해 매연을 많이 만들어 내는 문화 현상도 있을 정도였다. "미국 도로에 새로운 위협이 출현했다. 엔진을 강화하고 배기가스 감소장치를 제거하는 디젤 트럭 운전사들이다. 이들은 보행자, 자전거 타는 사람, 하이브리드 자동차 운전자에게 검은 연기를 피워 댄다."[46] 보통 백인 노동계급 남성들인 이 디젤 트럭 운전자들은 아드레날린이 끓어 오르도록 즐기면서 도로를 내달릴 권리를 주장했고, 엔진 효율 표준을 새로 지정한 오바마 행정부의 대기오염방지법에 반대했다. "에너지를 사용할 기본적 인권"을 내세운 이들의 주장은 트럼프 정부의 대기오염방지법 무력화 시도, 석탄 채굴 지원, 송유관 건설, 보호 지역 석유 채굴의 전조였을지도 모른다.

백인 민족주의적인 이 반발은 그저 개인 심리나 자동차 모빌리티 중독 차원에서만 따질 문제는 아니다. 신체적 · 지역적 · 세계적 스케일에서 나타나는 불공정 모빌리티의 더 광범위한 양상에 주의를 기울일 필요가 있음을 시사하는 사태인 것이다. 매연을 내뿜는 디젤 트럭 운전자들은 미국 화석연료 산업의 요구를 대변하는 존재일 뿐만 아니라, 자동차와 결부된 인종차별적 백인 민족주의를 지원해 주는 계급적 원한, 인종적 우월의식, 군사적 힘, 세계적 불평등 양상들을 온 몸으로 구현한다.

트랜스내셔널한 모빌리티 체제는 국경 횡단을 제한하고 세계 도시화와 연결된 에너지 및 자원의 글로벌 모빌리티에 의존한다. 미국의 도시 및 교외 모빌리티는 이 체제와도 밀접한 관계가 있다. 뒤에서 이 문제를 자세히 다룰 것이다. 여기서 강조하고자 하는 바는, 교통정의 운동이든 공간정의 이론이든 이렇게 곳곳에 퍼져 있는 모빌리티 불의의 요소들을 한데 묶는 작업을 하기에는 충분하지 않다는 것이다. 다중 스케일적인 복잡성이 낳는 연속적인 효과야말로 자동차 모빌리티 지배 체제의 지속성을 설명하기에 적당하다. 우리는 위험에 처해 있으면서도 이 부분을 무시한다. 자동차 모빌리티를 새로운 '스마트' 기술과 자동화에 맞춰 조정하는 요즈음의 추세는 기존의 불균등 모빌리티와 인종차별적 글로벌 모빌리티의 불의를 그저 재생산하거나 심지어 악화시킬 수 있다.

탈-자동차와 탈-탄소 전환

IPCC(기후변화에 관한 정부 간 협의체)에 따르면, 전 세계적으로 교통(화물과 인간의 수송을 모두 포함)이 에너지 관련 CO_2 배출량의 약 4분의 1을 만들어 냈다. 그리고 차량 효율의 증가에도 불구하고, 교통 관련 온실가스 배출은 계속 늘어났다.[47] IPCC는 여러 해결책들을 조합하면 오염도를 완화할 수 있다는 '큰 자신감'을 드러낸다. 여행 자제, 변화를 이끌기 위한 행동 방식의 변화, 차량 개선, 엔진 기술 향상, 저탄소 연료, 관련 인프라에 대한 투자, 건축 환경의 변화 등이 그 해결책이다. 그러나 IPCC의 전문 분야는 기술과 인프라의 변화를 정량적으로 측정하는 것이며, 이들이 CO_2 및 기타 온실가스를 제한하기 위해 필요한 광범위한 사회 및 문화적 변화가 어떻게 이루어질 수 있는지에 대해 질적인 사회과학 연구를 수행한 것은 아니다.

IPCC는 교통 관련 문제에 지식 격차가 존재한다고 지적한다. "의사 결정에서 규범, 편견, 사회적 학습이 어떤 의미를 갖는지, 또 교통과 라이프스타일 사이의 관계가 무엇인지에 대한 추가 연구가 필요하다. 예를 들어, 우리는 사람들이 언제 어떻게 새로운 저탄소 교통수단을 사용하거나 불필요한 여행을 중단할 것인지를 알지 못한다." 이 진술이 개인의 선택을 더 넓은 사회적 · 물질적 맥락 속에서 살피기보다는 '미지의 것'이라는 프레임으로 설명하는 방식에 주목해야 한다. 여행을 결정하는 주요 동인을 '여행 예산, 비용, 가격'으로 보는 프레임은 개인의 선택을 강조하는 전통적인 사고방식이며, 경제적 사고나 합리적 선택을 우선시하는 것도 교통계획이나 교통 모델링을 바라보는 낡은 관점이다.

IPCC 보고서도 기후변화를 완화시키려는 지금의 접근 방식은 온실가스 완화 계획 및 정책이 어떤 식으로 가동될 수 있을지를 논할 기본적인 사회과학 지식을 결여하고 있다고 인정한다.[48] 실제로 이들의 연구는 탄소 저감 정책에 반발하는 사회적 · 정치적 움직임들을 전혀 고려하지 않았다. 또한 석유 산업이 기후변화 연구를 방해하기 위해 막대한 재원을 퍼붓는 행위도 언급하지 못했다.[49]

모빌리티 전환과 지속 가능한 교통을 지지하는 이들도 개인의 선택이라는 차원에서만 대안 모빌리티에 접근하는 경우가 흔하다. 어떤 식으로 교육하고 격려하고 지원하여 사람들이 어떻게 자전거를 타고 더 많이 걷고 대중교통을 이용하게 만들지에만 초점을 맞추는 것이다. 개인 차량으로 여행하려는 개별 수요를 줄이기 위해 도입된 여행 수요 관리TDM 같은 정책 아이디어도 비슷한 생각에서 출발했다. 기술 시스템에 중점을 두는 또 다른 입장도 있다. 개인용 자동차에 대한 지속적인 요구를 인정하는 바탕 위에 전기자동차, (천연가스 또는 새로운 바이오연료를 사용하는) 대체연료 차량, 저탄소 자동차처럼 저탄소 기술 솔루션을 강조하는 것이다. 이 두 가지 접근법 모두 행동의 변화를 가격 메커니즘(유류세, 교통혼잡 부담금, 전기자동차 보조금)의 활용으로 이끌어 내려는 행동주의 이론에 기반한다. 소비자가 행동을 하게 만드는 비용이나 이익에 초점을 둔 경제모델인 '합리적 선택'에 의존하는 것이다. 세 번째 접근 방식은 개인 행동에 영향을 줄 넓은 범위의 문화적 변화를 고려하는 것으로, 차량 호출 앱 같은 새로운 '스마트' 기술의 활용을 내세운다.

도시 교통의 '혁명'을 예측한 교통 분석가들이 많았다. 캘리포니아 데이비스 대학의 비영리 교통개발연구소의 보고서에 따르면, "도시가 차량 기술 분야에서 나타난 세 가지 혁명3R을 수용하면 CO_2 배출량은 80퍼센트 줄어든다. 그 세 가지는 자동화automation, 전기화electrification, 그리고 가장 중요한 차량 공유ride-sharing이다." 이 세 가지는 도로 위의 차량 수를 약 75퍼센트 줄일 잠재력을 지녔다고 한다. 이 보고서는 새로 판매되는 자동차의 30퍼센트가 전기차인 노르웨이의 오슬로 같은 도시들에서 이미 혁명이 시작되었다고 서술한다. 캐나다 밴쿠버는 세계에서 가장 큰 자동차 공유 시장이다. 노르웨이 의회는 2025년까지 모든 신규 자동차의 배기가스를 0으로 만든다는 목표를 설정했으며, 2017년에는 노르웨이의 모든 신규 자동차의 절반이 전기식이나 하이

브리드였다. 프랑스와 영국은 2040년 이전에 화석연료 자동차 판매를 금지할 계획이다.[51]

그러나, 이 희망적인 시나리오는 광범위한 모빌리티 맥락에서 동떨어진 차량 및 교통 시스템에만 초점을 맞춘다. 계급, 인종, 젠더, 능력이 그러한 교통 변화에서 어떤 요소로 작용할런지는 고려되지 않는다. 교통 시스템과 연결된 더 큰 모빌리티 체제도 무시되며, 교통 시스템은 특권층의 이익(부동산개발, 소비의 증가, 이동 특권층의 모빌리티 편의성)에 봉사하기 위한 헤게모니 기획의 일부가 된다. 교통 비용 부담이 줄어들면 사람들은 그 교통수단을 더 많이 이용하기 마련이다. 여러 교통 관련 조치들은 여전히 개인용 차량 판매가 늘어나도록 돕는다. 게다가, 노르웨이에서 전기자동차에 지급하는 막대한 보조금은 석유와 가스 채굴에 기반한 세계 최대의 국가 운용 펀드가 지닌 1억 달러 이상의 기금에서 나온다.

3R을 내세우는 입장은 고립된 단위로서의 도시를 중심으로 하며, 공유 이동 시스템이 구현되기 훨씬 어려운 도시 외곽 교통 문제를 다루지 않는다. 점점 더 많은 비용이 드는 도심에서 떠밀려 나간 저소득층은 전기자동차나 공유 모빌리티 서비스에 접근할 수가 없다(앞에서 언급했듯이 밴쿠버는 세계에서 가장 큰 자동차 공유 시장이면서, 동시에 세계에서 가장 부동산 가격이 높은 곳이다). 도시들은 더 이상 대중교통 시스템에 투자하지 않게 될 것이다. 그리고 이 입장은 도시화의 확장과 전 지구적 에너지 순환이라는 더 큰 스케일로 문제를 바라보지 않는다. 우리는 전기차의 배터리에 쓰이는 리튬과 여타 다른 금속들과 이 시스템

이 굴러가게 하는 에너지를 어디에서 얻고 있는가?

이 '스마트' 모빌리티 서비스는 '모빌리티 자본'을 소유하고 운전을 '포기'해도 되는 역량을 지닌 젊고 건강하고 중산층이며 (아마도) 백인인 소비자를 대상으로 삼는다. 다른 집단들은 그런 역량이 없거나 이미 대중교통을 이용하고 있을 것이며, 미국 전역에서 볼 수 있듯이 단순히 도로에 대한 권리나 자동차 모빌리티에 대한 권리를 주장하면서 이 서비스를 이용하지 않는 문화적인 집단들도 존재할 것이다. 가격 메커니즘은 빈곤한 노동자들과 중하층계급에 훨씬 더 큰 영향을 미친다. 이들은 자기 소득에서 상당한 부분을 이미 교통에 지출하고 있다. 하지만 고급 차량을 모는 이동 특권층에게는 가격 메커니즘이 별 문제가 아니다. 이런 상황은 계급적 적개심을 낳으며 백인 반환경주의자들의 반발에 불을 붙인다. 트럼프 행정부 지지자들이나 호주 혹은 유럽의 백인 노동계급 사이에서 흔히 보이는 현상이다.

전기자동차 충전이나 천연가스 연료 보급을 위한 인프라를 구축하려면 개별 소비자의 수요만 필요한 것이 아니다. 막대한 공공자금 투입이나 사기업의 투자가 이루어져야 하며, 공공기관이 이 새로운 인프라에 투자하기 위해 소비자들에게 에너지 요금을 물릴 수 있도록 하는 규정 변화도 필요하다. 그러나 인종화된 '모빌리티 빈민'이나 백인 노동자나 교외에 거주하는 차 소유자 모두 (비교적 비싼) 전기차나 대안 연료 차량 사용으로 혜택을 볼 가능성이 거의 없으므로, 납세자들은 도시의 이동 특권층이 주로 사용하는 인프라 구축을 위해 자기 세금을 내는 셈이다. 앞서 살펴본 바와 같이, 미국 모빌리티 문화는 백인우월주의, 백인 민족주의, 그리고 자유로운 모빌리티 접근이 어려운 서발턴들, '타자'들의 인종화라는 렌즈를 통해 심하게 왜곡되어 있으며, '모빌리티 전환' 정책이 이를 바꿀 수는 없다.

모든 모빌리티 전환은 개인적 선택 문제나 기술적인 이용 가능성, 혹은 계량경제학적 모델에 한정되지 않는 전체 시스템에 관련된 문제이다. 근본적으로 모빌리티 행위자, 더 광범위하게는 '모빌리티 문화'는 인종화된 도시화(그리고 교외화)라는 공간적 양상 안에 내재되어 있으며 이 양상과 함께 실천으로 옮겨진다. 이 공간적 양상은 비도시 지역에도 영향을 미친다. 지역적으로나 세계적으로나, 도시는 인종적으로 불균등하고 갈등이 빚어지는 공간이다. 미시적 차원에서의 모빌리티 변화는 체현된 불평등이나 특권적 모빌리티의 변화와 연결된다. 중간 규모의 모빌리티 변화는 도시와 지역 통치 시스템 상의 변화일 것이다. 그러나 거시적 차원의 모빌리티 변화도 필요하다. 석유 추출과 파이프라인, 혹은 차량 충전과 배터리를 위한 전기 인프라 같은 에너지 시스템 상의 변화, 그리고 더 크게는 '에너지 독립'이나 '자원 주권' 같은 정치 담론 상의 변화 말이다.

네덜란드 학자들이 발전시킨 '다층적 전환 이론multi-level transition theory[•]

[•] 교통, 기술, 에너지, 생태 등의 분야에서 지속 가능한 시스템적 전환을 위한 방법론으로 제시된 경제학·사회학·정책학적 이론이다. 전환이론이 내세우는 다층적 관점은 생활 층위niche level, 체제 층위regime level, 환경 층위landscape level로 나누어 문제에 접근하는 것이 특징인데, 이 책의 저자가 인문지리학의 영향을 받아 강조하는 미시적·중간 규모적·거시적 관점의 '다중 스케일multi-scalar'적인 접근 방식과도 유사한 바가 있다.

을 참고하면 이런 시스템적 변화를 더 잘 이해할 수 있을 것이다.[52] 이 이론은 개인 모빌리티의 변화를 '생활 층위niche level'에 위치시키고, 이와 연결된 자동차 제조 및 규제 기관들을 중간 규모 층위의 '체제regime' 변화에 놓으며, 지속 가능한 자동차 모빌리티 전환에 영향을 미칠 유가나 기후변화 등은 광범위한 '환경landscape' 층위의 변화로 보았다. 대안적 모빌리티 선택은 특정한 성과를 거둘 수 있을 것이다. 가령 개인들이 차를 버리면 탄소 배출량은 급격하게 줄어든다. 그러나 더 큰 범주인 도시 및 국가 모빌리티 시스템이 느리게 형성되는 '체제' 층위와 '환경' 층위를 고려해야만 한다.

모빌리티 체제들은 정치적 상호작용, 교통계획, 도시 운영을 위한 견고한 틀 안에서 존재한다. 도시 운영은 진공 속에서 이루어지는 것이 아니라 에너지 생성, 식량 및 수도 시스템, 광업, 석유 추출, 군사력 등, 자원 추출을 위한 확장된 '운영 환경operational landscapes'에 의존한다.[53] 그러므로 모빌리티 시스템 전환의 가능성은 개인의 선택, 기술적 변화, 경제적 '붕괴'뿐만 아니라, 전체 이동정치적 문화의 전환에도 달려 있다.

이동정치적 실천들은 도시, 지역, 국가의 모빌리티 공간과 확장된 인프라 공간을 만들어 내고 작동시킨다. 모빌리티 시스템은 지역, 국가, 심지어 트랜스내셔널한 문화 집합체를 유지하고 결합시키며, 오랜 시간 견고하게 유지되는 서로 맞물린 모빌리티들의 배치를 형성한다. 청정 차량, 대체 연료 차량, 대체 연료 공급소, 자전거도로, 관련 인프라의 도입은 지속 가능성 증진에 도움을 주겠지만, 건축 환경과 일상의 실천을 형성하는 모빌리티 시스템 및 담론의 이동정치적 환경을 광범위하게 재구성하는 일과 결합되지 않는다면 아주 제한적인 의미만 띠게 될 것이다.

따라서 교통 변화와 지속 가능한 모빌리티 전환을 이끌어 낼 복잡성과 실천을 이해하려면 패러다임 전환이 필요하다. 여행 예산, 교통 지향적 개발, 교통 수요 관리, 연료 비용 등을 어설프게 개선하는 것만으로는 젠더, 계급, 인종적 모빌리티/부동성이라는 기존 시스템과 전 지구적 규모의 이동정치적 통치를 몰아낼 만한 거대한 세계적 인프라의 변화와 행동의 변화를 추동하기 어렵다. 모빌리티 정의는 여러 스케일에 걸친 인프라 및 사회적 상호작용이 구성하는 복잡한 관계적 시스템을 광범위하게 분석하기를 요구한다. IPCC 보고서에서는 8.4 〈인프라와 시스템적인 관점〉에서 희미하게 다루기 시작한 부분이다.[54]

더 지속 가능하고 평등한 모빌리티를 향한 전환은 속도를 내고, 방향을 잡고, 발전해 나갈 수 있을까? 우리는 일부 도시에서 진행 중인 현재의 모빌리티 전환에서 무엇을 배워야 할까? 새로운 교통 시스템이나 더 광범위한 모빌리티 체제가 나타나는 곳은 어디인가? 전환을 이룩하기 위해 꼭 동원되어야 할 이동정치적 관계들은 무엇인가?

모빌리티 이론을 도시설계에 접목하려는 노력과 함께, 여행 시간 사용, 모바일 라이프의 출현, 그리고 새로운 정보통신기술이 도시 공간과 모빌리티에 미치는 영향을 정교하게 질적으로 분석하는 작업도 이루어지고 있다.[55] 그러나 모빌리티 연구는 또한 도시 교통과 이동 행위를 넘어서는 문제들에도 주목한다. 역사적으로 뿌리를 내린 시스템들,

항공 여행 체험, 금속과 광업의 문화적 역사, 기후변화 등의 주제를 포괄하기 위해서이다.[56] 새로운 모빌리티 패러다임이 보여 주는 광범위함은 지배적 모빌리티 체제를 떠받치는 더 폭넓은 에너지 문화를 살피려면 우리가 스케일을 넘나들 필요가 있다는 사실을 일러 준다.

세계 교통정의와 공정한 도시

에너지는 이동 행위에서만 소비되는 것이 아니다. 특정한 글로벌 에너지 동원에 의존하는 생활 방식의 구체적인 대상, 인프라, 분배 차원에서 사용된다. 스마트 교통이 내세우는 '지속 가능한' 전환 또는 '혁명'은 도시 생활에 필요한 자원을 공급하는 광범위한 운영 환경과, 여기에 수반되는 오염, 폐기물, 광업, 에너지 생산이 미치는 불균등한 영향을 고려하지 않는다. 저탄소, 탈-자동차, '정당한' 교통 전환은 더욱 총체적인 모빌리티 정의 관점을 필요로 한다. 이를 위해서는 동시에 다중 스케일을 적용하는 이동정치학이 필요하다.

빠르게 도시가 성장하고 교통 및 인프라 투자가 활발한 세계의 다른 지역들과 비교해 보면, 미국의 도시들에서 자동차 모빌리티의 변화는 더디게 이루어지고 있다. 전 세계적으로 도시화와 자동차 모빌리티는 엄청나게 팽창하였으며, 특히 중국에서는 자동차 소유가 가장 빠르게 늘어났다.[57] 데이비드 타이필드는 중국에서의 청정 전기자동차 전환은 여러 문제를 지니고 있으므로 대규모로 진행될 것 같지는 않다고 전망한다. 그러나 점점 늘어나는 전기 이륜차나 소형 삼륜 전기차는 어떤

'파괴적인' 결과를 낳아서 (정부가 지원한다면) 중산층의 전자 모빌리티 전환을 앞당길 가능성도 있다.

실제로 세계의 여러 도시화 지역에서는 오토바이나 전기 이륜차의 증가와 대중교통 시스템의 팽창이 급속하게 진행되는 추세이다. 또한 '공정한 도시just city'를 만들기 위해 교통을 개선하려는 변화도 함께 나타난다. '공정한 도시'란 도시 외곽 지역으로의 무분별한 확장을 극복하면서 교통, 접근성, 공공공간을 제대로 갖추지 못한 거주지를 다시 만들지 않으려는 노력을 뜻한다.

라틴아메리카 여러 곳에서는 버스 고속 교통계획BRT이 진행되었다. 2000/2001년에 시작된 콜롬비아 보고타의 트랜스밀레니오TransMilenio가 대표적인 사례다. 이후 페레이라, 메델린, 칼리 등에 유사한 BRT가 만들어졌고, 최근에는 카르타헤나에 트랜스카리베TransCaribe가 도입되었다. 대체로 BRT는 교통접근성을 강화했고 이동 시간을 줄였으며, 휠체어 접근성을 높였고 대체 연료인 압축가스를 사용했다. 자전거와 보행자 접근성을 개선하려는 노력도 이어졌다. 카르타헤나와 같은 도시에서는 오토바이 이용이 2008년부터 2017년 사이 등록 차량의 30퍼센트에서 60퍼센트로 급격하게 증가하였으며, 특히 오토바이들은 택시로 사용될 때가 많다.[58]

BRT 시스템 도입이 끔찍한 실패로 귀결된 사례도 존재한다. 칠레의 트랜스산티아고Transantiago 버스 시스템은 대중 버스 시스템에 쉽게 더 많이 접근하게 하려는 시도였다. 기존의 버스와 지하철 시스템을 개선하고 새로운 BRT 시스템을 점검하여 대기오염을 줄이려고 했고, 전자카드도 도입했다.[59] 그러나 준비가 제대로 되지 않은 상태에서 시작한 이 시스템은 교통체증, 버스 부족, 초만원, 4시간에 달하는 긴 대기 시간으로 인해 엄청난 혼란을 낳았다. 또 이 시스템은 외곽 지역에 사는 가난한 이민자들이나 서로 밀치는 사람들 사이에서 압사할 지경에 놓인 여성들, 시스템 접근이 더 어려워진 장애인들을 소외시킴으로써 기존의 사회적 불평등을 강화했다.[60]

그러나 산티아고시는 보행 환경 개선, 대중교통 우선 거리 도입, 자전거도로 확충 등의 변화를 이끌어 내면서 성공을 거두었다. 2017년에는 교통개발정책연구소ITDP의 '지속가능교통상Sustainable Transport Award'을 수상했으며 모빌라이즈 회담MOBILIZE Summit도 개최했다. (걷기와 자전거 타기도 포함되는) 저탄소 교통수단은 이동과 운송에서 나타나는 사회 불평등을 해결하는 가장 좋은 방법 중 하나이며 더 공정한 도시를 낳는 방법이라는 인식이 점점 더 많이 생겨났다. 그렇지만 산티아고시의 중심부를 관통하는 유료 고속도로는 배타적인 교통 시스템이 대상을 '분할'하여 처리하는 방식을 정확하게 보여 준다. (이미 소득 불평등이 높은) 글로벌 사우스의 많은 도시들은 이와 같은 방식으로 상류층과 하류층을 나누어 공간적으로 불균등하고 불평등한 접근 시스템을 구축해 놓고 있는 것이다(그레이엄의 교차 고속도로 연구에서도 이 점을 지적한 바 있다).

1985년 미국에서 설립된 비영리단체인 교통정책개발연구소ITDP를 비롯한 여러 기구들은 개발에 착수한 전 세계의 도시들이 교통과 도시 거리 설계를 개선하도록 돕는다. 교통정책개발연구소는 환경적으로 지속 가능하면서도 공정한 교통정책과 기획이 전 세계에서 이루어지도록 노력하는 주요 기구들 중 하나다. ITDP는 중국 창사에서 어린이의 도로 안전을 위한 아동 친화적 도시 프로그램에 참여했다. 매년 중국에서는 14세 미만 1만 8,500명의 어린이들이 교통사고로 사망하는데, 이는 유럽의 2.5배, 미국의 2.6배에 달한다. 창사시는 교차로의 보행자 피난섬, 주차 수요 관리, 러시아워 시간대의 교통관리, 표지판 통합, 공공장소 개선 등을 도입했다. 물론, 이는 중국에서 새로운 중산층들이 자동차 모빌리티를 선택한 결과로 나타난 자동차 이용률의 증가라는 맥락 속에서 평가해야 할 일이다. 그러나 중국은 지하철 시스템과 철도 연결망도 대규모로 건설하였고, 중국 바깥 나라들의 교통 및 인프라에도 투자하였다. 중국의 교통 시스템에는 동시에 여러 변화들이 일어나는 중이다.[62]

여기서 주목할 대목은, ITDP가 전 세계적인 사회정의 문제에 대응하기 위해 제안한 교통지향적 개발TOD: transit-oriented development이다.

TOD 기준은 도시에 접근할 권리를 의미한다. 안전하게 걷거나 자전거를 타는 것, 먼 목적지에도 빠르고 자주 이용할 수 있는 교통수단을 통해 쉽고 저렴하게 도달하는 것, 차에 의존하지 않고 훌륭한 삶을 누리는 것이다. TOD 기준은 기회, 교육, 서비스에 접근하는 것, 그리고 무료 또는 저비용 모빌리티로 이용 가능한 모든 자원에 접근하는 것을 의미한다.[63]

포드 재단도 이 계획을 지원한다. 아이러니컬하게도 세계에서 가장 크고 영향력 있는 재단 중 하나인 포드 재단은 포드 자동차회사의 창립자인 헨리 포드와 그의 아들 에드셀 포드가 1936년에 만든 개인 재단에서 출발했다. 포드 재단은 더 많은 '공정한 도시'의 탄생과 사회적 통합을 강조한다. "배제와 소외를 겪으며 다른 사람들과 동등한 특권을 누리지 못하는 이들을 보호하고 이 사회집단들이 사회와 동행하게 하도록 정책·계획·설계 과정에 통합이라는 목표가 반영되어 있어야 한다." 자동차 모빌리티 의존성을 극복하고 사회 포용적 설계 그 이상을 추구하려는 이 주장은 글로벌 노스보다 글로벌 사우스의 도시들에서 더 정치적인 영향력을 넓히고 있으며, 인간의 행복이라는 기준에 의거하는 역량 접근법적인 정의 개념 탐색을 진전시킨다.

TOD 기준은 ITDP가 개발한 계획 및 설계 도구이며, 8가지 핵심 기준에 따라 특정 프로젝트를 측정하고 평가한다. 안전성 지표, 주변 환경의 활성화, 잘 연결된 보행 및 자전거 네트워크, 밀도, 최소한의 차량 통행 및 최소 주차 등이 그 기준들이다. ITDP에 따르면, "교통 지향적 개발은 지난 세기 전 세계 도시 성장의 특징이었던 지속 불가능, 자동차 의존성, 그리고 대중교통이 갖춰지지 않은 도시 외곽 지역 문제에 대한 해답이다. 교통 지향적 개발은 교통수단을 보완하고 적극 지원한다."[64] 최근의 TOD 기준은 저렴한 주택을 보급하고 지역 경제를 살리는 일의 중요성을 강조하면서, 북아메리카 캐나다와 미국 도시들이 TOD 기준을 따랐을 때 교통이 편리한 지역 주위의 집값이 상승하면서 젠트리피케이션 현상을 낳았던 사례를 반복하지 않으려고 한다.

세계 각지에 적용되는 TOD 기준과 유사한 정책 도구들은 현실 속의 도시에 교통정의 개념을 구현하려고 한다. 1장에서 살펴본 것처럼 카렐 마르텐스의 교통정의 개념은 접근성이 충분히 달성되었다고 볼 만한 공정성의 최소 기준치를 설정하지만, 정치적 문제, 즉 이 유토피아적 이상을 기존 조건 하에서 어떻게 달성할 수 있는지의 문제는 여전히 불확실한 채로 남겨 두었다. 민주주의적 통치 체제에서도 그러한 접근 방식에서 결여된 인정, 숙의, 절차적 정의 문제는 제대로 해결되지 않았다. 역량 접근법CA은 교통과 접근성을 공정하게 배분해야 한다고도 주장하지만, 더 나아가 우리에게 교통 관련 의사결정 및 참여 과정에서의 정의에 더 많은 관심을 기울이라고 요청한다.[66]

그러나 교통계획은 매우 기술적인 사업으로만 치부되는 경향이 있으며, 일부 공공 협의가 이루어진다고 해도 배상적 정의나 인식론적 정의처럼 더 넓은 정의 문제를 계획에 포함시키려는 시도들을 진정으로 받아들이는 일은 드물다. 도시계획에 다양한 이해 관계를 반영하고 숙의적 과정을 거쳐 합의에 도달하려는 포용적 접근인 '의사소통 계획'이나 '협업 계획'을 내세우는 운동도 존재한다.[67] 네트워크 교통 서비스나 앱 기반 공유 모빌리티의 규제, 자동차 주차 면적 축소, 사기업의 픽업이나 배달 서비스를 위해 공공장소를 이용하는 비용을 물리기 위한 '도로변 정보 구축' 같은 새로운 문제들을 다루려면 그러한 과정을 거치는 것이 바람직하다. 협업과 의사소통은 여전히 어려운 과제이다. 언토커닝 프로젝트는 이렇게 주장한다.

소외된 지역사회의 결점에만 주목하는 것이 아니라, 이 지역사회에 내재된 풍부한 자산을 존중하면서 도시계획 논의에 참여해야 한다. 지역사회의 취약성과 지역사회에 끼친 젠트리피케이션의 영향을 측정하는 도구를 개발해야 한다. 개발의 성공 여부는 여기 없는 투자자의 경제적 수익이 아니라 기존 거주민들에게 미치는 효과 차원에서 판단되어야 한다. 지역의 변화가 가져오는 혜택은 역사적으로 가장 소홀한 대접을 받아 온 이들에게 돌아가야 한다.[68]

이들은 다른 사람들의 말을 경청하고, 제도적 인종차별주의와 투쟁하고, 어떤 특권이 개입되어 있는지 확인하고, 지역적 지식을 중시해야 한다고 강조한다.

따라서 우리는 교통정의, 더 넓게는 모빌리티 정의를 추구하는 새로운 운동들이 낳은 통찰들을 기반으로 삼아, 인프라 정의 문제까지 포함하는 아래의 원칙들을 요구할 수 있다.

- 공공 교통체계는 임의적으로 접근을 거부하거나, 부정적 외부효과를 낳거나, 과도한 부담을 지우거나, 제한을 가해서는 안 된다.
- 도시는 사회적 배제 상태인 인구의 측정 결과와 접근성의 최소 기준치(마르텐스의 논의 참조)에 기반하여 사회적 편익 분석을 시행하고, 이에 따라 대중교통의 공평한 제공을 보장해야 한다. 또한 그동안 개인 자동차 모빌리티를 위해 취해진 지원 및 우대 조치를 뒤집을 방안을 모색해야 한다.

- '완전한 거리' 정책은 모든 이동 수단에게 공간이 제공되고 자동차와 같은 단 하나의 이동 수단이 거리를 점유하지 않도록 보장해야 한다.
- 도시는 공공공간을 보존해야 하며, 여러 방식이 공존하는 공유 공간이 되도록 지원해야 한다. 도시는 체계적으로 일부 집단에게 우수한 서비스를 제공하여 이득을 주고 다른 집단에는 낮은 수준의 서비스를 제공하여 불이익을 주는 분산형 인프라를 개발해서는 안 된다.
- 교통 지향적 개발 기준은 접근성, 저렴한 주택 공급, 사회적 포용에 대한 도시 교통계획의 사회적 영향을 측정하고 평가하기 위해 사용되어야 하며, 모든 지역사회도 그 의사결정 과정에 포함되어야 한다.

대체 연료 시스템(전기차 및 충전소)을 추진하거나 혼잡통행료 및 도로 이용 요금을 물리거나 이런저런 사용 제한을 거는 방식으로 기존의 자동차 모빌리티 시스템을 단순히 조정하는 선에서 그치는 현재의 정책 경향에 반발하면서, 다니엘 뉴먼Daniel Newman은 한 걸음 더 나아가 모든 사람의 모빌리티 필요가 어떻게 달성될 수 있는지를 깊이 있게 고민해야 한다고 주장한다. 자동차 모빌리티를 제한하려는 가격 정책은 부유층보다는 빈곤층에게 더 부담이 될 수밖에 없고, 장애인이나 노인처럼 자동차 서비스를 필요로 하는 사람들에게 불리하다. 전기자동차처럼 자동차 모빌리티가 가져오는 환경 피해를 기술적 개입으로 감소시키려는 시도는 자동차 모빌리티에 의존하는 체제가 만들어 내는 수많은 불평등과 배제를 그저 영속시킬 것이다.

뉴먼은 교통 빈곤과 자동차 모빌리티 의존성을 종식시키기 위해서는 "지속 가능한 교통에 관한 논의에 사회경제적 정의를 포함시켜야 한다"고 주장한다. 그는 몇 가지 기본 원칙을 담은 아주 간단한 〈모빌리티 권리장전Mobility Bill of Rights〉의 초안을 만들었고, 이를 공유하고, 이를 놓고 토론하고, 대화를 나누고, 행동을 취하라고 요청했다. 그의 의견을 받아들여 여기에 뉴먼의 〈모빌리티 권리장전〉을 옮겨 보겠다.

모빌리티 권리장전

① 우리의 기본적 필요를 충족시켜 줄 수 있는 저렴한 교통수단에 대한 권리

② 우리에게, 환경에, 또 기후에 해를 끼치지 않는 교통에 대한 권리

③ 건강, 안전, 식수, 공기, 지역 환경을 위협하지 않는 교통에 대한 권리

④ 많이 사용하지 않는 사람에게 불이익을 주지 않는 공정한 교통 요금 정책에 대한 권리

⑤ 사회에서 단절되지 않을 권리

⑥ 자동차를 써야만 하는 상황에 놓이지 않을 권리

⑦ 우리가 소유하고 우리의 이익을 위해 운행되는 대중교통 시스템에 대한 권리

⑧ 자원 고갈에 악영향을 끼치지 않는 효율적이고 매력적인 모빌리티를 선택할 수 있는 권리

나는 6, 7, 8항에 대해서는 조금 이견이 있다. 대안적인 교통수단에서 멀리 떨어져 살게 되면 자동차를 "써야만 하는 상황에 놓"인다. 또

대중교통 시스템은 사기업이나 정부–민간 합작으로도 공정하게 운영되곤 한다. 그리고 교통수단이 "효율적"이거나 "매력적"인지 아닌지는 다소 주관적이고 상대적인 특성처럼 보인다. 그러나 나는 이 책에서 윤곽을 잡아 나가고 있는 모빌리티 정의의 원칙들과 위의 권리들은 대체로 일치하는 바가 많다고 믿는다.

그렇지만 더 근본적으로, 나는 교통 시스템을 그것이 구성된 더 넓은 사회적·물리적 관계에서 떼어 놓는 것은 옳지 않다고 믿는다. 또한 교통을 정당치 못한 모빌리티/부동성을 둘러싼 폭넓은 이동정치적 투쟁에서 분리하여 다룰 수도 없다고 믿는다. 권리 중심의 접근은 개인주의적 프레임에 제한을 받는다. 관계성을, 또 개인주의적 프레임과 대립하는 정치적 존재론들(반개인주의적이거나, 식물·동물·강과 같은 비인간적 실체들의 자율적 권리를 주장하는 입장들)을 주목하지 못하게 만드는 프레임이다. 권리에 기반한 접근 방식은 그런 권리가 어떻게 획득될 수 있는지, 혹은 실제 존재하는 어떠한 맥락 속에서 획득될 수 있는지를 말해 주지 않는다. 환경적으로 사회적으로 해로운 모빌리티를 제한하는 어려운 결정이 내려져야 할 필요가 있을 것이다. 그러한 모빌리티 권리의 수호를 보장하려면, 어떠한 이동정치적 운동이 필요할 것인가?

유토피아적 실험과 이동정치적 투쟁

모빌리티 체제가 문화적으로 변화하려면 시간이 필요하다. 새로운 기술을 갖춘 혁신적인 스타트업 회사도, TOD 기준에 따라 도시계획을 세우는 이들도 그것만으로는 세상을 바꿀 수 없다. 일상적인 사용자가 새로운 기술을 적절하게 적용하고, 새로운 실천과 융합하고, 이동 특권층의 권력에 대항하기 위해 이를 정치적으로 동원할 때나, 또 집단적 정의를 추구하는 새로운 행위자들이 자동차 모빌리티 같은 지배적 모빌리티 체제들에게서 그 힘을 빼앗아 왔을 때나 가능한 일이다. '이익을 위한, 동시에 선善을 위한' 사회적 혁신이 기술적 변화를 이끌어 내더라도, 그 변화는 이미 소외된 사람들보다는 더 많은 권력을 가진 집단에게 혜택을 준다. 포용 원칙이 받아들여진다 해도 의사결정과 계획 과정의 숙의적·절차적 확장은 여전한 현실적 한계에 직면한다. 그리고 많은 경우, 사람들은 이미 굳어진 패턴을 바꾸지 않거나 어떤 변화가 가능하고 어떤 변화가 이루어져야 하는지를 인식하지 못한다.

샌프란시스코를 예로 들어 보자. 제이슨 헨더슨Jason Henderson은 테크놀로지 업계 종사자들을 위한 사설 고급 버스 서비스의 증가, 자동차 모빌리티를 제한하여 캘리포니아의 온실가스 배출을 줄이기 위한 싸움, 부동산 가격에 대한 파급효과, 틈새 개발infill development*(비어 있거나 활용도가 낮은 땅을 개발해 도시 밀도를 높이는 것), 그리고 가난한 사람

---

* 틈새 개발infill development은 건물 사이의 빈 땅처럼 사용되지 않고 있는 부지를 개발하는 것을 의미한다. 특히 북미 지역에서는 도시 교외 지역으로 중산층이 빠져나가면서 도심지가 슬럼화, 공동화하고 자동차 모빌리티에 의지하는 이들이 많아지면서 대기오염도 가중되는 현상을 타개할 대안으로 간주되고 있다. 틈새 개발로 인해 도심에 살만한 환경이 마련되고 교외로의 확장이 줄어들며 지역 일자리가 늘어나 지역 환경 개선과 경제부흥에도 도움이 된다는 것이다.

들과 집 없는 사람들이 도시 밖으로 밀려난 현상 사이의 연관성을 추적했다. 까맣게 선팅된 버스는 샌프란시스코의 거리를 남몰래 미끄러지듯이 움직이면서 스마트폰에 열중하는 구글 직원들을 값비싼 고급 아파트에서 마운틴 뷰의 편안한 회사 캠퍼스까지 데려다 준다. 아니면 이 버스의 승객들은 큐퍼티노로 향하는 애플 직원들이거나, 멘로 파크로 가는 페이스북 직원들일 수도 있다. 이런 버스 운행은 테크업계 종사자들의 개인 소유 차량 운행을 줄이고 거리를 더 걷기 좋게 만들어 틈새 개발을 돕는 일이므로, 기후변화를 억제해 줄지도 모른다. 그러나 기후 스케일을 거리 스케일로 좁혀 보면, 즉 거리, 버스정류장, 도로 공간을 누가 이용하느냐는 문제에 주목하면 이는 '도시에 대한 권리'를 둘러싼 투쟁이라는 것이 명백하게 드러난다. '거주 적합성'을 내세우는 친환경 정책에서 혜택 받는 이들은 높은 봉급을 받는 직장인들이다.

헨더슨은 구글 버스의 등장이 "거주에 적합한 최상의 환경을 누리면서 퍼스트 클래스 자리에 앉는 부자들에게 제공되는 프리미엄 서비스와, 도심에서 밀려난 하층계급에게 제공되는 보잘것없는 이코노미 클래스 시스템"이라는 교통의 미래를 예견하게 한다고 했다.[69] 사실, 이는 미래가 아니라 현재 상황이라고 말하는 편이 더 적절하다. 최근의 한 조사에 따르면 샌프란시스코와 로스앤젤레스의 거리에 7,500명 이상의 노숙자가 존재한다고 하나, 해당 지역의 노숙자 봉사단체들은 각 도시마다 1만 2천~1만 3천 명의 노숙자가 있다고 추정했다. 캘리포니아의 어떤 도시들은 집이 없는 사람들에게 편도 버스표를 쥐어 주고 주 밖으로 내보낸다.

따라서 새로운 버스 시스템이 자동차 의존도를 줄이고 캘리포니아의 탄소 감소 목표에 기여하며 걷기를 활성화하는 '살기 좋은 도시'를 조성하리라는 기대를 품게 했다 해도, 이는 이미 불리한 위치에 놓인 모빌리티 빈민들에게 재차 피해를 입히는 의도치 않은 결과를 낳을 가능성도 있다. 자신들의 필요에 맞추어 모빌리티 시스템을 설계하는 특권 집단들은 기존의 이동정치적 불평등을 강화한다. 언토커닝 프로젝트가 내놓은 '모빌리티 정의의 원칙' 중 하나는 이 지점을 강조한다.

모빌리티 정의에는 지역사회를 분열시킨 구조, 정책, 계획을 극복하고 권력과 행위 능력을 되찾기 위한 다인종적 구성이 포함된다. 모빌리티 정의는 반-흑인, 반-이민 정서에 기반한 불신을 인식하고, 그 불신과 분노가 어디에서 왔는지 추적하며, 이 과정을 통해 의사소통을 촉진하고, 신뢰를 구축하며, 공통의 언어와 어젠다를 만든다.[70]

기존과는 다른 방식으로 모빌리티 변화에 주목하는 입장들은 유토피아적인 실험이나 정치적 동원과 관련이 있다. 이동 유토피아는 바로 여기, 바로 지금 우리가 이동하는 방식을 변화시켜서 새로운 경험과 인식론적 틀을 내놓는다. 논쟁을 불러일으키는 직접행동들은 이동정치적 변화와 연관되어 있는 정치적 위기를 전면화한다. '사회운동'이나 '혁명'이라는 말 자체가 이미 정치는 이동의 주체이자 대상이며, 대중 동원을 요구하고, 세계를 새로운 방향으로 움직이게 한다는 의미를 품고 있다. 더 실험적이고 '미래를 예비하는' 운동들은 바로 이 지점에서 출현한다.

세계 여러 도시들에서 받아들인 대중 동원 방식 중 하나는 '열린 거리' 같은 유토피아적 실험이다. '열린 거리'란 도로에 차가 다니지 못하게 해서 사람 중심의 거리를 경험해 보게 하는 것이다. 1974년에 시작된 콜럼비아 보고타의 시클로비아Ciclovia는 1년 내내 일요일과 공휴일마다 백만 명이 거리로 쏟아져 나오게 했다. '열린 거리' 행사는 칠레 산티아고에서 일요일마다 열리는 시클로레크레오비아, 그리고 자전거와 걷기 인프라를 향상시키고자 하는 모빌리티 2030 계획과 밀접한 로스앤젤레스의 시클라비아 등으로 확대되었으며, 미국의 뉴욕, 케냐의 나이로비, 인도의 푸네에도 비슷한 행사들이 자리 잡았다. 이 행사들은 '디트로이트 자전거 천천히 타기 운동'이나 '시카고 자전거 천천히 타기 운동' 같은 지역사회 자전거 운동에도 영감을 제공했다.[3]

내가 살고 있는 필라델피아에서는 최근 들어 '필리 프리 스트리츠 Philly Free Streets'를 시작했다. 1년에 한 번 토요일에 주요 거리들을 보행자와 자전거를 위해 개방하는 행사다. 2016년 9월에 처음 열렸고 두 번째는 2017년 10월이었다(2015년 9월, 필라델피아시는 세계가정대회 참석을 위해 방문한 프란치스코 교황을 위해 시내 일부를 차 없는 거리로 개방했다. 이때의 경험이 이 행사를 낳았다). 주최 측은 자동차 중심 교통을 문제삼지는 않았다. 열린 거리 행사가 재미, 오락, 대중들의 건강을 촉진하

• 스페인어로 '자전거 길'이라는 뜻인 시클로비아Ciclovia는 자전거와 보행자에게 개방된 '차 없는 거리'를 뜻한다.

기 위한 것이라고 밝혔을 뿐이다. 사실 주최 측은 의도적으로 자동차 운전자들의 반감을 사지 않으려고 애썼으며 행사의 범위와 시간도 아주 제한적이었다. 필라델피아는 일요일마다 강변 공원과 면해 있는 거리 하나만을 차 없는 거리로 개방한다. 물론 한계도 분명하지만, ITDP의 평가에 따르면 "무엇보다 열린 거리 행사는, 도시가 거리에서 사람을 더 우선시하는 대안적 현실을 짧게나마 경험하게 해 준다." 이 '대안 현실'은 우리의 일상 경험에 도전한다. 또한 우리가 사람이 우선인 거리가 가능할 수도 있겠다는 생각에서 그치지 않고, 그런 거리가 지금의 현실보다 더 낫다고 여기도록 만들어 준다.[71]

그러나 '열린 거리'는 1990년대 영국에서 일어난 '거리 되찾기 운동 Reclaim the Streets'만큼의 정치적 우위는 갖고 있지 못하다. 이 운동은 공공공간이 지역사회의 소유라고 주장하면서 적극적으로 자동차 통행을 (또 기업들의 세계화를) 가로막았다. 나는 1995년 7월, 런던의 이슬링턴 어퍼스트리트에서 첫 행사가 열렸을 때 우연히 거기 있었다. 드럼 소리가 울리는 카니발적인 분위기 속에서 사람들은 거리를 몰려다니며 춤을 추었고, 교차로 한가운데에 몰려들어 산처럼 솟아오르며 새로운 형식의 이동정치를 탄생시켰다. 말 그대로 '이동'을 '사회적 운동'으로 되돌리는 순간이었다. 거리 되찾기 운동은 공유 공간을 되찾으려는 점거 운동에서 나왔고, 거의 동시에 벌어진 도로 건설 반대운동과도 밀접한 관계였다. 도로 건설 반대운동에 뛰어든 사람들은 자기 몸을 나무 높이 묶거나 길 아래에 땅굴을 파서 불도저를 막았다.

1980년대와 1990년대 초에 샌프란시스코 근방에서 시작된 크리티컬 매스Critical Mass 자전거 타기도 이와 비슷하다. 크리티컬 매스는 자전거 주행자들이 도로를 되찾아야 한다고 주장하며 특별한 주도 세력 없이 여럿이 모여 자전거를 타는 직접행동이다. 이 운동에 참가하는 이들은 "공공공간을 자동차가 점령하는 현재의 정의롭지 못한 상황을 폭로하기 위해 어떤 변화가 있어야 하는지를 보여 줄 적극적인 비전"을 제시하기 위해 노력한다.[72] 공리주의적인 효율성을 추구하는 자동차 모빌리티를 파괴적으로 전복하려는 이런 시도들은 자동차 모빌리티의 공간에 직접 몸으로 뛰어드는 새로운 이동정치를 출현시켰다. 역사학자 잭 퍼니스는 크리티컬 매스에 참여한 사람들이 이 운동을 "도시 공간과 도시의 모빌리티에 대한 집단적 참여를, 또 이에 대한 경험을 급진적으로 변화시키는" 것으로서 체험했으며, 그래서 이 운동의 뿌리는 "제약을 적극적으로 거부하는 태도, 도시 공간의 재인식, 소비와 공리주의적 모빌리티라는 틀 바깥에 있는 욕구의 탐사"에 닿아 있다고 기술한다.[73]

요즘에는 여성들이 한데 모여 자전거를 타는 단체들도 등장했다. 한 달에 한 번 진행하는 루나 라이드Luna Rides, 1년에 한 번 모이는 클리토랄 매스Clitoral Mass 라이드, 그리고 최근에 나타난 '블랙 매스Black Mass' 등이다. 블랙 매스를 조직한 단체인 로스앤젤레스의 O.V.A.S.(백인 문화로의 투항·권력·국가의 전복Overthrowing Vendidxs, Authority and the State)는 자신들이 "토착적 이해와 도시/지역적 사고방식이 결합된 페미니즘적 이상을 신조로 삼는 젊은 유색인 여성들의 리더십"을 지원한다고 밝히고 있다.[74] 자전거 타기는 소외된 자들이 공공공간에 대한 권리를 주장하는 한 가지 방법이다. 이 급진 정치는 전문가 주도 정책이 도시 사이클을 결정하는 하향식 정치와는 전혀 다르게, 거리에 서로 다른 몸들을 등장시켜 대안적인 인식론적 정의의 비전을 구체화한다.

정서와 목적 차원에서 훨씬 온건하긴 하지만 최근의 열린 거리 행사들은 미래의 모빌리티를 다르게 상상하게 해 줄 모바일 유토피아 역할을 맡거나, 도시설계에 실험적이고 참여적인 측면을 도입해 주는 기능도 어느 정도 하고 있다(2017년 필라델피아의 '필리 프리 스트리트'에서는 '포켓몬 고' 플레이어들이 이 공간을 장악했다. 이들은 대규모로 몰려다니면서 소위 '리얼리티 게임' 속의 가상 생물들을 사냥했다.) 열린 거리 행사는, 특히 '시카고 느리게 자전거 타기'처럼 인종정의를 내세우는 행사에서는 사람들이 더 공정한 모빌리티를 한동안 체험하게 하여 몸으로 겪은 체험을 통해 도시 공간을 다시 상상하게 해 준다. 이러한 신체적 모빌리티를 통해서, 우리는 더 포용적이고 열린 거리를 향해 의도적으로 나아가 더 거대한 규모의 대안 모빌리티 미래를 만들어 나갈 수 있을 것이다. 포용적이고 열린 거리는 사람들의 참여를 이끌어 낼 가능성이 높고, 도시계획 과정만이 아니라 건강 증진, 폭력 방지처럼 생활과 밀접한 관심사와 연결되는 것이기 때문이다.

그러나 자동차 산업이 그리는 다른 모빌리티 미래가 여전히 강력하기 때문에, 정치적 경쟁은 매 순간 존재한다. 자동차 업계는 로비를 벌이고 자동차 산업이 중심인 선거구에서 뽑힌 정치인들은 압력을 가한다(여기에 드는 비용은 석유 산업에서 지원한다). 새로운 모빌리티로 향하는 길은 의심할 여지 없는 이동정치적 투쟁이다. 거리 되찾기 운동과 크리티컬 매스, 언토커닝 프로젝트와 이퀴티시티Equiticity 운동은 지금도 계속 커지고 있다. 미국의 일부 도시들에서는 최근 고속도로를 점거하는 자발적 운동들이 발생했다. 특히 '흑인의 생명도 소중하다' 항의 시위도 이런 방식으로 진행되기도 했다. 가끔 폭력적인 상황을 낳은 무작위적인 플래쉬 몹도 있었다. 이 사건들은 교통정의보다는 도시 공간과 거리에 대한 권리를 주장하면서 일어났다. 따라서 이들은 교통정의를 넘어 인종정의의 관점에서 행동할 때가 많다.

그러나 나는 모든 이동정치적 운동들을 모빌리티 정의 운동으로 초점화할 수 있다고 믿는다. 그렇게 한다면 우리는 더 큰 대의명분을 찾을 수 있을 것이다. '교통혁명'을 낳을 새로운 '혁신' 기술이 다른 교통수단을 '선택'하게 할 것이라는 주류 담론에서 벗어나, 우리는 여러 집단들이 연대하고 행동에 나서게 해 줄 분명한 목표를 제시하는 폭넓은 모빌리티 정의 운동을 상상해 볼 수 있다. 지속 가능한 교통은 도시의 공간정의를 바로 세우려는 사회운동에서 중요한 부분이지만, 모빌리티 정의에 입각한 관점은 그런 운동들이 세계 도시화, 노동이주, 젠더적 · 성적 공간화, 공중보건, 비폭력, 사회적 보호 등의 문제들과 결합하여 더 넓은 이동정치의 일부로서 진행되도록 만든다.

그렇게 되려면, 우리는 교통계획에서 이야기하는 은유적인 '혁명'이 아니라 실제로 '운명의 바퀴를 돌리는turn of the wheel' 일에 착수해야 한다. 우리가 이동하는 방식을 바꾸는 것, 가령 자전거를 타거나 다른 형태의 '바퀴'들도 거리에 접근 가능하게 만드는 것은 기존의 모빌리티 체제를 변화시킬 것이며, 공간정의, 인종정의, 기후정의에도 영향을 끼칠 것이다. 더욱 공정한 모빌리티 전환은 더 큰 범주의 도시 인프라와 이동정치적 공간을 폭넓게 변화시켜야만 가능하다. 신체적 모빌리티/부동성과 전 지구적 도시화의 전체 지형을 포괄해야 하는 것이다. 우리는 식민지 역사, 세계의 지리적 형성, 신자유주의에 나타난 불균등 모빌리티를 깊이 있는 역사적 관점으로 조망하는 한편, 도시라는 영역을 뛰어넘는 자원 추출 산업과 인프라 공간에서 모빌리티의 물질적 기초가 무엇인지를 통찰하는 깊이 있는 생태학적 관점도 갖추어야한다.

4장

스마트 도시와
인프라 정의

모빌리티는 이동하지 못하는 '타자들'을 상정하는 동시에 재생산 모빌리티 체제와 불균등한 인프라 공간 속에서, 또 이를 통해 구성된다. 모빌리티는 결코 자유롭지 않으며 다양한 방식으로 연결, 추적, 제어, 통제, 감시되고 언제나 불평등하다. 모빌리티는 과거에도 지금도 젠더, 인종, 민족, 계급, 카스트, 피부색, 국적, 나이, 섹슈얼리티, 능력 등에 따라 구분된다. 모빌리티 체제는 이동·공간·행동·행위를 형성하는 "원칙·규범·규칙이 이동과 모빌리티를 규율하고 연결하는" 시스템이라고 정의할 수 있다. 이 규범과 규칙은 도시 및 도시 경관의 인프라와 결합된 물질적인 형태를 취하기도 한다. 도시는 "사회나 기업 운영에 필요한 기본적인 물리적·조직적 구조와 시설(건물, 길, 발전소 등)"인 인프라와의 거대한 연결, 네트워크, 흐름에 의존한다.[2] 모빌리티 체제는 이동 인프라 공간의 역동적 존재론을 만들어 낸다. 어떤 이들은 마음대로 속도를 내게 하고 어떤 이들은 속도를 낮추고, 멈추고, 쫓겨나게 하는 것이다.[3]

인프라는 최근 들어 사회이론의 핵심 주제가 되었다. 데보라 코웬Deborah Cowen은 사회의 미래를 가꿔 나가는 데 도움을 줄 대안 인프라와 인프라 개선이 필요하다고 주장한다. 코웬은 이런 질문을 던졌다.

"국가와 기업의 관문/통로가 아닌 대체 인프라의 물질적 구조와 사회 관계에서 시민권을 얻는다는 것은 어떤 의미일까? 인프라 개선이 정치적 삶을 더 폭넓게 회복하는 수단이 될 수 있을까?"[4] 로렌 버랜트Lauren Berlant는 인프라를 "사회적 형태의 이동이나 양식화로 규정"되는 것이라고 더 광범위하게 정의한다. "인프라는 삶을 조직하는 살아 있는 중개자, 즉 구조의 생활세계이다." 전쟁, 재난 혹은 일상에서 빚어지는 인프라의 실패는 버랜트가 말하는 '인프라 균열glitchfrastructures'을 통해 "삶의 새로운 구성"의 가능성을 열 수도 있다. 긴축재정, 인종주의, 외국인 혐오에 반대하는 운동들이 "자원 배분, 사회적 관계, 정서적 연속성에 대한 근대적 관행들의 인프라 붕괴" 주위로 모여든다면, 버랜트는 여기에 새로운 잠재력이 존재하며 희망을 찾을 수 있다고 말한다.[5]

글로벌 사우스에서, 모든 세계적 도시들의 주변부에서, 그리고 제임스 퍼거슨James Ferguson이 신자유주의적 세계질서의 '글로벌 그림자'라고 부르는 여러 지역에서 모빌리티에 접근하기가 불안하거나 위험한 상황은 인프라의 불균등성을 가장 날카롭게 드러낸다. 이러한 관점에서 모빌리티 정의는 어떤 '이동'이―쉬거나 살거나 모이는 것이―허용되거나 거부되는지, 누가 이를 결정하는지, 누구의 모빌리티가 중요하게 받아들여지는지, 자기 모빌리티의 결정권을 가진 이는 누구인지에 관심을 기울인다. 모빌리티 정의 관점은 페미니즘 이론, 탈식민주의/토착민 이론, 비판적 인종이론, 장애이론의 영향을 받았으며, 누군가의 모빌리티 자유가 다른 이들의 모빌리티가 강제되거나 느려지거나 파괴되거나 변경되도록 어떤 영향을 끼치는지, 혹은 어떤 식으로 이에 의존하는지를 우리에게 묻게 만든다.

인프라 정의에 초점을 맞추면 더 큰 스케일의 모빌리티들과 지역적이고 특정 위치에 기반한 접근 사이의 관계를 문제 삼을 수 있다. 즉, 사람들의 동원이 일어나는 곳과 그렇지 않은 곳 사이의 물질적 연결, 생산과 소비를 연결하는 순환, 포용과 배제를 가르는 장벽에 주목하게 만드는 것이다. 최근에는 인프라 정의에 대한 세계적/지역적 투쟁이 재점화되고 있다. 수압 파쇄, 석유 및 가스 추출, 파이프라인과 거대한 댐 건설(두 가지 모두 다른 곳으로 에너지를 수출하면서 자연을 훼손하는 건설이다)를 둘러싼 갈등이 일어나고 있는 것이다. 특히 붕괴, 파괴, 재해가 닥친 후 이 같은 투쟁이 전면화된다. 점거 운동이나 토착민 운동 같은 정치투쟁도 모빌리티 정의를 활성화시킨다. 점거 운동은 도시 심장부에서 공공공간과 집회에 대한 권리를 되찾으려는 운동이며, 토착민 운동은 전 지구적인 차원에서 우리가 다르게 움직이기를 요구하면서 지역과 세계 사이의 연결에 앞장선 운동이다.

한 환경보호 단체는 거북이섬(북아메리카) 곳곳에서 일어난 원주민들의 인프라 차단 운동*과 관련하여 이런 발언을 했다.

파이프라인은 글로벌 자본주의 세계의 에너지 수요를 충족시키기 위

---

* 거북이섬turtle island은 북아메리카를 가리키는 미국 원주민들의 용어로, 토착민 권리 운동가들 사이에서 캐나다/미국을 뜻하는 말로 흔히 쓰인다. 이 대목에서 언급하는 인프라 봉쇄 운동은 1장에서 언급한 다코타 엑세스 파이프라인 건설 반대운동이다. 파이프라인이 지나는 여러 곳에서 원주민들의 항의 시위, 인프라 점거 운동이 벌어졌다.

해 만들어진 중요 인프라의 일부분이다. 석유 인프라 없이는 고속도로
운영도, 최신 전자기기로 가득 찬 상점도, 외국에 대한 군사점령도, 그
리고 글로벌 사우스에서 노예에 가까운 노동자들이 재배한 음식으로
가득한 월마트도 존재할 수 없다. 파이프라인에 저항하는 것은 바로 우
리가 사는 이 세상에 저항하는 것이다. 에너지 수요를 내세워 파이프라
인들을 만드는 사회를 급격하게 변화시키지 못한다면, 이 지구 위에 강
요될 미래의 모든 파이프라인들의 가능성을 영원히 파괴하기 위한 투
쟁은 성공하지 못할 것이다.[6]

균형이 무너진 인프라 공간이 소수가 부를 독식하고 (깨끗한 공기, 강,
바다와 같은) 공유재를 다수에게서 훔치는 불균등한 지리적 상황을 악
화시킬 때, 인프라를 더 정당한 형태로 재건할 방법이 있을까? 인프라
구축, 더 일반적으로 말해서 '개발'에 대한 비판적 접근은 다음 질문들
을 파고들어야 한다. 인프라에 누가 연결되어 있는가? 이 인프라로 이
동하는 사람은 누구인가? 누가 강제로 옮겨지는가? 누가 이득을 보는
가? 그리고 더 큰 사회정의를 위해 인프라에 개입하거나 인프라를 비
틀어서 이용할 가능성이 존재하는가?

코웬은 "근본적으로 물질적인" 위기 속에서 인프라 시스템이 중요한
역할을 한다고 지적하면서, "사회-기술적 시스템에 권력관계가 어떤
식으로 의존하는지"를 우리에게 상기시켜 준다. 여기서 사회-기술적
시스템은 "그 자체가 투쟁의 대상"인 것이다. 코웬은 북아메리카 토착
민 공동체들의 송유관 건설 저항운동, 댐·항구·고속도로·철도 인

프라 건설을 막기 위한 운동, 그리고 또 다른 모빌리티 인프라인 공항에서의 정치 및 이민자 구금을 문제 삼는 운동 등 여러 운동들 간의 연관성을 힘주어 강조한다.

인프라는 이질적이고 불연속적인 것처럼 보이는 다양한 정치적 갈등과 연결된다. 세계적으로 국경이 강화되는 상황에서 망명과 난민의 권리를 둘러싼 위기, 초국가적인 자원 추출 산업에 맞서는 토착민들의 땅과 주권이 처한 위기, 먼 거리를 빠른 속도와 유연성으로 극복하는 무역 중심의 경제구조에서 지역민들의 생계 위기, 흑인과 토착민 공동체의 수자원 인프라 위기, 국가 주요 기관에 대한 유색인 사회의 뿌리 깊은 불신을 유발하는 경찰 및 교도소 폭력의 위기.[7]

"인프라는 기술정치적technopolitical인 것이며 시스템의 부당성을 강화하지만, 정치보다 기술에 가까운 것처럼 보이면서 그 관계들을 자연화한다. 인프라는 단순히 기존의 불평등을 반영하는 것이 아니라 새로운 불평등의 형식들을 만들어 내고 심화시킨다"는 코웬의 전언은 귀담아들어야 할 지점이다.[8] 자연 그 자체도 인프라가 될 수 있다. 인류학자 애슐리 카스Ashley Carse는 파나마 운하를 일종의 중계 지역으로 보았다. 삼림, 농업, 엄청난 양의 물 이동을 관리하는 것은 인간이 만든 인프라(운하 그 자체와 매일 이곳을 통과하는 35~45척의 배)의 기술정치와, 자원 관리 및 분배라는 환경정치(숲 보전과 강 유역 규제)를 불가분의 관계로 묶어 버린다.

인프라는 기술정치technopolitical이면서 또한 이동정치kinopolitical이기도 하다. 인프라정치는 이동정치와 밀접하다. 따라서 인프라를 변화시키는 것은 이동정치적 투쟁을 요구한다. 우리는 앞서 중요한 인프라정치들, 즉 '인프라 정의'를 위한 운동들을 언급했다. 송유관 건설을 반대하고 지역사회를 가르는 도시고속도로를 반대하며 깨끗한 물을 공급할 공공 투자를 요구하고 공공 와이파이와 망 중립성을 요구하는 운동들이다. 이 장에서는 인프라정치의 이동적 영역에서 인프라 정의의 윤곽과 가능성을 탐사하고자 인프라 이론들을 다루어 볼 것이다. 이 이론들은 능동적 실천을 강조하고, 미디어에 유물론적으로 접근하며, 비판적 물류 연구 · 비판적 모빌리티 이론도 포함한다.[10]

브라이언 라킨Brian Larkin의 말처럼, 인프라는 기술적 기능(물, 전기 또는 데이터의 이동)만이 아니라 국가나 기업의 미래 계획 속에 담긴 환상, 욕망, 그리고 미래에 대한 모색이 담긴 투자라는 시적인 측면도 가지고 있다.[11] 나는 이 장에서 인프라를 단순한 모빌리티의 전달 매체가 아니라 환상, 욕망, 미래에 대한 상상을 자극하는 매개로 다루고 싶다. 그 욕망이 두려움이나 공포를 낳을지 아닐지는 우리가 어떤 위치에 서 있느냐에 달려 있을 것이다. 인프라의 형태와 기능에 관한 다양한 전망들을 둘러싼 투쟁은 미래의 대안을 만들어 나가는 중요한 방식 중 하나이다. 그런 투쟁들은 기존 시스템이 붕괴된 후 어떻게 재건할지를 놓고 결정이 내려져야 할 때 특히 전면화된다.

인프라는 논쟁과 저항과 이동정치의 공간이다. 세계적이고 지역적인 모빌리티와 의사소통의 역동적 배치는 다양한 불균등 위상학, 소란, 중단, 서로 다른 속도, 마찰을 일으키며 동시에 '아래에서부터의' 개입과 그 내부에서의 균열도 낳는다. 인프라에 대한 이동정치적 투쟁

이야말로, 배제된 다수가 기존 시스템을 흔들고 새로운 연결 가능성을 모색할 방법이다. 이는 도시 공간, 국가 공간, 여러 스케일에 걸친 관계들, 통치와 지배에 큰 영향을 끼친다. 우리는 어떤 '이동 유토피아'를 상상할 수 있는가? 우리는 인프라 공간과 모빌리티 체제에서의 이동정치적 변화를 야기하기 위해 미래에 대한 모색과 '방법론으로서의 유토피아'를 활용할 수 있을 것인가?[12]

도시와 이동성

도시는 이동과 계류로 구성된다. 강, 도로, 항구, 철도의 종점, 고속도로와 공항의 합류 지점에 위치한 도시는 오랫동안 사람, 상품, 정보, 사상이 흘러가는 공간으로 이해되어 왔다. 도시는 에너지에 기반하고 자원의존적인 사람, 데이터, 물체의 이동에 기초를 두는, 강렬한 인프라 밀도를 지닌 장소이다. "도시 대부분은 식수와 하수, 전기와 정보, 사람과 동물, 기계와 채소 등 서로 다른 층위에서 일어나는 에너지의 흐름과 관련이 있다."[13] 모빌리티 연구의 유물론적 전환은 인프라를 둘러싼 이 생태적 기반과 공간적 문제를 강조한다. 예컨대 석유, 탄소, 금속 채굴은 글로벌한 정치경제적 문제다.[14]

도시와 모빌리티는 단단하게 결합되어 있으며, 교통 인프라와 의사소통 방식의 거대한 기술적 전환을 거치며 함께 변화해 왔다. 교통 인프라는 돛에서 증기선으로, 마차에서 철도 화물로, 말에서 자전거, 내연기관, 항공기로 발전했고, 통신은 필사본에서 인쇄본으로, 신문 인쇄에서 전신·전화·팩스로, 라디오와 텔레비전에서 인터넷·위성통신·이동통신 기기로까지 변화하였다. 이 인프라 시스템과 인프라를 낳은 실천은 지역과 국가의 문화적 모빌리티 조합으로 이어지고 결합된다. 가령 고속도로, 화석연료, 내연기관 차량은 교외 지역, 운송 트럭의 이동, 글로벌 제조 사업을 지탱한다. 인프라와 인프라를 따라 이어지는 실천은 계속 조금씩 변화하지만 오랜 시간 동안 견고하게 유지된다.

지리학자 데이비드 하비는 물리적 인프라("땅 위에 고정된 자본")가 어떤 식으로 자본 축적을 가능하게 하는지를 설명해 주었다. "공간적으로 고정되고 움직이지 않는, 교통통신 시스템의 물리적 인프라(항만, 공항, 교통 시스템)는 자본과 노동이 쉽게 공간적으로 이동하게 해 준다."[15] 시간이 지나면 인프라는 "불균등한 지리적 발전"의 "강력한 구심력"을 형성하며, 그 고정과 이동 사이의 모순은 넓어진 시공간의 지평 속에서 불평등과 모빌리티 불의를 심화시킨다. 고속도로, 공항 등의 인프라 건설은 국가 예산이나 국제개발은행에서 자금을 조달하면서 글로벌 투자자들, 다국적기업에 이익을 제공하며, 군사적 필요성도 충족시킨다. 공간, 도시, 인프라는 자본과 노동의 이동에 의해 제자리에 고정되는 데 그치지 않고 계속해서 움직인다. 즉, 인프라는 동원되고 또 무언가를 동원한다.

인프라 시스템은 모빌리티 체제의 관리 하에 있다. 법률과 일상적 실천의 조합은 누가 무엇을 언제 어디서 어떤 조건 하에서 이동하거나 머무를 수 있는지를 통제한다. 물리적이든 디지털이든, 생체적이든 알고리즘이든, 모빌리티에 접근하지 못하게 막거나 모빌리티를 통제하는 행위는 이동의 권리를 제한한다. '위험을 관리'하는 법과 규제 체제는 출입을 걸러 내고, 국가의 보호를 때에 따라 달리 제공한다. 이 불균등한 상황은 사회기술적 인프라를 사회적·정치적인 것으로 전면화한다. 인프라는 건축 환경의 설계에만 기반하는 것이 아니라 지연, 배제, 소란, 차단, 파괴가 일상적인 경험인 사회적 실천에도 기대고 있기 때문이다. 더욱이 부동성과 배제는 관광, 출장, 심지어 구호 활동의 모빌리티를 지원해 주는 인프라 안에도 내재해 있다.

현대의 도시 시스템은 지구 표면에서의 운송만이 아니라 파이프라인과 케이블을 통한 거대한 에너지의 이동, 항공과 철도를 통한 장거리화물 운송, 항공 및 궤도 공간까지 이르는 통신 네트워크까지 포괄한다. 지금까지 교통 연구는 지구 표면에서의 수평 이동에 주로 관심을 기울여 왔지만, 우리는 심해와 지하 광산에서부터 하늘과 저궤도 위성에까지 이르는 수직적 이동성을 고려해야 한다.[16] 땅에서의 모빌리티 정의도 이 확장된 "운영 환경"과 "인간의 세계를 만드는 수직적 측면"을 염두에 둘 필요가 있다.[17]

에너지 그리드, 파이프라인, 통신 케이블 같은 '핵심 인프라'의 '네트워크 구조'들은 제국적인 인프라의 일부이다.[19] 사실, 현대 도시들은 중요 인프라가 구성하는 초국가적 네트워크 상의 접속점이라고 볼 수 있다. 이 네트워크는 식민지-제국 관계와 유사하다. 인프라는 도시 중심과 연결해 주는 역할에 그치는 것이 아니라, 말 그대로 도시를 구성한다. 현대 대도시들은 주위에 기대어 시스템을 유지하기 때문에 제국주의적 배치를 보여 줄 수밖에 없다. 중요 도시 인프라는 지역적으로도 초국가적으로도 매우 불균등한 방식으로 모빌리티를 형성하고 제어한다.

인프라 공간은 단순한 배경이 아니라 능동적인 형태이다. 켈러 이스터링Keller Easterling은 "인프라 공간의 정치적 특성"이 숨어 있는 "우연한, 은밀한, 그러나 공고한 권력"에 기반하고 있다고 기술한다.[19] 인프라 공간은 증폭, 스위치와 원격 조종, 배선과 배열, 상호작용과 지시 등의 역동적인 메커니즘으로 구성 요소들을 '배치'하는 능동적인 형태를 취한다는 주장이다. 예를 들어 자동차는 길, 고속도로, 교외, 집의 구조, 외곽 지역 개발의 형상을 결정하는 '증폭기' 역할을 한다. 엘리베이터도 도시가 수직으로 올라가게 하는 요소이다. 휴대폰은 중앙집중식 네트워크 없이도 차원을 확장하게 해 준다. 고속도로의 교차 지점, 댐, 해저케이블의 상륙 지점은 모두 흐름을 통제하는 '스위치' 역할을 한다.[20]

인프라의 스위치들이 작동하면 시공간 형식이 전환된다. 필라델피아항은 2기의 대형 크레인을 중국 선천에 주문했다. 넓어진 파나마운하를 건너오는 초대형 선박에서 컨테이너를 내릴 수 있는 능력을 높이기 위해서였다. 필라델피아항은 델라웨어강을 준설하여 수용량을 확장해 뉴욕이나 볼티모어와 경쟁하려고 한다. 기업들은 펜실베이니아 전역에 송유관을 건설하여 미국 서부의 마셀러스 셰일에서 데라웨어의 정유소까지 천연가스를 운반해 LNG 액체연료로 전환한 후 전 세계에 판매하려는 계획을 세워 놓고 한창 로비 중이다. 더 눈에 띄는 것은, 무거운 백켄 셰일 오일을 운반하는 길고 검은 원통 모양의 CSX 화물 열차다. 이 열차들은 녹슨 다리들을 지나 애벌레처럼 기어서 필라델피아를 통과해 시 외곽의 수노코 정유소로 향한다. 이곳에서는 95번 고속도로의 운전자들에게 공급할 연료를 생산한다. 이 운전자들은 불을 내뿜는 탑, 거대한 물탱크, 금속으로 덮힌 산업화된 습지의 종말론적인 풍경을 통과해 나간다. 여기서 멀지 않은 곳에서는 성장 중인 필라델피아 국제공항과, 확장 중인 컨테이너 항만과, 자체의 마이크로 그리드를 갖추고 곧 지하철도 들어설, '복원력'을 갖춘 환경 친화적 비지니스 센터로 단장 중인 역사적인 해군기지가 있다. 달리 표현하자면, 사람과 사물들만이 도시를 통과하는 것이 아니라 도시의 형태와 인프라도 거대한 지리적 영역을 가로지르는 도시화의 확장된 운영 환경을 변화시키면서 이동하고 있는 것이다.

모빌리티의 일상 관행과 모빌리티의 체제도 도시와 인프라에 의해 형성된다. 말하자면 도시 이주·도시화·도시에 대한 권리와 관련된 공공정책, 교통 및 통신 인프라를 만들고 또 이에 접근하게 하는 도시 관리 및 정책, 모빌리티 시스템의 영역과 규모를 결정하는 도시의 기술혁신과 지역 집적화 등이 모빌리티에 영향을 끼친다. 도시를 지나가는 이동은 이런 문화적·물질적 집합체를 만들어 주는 법, 규제, 그리고 일상의 관행에 따라 성립한다. 모빌리티 권리는 국적에 따른 배제나 도시 진입을 거부당하는 일과의 관계 속에서만 존재할 수 있다. 누구는 받아들이고 누구는 거부하며 치안, 국경, 관문, 통과, 감시 시스템을 통해 통제를 가하는 모빌리티 체제의 관리와 밀접한 관계가 있다는 의미다. 이런 제약은 도시에 대한 권리나 인프라에 대한 개별 접근을 제한하고 국가의 보호를 선택적으로 적용하는 건축, 설계, 일상의 실천에서 잘 드러난다.

시민권을 얻고 도시 진입에 성공했다 해도 파편화한 공공서비스, 적대적인 경찰, 도심의 젠트리피케이션은 가난한 사람, 인종적 소수자, 불법체류자를 인프라가 엉성하고 쉽게 무너지곤 하는 주변부로 몰아내 버린다. 기업들이 들어찬 고층 빌딩들로 빽빽한 화려한 중심가에서도, 도시의 놀이 공간이나 '특권적 모빌리티'의 독점 공간인 상업화된 관광 지역 정도만이 가장 훌륭하고 깨끗하고 환경 친화적인 장소를 차지하고 가장 새롭고 빠른 교통통신 인프라를 사용할 수 있다. 가끔 여기에 나타나는 구걸하는 노숙자나 이민자 노점상, 혹은 텐트촌은 등장하자마자 재빨리 어디론가 밀려난다. 이 불균등한 지형은 건축 환경 설계에 따라 만들어진 것만이 아니라, 사회적 실천에 따라 형성된 것이기도 하다. 지연, 배제, 소란, 단절, 혼란은 생계, 통행, 망명을 위해 주변부 지역에 살거나 그 지역을 통과해야만 하는 사람들에게 일상적인 경험이다.[22]

물리적 인프라만이 아니라 통신도 중요 인프라라고 할 때, 복잡한 모빌리티 통신정보 시스템은 정치적 투쟁의 새로운 장소를 만드는 결정적인 역할을 할 수 있다. 이동통신기술은 도시화의 지역적 스케일과 세계적 스케일을 연결한다. 멀리 떨어진 자원 추출 장소와 도시를 네트워크로 묶어 주며, 미디어나 시각적 표현을 통해서 다양한 방법으로 공간을 동원하는 여가와 관광과 유흥을 즐길 장소들도 도시와 이어 준다.[23] 나이지리아, 카리브해, 몽골, 잠비아 등 다양한 지역에서 미디어 인류학을 연구한 인류학자들은 매체를 통한 연결 과정의 모체가 되는 전 지구적 인프라 감각을 조명해 주었다.[24]

예를 들자면, 휴대폰은 대중 그 자체, 대중의 의미, 대중의 공간, 자기 구성과 정치적 동원을 위한 대중의 역량, 대중의 다면적이고 유동적인 형태를 잠재적으로 재구성하게 해 주는 '증폭기' 역할을 담당한다. 휴대폰은 사람들이 욕망의 대상을 바꾸거나 미래를 모색하는 데 도움을 준다. 카리브해 소상인의 손에 들린 핸드폰은 거리 시장에서 판매하려고 상품을 수입하는 일을 돕는다. 농사 지은 작물을 가장 좋은 가격을 받고 도시 시장에 내보내려고 하는 아프리카 상인에게도 마찬가지다. 휴대폰의 대중화는 공공영역과 사적 공간 사이에 다리를 놓고, 이에 따라 새로운 정치적 동원에서 결정적인 역할을 하는 하이브리드 공간이 생긴다. 카이로에서, 리우데자네이루에서, 마닐라에서, 킹스톤에서도 벌어지는 일이다.[25]

이스터링은 이질적 요소들이 혼재하는 비공식적 도시 정착지에서 나타나는 '혼란'과 '상호작용'에 희망을 건다.[26] 도시의 비공식 지역에 살거나 글로벌 도시의 주변부에 거주하는 사람들이 어떻게 통제를 극복하고 "도시를 처음부터" 건설해 나갈 수 있을까? 자신들만의 네트워크 자본과 전술적 대항 매체를 생성하려고 하는 전복적인 운동은 네트워크 인프라를 확장시키고 전용할 수 있는가?[27] 인프라의 배치가 일상생활과 불균등하고 차별적인 모빌리티를 형성한다면, 더 정당한 인프라를 상상하게 해 줄 모빌리티 정의 투쟁을 어떤 식으로 전개해 나갈 수 있는가? 서발턴 대중이 이미 인프라적 가능성을 가지고 있다면, 이 이동적인 대중은 사회정치적 행동 방식이나 도시 모빌리티 관리의 기존 방식들을 강화하고 민주화하기 위해 어떤 방향으로 바뀌고 발전해 나갈 수 있을까?

　이동의 물질성과 인프라 투쟁은 불균질한 공간성과 새로운 이동 주체를 생성하는 동시에, 집단적인 이동 저항의 가능성을 암시한다. 불균등 모빌리티 해결을 위한 비공식 인프라를 만들거나 접근 수단을 스스로 만들어 내는 것은 소외된 집단들에게 권력을 되돌려 주는 정치를 위해 도시 인프라를 활용하는 길이 될 수 있다. 맥팔레인McFarlane과 바수데반Vasudevan은 이러한 이동 계획 실천을 "저항적 도시성Insurgent urbanism"이라고 부른다(흔히 스쿼팅squatting이라고 부르는, 비공식적인 식수/하수 시스템을 예로 들 수 있다).[28] 저항적 도시성은 자체적으로 식량을 조달하는 리우데자네이루의 '그린 파벨라green favela,'* 아이티 포르토프랭스의 지역사회들이 운영하는 자신들만의 물 관리 시스템, 반쯤 버림받은 동네에 도시 정원, 지역 라디오, 지역 네트워크를 만든 디트로이트나 필라델피아의 사례에서 잘 드러난다. 우리는 인프라 실험이 진행 중인 이 작은 공간들을 아끼고 키워 내야 한다. 여기에 미래의 씨앗이 있을지도 모르기 때문이다.

재난 모빌리티/부동성

　물론 일상적인 상황도 중요하다. 하지만 때로는 극단적인 사건들이

---

* 파벨라favela는 리우데자네이루의 4분의 1에서 3분의 1에 달하는 비공식적·비합법적 주거지역이며 인구밀도도 매우 높다. 행정력이 미치지 않는 영역이 상당하며, 따라서 각종 공식 인프라도 갖춰져 있지 않아서 주민들은 자체적으로 식량, 물, 전기 등을 조달하는 경우가 많다.

발생해 붕괴 위기가 닥치면 수리 복구 과정에서 인프라 공간에 평소 숨겨져 있던 것들이 드러난다.[29] 자연재해는 현대 도시와 지역, 그리고 전 지구적 도시화의 초국가적 지리학을 구성하는 복잡한 모빌리티 시스템 및 인프라의 놀라운 상호의존성과 취약성을 전면에 노출시킨다. 끔찍한 재해가 일어나 모든 것이 엉망이 된 상황에서, 모빌리티 정의 문제는 어떻게 나타나는가?

최근 들어 재난과 재난 복구의 지리학 연구에서는 특정 집단에 이득을 주고 다른 집단에는 불이익을 주던 기존의 분배 방식이 어떻게 불균등한 재건과 재개발로 이어져 기존의 불평등을 악화시키고 불평등한 공간 형식을 강화하는지를 강조한다. '불평등한 재개발'의 중요한 요소 중 하나는 공간을 재형성하고 접근 방식의 한계를 정하는 모빌리티/부동성의 역할이다. "도시 위기가 근본적인 권력구조, 오래 방치되어 온 불의, 인지되지 않은 현대 도시의 불평등"을 드러내는 한, 불균등 모빌리티는 불평등이 재난으로 인해(혹은 재난이라는 명목으로) 재생산되는 사회 메커니즘의 주요한 예라고 할 수 있을 것이다.[30] 거대한 규모의 시스템 실패는, 일부 집단이 가장 피해를 많이 받게 만든 제도 및 규제 체제를 주목하게 만든다.

자연재해는 사람들을 흩어 놓고 또다시 동원한다. 재앙은 모빌리티 시스템을 일단 무너뜨리지만 새로운 모빌리티/부동성을 생성하기도 한다. 사람들은 임박한 재앙을 피하기 위해 움직이고, 예측하기 힘든 여파를 피해 자리 잡으며, 헤어진 가족, 음식, 물, 피난처를 찾아 떠난다. 동시에 긴급 구조대, 무장한 평화유지군이 재난 지역으로 이동하여 길, 공항, 항구, 통신시설 같은 모빌리티 인프라를 통제한다. 저개발 국가와 그 도시들에는 인프라가 제대로 분배되어 있지 않다는 점을 감안하면, 붕괴한 모빌리티 시스템은 부자와 빈민, 도시인과 지방민, 인종적 특권층과 서발턴 집단들에게 각기 다른 영향을 끼칠 가능성이 매우 높다.

자연재해가 모두에게 똑같이 들이닥치는 것으로 생각하기 쉽지만, 재난은 언제나 불평등하다. 계급, 젠더, 인종적 불평등에 따라 심화된 사회적 취약성이 인위적인 혼란을 낳기 때문이다. 재난은 식민주의, 제국주의, 신자유주의가 남긴 불평등한 유산을 강화할 때가 많다. 예를 들어, 허리케인 이르마와 마리아는 2017년 9월, 카리브해 전역에서 부자와 빈민을 모두 한꺼번에 타격했지만 모든 것을 잃은 사람들은 가난한 자들, 허름한 집에 사는 사람들, 홍수 위험에 노출된 저지대에 거주하는 사람들, 재난 후에 물자를 구할 네트워크 자본이 부족한 사람들이었다. 허리케인이 휩쓸고 지나간 후 몇 주 동안, 공급망이 무너졌을 때 노인, 장애인, 빈곤층은 연료, 물, 전기, 음식을 조달하지 못해 치명적인 결과를 맞았다.

환경정의, 공간정의, 기후정의, 특히 모빌리티 정의가 바로 서지 않았을 때, 재난은 쉽게 닥쳐 온다. 가난한 사람들은 물 공급 전체를 오염시킬 수 있는 독성물질 근처에 살 때가 많다. 이들은 비상 식량이 없거나 적고, 비상 발전기와 비상 라디오와 위성전화도 갖고 있지 않으며, 교통수단이나 대피 비용을 마련하기 어렵고, 가장 마지막에 구조된다. 재해 이후에도 가난한 사람들은 도움을 줄 가족, 친구, 지인의 네트워크에 도달하기 어렵고, 이동할 여권이나 비자를 갖고 있지 않으며, 경찰과 군의 차별 대우를 받는다.

참사를 겪고 있는 도시와 섬 전체는 교통, 통신, 일정 시스템의 역동적인 조합이, 또 시민적 질서, 시장, 일상생활이 얼마나 빠르게 무너져 내릴 수 있는지를 보여 준다. 자연재해는 모빌리티 시스템을 직격하여 도로·전기·통신 네트워크를 파괴하지만, 또 한편으로는 불평등한 공간성을 심화시키는 독특한 모빌리티와 부동성을 만들어 낸다. 이 차별적 결과는 우연이 아니라, 불평등한 식민지–제국의 역사가 형성한 것이다. 이 역사는 불균등한 시민권 형식과 불평등한 인종 경계와 함께 다양한 영토 지배권력들을 남겨 놓았다. 야리마 보닐라Yarimar Bonilla 의 말처럼, "취약성은 단순히 자연적 조건의 산물이 아니라, 정치적 상태이자 식민지적 조건이다."³¹

재난 이후 상황의 모빌리티 정의와 불의에 주목하는 접근 방식은 아이티 지진이나 푸에르토리코의 허리케인 발생 이후 같은 특정 상황에서 모빌리티 권리를 행사하는 사람은 누구이고 모빌리티를 활용하지 못하는 사람은 누구인지에 초점을 맞춘다. 앞에서 언급한 '비공식 인프라'나 '저항 도시성'은 회복력을 높일 수도 있지만, 재난이 물리적으로 취약한 지역에 거주하는 사회적으로 취약한 사람들을 덮쳤을 때에는 가장 큰 위험에 처한다. 지진 이후의 아이티를 연구하면서, 나는 재난 이후 일종의 섬 효과islanding effect가 발생한다고 주장해 왔다. 재난 후의 모빌리티 체제는 외국인 구호 활동가들이나 영향력이 높은 사람들에게 높은 이동성을 마련해 주는 반면, 계속 주변으로 내몰리고 강제적인 이동과 수용을 겪는 '내부 난민'도 만들어 낸다.[32] 참사 이후의 아이티에는 네트워크 연결이 끊긴 재난 지역의 인프라 공간을 돌아다닐 수 있는 이동 특권층(기자, 인도주의적 봉사자, 나 같은 외국인 연구자)을 위한 모빌리티 네트워크가 존재했다. 그러나 정작 이들이 도우려고 하는 사람들을 위한 네트워크 자본은 줄어들었다.

지진, 허리케인, 기타 자연재해의 피해를 입은 바로 그 사람들을 의사결정 프로세스에 포함시키지 않거나 이들의 통신 네트워크 접속을 지원해 주지 않는다면 복구를 위한 물자 유통 노력은 또 다른 연결 장애와 모빌리티 역량 감소를 낳게 된다. 인류학자 마크 슐러Mark Schuller, 그리고 아이티 지원을 위한 '램비 펀드Lambi Fund' 창립에 참여한 제시카 슈Jessica Hsu는 2016년에 아이티를 황폐하게 만든 허리케인 매튜가 남긴, 사람들이 잘 기억하지 못하는 교훈을 이야기한다. "기후 문제로 큰 타격을 받은 지역사회가 주로 글로벌 사우스의 유색인 사회와 소외받는 집단들이라는 것은 우연이 아니다. 기후정의를 달성하려면 이에 가장 직접적인 영향을 받는 지역사회가 직접 관련 논의와 해결책 마련에 참여해야만 한다."[33] 미국의 일부인 푸에르토리코와 카리브 연방에 속하는 독립국인 앤티가-바부다, 도미니카는 아이티보다 고용률과 소득 수준이 높지만, 허리케인 이르마와 마리아는 이들 지역의 모빌리티 빈민들에게 가장 파괴적인 충격을 남겼다.

네트워크 자본이 많은 사람들은 자신의 모빌리티 잠재력을 발휘해 재난을 피하거나 구조에 나설 수 있다. 반면에 네트워크 자본이 적은 사람들은 재난 지역 내에서 돌아다니거나 임시 피난처를 찾거나 고립되면서 위험에 노출된다. 이들은 강제이주를 당할 수도 있다. 2017년 9월 허리케인 이르마는 바부다의 건물과 인프라를 90퍼센트 이상 파괴했고, 바부다는 인구 전체가 앤티가로 옮겨 가는 선택을 내릴 수밖에 없었다.[34] 한편, 부동산개발업자들과 관광업 투자자들은 카리브해 전역에서 주요 해변가의 땅을 사들이고 있다. 허리케인 이르마 이후 2017년 11월 말까지 20만 명이 넘는 푸에르토리코인들이 플로리다로 떠났는데, 향후 5년간 인구 350만 명 중 50~75만 명이 섬을 떠날 것이라는 예측도 나왔다. 지금도 진행 중인 인구 이탈은 부실 자산을 매입한 후 되파는 외국의 투기 자본이 더 많은 부동산을 사들이는 길을 열어 줄 것이라고 우려하는 목소리가 높다. 여기에는 소수의 억만장자들만 가담하는 것이 아니라, 태양 전지판과 테슬라 배터리를 푸에르토리코에 보내 가정용 전력저장장치를 실험하려는 일론 머스크를 비롯해 비트코인을 기반으로 하는 자유로운 면세 지역인 '푸에르토피아 Puertopia'를 꿈꾸는 암호화폐 트레이더들까지도 끼어들고 있다.[35]

슐러와 슈는 기후변화에 관한 논쟁을 확대하려면 기후정의 관점이 필요하다고 역설한다. 단순히 변화된 환경에 어떻게 적응할 것이냐의 문제를 넘어, 비상 상황에서의 공정한 의사결정 문제로 나아가야 한다는 것이다. 나는 여기에 모빌리티 정의 관점을 추가하고 싶다. 이 관점은 신체, 지방, 도시부터 지역, 국가, 세계까지, 다중 스케일에 걸쳐 있는 불균등 모빌리티 영역 전체를 서로 연결해 준다. 그러나 재난 이후의 상황만이 문제적인 것은 아니다. 디지털 정보와 통신기술의 확산이 점점 변화시키고 있는 도시 인프라 공간은, 글로벌 노스에서나 글로벌

사우스에서나, 모빌리티/부동성의 불균등한 재생산이 이루어지는 현
장이자 네트워크화한 도시성을 두고 벌어지는 이동정치적 투쟁의 장
소이다.

네트워크 도시화

우리는 20세기 후반을 세계화, 가속화, 유동성, 모빌리티라는 대서
사grand narratives로 설명한다. 그러나 이 대서사들과는 상당히 달라 보이
는 불평등한 접속, 소프트웨어 정렬,* 원격제어도 존재한다. 이는 글로
벌 순환의 물질성과 모바일 매체의 공간화에 내재한 특성이다.[36] 통신
회사들은 속도, 가속, 연결성, 개방성을 강조하는 화려한 서사를 제시
했으나, 인프라 증폭 · 전환 · 배열을 특정한 방식으로 고정시키는 정
치적 역할도 했다. 도시 공간에서 와이파이 통신을 가능하게 한 네트
워크 기술은 매우 불평등한 접속 환경을 제공한다. 이런 네트워크 도
시성을 이해하려면, 우리는 불균등한 모빌리티 및 통신 환경이 탄생한
구체적인 맥락을 꼼꼼하게 분석해야 한다.

존 어리와 나는《도시의 모빌리티 기술Mobile Technologies of the City》

---

* 소프트웨어 정렬software sorting은 디지털 데이터의 정렬, 배열, 분류로 만드는 위계화와 차별
을 뜻한다. 검색창에 특정 상품을 많이 검색하면 맞춤 광고가 나타나고, 항공권 예매 사이트에
서 검색을 여러 번 하면 항공권 가격이 올라간다. 백화점의 프리미엄 고객으로 분류되면 할인과
주차 혜택을 받고, VIP로 분류되면 검색대에 길게 줄을 서지 않고 공항을 통과한다. 소프트웨어
정렬에 따라 교통량을 계산하면 특정한 가격대를 감당할 수 있는 운전자들만이 민자 고속도로
와 터널을 빠른 속도로 이용할 수 있게 된다.

(2006) 서문에, 모빌리티 시스템이 구성하는 도시성에는 "운전자 등록, 석유 공급, 전기와 수도 공급, 주소와 우편 시스템, 도로 안전 및 공공 안전 규약, 환승역, 웹사이트, 송금, 수하물 보관소, 항공교통 관제, 바코드, 교량, 시간표, CCTV 감시 등"이 해당된다고 썼다.[37] 이러한 시스템들 중 일부는 물리적 인프라와, 다른 일부는 정보 시스템과 연결된다. 한쪽에서는 몸, 차량, 석유, 물이 이동하며, 다른 쪽에서는 데이터, 코드, 이미지가 이동하는 것이다. 물리적 모빌리티 시스템과 정보 모빌리티 시스템이 복잡하고 새로운 배치 속에서 긴밀하게 결합하면서, 더 복잡하고 상호의존적이며 컴퓨터와 소프트웨어에 더 많이 의지하는 모빌리티 시스템이 탄생하였다.

모바일 네트워크 및 컴퓨터 서버의 무형 인프라, 해저케이블 구축, 인공위성 및 신호 전송의 지리적 특성 등에 관한 최근의 연구들이 잘 보여 주듯이, 미디어와 통신 인프라는 특정한 물리적·물질적 맥락과 깊은 관계를 맺고 있다.[38] '사물인터넷IoT: Internet of Things'은 물리적 흐름을 데이터 흐름과 연결하고 알고리즘으로 순환을 제어하여 모든 층위들로 침투해 들어갈 것이다. 사물인터넷은 물리적 장치의 네트워크 연결을 의미하는 말이다. 차량, 웹카메라, 가전제품, 그리고 인프라에 해당하는 교통신호등과 전기계량기까지, 이 기기들 모두는 센서와 작동기와 소프트웨어를 내장하고 있어서 데이터를 교환한 후 특정한 조치를 취한다. 이 시스템은 스마트 그리드, 지능형 교통, 스마트 홈, 스마트 도시처럼 '스마트'라고 묘사되는 더 큰 범주의 사이버–물리적 기술들 중 일부이다. 이 기술들은 인간 운영자를 '비켜 서게' 할 만큼 스마트

하다. 말하자면, 이 기술들은 대규모 데이터 수집 및 처리, 복잡한 알고리즘 계산, 프로그래밍된 자동화된 처리 과정에 기반하여 자율적으로 작동한다.

자동화 시스템은 성능 향상을 위해 머신 러닝 기술을 도입했다. 지리학자 나이젤 트리프트는 이 기술을 "의도적 환경enacted environments"의 생산이라고 부른다. 배후에 있는 광범위한 컴퓨터 계산으로 공간이 활성화되고 출현하기 때문이다. 이런 알고리즘 시스템은 반응하는 것이 아니라 예측하는 것에 가깝다. 광대한 데이터 감시와 지속적인 실시간 연산—즉, "질적 연산qualculation"*—은 아주 민감하고 계속 조정되는 가상 세계를 창조한다.[39] 더 직설적으로, 애덤 그린필드는 이 상황을 "정보처리에 의한 일상생활의 식민화"라고 비판했다. 웨어러블 디바이스, 스마트폰, 스마트 홈, 스마트 시티, 일반적으로 말해 사물인터넷이 그러한 역할을 하고 있다는 것이다. 이 과정은 우리 모두를 "정보를 허겁지겁 빨아들이는 도시 구조"에 얽어매고 있지만, 그가 가장 걱정하는 것은 이를 "보편적인 것으로 만들려 하는 기술 엘리트들의 계획"이다.[40]

미디어는 이곳에서 저곳으로 전달되는 이미지, 메시지, 내용에 불과한 것이 아니다. 컴퓨터 인프라는 중립적인 전달자나 정보 집적기에 그치지 않는다. 그보다는 공간/시간을 생산하고 사회적 질서를 구성하는 구체적인 기술-공간적 실천으로 보아야 한다.[41] 위치 인식 기술의

---

* 광범위한 연산 및 정보처리가 단순히 표피적인 자료 제공에 머무르는 것이 아니라 질적인 차원에서의 계획 및 변화를 이끌 때, 혹은 이로 인해 인간의 인지나 행동 방식이 질적으로 변화하는 경우를 일컫는다.

보편화는 이동 중에도 자신의 위치를 찾고 사회적 네트워크에 연결하게 해 주었다. 이 기술은 우리가 이동 중에도 정보에 접속하고 다른 사람과 연결되게 해 줄 뿐만 아니라, 공간 인프라를 우리와 연결하고 우리를 추적하게도 해 준다. 따라서, 도시 모빌리티 불평등은 물리적으로 존재하는 만큼이나 가상공간에도 존재한다.

우리는 더 이상 가상 세계로서의 "사이버 공간"에 진입하는 것이 아니다. 우리는 사이버 공간과 함께 움직이며, 잠재적으로 그 안에 거주한다. 게다가 증강현실과 '하이브리드 공간'이 출현하면서 물리적 현실과 가상현실이 결합된다.[42] 일상생활 속에 하이브리드 공간이 퍼져 있듯이, 우리는 하이브리드 공간에 퍼져 있다. 이를테면, 사용자 생성 지도 앱과 위치 인식 기능을 갖춘 모바일 기기를 이제 누구나 사용하게 되면서, 위도와 경도에 따라 규정되는 누군가의 위치는 인터넷으로 들어가는 입구가 되었다. 이런 논리에 따르면, 위치는 우리가 접속하는 정보의 유형과 우리가 주위 공간과 상호작용하는 방식을 결정하는 필터로 작동한다. 어떤 사람들은 이동 중에도 다양한 활동을 할 수 있지만, 스마트폰이 없거나 신용카드, 청구지 주소가 없는 사람들은 여기서 배제되어 기술의 빈틈 속으로 추락해 버린다. 물론 CCTV 기술은 빈틈 없이 그들을 감시할 것이다.

위치 인식은 교통 네트워크에 점차 통합되고 있다. 자동차, 공항, 교통 네트워크에서도 이용된다. 또한 여러 앱이 등장하여 사람들은 차량 공유에 활용하고, 버스나 지하철의 접근 여부나 걸을 수 있는 거리인지를 검색하며, 위치에 기반해 교통수단을 선택하기도 한다.[43] 결국, 점점 자동화되고 유비쿼터스로 향하며 널리 퍼져 나가는 '코드/공간'의 '변형'(혹은 생성)에는 물리적 모빌리티와 디지털 모빌리티 사이의 하이브리드 인터페이스가 존재한다. 키친Kitchin과 다지Dodge는 "변형transduction"을 "반복되고 변화하는 실천 속에서 어떤 영역을 계속 새롭게 만드는 것"이라고 정의했다.[44] 소프트웨어(혹은 코드)는 어떤 실천들이 변형을 불러올 것이라는 특정한 이데올로기를 강화하기 위해 만들어졌다. 다시 말해, 소비자 자본주의의 편리함을 강화하거나 국가 감시 영역을 확대하기 위한 것이다. 그러므로, 우리는 물어야 한다. 이 기술은 우리 세계를 어떻게 변형시키고 있는가? 그리고 그 세계는 우리가 살고 싶어 하는 세계인가?

자본주의의 종말을 예언하는 사람들은 이러한 기술적 가능성이 새로운 포스트 자본주의 경제를 낳게 할 것이라고 점친다. 제러미 리프킨Jeremy Rifkin은 사물인터넷과 "협력적 공유 사회collaborative commons" 같은 신기술이 "한계비용 제로"인 공유경제를 가능하게 할 것이라고 믿는다. 폴 메이슨Paul Mason은 유비쿼터스 컴퓨팅과 피어-투-피어peer-to-peer 네트워크가 지속 가능한 에너지 자원과 탄소 중립 기술을 활용하게 해 줄 것이라는 낙관적인 견해를 피력한다.[45] 그러나 이 새로운 기술-공간성이 가져다줄 결과를 비판적으로 보는 이들도 있다.

트리프트는 현대의 주요 사회공학적 특성을 다섯 가지로 설명한다. ① 움직임의 출현을 우선시하는 구조적 연속성 ② 제스처 인식과 상호작용식 화면 ③ 정보 오버레이로 세계를 태깅하면서 운동의 연속성이 위치를 의미하게 되는 '비장소성awhereness' ④ 실시간으로 '상호작용 구성'을 가능하게 만드는 지속적인 피드백 ⑤ 사람과 사물의 공동 경험이 되는 인식.[46] 이 다섯 가지 과정은 자동차, 전화, 집, 냉장고, 장난감이 서로 의사소통하고, 아마존 에코나 알렉사처럼 음성에 반응하는 장치가 모든 대화를 청취하는 '스마트 시티'에서 더 두드러진다.

연속적인 이동, 상호작용형 화면, 정보 오버레이, 증강현실은 자율 주행의 미래에 대한 상상, 즉 소프트웨어가 인텔리전트 환경에서 운행되는 스마트 차량을 조정하는 모습에서 전형적으로 나타난다. 차량 간 네트워크(V2V), 차량과 인프라 네트워크(V2I), 그리고 궁극적으로는 차량과 모든 것을 연결하는 시스템(V2X)까지, 네트워크 연결 시스템이 갖춰진 차량을 타는 사람들은 시스템에 제어권을 넘겨 준다. 여러 센서를 이용하는 이 시스템은 계속 자체 모니터링을 하고 데이터를 수집하며 여러 정보 입력에 실시간으로 반응하면서, 비슷한 연결망을 갖춘 차량과 인프라가 함께 '군집 학습'을 구축한다.

그러나 민간기업과 국가 경찰기구의 알고리즘 소프트웨어 통제에는 규제 감독이 거의 없으므로 시민권, 노동권, 프라이버시, 정의가 제대로 보호되는지는 의문이다.[47] '스마트 시티'는 누구의 요구를 만족시키고 누구의 역량을 넓혀 주는가? 우리는 자동화 기술과 데이터 처리 작업에 얼마나 많은 권한을 넘겨 주는가? 우리는 네트워크 시티를 만들지만, 네트워크 시티도 우리를 만든다. 오늘날 많은 사람들이 '모바일 라이프'를 살아간다. 이들은 동시에 여러 일을 하거나 시간을 파편적으로 쓰거나 더 많은 일을 하면서, 확장되었지만 불균등한 인프라에 의존한다.[48] 또한 뉴스, 광고, 소셜미디어 업데이트—또 다른 반복적·변형적 실천―는 사용자 주문형 쇼핑 및 배송 서비스와 점점 더 많이 연결된다.

우버나 리프트 같은 주문형 모빌리티 서비스, 혹은 택배 배송회사들은 개인 운전자나 물건을 고객과 연결하면 효율성이 개선되고 비용이 절감된다고 약속한다. 그러나 민간기업들이 임시 계약직 근로자들의 일정, 일자리, 그리고 급여율을 알고리즘으로 조작하는 것은 근로자들의 자율성을 약화시키고 초과근무수당이나 건강보험 같은 노동권 보호를 취약하게 만들 뿐이라는 분석도 있다. 임시직을 선호하는 경제 형태는 노동 유연성을 제공하지만 높은 불안정성도 낳는다. 인간 운전자를 자율주행 기계로 대체하려는 추세도 비슷한 상황을 조성할 것이다. 네트워크 연결 · 자율 · 공유를 내세우는 경제는 기존의 교통 시스템에 이미 내재되어 있는 계급 · 젠더 · 인종적 불평등에 어떤 영향을 끼칠 것인가?

출입국 관리, 범죄 데이터베이스 확보, 예측 치안 유지를 위해 개발된 소프트웨어 시스템들은 이미 광범위하게 불안 요소를 예측하고 감시하고 있는 국가 보안기구들과 합쳐지고 있는 중이다. 미국 전역에서 경찰은 바디캠을 달거나 CCTV 설치를 확대하는 동시에 범죄 예측 프로그램인 '프레드폴PredPol'과 같은 범죄 예측 소프트웨어들도 채택하였다. 이 기술이 치안 활동에서의 편견 개입을 없애서 불심검문 같은 경찰의 권력 남용을 줄일 것이라고 정당화할 수도 있다. 그러나 실제로는, 이 기술은 예측 알고리즘에 입력되는 편중된 데이터로 인해 치안 활동에 내재한 편견을 강화할 수도 있다. 예측 알고리즘이 인종 분리,

역사적으로 저소득층 거주지역에 집중된 강력범죄, 이 지역에서 그동안 진행된 편견 섞인 경찰 활동 등의 기존 패턴들에 기반해 '훈련'될 수 있기 때문이다.

정치적 측면에서, 모빌리티 시스템은 불안과 공포와 보안 강화의 중요 지점이 된다. 주문형 서비스 운전자의 이동에서도, 테러리스트·밀수꾼·불법체류자를 색출할 때도, 공항에서 전염성 열병이 의심되는 승객의 탐지에서도 모빌리티 시스템은 그 중심에 놓인다. 테러리스트가 비행기를 장악하거나 전 세계 여러 도시에서 보행자를 자동차와 트럭으로 공격하는 사건들이 일어나면서 모빌리티는 의혹의 대상이 되었고 더 공격적인 예측 정책이 뒤따랐다.

네트워크 도시성은 몇몇 회사들의 선전처럼 단순히 '더 나은 세상을 만드는' 것이 아니라, 불균등한 삶의 공간을 만들어 낸다. 신체들을 차별하여 불평등한 위치 통제 방식과 인종화·젠더화된 모빌리티 체제에 소속되게 만들어 버리는 것이다. 탈산업화한 글로벌 노스에서 꿈꾸는 스마트 시티는 총체적 데이터와 총체적 모빌리티 통제의 환상을 실현시킨다. 이 환상은 한국의 송도 국제비지니스 도시나 아부다비의 마스다르 시티처럼 스마트 시티를 내걸고 지어진 도시들에서 절정에 이른다. 잘 계획된 자동화 '지능'은 도시의 건물, 인프라, 중앙 조정, 컴퓨터 통제 시스템 안에 자리 잡고 있다. 이 도시들은 시민사회의 기원에 해당하는 도시적 삶, 즉 감시받지 않는 공공공간, 누구에게나 개방된 거리가 출현할 여지를 남기지 않는다. 미국의 도시들은 공공공간을 보안과 쇼핑을 위해 민영화하면서 이미 그러한 모습을 띠게 되었다고 보는 도시

이론가들도 있다. "이 반-도시성은 어느 정도 성공했다. 다른 사람들의 희생을 대가로 하여 어떤 사람에게는 이득을 주었기 때문이다."[50]

자동화를 순수한 기술 시스템으로 바라보는 요즈음의 시각과는 달리, 모빌리티 연구는 문화, 생생한 경험, 의미가 인프라를 포함하는 기술 시스템의 중요 요소라는 점을 우리에게 상기시킨다. 도시는 기술, 실천, 인프라, 네트워크, 집합체로 구성된다. 물론 기술적으로 강화된 도시성에 관한 내러티브, 이미지, 이야기도 있다. 이 양쪽이 만나서 모빌리티 문화에 영향을 끼친다. 도시 연구 분야에서 모빌리티를 중시하는 사고방식은 "(잠재적인) 의미가 풍부한 상호작용, 쾌락, 문화 생산의 장소로서 모빌리티와 인프라를 재개념화"하기를 요구하며, 여기에서 사람들은 "이동의 협상"과 "이동의 의미 생산"에 참여할 수 있다.[51] 그러나 협상과 의미 생산이 언제나 평화롭거나 쉽게 합의로 이어지는 것은 아니다.

도시의 문화 생산에는 정치적 투쟁과 "음흉한 설계dark design"도 관련되어 있다. 음흉한 설계란 의도적으로 '반갑지 않은 자들'을 배제하기 위해 울타리를 두르고, 스파이크를 박고, 불쾌한 음향을 들려주면서 벤치, 거리, 보도에 다양한 장벽을 설치하는 것을 말한다.[52] 인프라는 문화적으로 생산되고, 인간에 의해 능동적으로 형성되면서 또 인간의 무대를 형성한다. 따라서 언제나 정치적이다. 인프라는 이데올로기적으로 의도된 결과(배제와 감시)와 의도되지 않은 결과(해킹)를 동시에 낳으며, 우리의 잠재적 모빌리티만이 아니라 우리의 잠재적 정치적 동원을 위해서도 중요한 이동정치적 의미를 갖는다.

역외 투자와 특권층의 분리

모빌리티는, 이 부분이 중요한데, 단지 A에서 B로 사람 또는 물건을 옮기는 일만을 뜻하지 않는다. 금융 모빌리티를 비롯한 다양한 가상 모빌리티가 존재하며 이는 인프라 집합체에 결합된다. 페더스턴 Featherstone과 어리가 지적한 것처럼, 자본의 '역외 투자'는 초국가적인 스케일에서 많은 특권적 모빌리티가 만들어지게 한다. 국가의 규제를 회피할 상당한 역량이 있어야 가능한 일이다. 빠르게 움직이는 글로벌 금융시장과 정부 네트워크는, 그리고 이것들이 가능하게 만드는 특권층의 자본집약적인 생활 방식은 광범위하게 사회, 공간, 경제, 환경, 정치적인 영향을 미친다. 정보와 금융 모빌리티는 교통 인프라만큼이나 불평등 모빌리티 연구에서 매우 중요한 대상이다. 최근, 엄청난 데이터 유출이 자본의 은밀한 유통과 재산의 은닉처를 노출시켰다.

애플비Appleby라는 로펌은 카리브해 조세피난처의 해외 은행 계좌들에 대한 자세한 정보를 담고 있는 1,340만 건의 자료를 공개했다. 이 이른바 파라다이스 페이퍼에는 많은 억만장자, 정치인, 유명 인사, 그리고 지배층 인사들이 그들의 재산을 감추기 위해 해외 은행을 이용하고 있다는 사실이 담겨 있었다. 영국 여왕은 비과세 케이맨 제도 펀드에 수백만 파운드를 투자하였다. 세계에서 가장 큰 광산회사인 글렌코어는 콩고민주공화국과의 논란 많은 광산 계약을 확보하기 위해 비밀리에 수백만 달러를 대출하였다. 미국 상무장관 윌버 로스는 블라디미르 푸틴의 사위와 연관된 러시아 선박회사에 투자했다. 프리미어 리그의 축구 클럽인 아스날과 에버튼을 소유한 억만장자들은 수상한 금융 거

래를 했다. 이 돈들을 따라가면 깜짝 놀랄 만한 세계 금융계 지도가 그려진다.[53]

그러나 '역외 투자'는 섬이라는 이미지를 특권적 모빌리티의 은유이자 기호론적 지표로 사용하는, 공간적 고립에 대한 담론적 상상의 일부분이다. 개인 제트기 여행, 그리고 호화로운 음식이 넘쳐나고 수자원을 독점하는 개인 소유 섬은 환경오염에 치명적인 영향을 준다. 버드는 "항공기 제조에서 폐기까지 모든 단계에서 비지니스 목적의 항공기 운영이 환경에 끼치는 영향을 조사하고, 이 지역의 환경 문제를 개선할 최선의 방법이 무엇인지, 그리고 석유 고갈로 다가가는 세계에 그 방법을 어떻게 적용할 것인지 고민해야 한다"고 했다.[54] 그러나 우리는 더 어려운 질문을 던져 볼 수 있다. 항공기 운영 단계와 그 직접적인 생태발자국ecological footprint• 문제 너머에는, 더 넓은 지형에 간접적인 영향을 끼치는 고탄소 생활 방식이 존재한다. 주변 지역, 섬, 숨겨진 장소에 특권층이 '단절'되어 사는 현상은 최근 모빌리티 불의의 성장에 중요한 지표가 되었다.

특권 모빌리티의 탈영토화한 네트워크 공간과 고도로 높은 보안성은 외부 세계로부터의 분리를 가능하게 한다. 존 어리가 설명했다시피 글로벌한 이동 특권층들은 역외 자본을 보유하면서 보호받고 비밀

• 한 사람이 지구에서 살아가기 위해 필요한 면적을 의미하는 생태학적 지표이다. 즉, 의식주나 자원의 생산과 소비에 필요한 비용을 토지 면적으로 환산한 결과이다. 환경부의 지속가능발전 포털에 따르면, 지구가 감당해 낼 수 있는 생태발자국은 1인당 1.8ha이나 한국인의 평균 생태발자국은 1인당 3.56ha이다.

을 유지한다. 역외 자본과 호화 여행의 모빌리티는 '낮은 세금과 사치스러운 여행'을 제공하는 탈식민지 소규모 국가들(일부는 아직 식민지이다)로 향할 때가 많다. 파라다이스 페이퍼에는 앤티가, 바부다, 아루바, 바하마, 바베이도스, 버뮤다, 케이맨 제도, 쿡 제도, 도미니카, 그레나다, 라부안, 레바논, 몰타, 마셜 제도, 세인트 키츠, 네비스, 세인트 루시아, 세인트 빈센트, 사모아, 트리니다드토바고, 바누아투 등에 있는 비밀 관할 지역에서 활동한 기업들의 명단도 들어 있었다. 물론 이들 관할 지역들의 비밀 범위는 제각각이고 모두가 부패한 것은 아니다. 미국의 델라웨어도 마찬가지로 저세율 관할권이다. 그러나, 버뮤다에서만 9,469개의 회사가 역외 투자를 했다.

비밀 보호, 숨겨진 자금 흐름, 탈세, 세금 회피 등의 다양한 방법을 제공해 주는 이 안전 지역은 특권 모빌리티의 이동 공간, 공간적 형성물이다. 여기서 "안정성과 이동성은 하나로 합쳐진다." 로버트 프랭크Robert Frank는 특권층들의 이동 공간을 "부자들의 왕국"이라고 부른다. 이들은 세계를 돌아다니며 호주(가장 인기 있는 곳 중 하나이다), 캐나다, 미국, 포르투갈의 '특별 투자자 비자'를 쉽게 사들일 수 있다. 심지어 카리브해의 '역외' 조세피난처들에서는 지정된 사업에 투자하면 국적까지 획득할 수 있다. 난민이나 이주자들이 쫓겨나는 와중에서도, 이 '백만장자 이주자'들은 어디서나 환영받는다.[55] '골든 비자'라고 불리는 프로그램을 이용하면, 25만 유로에서 50만 유로 상당을 투자할 수 있는 '높은 순가치'를 갖는 가정은 그 대가로 영주권이나 시민권을 얻을 수 있다. 카리브해 여러 나라에서는 '투자 시민권' 제도가 있고, 영국 · 미국·호주·뉴질랜드는 '투자이민'을 받아들이며, EU에서는 "완전히 이주할 필요도 없이, 부동산을 구입하면 거주권을 획득할 수 있다."[56] 이동 특권층들의 접근을 허용하는 바로 그 나라들은 일반적인 이주, 귀화, 거주를 점점 제한하고 있으며, 난민과 망명자들도 점점 더 많이 거부되고 있다.

마찬가지로 켈러 이스털링Keller Easterling도 노동법, 환경법, 과세 등 국가 관할권이 미치지 못하는 '국가 외 도시 공간'이 늘어나고 있다고 지적한다. 이 역외 지역은 사람, 데이터, 물건의 불균등 모빌리티에서 이익을 얻는다. 글로벌 엘리트들은 일종의 공간 여과기로 기능하는 안전한 경로와 경계를 쉽게 이동할 수 있으며, 관광객, 투자자, 관리자, 비정부기구, 심지어 때로는 구호활동 봉사자로서 이 특별구역을 드나들 수 있다. 역외 탈세 계좌는 민간 항공기와 요트 구입, 자산 투자, 그리고 비밀 주식과 지분 확보를 위해 많이 사용된다. 어떤 사람들은 비밀 자금을 광산 사업이나 화석연료 채굴처럼 환경과 인권 측면에서 문제적이며 공해를 낳지만 수익성은 좋은 사업에 투자한다. 사실 이 사업들의 수익성이 높은 이유는 오염 관련 비용을 무시할 수 있기 때문이다. 오염 문제는 정부와 납세자들이 해결하라고 내버려 두는 것이다.

비밀 자금을 이동시켜 주는 경로와 경계는, 동시에 노동과 서비스의 이동을 방해한다. 데이터 흐름은 역외 계좌, 유령 회사, 세금 면제에 숨겨진 금융 거래의 불투명성을 이용해 역외에 감추어진다. 물건과 재료는 세금과 관세를 피해 정체를 숨기고 역외 지역에서 자유롭게 이동한다. 따라서 어떤 예외적인 상태를 조성해 특정한 행위자는 숨기고 또 다른 행위자들은 노출시키는 "위선적 주권" 혹은 "위장된 주권"이 나타나게 된다.[57] 불균등 모빌리티가 이 모순적인 보안 체제를 만들어 낸다. 마찰과 배제를 겪게 하는 검문소, 봉쇄, 구금, 해제, 대기가 한 편에 존재하며, 또 다른 한편에는 '부자들의 왕국'에 속한 자들이 곳곳을 날아다닌다. 존 어리는 역외 투자가 비밀주의에 깊이 기반하고 있다고 주장한다. 물론 여기에는 숨겨진 모빌리티가 포함된다. 비기 모빌리티라는 말은 그 정의상 모순적이다. 비밀 모빌리티는 이를 이용하는 사람들에게 특혜를 주면서 공공의 숙의나 대중들의 접근 가능성을 차단하고 그들의 모빌리티를 제거해 버리기 때문이다. 물론, 밀수업자들과 밀매업자들도 불법행위를 감추기 위해 비밀스런 모빌리티를 사용한다. 하지만 강력한 국가 행위자들도 모빌리티를 숨겨서 법적인 감시, 감독의 범위를 모호하게 한다. 밀수, 밀매, 약물 밀매 경제 같은 지하 세계의 불법적 모빌리티―이를 '밀매 모빌리티'라고 부를 수도 있을 것이다―는 국가의 비밀스러운 행위, 혹은 타락한 국가 요원의 행위와 접점을 형성하는 경우가 많다(TV 드라마에서 많이 다루는 주제이기도 하다).

(무기 밀수처럼) 불법적인 경제행위에는 국가 행위자들도 가담하지만, 일반적으로는 국가 외 행위자들이 많이 끼어든다. 이들이 재산을 쌓는 과정이나 비밀 유지를 위해 노력하는 모습은, 합법적인 시장 내 특권 모빌리티의 행위나 공간과 겹치는 바가 많다. 현실적으로, 합법적인 세금 회피와 불법적인 돈세탁을, 또는 개인 제트기 휴가와 개인 비행기의 마약 투하를 구별하기란 어렵다. 둘 다 같은 공항, 활주로, 그리고 역외 은행을 사용한다. 우리는 물리적으로, 가상 세계에서, 혹은

이 둘의 하이브리드 방식을 통해, 지하 범죄 세계가 영토 바깥의 운동 공간에서 어떻게 번성하는지, 또 특권층의 모빌리티가 가진 불의가 어떻게 유지되는지를 더 깊게 이해할 필요가 있다.

이 지점은 모빌리티 정의의 원칙이 가장 덜 발전된 영역이라고 할 수 있을 것이다. 그러나 우리는 적어도 국가의 책임, 투명성, 그리고 국제 규제라는 기본적인 민주주의의 원칙들에 의지할 수 있다. 우리는 인프라의 책임과 기업의 투명성을 더 많이 요구해야 한다. 누가 어떤 목적으로 데이터를 수집하고 있는지 알아야 한다. 기술적인 해결책을 경계하고 탈세를 감시해야 한다. 우리는 공공공간, 시민 영역, 정보의 자유를 보호해야 한다. 그렇게 하지 못한다면 모빌리티의 자유는 허위에 불과하게 될 것이다. 모빌리티의 자유가 역외 지역을 이용하는 이동 엘리트들의 특권에 그칠 것이기 때문이다. 특히 데이터 모빌리티에 주의하면서, 나는 기초적인 인프라 정의의 원칙들을 아래와 같이 제안해 본다.

- 교통, 통신 및 정보 공유를 위한 공공 인프라는 공공기금으로 제공되어야 하며 모든 사람이 이에 접근할 수 있어야 한다.
- 재해 복구에 이용되는 정보통신기술에는, 어떠한 정보격차 상황에서도, 자신의 역량 강화를 목표로 복구를 시도하는 자라면 누구나 가능한 한 접근할 수 있어야 한다.
- 공공 접근을 보장하기 위해 망 중립성과 개방된 데이터 저장소를 유지해야 하며, 공공기금으로 수행된 모든 연구는 공개 출판이 허용되

어야 한다.

- 데이터 프라이버시는 법적 보호를 받아야 하며, 국가와 기업은 개인 데이터를 검색하고 압수하고 가져가거나 사용할 권리를 가져서는 안 된다.

- 소위 '역외' 금융에 대한 규제가 있어야 하며, 거주지에서의 재무 보고 와 납세가 시행되어야 한다.

20세기 후반의 세계화 담론, 그리고 모두가 기술로 연결된 탈국가적 인 '평등한 세계'라는 미사여구가 떠받쳐 준 '국경 없는' 모빌리티의 이 미지는 21세기 초, 특히 9 · 11 테러 이후 무너지기 시작했다. 전 세계 의 초국가적인 자본과 기업은 제한 없이 이동했고, 자유무역지대와 '역 외' 금융 중심지가 확산되었으며, 관광산업이 거대하게 확대되었고, 국 경을 가로지르는 문화 연결과 통신망이 확장되었다.

그러나 동시에, 점점 더 세계화하고 점점 더 개방되고 있다는 생각 —즉, 모빌리티의 자유—는 계속된 이민 제한, 국경지대 난민들의 처 참한 죽음, '마약과의 전쟁'과 치솟는 투옥률, 그리고 인신매매나 마약 거래처럼 지하경제가 낳은 수많은 폭력들에 의해 이미 거짓임이 드러 났다. 세계화, 그리고 세계화를 정당화하는 담론들은 1990년대 후반 및 2000년대 초반 반세계화 운동의 도전을 받았고, 위키리크스처럼 비 밀 정보를 공개하는 행위가 잇따라 출현하면서 타격을 입었다. 이제 인프라 정의를 위한 운동은 역외, 글로벌, 이동성에 주목해야 하며, 국 가 및 그 규제에서 벗어나려는 특권층들의 전략을 저항 전술로 전환해야 한다.

　광범위한 알고리즘 컴퓨팅은 도시뿐만 아니라 더 넓은 국경 이동까지 포괄하는 인프라 모빌리티 정의의 범위와 규모를 다시 따져 보게 만든다. 네트워크 도시성은 스마트 시티와 역외 지역이라는 새로운 코드/공간을 생성하게 해 주었을 뿐만 아니라, 시민 감시, 범죄 예방, 이주자 관리 및 난민 구금에 활용된 네트워크 데이터 연결 시스템을 이용하는, 새로이 등장한 '스마트 국경'과도 밀접한 관계가 있다. 국경을 넘나드는 모빌리티와 국경 이동은 현대의 이동정치에서 가장 해결하기 어려운 문제 중 하나로 남아 있다.

5장

유동 국경과
이주정의

현재 자국 내 난민을 포함해 고향에서 강제로 이주당한 사람들은 6,600만 명에 달하며, 이중 2,500만 명은 자국 바깥으로 밀려난 사람들이다. 이는 제2차 세계대전 이후 가장 큰 규모이다. 유엔아동기금에 따르면 2017년 한 해에만 약 2,800만 명의 어린이들이 분쟁으로 인해 고향에서 쫓겨났다. 국제이주기구는 2006년부터 2015년까지 전 세계에서 국경을 넘으려고 시도하다 4만 명 이상이 사망했다고 추산했다.[1] "국가들이 사람들의 이동을 포착하거나 개입하고 나아가 고의적으로 위험에 빠뜨리기 위해 안보를 내세우고 구금 관행을 확대한" 결과이다. 거의 70여 개국에 달하는 국가들이 국경장벽 건설을 확대하고 있는 것도 비슷한 맥락이다. "국경 경비대와 해양 순찰대를 강화하고 자국 내, 영토 경계 부근, 그 너머까지 포괄적으로 감시하기 위한 새로운 기술을 도입하면서 이동을 통제하려는 폭넓은 국가적 행위"가 벌어지고 있는 것이다.[2]

　지속 가능한 도시주의, 교통정의, 스마트 시티, 도시 접근성에 관한 논의들은 국경·관광·이주가 포함된 광범위한 초국가적 모빌리티 체제의 맥락 속에서 진행되어야 한다. 도시적·국가적·초국가적 모빌리티/부동성은 언제나 서로 관계를 맺고 있다. 모빌리티는 모빌리티 체제의 정치적 지배 하에 놓여 있다. 언제, 어디서, 어떻게 어떤 조건 하에서 누가 이동하고 무엇을 움직일 수 있는지(누가 머물거나 무엇을 움직일 수 없는지)를 결정하는 법적 체제도 여기에 속한다. 예를 들어, 앞에서 언급한 난민 숫자에는 기후변화 때문에 이주한 사람들은 포함되지 않는다. 잠재적 망명자인 기후변화 난민들에 관한 국제협약이 존재하지 않기 때문이다. 모빌리티의 폭력은 모빌리티의 자유만큼이나 결정적인 문제이다. 모빌리티 정의 연구는 이 때문에 아주 넓은 영역에 걸친 의제를 마주해야 한다. 접근성이나 도시에 대한 권리 문제를 넘어, 이동과 국경의 삶정치geopolitics, 지정학geopolitics, 죽음정치necropolitics*를 파고들어야 한다.

시민권은 초국가적 모빌리티를 차별적으로 관리하는 핵심 장소가 되었으며, 국경 간 모빌리티 역시 국가 자체의 생산을 위한 핵심 장소로 자리 잡았다. 1998년, 사회학자 지그문트 바우만은 차별적 시민권 제도가 "새로이 출현한 계층화에 대한 은유"이며 "'글로벌 모빌리티에 대한 접근성'이야말로 계층화 요소들 중 가장 높은 자리에 올라섰다"고 관찰했다.[3] 2001년, 지네트 베르스트라테Ginette Verstraete는 유럽에서 "일부(시민, 관광객, 사업가)의 모빌리티 자유는 강제로 이주해야 했던 불법적인 '국외자', 이주민, 난민을 조직적으로 배제함으로써 가능했다"고 주장했다.[4] 밀레니엄 전환기 이후로 지금까지, 어떤 사람은 국경을 건

---

* 아쉴 음벰베Achille mbembe는 삶을 죽음에 이르게 하는 권력을 가진 국가 통치 권력을 '죽음정치necropolitics'라고 했다. 이 개념은 푸코의 '삶정치biopolitics' 개념에 식민지적 차원의 통치 권력 이해를 더해 인종차별, 식민지화, 폭력을 분석하는 틀이라고 할 수 있다.

너오지 못하게 막고 또 어떤 사람들은 더 쉽고 빠르게 넘어오도록 해 주는 국가권력은 점점 더 강력하게 행사되었다.

여권과 국가가 발행한 여행 관련 문서의 쓰임과 역사를 연구하는 학자들은, 국가가 새로운 규제·조사·추적 기술을 사용하여 시민과 비시민의 움직임을 감시하면서 시민권이 점차 국가가 모빌리티를 관리하는 수단이 되고 있다고 지적한다.[5] 존 토페John Torpey는 '국가는 합법적 폭력의 독점'이라는 웨버Weber의 정의를 받아들여 여권의 역사를 연구하면서 '국가는 합법적 모빌리티의 독점'이라고 서술하였다. 국경 연구자 윌리엄 월터스William Walters는 국경은 일종의 선별 장치이며, 좋은 것과 나쁜 것이라고 추정되는 대상들에 차이를 부여한다고 했다. 국경 연구학자이자 인류학자인 힐러리 커닝햄Hilary Cunningham과 조시아 헤이먼Josiah Heyman은 이동을 제한하고 분류하는 국경이 모빌리티와 부동성 사이의 역설적인 장소가 되었음을 시사한다.[6] 국경은 이동과 계류의 복잡한 집합으로, 세계에서 이동성이 늘어났는지 아닌지를 따지는 단순한 문제로 취급되어서는 안 된다.

유럽연합의 이주 위기—수용 위기 혹은 인도주의의 위기라고도 하는—는 2015년에서 2016년 사이에 시리아 난민 사태가 발생하면서 심각한 양상을 띠게 되었다. 시리아인(아프가니스탄인과 파키스탄인들도) 수십만 명이 전쟁을 피해 터키를 거쳐 그리스로 건너가려고 시도했다. 남수단, 중앙아프리카공화국, 콩고민주공화국에서도 폭력을 피해 피신한 사람들이 리비아를 거쳐 북아프리카에서 이탈리아를 향해 바다를 건너려고 했다. 제네바 국제이주기구의 2016년 보고서에 따르면

2014년과 2015년에 1만 명이 넘는 이민자들이 목적지에 도착하지 못하고 사망했다. 2016년에도 5천 명이 지중해를 건너 유럽으로 향하는 길에 죽었다. 2015년 9월 그리스 해변에서 사망한 시리아 어린이 알란 쿠르디의 비극적인 사진이 널리 알려지면서 전 세계적인 시위가 일어났다. 이 죽음들 앞에서, 이민정의운동 활동가들은 '국경이 없는' 세상이 와야 한다고 외치기도 했다.[8]

현대의 모빌리티 관리는 이주, 난민, 망명, 그리고 미등록 이민자들에 대한 시민권 부여 등을 둘러싼 산적한 정치적 문제들을 마주하고 있다. 유럽의 이주 위기는 영국의 브렉시트 투표에도 영향을 미쳤다. 많은 민족주의 정치인들이 셴겐조약Schengen●에 따른 EU 내의 자유로운 모빌리티를 폄하하였다. 셴겐조약은 더 많은 EU 시민들이 영국에 정착할 수 있게 허용하며, 난민과 이주자들을 받아들이라는 압력이 거세지게 만든다는 것이다. 독일에서는 극우파 정당인 '독일을 위한 대안'이 처음으로 하원에 진출하였다. 오스트리아에서는 나치의 후예인 자유당이 연립정부에 참여할만큼 선거에서 두각을 나타냈다. 폴란드에서는 2017년 11월, 독립기념일에 "백인만의 유럽White Europe!"을 연호하는 행진이 벌어졌다. 이탈리아의 네오파시스트 정당 카사파운드CasaPound는 로마 근방에서 의석을 확보했다. 그리고 헝가리에서는 우파 수상 빅토르 오르반이 이끄는 권위주의 정부가 민족주의적이고 반

● EU 시민이라면 국경 통제 없이 EU 경내의 어디든 자유롭게 출입할 수 있어야 한다는 합의를 뜻한다.

난민적인 어젠다를 내세워 성공을 거두고 있다(헝가리에서는 노숙을 범죄로 규정하기도 했다). 일부 유럽인들은 난민과 망명 신청자를 받아들여야 한다고 주장하지만(독일 앙겔라 메르켈 총리는 이 노선을 주장하다가 상당한 정치적 손해를 보았다), 다른 이들은 그들을 막으려고 애쓴다.

미국은 오랫동안 바다에서 난민들을 막아 세우고 쫓아내는 정책을 폈다. 유럽 국가들은 난민을 막기 위해 장벽을 쌓기 시작했다. 특히 큰 논란이 발생한 곳은 호주였다(영국에서 죄수를 먼 곳으로 쫓아내면서 만들어진 나라인 호주는, 토착 원주민들을 몰아내고 그들의 땅을 빼앗아 건국되었다). 호주는 수백 명의 망명 신청자들을 파푸아뉴기니의 마누스섬과 남태평양의 나우루에 보냈다. 2013년 버마, 수단, 소말리아, 레바논, 파키스탄, 이라크, 아프가니스탄, 시리아, 이란에서 온 망명 신청자들이 인도네시아에서부터 타고 온 배가 호주 해안에 도착하기 전에, 호주는 배를 나포하여 난민들을 1944년 미군이 마누스섬에 세운 롬브럼 해군기지로 데려갔다. 호주 입국이 거부되고 호주의 옛 식민지에 수감된 난민들의 수용소에는 질병, 자살, 학대가 만연했다. 2014년에는 술에 취한 폭도들이 마누스 수용소 내로 침입해 170명 이상의 사상자를 낳았다. 《뉴욕타임스》 기자 로저 코헨Roger Cohen은 2016년 이곳을 방문한 후 이렇게 썼다. "사람들을 아무데나 내버리고, 가둬 놓고, 학대하고, 옴짝달싹할 수 없는 지옥에 머물게 한 결과가 이것이다."

희망을 잃고 여기에 갇혀 있던 수백 명은 2015년 단식투쟁에 들어갔다. 일부는 취재진의 질문에도 입을 열지 않았다. 코헨에 따르면, "호주인들은 수용소의 고립성을 이용하고 비밀주의를 조성했다. 눈에 띄지 않으면 잊혀지리라. 언론 취재에 응하지 마라. 여기서 일하는 모든 사람들의 계약서에는 엄격한 비밀 유지 조항이 들어 있다. 심지어 내부고발자를 감옥에 보낼 수 있다는 규정도 연방법으로 만들어졌다. 이 모든 것이 효과를 발휘했다." 2016년 4월, 파푸아뉴기니 대법원은 "마누스 수용소의 망명 신청자와 억류자들에 대한 반헌법적이고 불법적인 구금"을 끝내라는 명령을 내렸다[9] 2017년 가을, 호주는 수용소에 의약품을 포함한 모든 공급을 중단하고 수감자들을 근처의 다른 수용소로 보내고, 궁극적으로는 파푸아뉴기니 정부에 시설 통제권을 넘겨주면서 수용소를 폐쇄하려고 했다. 유엔 관리들은 성명을 발표했다. "우리는 부유한 민주주의 국가가 망명자들을 처벌하고 쫓아내려고 이런 극단적인 수단을 동원하는 광경을 본 적이 없다."[10]

어떤 이들은 물, 식량, 전기가 끊긴 이후에도 떠나는 것을 거부하고 물품을 밀수하면서 수용소를 농성장으로 만들었다. 이들은 국제법 상의 권리를 내세워 제3국으로의 안전한 이동을 보장하라고 요구했다. 2017년 12월, 유엔 난민고등판무관은 호주가 난민과 망명 신청자들을 내버렸다고 비난하고, 호주가 책임을 져야 한다고 선언했다.[11] 지금도 이 난민들은 지옥에 머물러 있다. 이들은 어떤 모빌리티 권리를 가지고 있는가? 그리고 강대국들이 존중하는 인권이란 과연 무엇인가?

이민 위기의 구성

글로벌 모빌리티의 여러 양상들은 언제나 그 아래에 강제 모빌리티와 비자발적 부동성, 추방과 억류를 숨기고 있다. 특히 백인 정착민 국가에서 인간 이주의 역사는 인종 프로젝트와 모빌리티 사이의 관계가 무엇인지를 숙고해 볼 중요한 출발점이다. 대서양 횡단 노예무역에 대한 연구들은 15세기에서 19세기 사이에 아프리카, 서인도제도, 북미, 유럽을 세계경제와 연결하는 상호연결된 대서양 횡단 경제가 존재했으며, 이로 인해 토착 인구가 사라지고, 아프리카인들의 대규모 강제 이동이 일어났으며, 유럽인들이 신대륙·아시아·오세아니아로 이주하게 되었다고 강조한다.

모빌리티 정의 개념은 교통, 도시성, 네트워크 도시가 드러내는 불균등한 지리학뿐만 아니라, 식민지 역사에 기반한 불균등 이동 및 모빌리티 관리라는 넓은 영역과 여기서 발생한 저항, 반동, 폭력을 주목하게 만든다. 불균등 모빌리티는 식민지 세계를 만든 특권층의 분리, 영토의 전유, 자원 추출에서 중요한 역할을 했으며, 현대 세계 불평등의 이동적 생산을 뒷받침하는 지속적인 권력 형식의 일부였다.

지금의 불평등한 세계 모빌리티 체제에는 탄소 연료 과소비로 이어지는 항공 여행, 국경과 장벽과 항구를 통과하는 물류, 난민 및 이민자의 국경 간 모빌리티 권리가 모두 포함된다. 따라서 모빌리티는 상대적이며, 불균등 모빌리티들의 특수한 배치를 통해 구성된 서로 다른 역사적 맥락을 지닌다. 그 배치 속에는 이주, 관광, 통근, 교육여행, 의료여행, 재방문, 임시 노동, 밀수, 군사 배치, 역외 활동, 성노동, 비상 대피도 들어 있다. 이 다양한 모빌리티 형태들의 이면에는 언제나 감금, 억류, 추방, 축출이 존재한다.

교도소 폐지 운동의 최전선에 있는 활동가들이 쓴《세계적 감금Global Lockdown》의 서문에서, 줄리아 서버리Julia Sudbury는 "세계적인 교도소는 사람, 제품, 자본, 사상의 초국가적 흐름이 지역적으로 표현된 것이다. … [따라서] 교도소의 구조와 그 안에 수용된 사람들의 처지는 자유무역협정이나 신자유주의적 구조조정에서부터 다국적기업 확장에 이르는 세계적인 요인들에 의해 형성된다"고 했다.[12]

미국에서는 식민지 정착 이야기를 다룰 때 애초에 원주민들의 땅을 빼앗으며 출발했다는 사실을 생략하는 경향이 있다.[13] 원주민 집단학살과 추방, 노예제도, 강제적이고 폭력적인 흑인 모빌리티 통제는 인종화된 미국 모빌리티 시스템의 기원이다(캐나다, 호주, 카리브해, 라틴아메리카에서도 마찬가지다). 그러나 한편으로 미국의 불평등한 현대 모빌리티 체제는 노예제가 폐지된 뒤, 남북전쟁 이후의 재건시대에 일어난 반동에 기반하기도 한다. 백인우월주의를 내세워 인종 분리를 법제화한 짐 크로우 법도 이 시기에 제정되었다. 역사가 코튼 세일러Cotten Seiler는 "모빌리티의 인종화"를 "근대적 관행과 모빌리티 제도가 고도로 인종적인 방식으로" 작동하는 것이라고 설명한다.[14] 백인의 모빌리티와 흑인의 부동성이라는 인종화는 대량 투옥 사태를 야기한 현재 미국의 '교도소-산업 단지'를 탄생시켰다.

19세기 중반, 북부는 노예제도가 불법인 명목상의 '자유주'였으나, 도망노예법은 현상금 사냥꾼들이 남쪽에서 북부로 도망간 노예들을 추적하여 사로잡고 강제로 다시 노예로 만드는 행위를 합법으로 규정했다. 물론 모두가 가만히 두고 본 것은 아니다. 잘 알려져 있다시피

'지하철도'는 사람들을 자유주들이나 캐나다까지 안내해 준 전복적인 모빌리티였다. 탈출 노예들은 플로리다의 세미놀 부족에 합류하거나 버지니아 남동부와 북동부 노스캐롤라이나의 해안 지대에 걸쳐 있는 거대한 늪지대 속에 몸을 숨겼다. 탈주 노예 공동체들은 유럽인들의 식민지화에 맞서 싸웠고 아메리카 전역의 노예화에 저항했다. 미국에서, 더 넓게는 아메리카에서 이동의 자유는 항상 인종과 깊게 연루되어 있었다.

인종정치 개념에서는, 아주 다양한 불평등한 권력관계들이 서로 다른 맥락·시대·접촉 속에서 어떤 집단은 인종으로 분류하고 어떤 집단에 대해서는 그렇게 하지 않는 결과를 낳거나, 반대로 그런 인종화가 권력관계를 낳는다고 본다. 나아가 캐나다, 미국, 남아프리카, 호주, 뉴질랜드와 같은 백인 정착민 국가에서는 유색인을 백인의 아래에 놓는 위계 구조에 기반한 인종적 지배가 차별적 인종화와 결부되어 있다는 것이 인종정치 개념의 주장이다. 백인 정착민 국가에서의 인종 지배는 유럽인들이 토착민들의 영토를 식민화하고 세계 여러 곳에서 이민자들이 들어온 후에도 수세기 동안 유지되었다. 이를테면 미국에서는 19세기부터 1965년까지, 즉 나라당 이민자 수를 할당한 하트 셀러법이 제정될 때까지 아시아인들의 이민을 엄격하게 제한하였다.

모빌리티의 인종화는 백인 정착민 사회에 이주해 들어간 사람들이 현재 사회적으로 받는 대우에도 영향을 끼쳤다. 멕시코, 중미, 카리브해, 필리핀에서 건너온 이들은 가정에서 보모, 가정부, 정원사로 일하거나 계절제 농업, 농수산 가공업, 관광산업에서 일자리를 구하면서 미국에서 계속 임시직 노동자로 일한다. 마찬가지로 호주 경제도 주로 아시아에서 건너온 수만 명의 저임금 임시 노동자에 의존하고 있다.

미국에서 가장 최근의 '이주 위기'는 오바마 행정부가 국경 관리를 강화하고 미등록 이민자들의 추방을 늘리면서 시작되었다. 2006년 하원에서 통과된 법안 HH4437은 미등록 이민을 범죄화하고, 미국-멕시코 국경에 무장 병력이 지키는 700마일에 달하는 국경장벽을 세우고, 국경 순찰대 규모를 두 배로 늘리고, 미등록 이민자들의 입국을 돕는 사람은 설사 교회, 인도주의 단체, 사회봉사 기관이라고 해도 형사처벌하는 내용이었다. 전국적으로 거센 반대운동이 일어나 이주정의를 요구하며 행진하고 농성한 끝에 결국 이 법안은 상원을 통과하지 못했다.

2006년부터 2012년까지 의회에서는 이른바 드림 법안DREAM Act: Development, Relief, and Education for Alien Minors을 통과시키려는 시도가 여러 차례 있었다. 이 법안은 대부분의 삶을 미국에서 보낸 미등록 청년 층들의 권리를 법적으로 보장하려는 것이었다. 이에 따르면, 드리머 Dreamers라고 불리는 청년들은 적당한 자격을 갖추면 미국에 남아 있을 수 있다. 16세 이전에 입국했고 신청 당시 30세 미만이었으며 미국에서 적어도 5년 동안 연속해서 거주했고 그동안 범죄 기록이 없어야 했으며, 고등학교를 졸업했거나 졸업 자격을 인정받거나 군대에 복무해야 했다. 조건부 거주 기간이 끝나면 이들은 2년제 대학을 마치거나 2년 동안 군대에서 복무한 경우 영주권을 신청할 수 있었다. 그러나 법안 통과가 실패하자, 2012년 6월 오바마 대통령은 행정명령으로 '유년기 이주자에 대한 연기 조치DACA' 프로그램을 실시했다. 여기에 등록한

약 80만 명의 청년들은 2년 동안 보호받으며, 거주 자격을 갖출 때까지 직업도 가질 수 있었다. 그러나 2017년 9월, 트럼프 대통령은 6개월 유예 기간을 두고 DACA를 폐지했다.

현재 이 청년들의 운명은 오리무중이다. 트럼프 행정부는 이들을 보호해 주는 대신 의회가 국경장벽의 건설을 승인하도록 강요했다. 이민정책을 두고 벌이는 정치적 게임에 이 청년들의 삶과 미래가 인질로 붙들려 있다.

언론과 우파 정치인들은 2014~2015년에 '이민 위기'를 부풀리는 말들을 계속 퍼뜨렸다. 그 와중에도 지중해를 건너 유럽으로 가거나 위험한 멕시코 북부 사막을 넘어 미국으로 가려는 사람들이 연이어 죽음을 맞이했다. 아이를 데리고 온 중앙아메리카 여성들도 많았지만, 자기 나라에서 극심한 폭력을 피해서 온 이 망명자들을 오바마 정부는 대부분 거부했다. 도널드 트럼프는 대통령 선거 기간 동안 멕시코를 폄하하는 말들을 계속 퍼부으면서 "아름다운" 국경장벽이 미국의 정치적 상상 속에 자리 잡도록 만들었다. 트럼프 정부는 합법적 이민을 제한하고 국경장벽을 건설하려는 노력을 거두지 않고 있으며, 당연히 미국-멕시코 국경과 카리브해 바다에서 사람들이 더 많이 죽어 가게 될 것이다.

트럼프 행정부가 출범한 첫 한 달 동안에만도 이민 행정명령과 국경 통제로 모빌리티 정의 원칙의 상당 부분이 무너졌다. 2017년 1월, 트럼프는 시리아 난민 수용을 금지했고, 7개 주요 무슬림 국가(이란·이라크·리비아·소말리아·수단·시리아·예멘)에서의 입국을 막았다.

이 행위는 수정 헌법 5조의 적법 절차 위반(특히 이 입국 금지는 외국인만이 아니라 미국 시민이나 영주권자에게까지 적용되었다), 수정헌법 14조 평등 보호 조항 위반(이 조항은 종교에 따른 차별을 금지한다), 1965년 제정된 이민 및 국적법 위반(이 법은 국적에 따른 입국 제한을 금지한다)으로보일 소지가 다분하다. 즉각 전국 공항에서 대규모 시위들이 일어났고그런 금지 행위는 국제인권협약을 위시한 온갖 법안들과 보호 의무들의 위반이라고 주장하는 소송들이 줄줄이 제기되었다.

트럼프 대통령은 취임 두 번째 달인 2017년 2월에 국경을 강화하고불법 입국을 통제하며 억류 및 추방 권한을 행사하라는 지침을 내렸다. 2006년에 상원을 통과하지 못한 국경장벽 건설과 이민자 차단 법안인 HH4437를 부활시킨 셈이다. 이 지침들은 미국에 거주하는 미등록 이주민 1,100여 만 명의 모빌리티 권리를 위협했고 적법 절차를 무시했다. 연방정부는 이민세관단속국 직원을 10만 명 더 충원하면서 조직을 확대하고 '신속 추방' 절차를 전국에 확대 적용할 계획이며, 이주자 구금 시설도 늘릴 예정이다(신속 추방 절차는 법원의 심리 없이 미국 체류 기간이 2년을 넘지 않은 '불법적인' 이주자들을 붙잡아 추방하는 제도로,해당자는 어디서든, 직장, 병원, 학교, 심지어 법원에서도 체포될 수 있다).

급습과 구금이 증가하기 시작되면서 많은 미등록 이민자들은 이미그늘로 숨어들고 있다. 자기 집에서 나오지 않거나 공공장소를 피하고, 무엇보다 차를 모는 일을 두려워한다. 사소한 교통 위반으로 경찰과 마주할 수 있기 때문이다. 동시에, 일상적인 국내 이동 중에 경찰들이 미국 시민들의 차를 세우고 국적과 종교가 무엇인지 캐묻는 일이 자주 발생하고 있다. 뉴욕·시카고·샌프란시스코·필라델피아는 스스로 '보호도시Sanctuary Cities'라고 선언하고 연방 이민 당국과의 협력을 거부하기도 했다. 2017년 11월 트럼프 대통령은 이 도시들에게 재정적인 불이익을 주려고 했지만, 법원은 불법적인 연방 권력 행사라며 이를 중단시켰다.

많은 사람들은 대규모 추방 체제의 등장이 기왕의 법적 보호만이 아니라 이동의 자유라는 기본 개념과도 모순된다고 느낀다.[15] 《가디언》의 칼럼니스트 게리 영Gary Younge은 이런 지적을 남겼다. "입으로 말하는 일은 드물지만 대부분 인정하고 받아들이는 사실은, 세계의 빈곤층들은 여행을 허가받지 못한다는 것이다. 세계 대부분에서 그렇다. 칼레의 난민 수용소에서부터 지중해의 난파 직전인 배들에 이르기까지, 트럼프의 장벽에서 베를린 장벽에 이르기까지, 국경은 우리가 만든 거대한 디스토피아 속에서 궁극적인 대결의 장소가 되었다."[16] 오늘날, 국경이동 문제가 드러내는 도저한 불평등과 노골적인 인종적·경제적 배제야말로 평등과 정의라는 기본 원칙을 정면으로 무너뜨리고 있다.

'국경 없는 세상No Borders' 운동은 이런 이동정치 체제에 맞서고자 한다. "〔비시민을 차별하는〕 '이주자'나 '시민'처럼 정체성에 관한 본질적으로 배타적인 국가 형식에 따라 사람들이 분류되어서는 안 된다는 것이 '국경 없는 세상' 운동의 관점이다."[17] 이 운동을 옹호하는 사람들은 "사회적 보호와 사회적 존재의 전제 조건처럼 기능하는 시민권에 따른 분류는 폐지되어야 한다"고 주장한다.[18] 이는 결국에는 국적에 따른 배제로 사람들에게 해를 끼치는, 인간의 모빌리티 통제를 국가가 독점하는 상황에 대한 강력한 거부이다. 여기서 우리는 인간 이동의 자유에 대한 급진적인 권리를 읽어 낼 수 있다.

이동적 국경 실천

토머스 네일Thomas Nail은 《국경의 이론Theory of the Border》에서 아주 유용한 국경 개념을 제시했다. 국경은 이동을 막는 고정된 칸막이가 아니라 어떤 유체역학적인 움직임들을 제어하고 처리하는 기술이라고 본 것이다. 네일은 국경의 형성 시기를 찾아, 울타리를 치는 기술의 발달과 함께 농경 정착이 시작된 신석기 시대까지 거슬러 올라간다. 그는 축성 기술의 발전을 다루면서 "국경을 만들어 내는 것은 정치사회가 아니다. 정치 그 자체의 현존을 위한 운동 조건인 국경장벽이 국경을 형성한다"고 주장한다.[19] 네일은 감방의 역사를 추적하면서 모빌리티의 정치를 탐구했다. 중세에 개인을 가두었던 수도원 독방이나 감옥의 감방은, 18세기에는 검문소의 형태로 출현했다. 세계에 식민지를 건설한 유럽 제국들에서의 검문소는 이동을 데이터로 바꾸고 흐름을 완전히 정지시키는 것이 아니라 규제하고 조정하는 역할을 했다.

네일은 자신의 국경 이론을 미국-멕시코 국경 문제에도 적용하여 사스키아 사센Saskia Sassen이 말한 '추방이 낳는 확장'에 주목하면서, 농업 · 광업 · 수자원을 손에 넣기 위한 '토지 점유'가 어떤 식으로 이민의 물결과 그가 '이동정치kinopolitics'라고 부르는 복잡한 순환을 낳는지를 보여 준다. 그의 논의는 현재의 상황에 주목하게 한다. 미국이 막으려고 애쓰는 이주민들의 물결은 (세계화, 신자유주의, 북아메리카 자유무역협정을 포함하는) 경제정책들이 낳은 현상이다. 이 경제정책들은 중미와 멕시코 농촌의 농업경제를 악화시켰고, 사람들을 땅에서 쫓아냈으며, 국제 마약 카르텔의 마약 밀매 경제를 강화시켰고, 폭력적인 갱단들이 중앙아메리카 전역의 마을들에서 설치도록 만들었다.[20] 추방은 우연한 일이 아니라, 인위적인 현상이다. 사센은 이렇게 주장한다. "기초적인 정책에서부터 지식과 복잡한 조직 형태를 필요로 하는 복합적인 제도, 시스템, 기술에까지 이르는 다양한 개입들이 이런 현실을 낳았다. … 발전된 정치경제는 복잡성이 심각한 잔인성으로 이어지는 세상을 만들어 냈다."[20]

정치학자 하가르 코테프Hagar Kotef는 홉스와 로크의 정치철학을 분석하면서, 모빌리티의 자유가 국가에 대한 자유주의적 개념의 기반이라고 주장한다. 그러나 코테프는 이 자유 모델이 법과 거주가 제한하는 모빌리티 개념에 의존한다고도 했다. 그 반대편에는 '과도한 모빌리티'를 보여 주는, 제대로 된 법과 이성을 지니지 못한 야만인이나 미개척지에 사는 토착민들이 있었다. 아메리카 대륙에서 '자연 상태' 속에 사는 원주민들은 국가에 대한 복종이 이끄는 제한된 자유freedom의 조건이라고 정의되는 자유liberty를 결여하고 있었다. 코테프는 자유주의적 모빌리티 체제와 폭력이 동전의 양면이라고 본다. 자유주의 국가에서의 자유는 국가의 보호를 받기 위해 제한된 모빌리티 체제에 복종하는 것으로 구성되며, 이는 국가 안팎으로의 이동을 제약하고, 지나치게 자유롭고 여기저기 방랑하며 예상치 못한 움직임을 보여 준다고 가정된 '야만인'들을 막거나 배제한다.

그러나 코테프는 권력에 대한 저항도 강조한다. 사람들이 이동하며 보여 주는 '아래로부터의' 실천에 주목하는 것이다.[21] 이스라엘의 검문소들을 분석하면서, 코테프는 사람들이 어떤 방식으로 검문소를 지나는지에 주의를 기울여야 한다고 서술한다. "사람들은 어떻게 이동하는가, 어디로 가는가, 서로 다른 이동 방식(규정을 따르거나, 규정에 항의하거나, 규정을 위반하거나)이 공간을 어떻게 서로 다르게 이용하게 만드는가. 사람들은 정지당할 때 어떤 전략으로 대응하는가, 국가 그 자체의 폭력적인 이동을 막아서기 위해 어떤 장애물들●(바리케이트를 쌓거나, 타이어에 불을 붙이거나, 길가에 빽빽하게 앉아 있기)을 만드는가."[21] 이런 이동 중에 발생하는 의미, 영향, 충동, 순간적인 만남들의 다양한 방식들을 파악하려면 "사람들의 이동 너머로 나아가, 사물들의 움직임과 사물들 사이에 형성된 여러 구성체들을 한꺼번에 인식해야만 한다." 그렇다면 국경은 사람과 사물, 데이터와 신체, 대상과 재현의 복잡한 구성물이며 이 모두는 모빌리티/부동성의 차원에서 서로 상대적인 관계를 맺고 있다고 해야 할 것이다.

우리는 영토와 국경 사이, 모빌리티와 격리 사이의 관계를 재사유하

● 여기서 말하는 '국가의 폭력적 이동에 대한 장애물 만들기'란, 팔레스타인인들이 자신들의 자유로운 모빌리티는 통제하면서 이스라엘의 모빌리티에는 특권을 부여하는 장벽/검문소에 저항하기 위해 벌인 행동들을 뜻한다. 예를 들어 가자 지구의 팔레스타인인들은 장벽 건설에 항의하기 위해 여러 사람이 모여앉아 이스라엘군의 통행을 방해하고, 바리케이트를 쌓고, 타이어에 불을 피워 이스라엘군의 조준사격을 피하면서 장벽에 접근하는 저항 활동을 벌이고 있다.

는 더 넓은 국경 연구의 맥락에서 이 주장을 검토해 볼 수 있다. 국가 권력이 뒷받침하는 고정된 영토 논리와 자본 축적의 모빌리티를 대립시키는 이론들과 달리, 관계를 중시하는 이론들은 국경을 만들거나 허무는 행위가 어떤 영토를 즉시 생성, 고정하거나 탈영토화한다고 강조한다. 국경은 영토 인접 지역의 모빌리티를 통제하기 위한 경계, 한계, 장벽인 것만도 아니며, 영토가 국경에 앞서 존재하는 것도 아니다. 오히려 영토와 국경의 관계야말로 '국경 실천bordering practice'이라 할 수 있다.[22] 사센에 따르면 "국경은 단순한 경계선이 아니다. 국경은 다양한 내용과 다양한 지리적·제도적 위치를 지닌 체제들의 혼합이다." 여기에는 자본과 정보와 전문가들과 미등록 이주자와 밀수 물품처럼 셀 수 없이 많은 흐름들이 나타난다.[23]

더 나아가, 국가의 감시와 새로운 국경 보안 체제가 수집하는 강력한 데이터 권력을 강조하는 최근의 논의들과는 반대로, 국경은 우연적이거나 때로는 쉽게 무너지는 영토적 실천이기도 하다. 한 국가의 통제 범위를 넘어서고, 그 경계 위로 넘쳐나며, 그 지반 아래에 균열을 내고, 국가 공간을 형성하고 인구를 통치하기 위한 제도적 역량 바깥에서 벌어지는 실천들인 것이다. 때문에 사센은 이론적으로 영토 그 자체가 "국가 영토로 환원될 수 없는", "권력 및 권한 부여의 논리와 주장 형성의 논리가 내재된 복잡한 역량"이라고 정리하면서,[24] 영토의 구조적 재배열을 시사하는 두 가지 형성물을 강조한다. 첫째, 국가의 영토 관할권 내에는 비국가적 관할구역의 확장이 존재한다. 둘째, 전통적인 국가 내 경계를 가로지르는 새로운 유형의 경계 공간이 존재한다.

첫 번째 종류의 예로는 세계무역기구, 국제형사재판소, 유엔 인도주의 기구의 관할구역을 들 수 있다. 두 번째 종류의 예는 사센이 "국가 영토의 표면 아래로 깊게 뚫린 구조적 구멍"이라고 부른 비공식적이고 지하 세계에 속하며 탈법적인 행위들이다.[25] 게다가 국경에서의 비국가적 행위들은 국가의 국경 통치 행위와 교집합을 만든다. 국가의 통제 바깥에 있지만 여전히 국가권력을 재생산하는 국경 지역을 함께 구성하는 것이다. 예를 들어, 아프리카 케냐의 카쿠마 난민 수용소는 20여 국가 출신의 20만여 명이 거주하는 도시가 되었다. 프랑스의 칼레에서는 수천 명의 이민자가 영불해협 너머로 데려다 줄 밀수 트럭이나 기차를 기다리면서 '정글' 캠프에 살았다(2016년 10월에 캠프는 폐쇄되었다). 한편, 북아프리카의 스페인 영토인 세우타에 침입해 들어가 난민 신청을 하는 아프리카 이주자들은 이 높은 철조망 울타리를 유럽으로 넘어가는 기준점으로 만들었다.[27]

이 모든 국경, 횡단, 모빌리티 관리 과정은 지금의 모빌리티 연구에서 매우 중요하다. 관계적 맥락을 지닌 불균등 모빌리티의 미래를 이해하기 위해서도 그러하다.[28] 세계적이고 인종화된 모빌리티 관리 시스템은 인종적 이민정책에 계속 영향을 끼친다. 오늘날 난민은 한 국가 공간에서 탈출하여 다른 국가 공간으로의 진입을 시도하는, 그래서 국가권력 사이에 위치하는 자들의 대표 격이 되었고, 국경은 이동의 기술 그 자체가 되었다. 앨리슨 마운츠Alison Mountz에 따르면,

움직이는 국가들은 한순간에 국경을 중심지로 만들거나 재배치하며,

역내와 역외로 이동하기 위해 항구를 재구성한다. 바다에서 검문하는 사례가 이런 이동을 잘 보여 준다. 국가 당국은 역외로 나가서, 주권 영토에 진입하려고 하는 사람들을 만나고 그 배에 승선하며 그들을 저지하거나 돌려보내거나 억류한다. 이 원격 검문과 구금은 대중들이나 언론, 인권 단체에도 잘 알려져 있지 않다. … 확실히 국경은 움직이고, 확산하고, 분산된다.[29]

나는 타마라 부코프와 함께 '스마트' 국경 감시가 (신)식민지적 통치를 가능하게 한다고 주장해 왔다. 국경 감시가 영토를 파악하고 국경을 넘는 모빌리티를 규제한다는 이유에서만은 아니다. 대상을 규율하고 인종화하는 삶정치적 관리는 국경 검문소에서 대상이 스스로의 정체성을 폭로하고 등록하도록 만들기 때문이다. 국경 그 자체는 점점 더 유동적인 성격을 가지게 되었다.[30]

유럽 국경 보안 체제는 이미 "모빌리티와 삶의 가능성을 크게 좌우하는 가상 정체성의 생성"을 가능하게 하는 기술을 도입했다. 이 기술은 사람들을 "처음에는 용의자로 분류한 다음, 위험한 대상인지 아닌지를 분류한다." 보안 시스템은 이제 셴겐조약 지역에 들어올 수 있는 비자를 지녔는지만 살피던 예방 시스템에서 한 단계 더 발전했다. 비자 정보 시스템VIS에 들어 있는 개인 데이터, 디지털 지문 인식, 사진을 활용하여 이동하는 모든 사람들을 감시할 수 있는 선제적 시스템인 출입국 시스템EES을 도입한 것이다.

EES 데이터베이스에는 이름, 생년월일, 국적, 여권 유형, 만료일, 여행 서류, 입출국 날짜, 장소, 얼굴 이미지, 입국 수, 셴겐 지역 체류 허가기간, 이동 중 비자를 소지할 필요가 없는 사람의 지문까지 등록된다. … 만약 체류 허가 기간이 지났는데도 출국 기록이 없으면 국경 경비대, 비자 승인을 담당하는 국가 영사관, 제3국인이 해당 국가의 영토에 머무를 권리를 결정하는 이민 당국 등 회원국들의 모든 관할 당국에 자동으로 경고 알림이 통보된다.[31]

EES가 각 나라의 경찰 시스템, 유로경찰 시스템과 통합된다면, EU 시민이 아닌 모든 자들에게 적용되는 범죄 추적 및 테러 방지 정보 수집 수단으로 기능하게 될 것이다.

미국 내를 이동하는 사람들은 미국 시민이더라도 이미 지문 정보 수집 대상이며 일부 공항에서는 공개적인 논의 없이, 법적 정당성도 갖추지 않은 채로 안면 인식 기술을 도입하였다. 《모빌리티Mobilities》지의 특집 '모빌리티와 국경'에서, 요르겐 올레 바렌홀트Jorgen Ole Baerenholt 는 모빌리티에 대한 자기 규제가 이동 주체에게 내면화되는 통치성의 한 형태인 '통치모빌리티governmobility'라는 개념을 제시하였다. 미국의 국경은 안보 논리로 작동하고 있으며, 매일 이동하는 사람들은 그 논리에 따라 움직인다. 그렇지만 여기에는 저항도 존재한다. "국경 연구는 저항의 실천에 주목해야 한다. 사람들이 국경에 대처하는 방식, 즉 국경을 초월하고, 무시하고, 극복하거나, 이용하거나, 심지어 국경을 만드는 전술 및 전략을 연구해야 한다. 따라서 국경은 국경을 가로지르는 사람들에 의해 만들어진다.”[32] 우리가 국경에, 감시 및 데이터 처리 체제에 협조하지 않는다면 어떤 일이 발생할까?

이동정치는 불균등 인프라 공간과 모빌리티 체제를 통해 차별화된 몸을 동원하고 탈동원하는 다중 스케일적인 정치들을 시사한다. 모빌리티 정의를 위한 우리의 투쟁은 그런 체제의 불의에 주의를 기울이도록 요구하고 불균등 모빌리티의 강요, 일반화, 합리화를 드러내는 데에서부터 출발해야 한다. 중국의 예술가 아이 웨이웨이Ai Weiwei는 난민 캠프의 현실을 직시하면서 프라하, 베를린, 비엔나, 뉴욕에서 제작한 설치 미술 작품에 난민들의 버려진 모포, 구명조끼, 옷가지, 문자메시지를 사용하였다. 그는 2017년 가을 뉴욕시 전역에 걸쳐 사진 기록, 장벽 조형물, 사람들에게 많은 상념을 불러일으키는 뉴욕 개선문 아래의 철창 오브제 등을 전시하였고, 다큐멘터리 영화 〈Human Flow〉(Ac Films, 2017)도 제작하였다. 이 작품들은 대중들이 눈앞의 위기를 바라보게 해 주었고, 많은 사람들의 공감을 얻었다.[33]

모빌리티 정의로서의 이주 문제는 지역 스케일, 도시와 국가 스케일, 그리고 더 큰 초국가적이고 전 지구적인 스케일 모두에서 검토되어야 한다. 이 스케일들은 깔끔하게 구분되는 것이 아니라 동시적으로 서로 얽혀 있다. 이동정치는 지역 스케일과 세계 스케일을 연결시킬 뿐만 아니라, 이동하는 수많은 사람들에게 해를 끼쳐 온 인종 · 젠더 · 신체 · 성적 차별의 역사를 고려해야만 한다. 바로 이 구체적 사건들 속에서 모빌리티는 실천되고, 경쟁을 벌이고, 전유되고, 협상을 거쳐 왔던 것이다.

구금, 추방, 감옥

모든 국가가 받아들인 것은 아니지만, 세계인권선언의 13조 1항에는 모든 사람은 자국 내에서 이동의 자유를 지닌다고 명시되어 있다. 유럽연합 안에서 국경을 넘을 이동의 자유는 유럽 국가들 간 이동의 자유를 막는 행위를 금지한다는 1957년 로마조약의 3조에 담겨 있다. 그러나 터키에서 그리스 레노보스섬으로 떠난 고무 보트들, 터키와 북아프리카에서 출발해 그리스와 이탈리아의 해변 '관광지'에 닿으려다가 지중해에 가라앉은 수많은 생명들을 떠올려 보자.[34] 국경을 건너려다 발생한 이 죽음들은 정치적이고 도덕적인 질문을 제기한다. 목숨이 경각에 달린 사람들은 자유로운 이동이라는 기본적인 권리를 가지고 있는가? 그렇다. 의문의 여지없이 물론 그들은 그런 권리를 가지고 있다고 우리는 대답할 수 있다.

유럽에서 논란이 되는 사안 중 하나는 난민과 이주자 범주를 어떻게 구분하느냐이다. 사실 이 구분은 국제법에 확실하게 명시되어 있고 정부 관행에도 제도화되어 있다. 여러 국제 관례와 규정에 따라, 국제이주기구IOM는 이주민을 관장하고 유엔난민기구UNHCR는 난민 관련 문제를 감독하며 각각 다른 보호권을 지닌다. 난민은 국제법 상의 권리를 지녔고, 이민자들은 일반적으로 국가 법의 적용을 받는다. 그러나 두 범주의 구분은 결코 분명하지 않으며 갈수록 모호해진다.[35] 가령 더 이상 살아가기 어려운 곳을 떠나려고 하는 기후난민들에게는 어떤 국제적 권리나 법적 보호가 주어지지 않는다.

도덕철학자 조셉 카렌스Joseph Carens는 국가가 이민을 통제할 수 있는 재량권을 가지고 있음을 인정하더라도, 그 구성원으로 간주되는 자들에 대한 통제에는 도덕적 한계가 있다는 것이 널리 받아들여지는 민주적 규범이라고 주장했다. 다른 사람들처럼, 그도 열린 국경은 민주정치체제의 정의 원칙 중 하나라고 본다.[36] 리스 존스Reece Jones도《국경 폭력: 난민과 이동권Violent Borders: Refugees and the Right to Move》에서 이런 정곡을 찌르는 질문을 던졌다. "이동을 규제하고 통제하려는 국가 행위가 수세기 동안 지속된 이후에도, 왜 그렇게 많은 사람들이 근대화하고 문명화하고 민주적인 국가들에서 죽어 가는가?"[37] 이주를 막는 것이 죽음으로 이어진다면, 난민과 이주자의 구분이 그리 분명하지 않다면, 더 개방적인 국경이 필요하지 않을까? '국경 없는 세상' 활동가들의 저항은 이런 인식에서 비롯된다.[38]

열린 국경에 대한 논의들은 세계적 불평등의 역사적 부당함에서 나왔다. 세계적 불평등은 식민주의와 제국주의에서 비롯되었고, 세계 여러 곳의 사람들이 세계경제 속에서 크게 이익을 보거나 불이익을 보게 했으며, 전쟁 발발의 큰 원인이다. 존스는 "국경이라는 존재 자체가 국경을 둘러싼 폭력을 낳는다"고 썼다. "국경은 경제적인 불연속성, 관할구역의 불연속성을 만들어 낸다. 불연속성이야말로 국경의 특징이다. 이는 사람, 상품, 약물, 무기, 돈의 이동을 자극한다."[39] 2016년, 지중해를 건너 유럽에 도착하려다 5천여 명 이상이 사망한 사건이 그 대표적인 예이지만, '지중해'는 관광, 요트, 유람선, 수에즈 운하를 거치는 세계 해운, 그리고 해안 경비대, 해군이 움직이는 현장이기도 하다. 이는 우연이 아니다. 모빌리티, 부동성, 삶과 죽음은 하나의 모빌리티 체제의 각 부분들이다.

트랜스-지중해, 트랜스-아프리카, 트랜스-아시아, 트랜스-아메리카 모빌리티들은 복잡하고 논쟁적이며 다중 스케일적인 시스템이므로, 모빌리티 정의는 소자가 말한 도시의 '중간 규모 지리학'으로 제한될 수만은 없다. 우리는 모빌리티를 스케일과 공간들을 가로지르고, 안팎에 걸쳐 있고, 과거와 현재를 아우르는 것으로 이해해야 한다. 국경 그 자체가 이동적이다. 국경은 삶정치적 · 지정학적 · 지리경제적 · 지리생태학적인 것이며, 우리의 몸에, 나라에, 인프라에, 세계 생태계에 아로새겨져 있다.

아마도 도시 공간의 정의/불의와 (신)식민주의적 모빌리티 관리 전략의 관계가 가장 분명하게 드러나는 지점은 누군가가 다른 이의 피를 흘리게 하는 곳, 국경지대와 도시 규모의 난민 수용소일 것이다. 오늘날 국경지대는 그 어느 때보다 더 백인 민족주의와 민족 선입견으로 물들어 있고, 아무도 살 수 없는 땅에서 강요당한 죽음의 피를 빨아들이고 있다. 존스가 주장하는 것처럼 "새로운 안보 강조가 낳은 국경 강화가 폭력에 대한 대응이 아니라 폭력의 원천"인 이유가 여기에 있다.[40]

이주민 수용소와 난민 수용소를 살펴보면, 억류와 모빌리티가 어떻게 함께 만들어지는지를 분명하게 알 수 있다. 앨리슨 마운츠는 이렇게 주장한다. "우리는 억류와 모빌리티 사이에서 나타나는 역설적인 문제들과 함께, 국경과 배제가 (초)국가적인 구금 환경 속에서 만들어졌다는 사실에 주목했다. … 구금은 모빌리티 전체를 없애는 것이 아니라 배제 테크놀로지를 통해 모빌리티를 규제하는 합리적 기능의 일부로 존재한다."[41] 이에 따라 "모빌리티 관리, 인구 동원 및 탈동원, 사람들의 전치 및 재배치의 어떤 원칙"이 등장하여, 도시와 비도시 지역의 동원 및 탈동원의 네트워크가 세계적으로 작동하게 만든다.[42]

국내 치안, 국가안보, 군사적 감시가 뒤섞여 나타나는 현상 또한 모빌리티 정의/불의가 뒤섞여 나타나는 지리적 풍경을 증거해 준다. 앨리슨 마운츠, 제나 로이드Jena Loyd 등은 중요한 지점을 겨냥한다. 이들은 군사작전에 가까운 국경 활동, 시민 아닌 이들의 구금 및 추방, 이주자 감금 등 군사적 수단을 동원한 '강제 집행'이 계속 인권침해의 강도를 높이고 있다고 주장했다. "미국의 해외 군사 활동과 미국 이민 당국의 조처 사이에는 오랜 연관성이 있"으며, 군사기지가 "이주자와 망명자의 모빌리티를 감시하기 위해" 사용되어 왔다는 것이다.[43]

미국에서는 치안의 군사화가 나타나고, (운전에 관련된) 사소한 법 위반에 대한 경찰의 대응이나 형사법, 이민법 관련 법 집행의 법적 정당성이 의심받는 상황이다. 피부색에 따라 멕시코인이나 무슬림을 범죄자 취급하는, 즉 지정학을 삶정치화하는 트럼프 정부의 국토안보부는 이런 상황을 앞장서서 이끌고 있다. 법학자 아닐 칼한Anil Kalhan에 따르면, "미국에서 군사력과 국내 정책 사이의 경계가 모호해진 현상은 '스마트' 국경, 이민정책 데이터베이스의 자동화, 그리고 '공동체 보호'를 내세운 치안 강화 등의 사회 안전 관련 정책에 영향을 주었다."[44] 연방정부, 주정부, 지방정부 기관 간에 자료를 공유하면서 국경을 군사적으로 관리하게 되자, 이주자들은 '밀입국 안내자'나 '인간 밀수업자'들을 따라 가장 위험한 길을 밟으며 가장 위태로운 사회 변경으로 내몰려야 했다.

식민지를 흩어진 감옥 같은 섬들에 비유한 앤 스톨러의 주장을 되짚어 보면, "농업식민지, 형벌식민지, 정착촌, 유치장, 섬 군사기지, 정착민 공동체"들을 겹쳐 놓고 볼 때 발견되는 더 깊숙한 역사를 발견할 수 있다. 이 모두는 "제국 네트워크와의 접속 지점"이었고, 궁극적으로는 "제국주의적 기획에 따라 식민지와 수용소에 들어가거나 나오도록 강요된 사람들에게 부과된 전략적인 모빌리티와 부동성에 의존"해 왔다.[45] 나는 이 지점이 현재의 불균질한 세계적 모빌리티들을 더 잘 이해하게 해 주는 중요한 역사적 통찰이라고 믿는다. 이러한 식민지 역사는 국가들과 도시 인프라 속에서 모빌리티/부동성 및 구금을 낳는 권력이 어떻게 행사되는지를 이해하도록 도와준다. 모빌리티/부동성과 구금은 물리적인 것이든 디지털적인 것이든 현대 모빌리티 체제 안에 내장되어 있는 것이다.

불법체류자는 구금되고 국외로 추방된다. 이 관행에 대한 논란은 영국에서도 일어났다. 2016년 영국에서는 심야에 격리된 터미널을 이용해 전세기를 띄우는 방식으로 추방자들이 어떤 법적 수단에도 호소하지 못하게 하면서 갑자기 추방해 버리는 사례가 급증했다. 자메이카에 버려진 이 사람들은 이곳과의 사회적 관계도 전무했고, 당연히 어떤 지원이나 환영도 받지 못했다. 그 대가로 영국 정부는 자메이카에 감옥 건설 자금을 지원했다. 이런 억류자들은 "국가의 변두리로, 옛 제국의 변두리로 밀려났지만, 법 바깥에 있는 것은 아니다." 스톨러의 주장이다. "이들은 안보와 감시와 정보의 제국 네트워크 바깥에 있는 것도 아니며, 통치 기관들의 시야 바깥에 놓인 것도 아니다."[46] 도시가 이들을 몰아내려고 애쓰더라도, 이들이 근대, 도시, 자유주의, 그리고 문명화된 도시의 바깥 공간에 있다고 볼 수는 없다.

마운츠는 호주가 마누스섬을 이용하듯이, 미국이 쿠바의 관타나모 기지를 활용하듯이 "섬에 이동성을 고정시키는" 방식으로 국경에서의 배제를 강화하는 국민국가들의 모빌리티에 주목했다. 국민국가들은 "다른 이들의 모빌리티를 저해하는, 움직이는 섬으로 기능하는 입국 항구"와 함께 새로운 구금·처리·배제 방식을 도입해 국경을 봉쇄하고 흐름을 조절한다.[47] 섬들은 사방이 바다로 막힌 공간으로 보인다. 그러나 동시에 섬의 주민들은, 불균등한 공간성과 시간성의 안무가 들어오고 나오고 멈추거나 기다리는 수많은 움직임들을 조율하는 덕분에 살아가고 있다.[48] 대도시만이 아니라 섬들과 관련된 모빌리티 정의를 강조하는 접근 방식은, 특정 상황이나 권력관계 속에서 모빌리티 권리를 행사할 수 있는 사람과 모빌리티 역량을 발휘하지 못하는 사람에게 주의를 기울이게 한다.

특권적 모빌리티의 노출

이주 위기 논의들에 더하여 다른 형태의 국경 간 모빌리티, 즉 관광과 특권 모빌리티를 다루어 볼 차례이다. 유엔세계관광기구에 따르면, 2030년에는 매년 18억 명의 관광객이 세계를 여행하게 될 것이다. 국경 너머로 여행할 수 있는 권리 및 다른 지역으로의 '접근성'과 관련하여 이주와 관광은 어떤 관계를 맺고 있는가? 다양한 관광과 이주를 지원하기 위해(혹은 중단시키기 위해) 어떤 불균등 인프라가 형성되고 있는가? 관광산업 그 자체가 통제된 이주나 미등록 이주의 특정한 흐름을 만드는가? 특권적 모빌리티는 대중의 시야에 포착되지 않는 경우가 많지만, 모빌리티의 특권적 형태에 주목하면 불균등 모빌리티 시스템에 내재한 권력을 더 잘 이해할 수 있다.

모빌리티 체험의 위계 구조는 상업 여행의 관례를 통해 확립되었다. 철도 객실과 여객선 선실에서 1등석, 2등석, 3등석을 나누면서 전통적인 '클래스' 구분이 자리 잡았던 것이다. 항공사들은 승객들을 특권에 따라 나눈 위계 구조를 도입했다. 일부 승객들은 조기 탑승, 무료 수하물 운송, 다리를 펼 공간, 좌석 선택, 공항 라운지 이용, 고급 기내식 등의 편의를 제공받을 수 있지만, '이코노미' 승객들은 가방을 싣거나 간식을 먹거나 편안하게 앉아 갈 권리를 빼앗긴다(아니면 이들만 빼고 특권이 주어진다). 위계 구조의 상층부에는 비즈니스 클래스와 퍼스트 클래스가 존재한다. 완전히 젖혀지는 침대, 확실하게 구분되는 개인 공간, 고급 음식과 와인, 유기농 세면 도구가 제공되며 심지어 일부 항공사는 샤워 시설도 들여 놓았다. 여기에 '글로벌 엔트리Global Entry'처럼 여권과 생체인식 데이터를 미리 등록해 국경에서 여권 검사 줄에 서지 않아도 되는 신속 입국 시스템도 도입되었다.

항공모빌리티 지리학자인 린웨이창Lin Weiqiang에 따르면, 넓게 보면 모든 세계 항공 여행에는 항공 권리, 기술적인 전문 지식, 항공 보안의 체제들 속에서 제도화된 불균등 접근의 정치가 존재한다. "비행에 관련된 세계는 이동과 소비와 자원 이용 능력에 따라 사람들에게 다른 권리를 부여하는, 위계적이고 인종차별적이며 불평등한 세계이다. 이 현실은 비행을 우리가 더 큰 목소리를 내고 행동으로 참여해야 할 모빌리티 정의 문제로 자리매김한다."[49] 모빌리티 정의를 위한 운동은 특권 체계, 프리미엄 시스템, 항공 모빌리티에서의 차별적 권리 시스템을 해체하고 서발턴들이 정의롭지 못한 입국 거부·구금·추방을 당하지 않도록 보호해야 한다.

더 큰 차량 이용, 광범위한 항공 여행, 에너지를 낭비하는 고급 차량의 사용은 지구온난화의 원인이며, 특히 세계적으로 도시 주변 저소득층에 더 큰 영향을 미친다. 교통학자 스티븐 고슬링Stephen Gosling과 스콧 코헨Scott Cohen은 특정 교통정책에 대한 '금기'가 실제로 존재하기 때문에 정치적으로 위험한 제안은 꺼내지도 못하는 상황이라고 털어놓는다. "높은 모빌리티를 보여 주는 소수의 여행객들이 전체 여행 거리의 대부분을 차지하며 오염물질 배출에도 상당 부분 책임이 있다는 것, 즉 개인 모빌리티의 권력구조에서 드러나는 상당한 차이"가 정치적으로 불편하게 받아들여진다는 사실은 중요한 의미를 가진다.[50] 많지 않은 특권층 여행객들(보통 고소득 백인들이다)은 자주 길게 여행하며, 대형 엔진을 장착한 고급 자동차를 운전하면서 '폭주'를 하는 경우도 많아 전체적으로 엄청난 양의 온실가스와 기타 오염물질을 배출한다. 이 이동 특권층들은 차를 몰고 주차하면서 대중교통 이용객이나 자전거 이용자들보다 도시 공간을 더 많이 차지한다. 그러나 어떤 정치인이 나서서 이 문제를 지적하겠는가? 도로 요금 정책, 세금, 여타 재정긴축 조치들은 특권층에 속하지 않는 사람들이 배제되도록 만들어 이동 특권층들에게 더 큰 모빌리티를 부여한다.

모빌리티 이론가들은 모빌리티 역량의 차이를 분류하기 위해 '마찰'이라는 개념을 발전시켰다. 마이클 오레건Michael O'Regan과 케빈 해넘 Kevin Hannam은 관광산업에서 '마찰이 적은' 여행을 개발하는 일이 늘어났다고 지적한다. "호텔 앱은 호텔 체크인을 원활하게 하고, 교통 시스템은 기술을 이용해 여행이 부드럽게 이어지게 하며, 에어비앤비와 같은 온라인 플랫폼은 서류와 접촉 없이 지불하는 시스템을 이용하기 때문에 '마찰 없는' 거래가 가능하다는 환상을 만들어 낸다."[51] 이렇게 순탄한 여행을 하고 있다는 느낌은 줄을 서서 기다릴 필요가 없고 신속하게 입출국이 이루어지는 개인 전용기나 민간 공항 영역으로 확대된다.

그러나 마찰 없는 관광이 가능하려면 다른 사람들의 희생이 있어야 한다. 계급, 인종, 성별, 나이, 능력으로 인해 느린 여행을 감수해야 하고, 공항 보안 검색을 받느라 오래 대기하며, 여행 관련 서류에 제대로 접근하지 못하는 사람들 말이다. 또한 관광산업에서 저임금 노동에 종사하며 시간과 움직임을 모두 바치는 사람들도 있다. 팀 크레스웰은 마찰이 약자들의 무기가 될 수 있다고 지적한다. 서발턴 모빌리티를 만들어 내거나 특권층의 이동 편의성을 방해한다는 것이다. 테러리스트들이 교통 인프라를 공격 목표로 삼는 이유도 아마 여기에 있을 것이다. 테러리스트들은 세계 특권층들의 이동을 저해하면서 이들에게 심대한 타격을 가한다. 그 결과로 세계 모든 공항의 보안 검사는 이제 아주 느리게 진행된다. 이동 특권층은 전용기나 헬리콥터, 그리고 곧

상용화될 드론 비행택시를 이용해 이 마찰을 다시 우회하려고 한다.

앤서니 엘리엇Anthony Elliott은 특권 모빌리티들을 연구하면서, 새로 등장한 다국적기업의 특권층들이 "휴대폰과 컴퓨터 데이터 베이스에서부터 요트와 전용기에 이르는" 여러 모빌리티 시스템들의 조합에 의존한다고 했다. 이 모두는 "엄청난 부와 권력과 특권을 현대적이고 세계적으로 경험하게" 해 준다. 이 '글로벌한 사람들'은 네트워크 자본을 활용하여 살아 나간다. "다른 사람들과는 동떨어진 삶, 유동성, 속도, 네트워크화한 가능성, 해당 지역과의 분리, 도피 경로 마련" 등이 이들의 특징이다. 달리 표현하자면, 세계적인 이동 특권층들이 모빌리티의 특정한 조합을 만드는 이동-공간이 존재하며, 이는 다시 네트워크화된 가능성을 통해 그들의 주체성·가족·사회적 환경을 형성한다. 엘리엇은 '글로벌한 사람들'의 뿌리 없는 삶이 어떤 식인지를 묘사한다. "세계 곳곳에 흩어져 있는 집, 끝없는 출장, 어쩌다 한 번 만나는 가족 생활, 그리고 일과 가정을 확실하게 나누는 옛 사회적 좌표의 증발."[52]

S.R 칸Khan은 우리 세상에서 안락함이란 "구체적이고 상호작용하는 부유층의 자원"을 가리킨다는 날카로운 지적을 했다. 이 자원은 "'평평한 세계'를 돌아다니는 능력의 중심"이며, "공간을 쉽게 가로질러 이동하는 부유층들은 자기 공간에만 갇혀 사는 사람들이 그들 스스로의 잘못으로 그렇게 된 것이라고 쉽게 생각해 버린다."[53] 따라서 순탄하게 굴러가는 특권층 여행은 특권층들이 그렇게 되리라고 기대하고 몸에 익힌 여러 이동 편의성의 연장선상에 있다. 집에서 사립학교와 사교 클럽으로, 지상과 하늘의 호화로운 교통수단으로, 마침내 화려한 도착

지까지 확장되는 것이다. 이들이 부자라는 고치 안에 갇혀 살아간다고 비유하면 곤란하다. 이 고치 안에 있는 번데기들은 변태를 겪은 후 가볍게 날개짓하는 나비에 더 가깝다. 이 특권층들은 새로운 신체적·감각적 경험을 찾아 에베레스트산도 오르고 우주여행 기업인 버진 갤럭틱을 이용하면서 지구 끝까지라도 날아가려고 하지만, 불편한 여행은 전혀 경험하지 않을 것이다.

특권층 모빌리티의 공간과 장소를 지탱해 주는 것은 정밀하게 조율된, 눈에 보이거나 보이지 않는 노동 형태들이다. 특권층을 지원해 주는 시공간적 고정태들은 여러 스케일에 걸쳐 나타난다. 서비스직 노동자들 및 이중의 부담을 짊어진 여성들과 이동 특권층 간의 불평등한 관계에서도 엿보이며, 특권층의 자본 투자, 특허제도를 이용한 아이디어 지배, 사치품 소비를 그럴듯한 구경거리로 만드는 행위 등을 통해서도 전 세계로 퍼져 나간다. 리처드 플로리다Richard Florida가 말한 '창조적 계층', 즉 자유롭게 움직이고 살고 싶은 곳을 결정할 수 있는 고소득 전문직 종사자들은 한때 쇠퇴했던 도심지로 돌아가는 반면, 서비스업 및 산업 계층은 주변의 경제적 상황이 나아지지 않으면서 사실상 제자리걸음을 하고 있다.

우리는 이 안락하고 쾌적한 공간을 향해 이런 질문들을 던져 볼 수 있다. 누가 이 공간을 위해 노동하는가? 전속 직원, 항공 승무원, 아내, 보모, 요리사, 트레이너, 청소부, 경비원 등은 부자들 주위에서 어떤 식으로 움직이는가? 그리고 시계 태엽장치처럼 들락날락하면서 이루어지는, 눈에 보이거나 보이지 않는 노동들은 손쉬운('마찰 없는') 이동이라는 환상의 생산에서 얼마나 중요한 역할을 하는가? 아주 명백하게 드러나는 특권층 모빌리티의 편이성은 아주 많은 노동을 요구하며, 그 밖의 여러 움직임들과 멈춤·기다림·대기 상태를 필요로 한다. 러시아산 캐비어, 스코틀랜드산 싱글 몰트 위스키, 메인주의 랍스터 같은 사치품들을 시간에 딱 맞춰 준비하기 위해 펼쳐지는 특권적 소비의 기괴한 군무도 여기에서 빼놓을 수 없다.

엘리엇은 "전 세계의 모든 이동하는 삶 속에는 다양한 부동성 체제가 숨겨져 있다"는 사실을 우리에게 상기시킨다. 부동성 체제의 범위는 주문을 기다리며 가만히 서 있는 웨이터의 정지 상태에서부터 부동산에 투자된 고정자본, 또 국경 안으로 노동자들의 모빌리티를 제한하는 노동 체제에까지 이른다. 특권층과 그들의 자본이 보여 주는 높은 모빌리티는 특정 장소에 고정되어 있는 보통 사람들의 삶과 날카로운 대조를 보인다. 엘리엇에 따르면, "전용기야말로 글로벌한 사람들의 부유함만이 아니라 그들과 그들 자본의 높은 모빌리티적 본질을 보여 준다. 이들이 여러 나라와 지역들, 여러 과세 제도와 법률 시스템들 사이를 옮겨 다닌다는 것은, 영토적으로 고정된 사회에서 그 '지역'의 최상위층으로 사는 것보다 훨씬 더 위에 있는 호화롭고 소비적인 삶을 누리고 있다는 뜻이다."

그러나 특권층 모빌리티도 어떤 고정된 장소에 기반한다. 여기서 특권층들은 그들을 지탱해 주는 특권의 방어막 속에 머무를 권리를 행사한다. 어떤 '지역'에 사는 사람들이 소용돌이에 휘말린 것처럼 끌려들어오기도 밀려나가기도 하는 것과는 전혀 다른 모습이다. 나는 카리브해 터크스 케이커스 제도의 델리스 케이 섬을 연구하면서 카리브해 항공 여행과 부동산 금융과 인터넷 기반 광고가 새롭게 재편된 것이 이 지역에 새로운 공간적·스케일적 지형을 만들어 내는 데 결정적인 역할을 했다고 보았다. 지역 노동자들의 부동성, 공공 부지의 매각, 역외 조세피난처 마련은 호화 관광객과 외국계 부동산 소유주들이 놀라운 모빌리티 및 거주 역량을 갖추게끔 했다.[54] 비행기를 타고 이 나라를 들락날락하는 외국인들, 페이퍼 컴퍼니 아래 숨어드는 자본의 흐름, 관광업에 뛰어드는 현지인들, 그리고 광고와 홍보와 예약과 발권과 공항 및 항구의 운송을 위한 정보처리기술 등이 얽힌 복잡한 관계망들. 관광은 이 모두의 상호연관성과 모빌리티의 지형도에 달려 있다.

전용기 여행이 불균등한 공간 관계에 미치는 영향은 섬에 대한 항공 접근성의 사유화와 깊은 관련이 있다. 차별적인 배타적 공간, 특권층 소비자와 먼 지역들을 이어 주는 특수한 인프라 인터페이스, 이 공간에 접근하고 이 공간을 상상하기 위한 새로운 운항 전략이 등장했다. 섬이라는 영토는 먼 곳에서부터 만들어진 권력의 지리학에 의해 재공간화되고 재구성된다. 이때 인프라가 파국을 맞아 망가지는 사태가 일어나면, 모빌리티 역량의 심대한 불균형 상태가 폭로되는 것이다.

민간 항공 전세 서비스, 항공기를 소유한 이들, 비지니스 전용 프로그램은 다양한 경량, 중형, 대형, 초대형 전용 제트기, 터보프롭, 헬리콥터를 이용한다. '명품'과 '독점'이라는 수식어가 붙는 이 여행 형태들은 고급 빌라 임대, 섬과 값비싼 부동산의 개인 소유와 이어지며, 개인 컨시어지, 리무진 및 요트 임대, 무장 가능한 보안 요원을 제공하는

VIP 서비스 등과 하나로 묶여 있을 때가 많다. 고급 여행을 제공하는 회사들의 웹사이트에서는 "큰 회사의 경영진이나 록 스타라면, 이런 항공 여행 방식을 쉽게 경험할 수 있다"고 광고한다. 프라이빗 항공 여행 서비스는 온라인 네트워크와 긴밀하게 통합되어 있어서 인터넷 예약 서비스, 가상 비행 시뮬레이션, 시간에 딱 맞추는 전세기까지 제공한다.

항공 모빌리티에 대한 많은 연구들이 후기 근대사회에서 특권적인 지위를 갖는 대도시 지역에 초점을 맞추고 있지만, 피터 아디Peter Adey 는 《하늘 위의 삶Aerial Life》에서 식민 세계를 생산하는 상상적 측면에 주목한다. 그는 (북부 로데지아, 팔레스타인, 영국령 기아나, 보르네오에서 사용된) 20세기 초의 항공 측량 방식과 오늘날 공항에서 사용하는 생체 정보 인증 방식 사이에 유사성이 있다고 주장한다. 이 둘 모두 식민지를 바라보는 "공중에서의 시선aerial gaze"이라는 것이다.[55] 공항과 항공 여행은 이제 (비)인간 모빌리티의 합법성과 식별성을 구분해 주는 가장 중요한 장소가 되었다. 특히 특권층의 여행과 비교해보면, 승객이 '신뢰할 수 있는 여행자'임을 보여 주기 위해 등록 양식에 스스로 체크하고, 입국 심사장에 서서 자료가 준비된 몸임을 증명할 책임을 지는 것은 모두 식민지적 관행을 기반으로 한다. 인구 관리, 공간 차별화, 삶 정치의 식민지 역사에 기반한 세계적 인종 구분을 만들어 낸 지도 그리기, 시각화, 조사 관행에 바탕하는 것이다.[56]

아디에 따르면, "현대의 공항, 국경 지역, 보안 공간, 일상생활에 등장한 생체인식은, 위험한 이동 인구들을 식별하고 관리하기 위한 수단인 생물학적이고 신체적인 데이터를 체계적으로 사용하는 행위로 볼 수 있다. 생체인식은 장소가 아니라 벡터에 초점을 맞춘다."[57] 승객이 '신뢰할 수 있는 여행자'임을 보여 주기 위해 등록 양식에 스스로 체크하고, 입국 심사장에 서서 자료가 준비된 몸임을 증명할 책임을 지는 것, 즉 지도 그리기, 시각화, 조사라는 식민지적 관행에 기반하는 이 행위들은 글로벌 네트워크 도시성의 벡터들이다.[58] 데이터 감시는 신식민주의적 통치를 가능하게 한다. 영토 구획과 국경 간 모빌리티 규제만이 아니라, 규율화되고 인종화된 신체에 대한 삶정치적 관리를 통해서 이루어지는 통치인 것이다. 여기서 우리는 신체 스케일에서 이루어지는 모빌리티 통치가, 공항의 도시 인프라 공간 및 국경의 초국가적 공간성과 합쳐지는 모습을 엿볼 수 있다.

흥미로운 주장을 펼치는 베르나데트 비쿠냐 곤잘레스Vernadette Vicuna Gonzalez의 《천국의 보호: 하와이와 필리핀의 관광과 군국주의Securing Paradise: Tourism and Militarism in Hawaiʻi and the Philippines》는 군국주의와 관광 사이의 연관성을 포착한다. 여기서는 태평양의 여러 섬들을 주로 다루고 있지만, 이 주장은 다른 지역에도 적용될 수 있다. 곤잘레스는 특정한 항공 모빌리티(예컨대 헬리콥터 투어)와 도로 건설(예컨대 하와이의 주요 해병대 주둔지와 진주만의 미국 해군기지를 연결하는 오아후섬의 H-3 고속도로)이 구체적 모빌리티와 공간적 실천을 통해서 군사점령의 역사와 열대 지역 섬을 돌아보는 관광객들의 시선을 어떻게 연결시켜 주는지를 드러낸다. H-3는 미국이 지금까지 건설한 고속도로 중 가장 많은 비용(마일당 8천만 달러)을 들인 고속도로로, 아름답고 문화적으로 중요한 계곡을 가로지르는 길을 따라 건설되었다. 지역사회에서는 건설 중단을 요구하는 광범위한 항의운동이 진행되기도 했다. 여러 사례에서 볼 수 있듯이, '역외'에 있는 낙원 섬들은 군사점령을 거쳤으며 전쟁으로 파괴되거나 신무기 실험장으로 사용되었다.

낙원처럼 보이는 열대 지역 섬에 대한 항공 접근성은 그 전략적 중요성을 숨기고 있으며, "헬기 투어가 의존하는 기술, 시각 체제, 관광과 군사 논리의 상호작용"도 감추고 있다는 것이 곤잘레스의 주장이다. 카우아이섬 관광 여행은 "모빌리티를 만들어 내고, 상상의 장을 펼쳐 주며, 관광객의 쾌락을 위한 풍경을 그려 내는 감정 구조를 생성한다. 그 풍경은 과거부터 현재까지의 군사적 폭력과 깊숙하게 관련되어 있다."[59] "경제 긴축 조치와 구조조정 정책은 사람들을 주변부로 내몰고 가난하게 만들었지만, 눈에 확 들어오는 관광산업의 소비와 모빌리티는 이 섬의 현실과 불쾌한 대조를 이룬다. … 자유롭고 안전하게 이동할 권리를 가진 관광객들은 신자유주의적 통치 이데올로기를 연기해 줄 배우로 캐스팅된 셈이다."[60] 원주민의 땅은 점령되었고, 지역 모빌리티는 심각하게 제한적이며, 소수의 이익을 위해 접근성이 통제되었다. 역외 금융부터 원거리 군사기지에 이르기까지, 특권층의 여행과 (군사적 이용이든 경제적 착취든) 감춰진 폭력의 도구들 사이에는 왜곡된 관계가 존재한다.

개인 제트기 여행과 사설 보안 서비스 시스템은 비밀리에 진행되는 국가 행위와 겹치는 지점이 많다. 예술가이자 지리학자인 트레버 파글렌Trevor Paglen은 포로 이송을 위한 CIA의 비밀 비행 경로, 비밀 군사 위성, 도청 시설, 불법적인 무기 선적, 원격 감시를 위한 드론 사용 등을 폭로했다.[61] 지배 엘리트들은 초모빌리티 세계를 가장 편안하게 향유하는 듯하지만, 그들이 즐기는 제한 없는 모빌리티의 관습과 실천이 통치의 기술로 자리 잡을 수도 있다. 우리는 정치인들이 일종의 프랙탈 구조처럼 뻗어 나가는 국가권력을 비밀리에 휘두르면서 다른 이들의 모빌리티를 통제하고 방해하며 사람들을 억류하고 투옥하는 사례를 점점 더 많이 목도하고 있다. 쿠바 관타나모의 감옥에서부터 파푸아뉴기니 마누스섬의 호주 이주민 수용소까지, 과거의 군사기지에 갇혀 있던 사람들은 인신 보호 영장의 권리를 박탈당했다. 대중들의 시선 바깥에 놓인 역외 지역 수용소들은 언론 보도를 막으려고 애를 쓴다.

이 모든 사례들에 대하여, 모빌리티 정의는 투명성 원칙에 입각해 숙의적 정의와 절차적 정의를 요구한다. 비밀주의는 숙고를 가로막는다. 우리는 영토 바깥에서 벌이는 감추어진 행위들, "지도 위의 검은 점"에 빛을 비춰야 한다. 이곳은 부자들이 만끽하는 자유가 국가의 비밀스러운 권력과 만나는 곳이며, 이들은 어떤 공개적인 비판도 피해 간다. 이곳은 눈과 귀를 닫은 '순진한' 관광객들이 낙원의 섬을 찾아 떠다니는 곳이기도 하다.

이주정의

모빌리티 접근에 대한 장벽과 모빌리티 통제는 시민권 제도, 국경 통제, 그리고 특권층의 이익에 봉사할 차별적 인프라 구조 형성에서 광범위하게 나타난다. 지역적 차원에서 이주자와 비시민의 모빌리티/부동성은 공식적이거나 비공식적인 치안 유지, 관문, 통행, 복장 제한, 공공공간에서의 규제, 그리고 이동의 권리 제한, 출입 선별, 국가 보호를 선택적으로 적용하는 감시 시스템을 통해서 통제된다.[62] 불균등 글로벌 모빌리티 체제는 탄소 연료 사용을 가중시키는 항공 여행, 선박 물류와 해상법, 그리고 이러한 인프라 공간이 국경 간 모빌리티를 다루는 방식 등을 포함한다. 국경을 넘나드는 모빌리티를 이용하는 사람들은 난민, 초국가적 이주민들, 계약노동자, 유엔평화유지군, 임시로 머무는 성노동자, 전용기를 탄 기업인이나 정부 관계자, 전세기를 탄 관광객이나 추방자들에게까지 이른다.

특정한 행동을 유도하는 물리적·사회적·정치적 이동 환경과 관련된 잠재적 이동 역량들은 불균등하게 분배되어 있으며, 나아가 불균등 네트워크 자본은 손실까지도 불균등하게 분배한다. 극단적으로, 이동 역량 부족은 죽음을 맞게 할 수도 있다. 그러나 이런 죽음은 아주 천천히 다가오기도 한다.

가장 특권적인 집단의 모빌리티, 즉 대형 차량의 사용, 장거리 항공 여행, 에너지 소비 증가는 모두 지구온난화에 영향을 끼치면서 도시 저소득층과 전 세계의 저소득 국가들에게 더 큰 피해를 입힌다. 따라서 에너지, 폐기물, 오염의 흐름은 자연재해와 마찬가지로 불균등 지구적 모빌리티 이해에 중요하다. 기후정의 관점은 과도한 에너지 사용으로 기후변화를 초래하는 이들은 누구이며 지구온난화가 심화시킨 태풍이 휩쓸고 간 카리브해와 태평양의 작은 섬들에 사는 사람들처럼 고통받는 이들은 누구인지에, 즉 이 도저한 불평등에 우리의 관심이 집중되도록 만든다.

우리는 교통정의, 공간정의, 이주정의, 환경정의, 기후정의 등을 별개의 문제로 취급하는 태도를 극복해야 한다. 이 정의 개념들은 모두 모빌리티/부동성 정치에 대한 상호연결된 투쟁 형태이며 각각 다른 정의에 직접적으로 영향을 미친다. 이동적 존재론에 기반하는 통합적인 모빌리티 정의 이론은, 인종화된 신체 스케일에서부터 이주민 구금이나 글로벌 엘리트들의 손쉬운 여행까지 포괄하는 다양한 모빌리티 체제들 간의 연결성을 인식하는 데 도움을 준다.

따라서 초국가적인 이동 권리와 관련하여, 우리는 모빌리티 정의를 보호하기 위해 다음과 같은 차원들을 추가해야 할 것이다.

- 모든 사람은 자신이 태어난 곳을 나가거나 다시 들어올 권리가 있다.
- 폭력을 피해, 전쟁으로 주거지를 상실하여 이동한 난민들의 권리가 보장되어야 한다. 또, 기후난민의 망명을 위한 새로운 국제협약도 필요하다.
- 국경을 넘는 이동의 자유를 인정할 때 공평성과 공평성을 갖추어야 한다. 인종, 종교, 민족, 국적, 성, 건강 상태, 사회경제적 지위를 범주화하여 임의로 배제해서는 안 된다.
- 정당한 절차, 법적 보호, 항의할 권리를 인정하지 않으면서 억류나 추방이 이루어져서는 안 된다. 또한 '역외' 관할구역에 수용소를 만들어서도 안 된다.

- 관광은 공공 부지나 공동 토지를 수용하는 일이 없이, 모빌리티 권리를 과도하게 침해하거나 현지 거주자들이 접근하지 못하도록 막는 일이 없이, 과도한 폐기물과 오염을 남기지 않도록 공정하게 이루어져야 한다.
- 기후변화로 인해 이주한 사람들은 다른 국가들에, 특히 기후변화에 가장 크게 영향을 준 국가에 정착할 권리를 가진다.

마지막으로, 우리는 모빌리티 정의에서 중요한 환경적 차원을 다루어야 한다. 널리 흩어져 있는 섬들은 국가기관과 세계 통치체제의 손길이 닿지 않는 역외 구역을 특권층들이 이용하게 해 주기도 하지만, 생태계 파괴, 해수면 상승, 허리케인, 쓰나미, 화산 폭발의 손아귀에서 벗어나 있는 것은 아니다. 지구 궤도로 관광을 떠나고 달 여행을 시도하며 화성 식민지를 개척하려고 하는 글로벌한 사람들, 이동 특권층, 국경을 넘나드는 부자들도 궁극적으로 우리가 공유하는 하나의 지구에서의 삶이라는 제약조건에 묶여 있다.

시공간을 형성하고 자본의 흐름을 제어하는 그들의 광범위한 힘을 감안한다면, 우리는 엘리트 모빌리티의 실천 방식들을 참고해 미래의 시나리오를 예측할 수 있다. 미래에 나타날 파괴적인 결과, 혹은 우리가 그 결과에 적응하는 과정들은 여기저기 흩어진 생존 가능한 지역과 여기에 속하지 않는 지역들로 나누어질 공산이 크다. 우리가 국가들이 안정적으로 통제하는 영역 바깥으로 밀려나가고 있다면, 역외 피난처를 마련하고 스스로 필요한 물자를 조달하며 자신들이 만들어 낸 생태

학적 붕괴에서 유연하게 탈출하고 있는 이동 엘리트들이야말로 새로
운 암흑 시대의 불길한 징조일지 모른다.

6장

지구 생태계와
세계 정의

지구는 자전축을 중심으로 매일 회전하며 매년 태양 주위의 전체 궤도를 돈다. 태양은 태양계와 함께 태양풍, 운동에너지, 중력파를 뿜어내면서 은하의 가장자리에서, 우주의 무한한 시공간 속에서 회전한다. 모든 존재가 움직인다. 그리고 우리의 행성은 빛과 어둠, 따뜻함과 추위 사이를 넘나들며 대기에서 부는 바람과 바닷속에 흐르는 조수를 생성한다. 기후 시스템은 지구 주위를 돌고 흐른다. 늦여름에 대서양 남부에 형성된 큰 소용돌이가 카리브해 쪽으로 이동하면 무시무시한 바람이 되어 모든 것을 휩쓸어 간다. 지구 반대편에는 계절풍 구름에 엄청난 양의 수증기가 축적되어 동남아시아에 비를 뿌린다. 제트기류는 위아래로 흔들리면서 북위도 지역의 기상 패턴에 영향을 미치고 적도를 따라 가뭄이 퍼지게 한다.[1]

우리는 끊임없이 변화하는 기후 속에 살고 있지만 인간의 활동과 이동도 기후를 변화시킨다. 현대적 인프라를 기반으로 하는 모빌리티 체제는 24시간 내내 사람을 나르고 적시에 물품을 배달하고 통신 및 물류 네트워크를 유지하기 위해 지속적으로 많은 양의 에너지를 소비해야 한다. 인간의 모빌리티는 지하, 해상, 공중, 우주, 육지의 구성 요소들이 조합된 생태적 환경과 깊은 관계를 맺으며 수행된다. 심해에서 우주까지, 미시적 차원에서 거시적 차원까지 광물 및 금속 채굴, 생산, 소비, 에너지와 폐기물의 순환을 포함하는 지구적 도시화의 수직적 지리학 전체가 구성하는 인프라 공간은 세계적인 스케일로 작동한다. 인간 활동은 지금의 인류세Anthropocene라고 불리는 기간 동안 지구의 환경과 날씨 패턴을 바꾸어 놓았으며, 기후변화는 모든 모빌리티의 미래에 결정적인 영향을 미친다.

기후변화와 온실가스 배출 문제에 직면하여, 우리는 교통 시스템, 재화 분배, 건축 환경에서 에너지 소비를 줄이고 에너지 효율을 높이는 방향으로 나아가게 되었다. 대체 모빌리티에 관한 아이디어들은 에너지 절약, 모빌리티 감소, 재생에너지 사용을 내세운다. 화석연료의 '전원을 끄고' 그만큼 재생에너지를 '켜는' 것이다.[2] 불균등 에너지 생산과 차별적 소비를 둘러싼 투쟁에는 지정학적 차원이 존재한다. 이 스케일에서의 모빌리티 정의는 전 세계 에너지의 흐름 및 분배, 그리고 이에 대한 불균등 접근성 문제와 맞닿아 있다. 그러므로 지구를 바꿔 놓을 만큼 여러 스케일에 걸쳐 중요한 의미를 갖는 모빌리티들을 이해하려면, 현대의 '위기'에 대한 연구는 세계 지리생태학적 차원(예를 들어 자원, 에너지, 폐기물의 흐름)과 세계 지정학적 차원(이를테면 기후난민, 자원전쟁, 긴급 모빌리티, 인도적 원조 배분)의 문제들을 모두 포괄해야 한다.

원자재에 기반한 에너지 시스템과 인프라는 일상생활의 지리학을 형성한다. 에너지는 이동 행위에서만이 아니라 특정 에너지 동원에 의존하는 대상, 인프라, 생활 방식에서도 쓰인다. 에너지는 차량, 건물, 통신 네트워크에서 소비되지만, 이러한 물질적 대상과 인프라는 에너지를 일시적으로 사용한 예라고 볼 수 있다. 에너지는 금속 가공에 쓰이고 특정 종류의 에너지/대상 조합 건설(예컨대 석탄을 연소하는 증기 기관차나 철로 만든 철도, 석유 기반 내연기관 및 도로, 철골과 유리와 알루미늄으로 지어 올린 고층건물, 인공위성, 이동전화 기지국)에 사용되는 다른 재료(시멘트나 유리)와 결합된다.

에너지 제어는 에너지를 다양한 대상에 옮기고 다양한 분배 네트워크와 재료를 통해 에너지를 이동시킨다는 의미를 갖는다. 그런 다음 인프라는 사람들이 물질을 사용하고 물질에 접근하는 온갖 형태와 방식에 따라 특정한 에너지가 구체화되도록 지원한다. 물질문화에는 때로는 당연하게 여겨지고 때로는 보이지 않는 형태로 에너지가 담겨 있다.[3] 인프라에 대한 과학적 기술적 연구는 이 지점을 강조한다. 전기가 그 좋은 예라고 할 수 있다.[4] 신체적인 것이든, 의사소통이든, 상상적인 것이든, 가상적인 것이든, 물체의 물리적 이동에 관한 것이든, 모든 모빌리티는 항상 지구 상의 물질과 에너지 흐름에 그 기반을 둔다.[5] 물질문화는 자연환경을 파괴하고 삶의 방식을 바꿔 놓으며 결국에는 도시화, 이주, 강제이동을 낳을 가능성을 안고 있다.

이 지점에서, 교통정의와 공간정의 이론에서는 보통 다루어지지 않으나 환경정의와 기후정의 분야에서는 조금씩 시도되고 있는 새로운 차원의 모빌리티 정의가 드러난다. 에너지 문화에 대한 이해를 바탕으로 하는 인프라 공간과 확장된 도시성에 관한 이론을 참조한다면, 우리는 미디어 · 모빌리티 · 에너지가 상호의존하면서 서로 깊숙하게 얽혀 있다는 것을 깨닫게 된다. 모빌리티 문화에 투입된 에너지는 지구 전체에 걸쳐 삶의 방식을 확장시킬 뿐만 아니라 우리의 일상생활과도 깊은 관계를 맺고 있다. 아이러니컬하게도, 가장 큰 스케일에 해당하는 글로벌 에너지 문화의 변화에 초점을 맞추려면 우리가 가까이에 있는 다른 사람들과 구체적으로 어떤 관계를 맺는지, 우리가 우리 집을 어떤 식으로 지어 올리며 우리가 사는 곳 주위를 어떤 식으로 이동하는지에 주의를 기울여야 한다. 지구적 맥락에서 이동정치를 다룰 때, 모빌리티 정의는 우리를 느린 모빌리티의 정치로, 공유 공간의 정치로 이끌어 줄 수 있을 것이다.

모빌리티와 에너지 문화의 물질성

어떤 면에서 탈-자동차 모빌리티 전환에 대한 분석들은 속도의 생산을 위한 실제 기술들, 특히 에너지와 재료의 활용에서의 물질적 기반, 그리고 이를 생산하고 지속시키는 불균등 모빌리티를 충분히 다루지 못했다. 세계적 차원에서 모빌리티 정의로의 전환이 이루어지려면, 주체와 객체 차원에서 세계를 구성하는 움직이는 '물체'에 더 많은 주의를 기울여야 할 것이다. 이 주체와 객체 모두 아원자 수준에서부터 우주적인 수준까지 그 물체에 내재한 에너지의 시간성에 따라 만들어진다.[6] 속도와 가속도를 추구하는 사회적 기술문화를 변형시키기 위해 필요한 문화적 변화는, 거대한 스케일의 에너지 문화와 물질성 속에서 에너지가 어떻게 구체화되는지의 문제에 우리가 참여해야만 가능하다. 다시 말해, 시간·공간·물질·영토·모빌리티의 새로운 사회적 구성과 관련된, 모든 스케일에 걸친 기술적·정치적 전환에 관심을 기울여야 하는 것이다.

불균등 모빌리티가 이동정치로 형성된다면, 생태 환경 또한 정치의 일부라고 할 수 있다. 지속 불가능한 모빌리티는 식민주의, 신식민주의, 신자유주의적인 환경 권력과 자원 추출에 기반하며, 이는 인종차별, 젠더 차별, 계급 불평등을 글로벌 모빌리티 시스템과 불균등 에너지 인프라에 고착시키기 때문이다. 불균등 모빌리티는 그 뿌리를 지정학적이고 지리생태학적인 차원에 두고 있으므로, 우리는 모빌리티 정의를 가령 화석연료 사용이 지구온난화에 미치는 영향에 관한 문제처럼, 전 지구적 차원의 오랜 역사 속에서 이해해야 한다.[7]

전기 사용은 우리가 에너지 소비를 그저 배경으로 치부하는 현실의 기본적인 예라고 할 수 있다. "에너지 사용이 너무나 익숙하고, 일상생활에서 에너지 사용이 당연하게 받아들여져 있으므로, 우리는 에너지가 구체적으로 어떻게 창출되는지를 인식하기가 힘들다."[8] 활발하게 활동하지만 숨겨져 있는 물질문화 과정으로서의 인프라에 대한 최근의 연구들은 물리적이고 정보적인 모빌리티를 가능하게 하는 세계적 인프라, 해저케이블과 송유관 설치, 서버와 데이터 센터의 에너지 소비, 위성통신의 물질지리학, 인터넷, 그리고 넓게는 켈러 이스터링이 말한 '인프라 공간'에 이르기까지 그 관심의 폭을 넓혔다.[9]

어떤 시대든 인간 모빌리티(교통), 상품 유통(물류), 미디어 인프라(전신, 라디오, 위성통신), 이 경로들을 지원하기 위한 에너지 순환(액체 탄화수소와 전기 발전을 위한 현행 인프라)의 특정한 조합이 존재했다. 이 조합들은 사회적 관계, 생활 습관, 문화적 의미에 따라 구성된다. 우리는 이런 실천과 의미를 가리켜 동원, 에너지화, 생산, 수행의 지속적 과정에 내재된 '에너지 문화'라고 말할 수 있다.

현대 에너지 문화의 기원은 19세기 후반이다. 2차 산업혁명으로 명명된 시기에 전기 기술과 전기화학적 금속 생산의 결합은 더 가벼운 교통 시스템, 항공 모빌리티의 발전, 우주여행과 위성통신 시스템을 창출하였다. 내가 쓴《알루미늄의 꿈: 가벼운 근대성의 형성Aluminum Dreams: The Making of Light Modernity》에서도 다루었듯이 폭격기, 장갑차, 무기, 미사일, 무인 항공기, 위성 시스템은 모두 알루미늄, 니켈, 실리콘, 희토류, 코발트, 텅스텐 같은 1차 금속에 의존하기 때문에 이 모빌리티 자원들에 대한 통제는 군사적 우위를 보장한다. 이런 재료들과 금속은 무기, 위성, 차량 생산으로 연결되며, 다음에는 파이프라인과 유조선, 물류 허브를 통해 전 세계로부터 석유와 가스가 공급되는 과정이 필요하다.[10]

모빌리티 기술은 그 생산 과정에서, 사용 순간(특정 종류의 작업 수행)에, 액체 석유 또는 자동차 자체에 내장된 에너지 같은 특정 형태의 에너지에 대한 불평등한 접근을 전제로 하는 특정 인프라 설비와의 관계 속에서, 에너지를 구체화시킨다. 혹은 에너지를 고정시킨다고도 말할 수 있겠다.[11] 이와 비슷하게 주거 관련 기술은 그 건설 과정에서, 사용하는 때(현재는 여러 기능을 뒷받침해 줄 전기 공급에 의존한다)에, 그리고 전력 생산과 통신기술, 도로와 자가용과 탄화수소 연료에 대한 접근성처럼 지리학적으로 불균등한 인프라 분배와의 관계 속에서 에너지를

구체화한다.[12]

재료가 되는 물질의 역사와 그 지리학을 연구하기 위해서는 초국가적인 접근이 필요하다. 국민국가 바깥에서 특정한 조합이 이루어지는 경우가 많기 때문이다. 예를 들어, 사우디아라비아에 있는 미국 소유의 다국적 석유회사가 세계 이곳저곳에 걸쳐서 회사를 운영하는 방식을 짚어 보거나, 국제적인 유통 속도를 높이기 위한 인프라 구축의 역사를 규명하거나, 전 세계로 운송되는 어떤 물품과 그 뒤에 남겨진 폐기물을 추적하는 작업들이 그러하다.[13] 에너지, 금속, 차량, 물품 등의 조합인 특정한 에너지 문화가 뿌리내린 기술 체제는 초국가적 모빌리티에 의해 탄생하며, 이 체제는 일상생활에서 구체적인 모습을 얻게 된다.

석탄, 석유, 가스 산업에 대한 최근의 연구는 전 지구적 도시화의 정치에 내재한 모순의 가장 좋은 예를 보여 준다. 지리학자 매튜 후버 Matthew Huber에 따르면, "석유가 지닌 강력한 힘은 석유가 만든 모빌리티의 물질적 지형 때문만이 아니라 석유의 연소가 자유와 개인주의에 깊게 연결되어 있다는 사실에서 나온다."[14] 석유 소비는 '우리가 살아가는 방식'으로 '자연화'되었으며 "화석에너지는 독특한 사적인 사회 공간에 기반한 존재의 생태적 기초를 마련한다." 석유는 일종의 "호전적인 사적 자유주의"를 뒷받침해 준다.[15] 자율적 모빌리티, 자유, 개인주의, 기업가적이고 진취적인 삶이라는 신자유주의적 이상이 여기에서 나온다. "기업가적인 삶이라는 이 특수한 문화정치는 불가능하다. 이는 상식에 어긋난다." 후버의 주장이다. "가정의 주택 소유, 자동차 모빌리티, 거침 없는 에너지 소비라는 지형도의 재생산을 중심으로 하는 일상생활의 '물질적인 변화' 없이는 이루어질 수 없는 이상이다."[16]

그러나 이 말을 뒤집어 생각해 보면, 미국적인 삶—그리고 다른 유사한 세계의 자동차 모빌리티 문화들—이 지금의 모습을 띠게 된 것은 바로 일상적 모빌리티의 물질적 변형 때문이라고 말할 수 있다. 자동차 모빌리티, 석유화학, 플라스틱, 산업화한 농업에 기초한 교외화는 공간적 구조일 뿐만 아니라—거대도시 외곽으로 뻗어 나가는 이 구조를 데이비드 하비는 '시공간 압축'의 가속화라고 불렀다—화석연료에 기반한 '이동성의 사유화'가 낳은, 레이먼드 윌리엄스Raymond Williams가 '감각의 구조'라고 부른 것도 생산한다.[17] 우리는 탄화수소 연료가 만드는 불의를 비판하기 전에, 자동차 모빌리티 문화 속에서 살아가면서 (특히 글로벌 노스에서 살아가면서) 이러한 불의를 만드는 데 우리가 가담하고 있다는 사실을 깨달아야 한다. 이산화탄소의 '고방출자'로 살아온 우리의 책임을 인정해야 하는 것이다. 우리는 불평등한 모빌리티를 파편적으로 제공하고, 도시 접근성을 훼손하고, 모빌리티 빈민들을 기후 위기에 더 취약하게 만드는 일에 우리가 모종의 역할을 해 왔다는 사실을 받아들여야 한다.

정보경제와 디지털 문화로 전환한다고 해서, 우리가 여기서 벗어날 수 있는 것은 아니다. 소프트웨어 연구가 말해 주듯이 정보기술과 '가상' 매체라고 해도 에너지에 의존하는 물질성과 시간성이 있다. 유시 파리카Jussi Parikka는 미디어 고고학을 내세우기까지 한다. 미디어 고고학은 "수천 년, 수백만 년, 수십억 년에 달하는 지구의 시간에 관심을 기울이는, 미디어에 대한 지질학적 개념"을 뜻한다. 그는 "기술 개발을 가능하게 한 기초인 광물과 원자재에 대한 미디어적 발굴"을 요구한다.[18] 기후변화와 탈-탄소 전환에 대한 많은 연구들은 교통과 건물과 운송 방식에서의 에너지 소비 감소에 초점을 맞춘다. 우리가 시간적 지평을 물질 형성의 '지구적 시간'까지 넓힌다면, 우리는 통신기술에 들어갈 지구 전체의 에너지 총량을 고려하고 그 생산에 드는 재료와 생산 과정의 효율성도 따져 보아야 한다. 피에르 벨랑제Pierre Bélanger에 따르면,

　　금, 자갈, 구리, 콜탄, 철, 우라늄 등의 지질 자원은 지구의 가시적 표면 아래에 있는 보이지 않는 광물 매체를 대표한다. 지질 자원은 이른바 현대적인 삶의 기술적 측면을 지지해 준다. 지하철 터널이나 교외의 거리에서, 전자제품 제조나 정보 미디어에서, 증권거래소나 상품시장에서 현대 도시성의 지질학적 중요성이 두드러지지만, 이보다 더 뚜렷한 것은 기술 제국주의의 표식들이다. … 이 광물들은 어디에서 왔는가? 누구에게 속하는가? 누구의 관할에 속하는가? 어떤 식으로 이동하고 제거되는가? 어디로 가는가? 누가 처리하는가? 어떤 에너지가 필요한가? 이 광물들은 무엇을 남기는가?[19]

이 질문들은 모빌리티 정의를 지향하는 데 중요한 이동정치적인 문제를 제기한다. 대규모 사회-기술적 전환에 대한 연구들에 따르면, 에너지 문화의 변화는 시간이 걸리고, 느리며, 미래에 이루어질 것이다.

사람들의 일상생활과 새로운 틈새 혁신을 통한 미시적 변화, 체제 통치와 제도적 관행에서 나타나는 중간 규모의 변화, 거시적 층위에서의 환경 변화(에너지 가용성, 자원 고갈, 기후변화) 사이의 상호작용이 에너지 문화의 변화를 이끈다.[20] 나는 그러한 변화는 우리가 서로 연결되는 방식과, 이동하는 방식과, 금속자원 및 에너지를 사용하는 방식을 바꿈으로써 상호 연결된 스케일들을 가로지르는 이동정치적 투쟁을 필요로 한다고 믿는다.

기후변화와 인간이 지닌 취약성이 불러올 경제적·정치적 격변의 가능성을 고려한다면, 세계 에너지 인프라의 물질적 기반은 불균등 모빌리티 정치를 둘러싼 초국가적 투쟁의 장소가 될 것이다. 디스토피아적인 관점에서 보면 자원 부족, 긴축정책, 안보에 관한 정치적 문제들은 모빌리티를 제한하거나 모빌리티에 훨씬 더 많은 비용이 들게 할 수 있으며, 그에 따라 모빌리티와 접근성의 불평등은 심화되고 갈등은 더 커진다. 극우민족주의적 배제와 국경과 에너지 독립과 군비 경쟁을 강화하는 지금의 정치를 디스토피아적 내러티브가 이끌고 있기는 하지만, 우리가 좀 더 유토피아적인 관점을 취한다면 에너지를 사용하는 방식, 우리가 이동하는 방식, 우리가 함께 사는 방식을 변화시킬 생산적인 방법을 상상하기 시작할 수 있을 것이다.

느린 이동과 공유경제

현대의 삶을 무너뜨릴 것처럼 보이는 삼중의 위기, 즉 도시화, 이주,

기후변화 속에서도 다른 사람들과 이동, 생활, 거주의 측면에서 공존할 수 있는 더 나은 방법을 모색 중인 이들이 있다. 인프라 전환에 더 긍정적으로 대응하는 방법은 기술 인프라를 넘어 사회 인프라에 더욱 적극적으로 참여하는 것이다. 인프라는 물질세계를 형성할 뿐만 아니라 인간관계를 형성하고 그 관계를 이용할 줄 아는 인간 존재도 형성한다. 이로 인해 이동 속도를 늦추고, 더 많은 시민 공동체를 만들기 위해 물자를 공유하는 법을 배우고, 다른 사람들과 연결하는 방법을 바꿔서 인프라를 재구성하려는 노력이 나타난다.

더 넓은 범주의 모빌리티 정의를 촉진하는 한 가지 방법은, 에너지 소비와 에너지를 과다하게 잡아먹는 물질의 사용을 제한하여 속도의 배치에 개입하는 것이다. 자동차 모빌리티의 위험성에 대한 이전의 우려를 바탕으로 1970년대 초반에는 선명한 속도 비판론들이 등장하였고 불균등 모빌리티의 부당함을 비판하는 목소리도 높아졌다. 비판적 사회주의 철학자 이반 일리치Ivan Illich는 자동차에서 구현되는 속도의 불의를 간파했다. "부유한 나라의 교통이 가난한 나라의 교통과 구별되는 지점은, 시간당 이동 거리가 더 길다는 것이 아니라 교통산업이 불평등하게 제공한 에너지를 강제로 소비할 때가 더 많다는 것이다."[21] 1973년 〈르몽드〉 지에 연재된 글들을 묶은 그의 책 《에너지와 공평성 Energy and Equity》●은 그해의 에너지 위기 상황에서 집필되었고, "속도에 마비된 상상력", "시간의 양도", "가속의 비효율성", "자력 이동의 정도"

● 한국어 번역판의 제목은 '행복은 자전거를 타고 온다'이다.

와 같은 소제목들로 되어 있다.

자동차가 물리적 환경을 인간이 살 수 없을 만큼 오염시키며, "산업에 쓰이는 에너지는 사회 환경을 저하하고 소진하고 노예화하는 경향이 있다."고 지적한 일리치는 자동차 모빌리티가 가져올 피해를 내다보고 가장 사회적으로 적합한 에너지 사용인 자전거의 속도로 살아가는 삶을 옹호했다. 그는 에너지 절약, 화석연료 모빌리티 감소, 재생에너지 사용을 내세우는 대안 모빌리티의 등장을 예측하기도 했다. 교통과 에너지 소비를 더 느리게 해야 한다는 주장이다. 일리치는 사회정의 관점에서 우리가 속도 제한을(또 1인당 에너지 사용 제한을) 정치적으로 선택해야 한다고 말하기도 했다.

가장 빠르게 달리는 운전자를 위한 에너지 소비가 허용치를 초과하면서, 세계적으로 속도 자본주의의 계급 구조가 탄생하였다. 시간을 교환가치로 보는 시각이 자리 잡았고, 언어에도 그 시각이 반영되었다. 이제 시간은 소비, 저축, 투자, 낭비, 사용된다. 사회가 시간에 가격표를 붙였기 때문에, 공평성과 차량의 스피드는 반비례한다.

그는 이 문제를 '과잉산업화'한 세계의 과잉개발 문제로만 본 것이 아니라 자전거를 갖추지 못하거나, 자전거 타기에 적합한 길이 없거나, 적절한 대중교통이 갖춰지지 않은 '준비 부족' 문제라고 진단했다. 우리가 속도를 줄이면서 모빌리티에 균형 잡힌 접근을 한다면 지역과 세계의 많은 불평등 문제를 해결할 수 있다는 것이 일리치의 주장이다.

그렇다면 느림은 속도에 대한 부정이면서 다른 종류의 시간성에 기초하는 모빌리티 정의와 생태적 균형에 대한 긍정이다. 일본 철학자 츠지 신이치Shin'ichi Tsuji도 비슷한 주장을 폈다. "'더 빠르게'라고 재촉하는 현대사회는 글로벌 노스와 글로벌 사우스 사이에, 선진국과 개도국 사이에 괴상한 격차를 발생시켰다. 정의, 공정성, 평등, 민주주의를 믿는 사람들이라면 '더 느리게' 사는 방식을 심각하게 고민하기 시작해야 할 때가 아닐까?"[22] 우리 시대에 적합한 질문이다.

미국의 철학자이자 건축가, 발명가인 벅민스터 풀러R. Buckminster Fuller는 더 적은 자원으로 더 많은 일을 할 수 있다고 주장하면서 "비상 상황에서의 출현"이라고 이름 붙인 기술 전환을 구상하였다. 풀러는 "앞날을 예측하고 대비하는 기술"이 언젠가는 받아들여져 그 기술이 꼭 필요한 위기 상황에 직면했을 때에는 널리 쓰이게 될 것이라고 주장했다.[23] 기후변화와 온실가스 감축의 필요성은 바로 그가 말한 위기 상황에 해당한다. 일리치와 달리, 풀러는 첨단기술과 디자인이 기술혁신을 수용하고 에너지 절약과 자원 효율성을 극대화하는 재료를 최대한 활용하여 사회 이익을 촉진할 수 있다고 생각했다. 일리치는 그의 접근 방식을 비판했다.

건축가로 가장하여 어떤 기적을 행하려는 사람들은 속도의 역설에서 벗어나는 수상한 방법을 내세운다. 그들에 따르면 아직 사람들이 차량들이 꼭 알맞게 움직일 패턴과 궤도에 맞춰 살고 있지 않기 때문에 속도의 불평등과 시간 손실과 일정 통제가 발생한다. 이 미래의 건축가들은 고속으로 움직인 캡슐들로 서로 연결된 자급자족형 고층 건물에 사람들이 살게 될 것이라고 전망한다. 솔레리Soleri, 독시아디스Doxiadis, 풀러는 인간의 거주지 전체가 문제라고 보고 고속 교통수단을 만들어 문제를 해결하려고 한다. 이 건축가들은 사람들을 위해 지구를 어떻게 보존할 수 있는지를 묻기보다는, 상업 생산을 위해 재편된 지구에 사는 사람들의 생존 준비가 어떤 식으로 가능한지만을 묻는다.

기술로 문제를 해결할 수 있느냐를 두고 벌이는 이 논쟁은 요즈음 스마트시티, 자율주행차량, 하이퍼루프 열차, 드론 배송 시스템, 상업적 우주여행을 꿈꾸면서 기술적 기적을 행하려는 이들에 대한 비판으로도 연결된다. 가속을 전제로 삼든 감속을 전제로 삼든지 간에, 이 두 입장의 대립은 탈-탄소 전환 기술을 발전시키려는 어떠한 움직임도—더 넓게 보면 모빌리티 정의도—에너지 소비 감소 문제만이 아니라 더 적절하고 지속 가능하며 민주적인 세계 에너지 재분배라는 더 포괄적인 문제를 해결해야만 한다는 사실을 시사한다. 이는 더 공정한 배분을 위한 참여적 정의와 절차적 정의의 요소들을 필요로 하며, 가치 평가를 위한 공동의 인식 틀을 지향하고 속도에 한계를 두는 정치적 선택을 가능하게 할 인식론적 정의도 요구한다.

세계 에너지 인프라의 확장이 자본주의의 속도와 불균등 발전 문제를 악화시킨다는 사실은 1980~90년대의 '세계화' 시기에 명백해졌다. 데이비드 하비가 '시공간 압축'을 이야기하면서 '시간이 공간을 소멸시킨다'는 마르크스의 논의를 참조해 시간에 맞춰 움직이는 물류 체계를 분석한 것도 이 시기였으며, 폴 비릴리오의 질주학dromology 이론이나 벤 에거Ben Agger의 '빠른 자본주의fast capitalism' 개념도 이때 나왔다.[24] 이 이론가들 모두는 물리적이거나 정보적인 모빌리티 기술의 가속을 자본주의 근대성의 변화로만 보지 않고 더 넓게, '기호와 공간의 경제' 내에서 나타난 일상생활과 주관성의 문화적 변화라고 인식했다. 사회학자 지그문트 바우만이 말한 '액체 근대liquid modernity'가 출현했다고 본 것이다.[25]

최근에는 질주하는 모더니티 개념의 반대편에 있는 '느린 모더니티slomodernity', 느린 모빌리티, 멈춤, 대기, 기다림의 가치에 관심을 두는 사람들이 많다. 우리는 빠른 삶의 한계에, 점점 속도를 높여 온 모빌리티의 한계에 도달한 것일까? 에너지를 소비하는 속도문화를 에너지 보존과 느림에 가치를 두는 문화로 전환할 수 있을까? 현대 생활에 느림을 요구하는 사회운동들이 나타난 것은 사실이다. 에너지가 낭비되지 않은 지역 생산물을 중심으로 한 '슬로우 푸드' 운동, '슬로우 시티'나 '시타슬로우cittaslow' 운동, 느린 여행을 내세우는 '스테이케이션즈staycations', 모터가 달린 교통수단 대신 걷거나 자전거를 타는 흐름, 그리고 고속 통신망에서 잠시 벗어나자는 '오프 그리드off-grid'나 '디지털 디톡스' 운동도 있다.

세계 모빌리티의 불평등에 대한 해결책으로 다양한 종류의 '공유경제'나 P2P 경제가 제안되었다. 사회학자 줄리엣 쇼어Juliet Schor는 탈-소비자 사회에서 '진정한 부'가 순환하는 '풍족한 경제' 개념을 내놓았다. 더 적게 일하고 재정비를 추구하며 도시에 머무르면서 소규모 사업을 일구는 것이다.[26] 다양한 DIY 활동이 여기에 포함된다. 도시농업, 도구은행이나 의류은행 같은 공유 시스템, 중고 제품을 거래하는 이베이eBay나 크레이그리스트Craigslist 같은 온라인 시스템에 이르기까지, 이 모든 활동은 시장 기반 경제보다 더 큰 웰빙을 사람들에게 가져다줄 것이라는 주장이다. 이 활동들이 인터넷 기반의 연결 네트워크와 결합되면 '연결된 소비'나 '협업 소비'라고 불리는, P2P 관계에 기반한 '협업 경제'가 나타나게 될 것이다.[27] '풍족한 경제'의 전망은 세계적인 불균등 모빌리티와 인프라 공간에 많은 영향을 줄 새로운 모빌리티 문화들과 일상생활에서의 새로운 자원 공급에 달려 있다.

지역사회에 기반한 '도시 전환' 운동이나 기존의 연결망 바깥으로 나가 화폐경제에 의존하지 않는 농촌지향적 공동체 운동에서도 이와 비슷한 실험들이 발견되지만, 공동주택이나 자원 공유 모델을 내세우는 도시에서의 실험도 존재한다. 디자이너이자 도시계획 전문가인 댄 힐Dan Hill은 "단순한 사적 이익 간의 충돌이 아닌, 공공 이익이라는 도시적 이상을 강화하기 위해 기술을 이용하는 협동 개발과 소유권 공유의 장점을 우리는 어떻게 부각시킬 수 있을 것인가?"라는 질문을 던진다. 그는 베를린의 바우그루펜baugruppen(building group) 운동에서 답을 찾는다. 이 운동은 "지역민들의 소유권 공유, 디자인 공유, 시민적 가치를 반영한 의사결정"에 기초한다. 이 운동의 도시 공동주택 계획에는 공동 자금 마련을 위한 특별대출 패키지, 건축가와 함께 하는 참여형 계획과 디자인, 다양한 요구를 만족시켜 줄 유연한 모듈식 디자인 요소, 휴게실, 세탁실, 옥상의 여름용 주방 같은 공용 공간, 야외 공동 공간을 통

해 거주지를 한 바퀴 돌 수 있는 발코니 등이 들어가 있다.[28]

이 같은 공유 건물은 여러 도시들을 괴롭히는 약탈적 대출, 부동산 인플레이션, 주택 위기 문제를 해결하는 선에서 그치지 않고 일상생활에 필요한 새로운 시민 인프라도 형성되도록 해 준다. 자전거 공유, 전기자동차 공유, 태양열 충전, 대중교통접근성을 추가하면 공유 모빌리티 시스템(그리고 에너지 효율성)은 건물 설계와 쉽게 맞물린다. 자동차 공유는 오래 쓸 수 있는 상품을 알맞게 활용하는 중요한 사례이며, 도로에서 자가용의 수를 줄이는 데에도 도움을 준다. 타임 뱅크time bank 나 소셜 화폐social currency로 이용할 수 있는 서비스와 시간의 공유도 이런 해결 방식의 일부이다. 어떤 미래학자들은 지역 주민이 공유하는 3D 프린팅 시설을 활용하면 주민들이 주방용품, 건축 재료, 자전거 부품, 가구 부속품, 장난감 같은 제품을 자체 생산하는 일도 가능하다고 전망한다. 이러한 시스템이 자리 잡는다면 물류시스템, 제조, 폐기물 처리, 에너지 소비는 어느 정도 변화할 수밖에 없을 것이다.[29]

론 이글래쉬Ron Eglash는 유토피아적인 가능성을 탐색하는 비슷한 시도들을 한데 묶어서, 분배적 정의와 대조되는 개념으로 '생성적 정의 generative justice'를 제안하였다. 생성적 정의란 "소외되지 않는 가치를 생

• 시간을 화폐의 단위로 활용하는 제도. 자원봉사 시간을 기록하고 이를 교환, 지불하는 방식으로 봉사의 선순환과 공동체 활성화를 노린다.

•• SNS를 비롯한 사회적 활동에서 특정한 행위에 대한 보상으로 지급되는 가상 화폐를 가리키기도 하며, 화폐라기보다는 사회적 관계를 통해 쌓이거나 전달되는 영향력, 입소문, 관계적 자산을 뜻하는 용어로도 쓰인다.

성하고 그 혜택에 직접 참여하는 보편적 권리, 스스로 생산 조건을 만드는 가치 생성자의 권리, 그 가치의 순환을 위한 자립적 경로를 육성할 가치 생성의 공동체적 권리"를 가리킨다. 이 개념은 "소외되지 않는 형식으로 가치의 상향식 생성과 순환"이 이루어지고 "공유재로서의 지식" 속에서 "선물의 교환"이 가능해질 새로운 기회가 지금 존재한다는 주장에 바탕한다. 예를 들어 "오픈 소스 소프트웨어 같은 P2P 방식의 생산, 지역사회에 기반한 농업 생태학, 페미니스트 메이커스페이스makerspace*부터 퀴어 바이오해킹biohacking**에 이르는 'DIY 시민권'" 등의 현상이 등장했다는 것이다. 이 개념은 노동 가치만이 아니라 인간에 한정되지 않는 생태적 가치와 "발언의 자유, 섹슈얼리티, 영성spirituality, 그리고 그 밖의 생성적 수행들" 같은 표현적 가치를 포괄한다.[30]

대안적인 공유경제에도 약점은 있다. 유토피아적인 실험이 주류 경제와 다시 결합하여 생성의 가능성이 기업 이익 속에 흡수되어 버리는 것이다. 공유경제 실험이 성장하면 처음에는 영리를 추구하지 않는 P2P 공유 커뮤니티로서 경제적 대안으로 보였던 것이 우버처럼 상업적인 서비스로 변질되어 버린다. 숙소 제공자와 방을 구하는 사람들을

---

* 공통의 관심사를 지닌 이들이 함께 모여 협업하는 커뮤니티 공간을 일컫는다.

** 넓게는 자기 몸에 개입하여 몸을 관리하고 섭생하는 활동 일반을 가리키지만, 좁게는 유전학 기술이나 최신 테크놀로지를 활용하여 몸에 유전적 변화를 가하거나 마이크로 칩을 심는 일을 가리키기도 한다. 국가나 회사의 간섭을 피해 DIY로 이루어지거나 커뮤니티를 형성하여 공동으로 작업하는 경우가 많다.

직접 이어 주는 온라인 여행 커뮤니티인 카우치서핑도 에어비앤비 같은 상업 플랫폼으로 바뀌어 버렸다. 유토피아적인 이 실천들은 그들의 변화를 향한 희망이 우리에게까지는 닿지 못한 채로 외곽에서 벌이는 작은 실험들로만 남을 것인가? 이 실험들은 도시 엘리트들이 재미 삼아 만들어 낸 것이고, 결국에는 시장에 흡수될 운명일까?

기존의 계급 불평등과 인종적 불의 시스템에 정면으로 맞서면서 정치적 변화를 꾀하는 다른 유토피아 사회 실험들(혹은 사회개혁 운동들)도 있다. 아프리카계 미국인 노동자계급의 급진적 사회운동사를 연구하는 로빈 켈리Robin D.G. Kelley는 최근 미시시피주 잭슨에서 나타난 사회운동에 주목했다. 그에 따르면 잭슨시는 "미국에서 가장 급진적인 도시"이며, "진정으로 혁신적인 운동이 민주주의, 인권, 노동자의 힘, 환경적 지속 가능성, 사회주의라는 원칙에 헌신하는 최초의 협동적 연합을 건설하고 있는 곳"이다. '잭슨 플랜Jackson Plan'은 "참여 민주주의, 연대 경제, 지속 가능한 발전을 촉진하기 위해 여러 모범 사례를 적용하고, 진보적인 지역사회 조직과 선거 정치에 이를 결합하려는 계획"이다.[31]

허리케인 카트리나가 미국 걸프 해안을 황폐하게 만든 뒤, 말콤X 풀뿌리 운동과 잭슨 인민회의가 두각을 나타냈다. 첫째, 이 운동들은 직접민주주의 원칙에 입각해 인민회의를 구성하였다. 아프리카계 미국인들이 처음으로 해방된 남북전쟁 이후의 재건시대에 등장했었던 모델이다. 둘째, 이 운동들은 포괄적인 선거 전략을 제시한다. '공동체 회복'을 지원하고 '공공시설'(여기에는 대중교통과 보편적 의료 서비스도 포함된다)을 만들고 확장하며 경제 민주화를 진전시킬 후보자를 지원하는 것이다. 셋째, 이 운동들은 '연대 경제'의 창설을 꾀한다. 연대 경제는 "사회적 연대, 상호 부조, 상호주의, 관용을 증진시켜 줄 협동조합적인 경제의 발전 과정"으로 이해할 수 있다. 협동조합 기업, 신용조합, 지역 도시 농장, 지역 농업협동조합, 그리고 토지와 주택의 상품화를 거부하고 '공유지'를 다시 만들려는 토지보전신탁이 이 연대 경제에 가담한다. 이 계획에는 환경오염을 덜 일으키는 차량 중심의 대중교통 확대, 재생 가능한 전력망 구축, 카리브 공동체 및 라틴아메리카와의 남-남 무역 네트워크 구축도 포함되어 있다.[32]

'잭슨 플랜'은 스페인 바스크 지방의 몬드라곤 협동조합의 성공이 있었기에 가능했다. 오래 지속된 이 조합경제는 노동자 소유의 산업, 소매업, 서비스, 은행 협동조합이 결합한 '의도적 경제'의 모범으로 불린다. 이처럼 '실제로 존재하는 유토피아'들은 이 책에서 논의된 정의의 여러 차원들—인종정의, 배상정의, 인식론적 정의—과 많은 접점이 있다.

스페인, 그리스, 네덜란드 등 유럽의 다른 지역에서는 도시에 대한 권리를 주장하는 이들과 이주민 정의를 옹호하는 이들 사이의 연대가 이루어졌다. 알렉스 바수데반에 따르면 "유럽 전역에 걸쳐 정치적으로 곤란한 상황에 놓였거나 지역사회서비스를 이용할 수 없는 난민과 이주자들을 보호하기 위한 여러 점거 지역이 생겼다. 아테네에만도 현재 1,500명 이상의 난민을 수용하는 7개의 점거 지역이 있다."[34] 이 점거 운동에 참여하는 이들, 점거 활동가, 난민과 이민자들은 프랑스의 공간 이론가 앙리 르페브르가 말했듯이 "거주지를 가질 권리, 거주할 권리"를 주장한다. 변화를 가져오려는 다른 유토피아 기획들과 마찬가지로, 이 운동들은 "이곳에서 머무르며 다른 도시를 만들어 내는 일에 참여할 수 있는 기본적인 권리"를 표현하기 위해 중요한, 거주지("삶을 영위할 장소")에 대한 권리와 거주할("자신만의 장소를 가질") 권리를 요구한다.[35] 이런 주장은 에스코바르의 '다원적 세계를 위한 기획'을 연상시킨다. 자율적인 여러 삶의 형태가 스스로 생성하면서 스스로를 규정할 수 있는 공간인 것이다.

언토커닝 운동 또한 이런 큰 스케일에서 환경적 인종주의를 다루고 있으며, 이를 어떤 장소에 머무를 권리와 연결짓는다. "환경적 인종주의와 투자 미비는 도시의 여러 지역사회를 녹지에서 분리하고 해로운 환경을 차별적으로 만들어 냈다. 자전거 전용도로와 녹지공간 같은 인프라 개선은 그곳에 오래 거주한 저소득층 주민을 더 부유한 이들로 대체하는 결과를 가져온다." 따라서, 이들은 환경정의 원칙에 도시에 대한 권리 운동을 통합해야 한다고 주장한다.

모빌리티 정의는 환경정의 원칙을 차별적 건강 환경 문제, 살던 곳에서 쫓겨나는 상황, 자연과의 단절 문제와 통합한다. 모빌리티 정의는 환경적 인종차별로 피해를 입은 지역사회가 녹지와 깨끗한 환경에 접근하고 이를 소유하여 이익을 얻는 장소에 머무를 권리를 우선시한다. 지역사회는 건강한 환경을 요구하고 기대할 권리를 가지고 있으며, 녹지의 이점에 '접근할 권리'와 과거의 환경적 해악을 개선할 권리도 지닌다. 우리는 '지속 가능한' 개발이 제대로 이행되는지를 면밀하게 검토하여, 건강한 환경이 사람들을 지역에서 떠나게 만들거나 문화적 소멸로 귀결되지 않게 해야 한다.

여기에서 논의된 모든 대안경제들은 모빌리티 정의의 여러 스케일들을 가로지른다. 사람들을 동원하는 새로운 방식을 만들어 내고, 교통 시스템을 다시 검토하게 하며, 이주와 거주 문제를 다루며, 인프라를 변화시키고, 전 지구적 스케일에서는 화석연료로부터의 전환을 꾀한다. 이 실험들은 인식론적 정의와 배상적 정의를 포괄하기 때문에, 모빌리티의 많은 스케일들에서 모색되는 '정당한' 해결책에 우리를 한층 더 가까워지게 만든다. 단순히 교통 시스템을 바꾸려고 하는 것이 아니라 정치적 존재론 전체를 겨냥하고 있는 것이다.

궁극적으로, 대안적인 공동체 경제는 우리가 서로를 연결하고 이동하고 주거하는 방식을 변화시켜서 지역사회를 다시 연결하고 자원을 재분배하며 산업 시스템 및 자원경제와 관련된 에너지 소비와 폐기물, 오염을 감소시키려고 한다. 그렇다고 해도, 기술적 전환과 공유경제를 옹호하는 이들 중에 자원 착취와 에너지 문화가 우리의 기술과 시스템에 어떻게 내재되어 있는지를 깊숙하게 탐구하는 사람은 거의 없다. 이러한 시스템은 군사적 용도와 직결된 금속 합금 연구처럼 군사적 연구 및 무기 개발과 긴밀하게 결합된 군사적 전략과 군사산업에서 결정적인 역할을 맡고 있다. 우리의 현대 에너지 문화와 산업자본주의 소비경제의 근저에는 현대화를 주도하고 '전환' 기술을 계속 추진하는, 계속 속도를 높이고 에너지를 공급받는 군사적 특권이 존재한다.

가속화, 군사력, 그리고 탈-인간 생태학

에너지 문화의 전환을 꾀한다는 것은 현재의 에너지 정책, 인프라, 물류를 추동하는 군사적 영역의 압박과 씨름해야 한다는 의미이기도 하다. 교통정의, 공간정의, 기후정의의 옹호자들은 시민 영역에만 관심을 기울이면서 군사력과 전쟁에 대해서는 언급을 삼갔다. 그러나 우리가 세계의 인프라 공간에 주목한다면, 군사력 경쟁과 '정의로운 전쟁'에도 초점을 맞출 수밖에 없다. 어떻게 해야 속도와 가속이 전쟁, 군사기술, 무력 충돌 시의 전략에 그 기초를 두고 있다는 것을 우리가 인식할 수 있을까? 그리고 그 인식을 모빌리티 전환을 위한 사회정치적 기획과 어떤 식으로 통합할 수 있을까?

1970년대에 속도와 가속이 사회이론가들과 비판적 지리학자들의 주요 관심사가 된 것은, 에너지의 생산과 소비가 세계 정치와 맺는 관계를 날카롭게 인식하도록 해 준 석유 위기 덕분이기도 했다. 폴 비릴리오에 따르면, "역사는 무기 체계의 속도를 따라 펼쳐진다." 그리고 무기 체계는 경량 금속과 화석연료의 고속 공급에 의존한다.[36] 풀러는 기술 발전의 가속화로 기술들이 단기간에만 쓰이더라도 기술 개발에 지속적인 투자가 이루어진 현상을 추적했다. 새로운 기술로의 교체 주기가 더 빨라지고 "금속 합금 기술"(특히 알루미늄)이 발전한 것은 군사적 우월성을 유지하려는 목적 때문이었지만, 풀러는 그 기술들이 공익을 위해 사용되고 민간의 삶을 향상시킬 가능성을 품고 있다고 주장했다.[37]

미래의 전쟁은 전 세계에 걸쳐 물자, 군대, 무기를 이동시키는 물류 시스템과 자원을 둘러싸고 일어날 것이다. 그러나 지구의 자원을 고갈시키고 생태적 불안정성, 공해, (비)인간의 삶에 대한 심대한 위협을 낳는 것은 바로 전쟁과 새로운 무기들이다. 그리고 그 대가는 세계에서 가장 가난한 지역들이 치러야 한다. 나는 《알루미늄의 꿈》에서 군사력, 알루미늄 제련, 전기 발전, 환경 피해 사이의 관계를 자세하게 다룬 바 있다. 여기서 내가 말하고자 하는 요점은, 불균등한 속도야말로 언제나 전쟁에서 불평등하게 발생하는 우위의 기초였다는 것이다. 모빌리티를 통제하는 자는 (데이터 전송을 포함하는) 속도를 통해 권력을 장악하고, 권력을 가진 자들은 속도를 제한하여 다른 사람들의 모빌리티를 제어한다. 속도에서의 기술적 우위는 항상 정복, 노예화, 식민지 지배, 그리고 앞에서 소개한 비릴리오의 서술에서 보았듯이 가부장제의 근간이었다.

나아가 카렌 카플란은 역사적으로 공중을 장악하려는 시도들이 공중 시야 확보 기술로 '우주적 시야cosmic view'를 통제하고 싶어 한 이들에게 큰 군사적 이점을 제공하였고, 때문에 공군력은 시각화 및 감시의 방식들과 밀접하게 관련된다고 지적했다.[38] 바야흐로 "전 세계를 포착하는 시대"가 열린 후, 군용위성 관리자들은 지구 바깥 궤도라는 "가장 높은 곳"에서 세계를 가시화하려고 노력한다.[39] 스티븐 그레이엄은 강력한 이미징 위성이 "현재 우리 공공영역의 중요 부분을 구성한다"고 주장한다. "저 높은 곳에 있는 위성들의 배열이 지상에서의 삶(특히 모빌리티)에 영향을 끼치기" 때문이다. 따라서 여기에는 더 많은 대중들의 관심과 비판적 분석이 필요하다.

위성 모빌리티와 여기에서 파급된 시각화 기술들(가령 구글 어스)은 군사 논리와 현대 인프라 공간의 배치로 형성된다. 그럼에도 불구하고, 이것들은 결코 전지전능하지 않다. 그러므로 우리는 이 기술들이 불균등한 글로벌 모빌리티, 에너지 사용의 지속 불가능성, 현대 행성 도시화와 관련된 생태계 파괴를 어떻게 추동하는지를, 그리고 우리가 이러한 과정에 어떻게 도전할지를 질문해야 한다.[40]

'지속 가능한' 기술 전환, 스마트 시티, 대안경제를 옹호하는 사람들 중에서, 군사전략 상으로 중요한 기술과 시스템에 에너지 문화가 어떤 식으로 결부되어 있는지를 철저하게 추적한 경우는 거의 없다. 우리가 매일 접하는 물건들과 인프라와 우리의 일상은 위성, 인터넷, 드론, 탈중심화된 에너지 저장 시스템 등 군사 연구 개발과 밀접한 관련이 있는 산업에서 비롯되지만, 대부분의 경우 인프라 공간의 군사적 지정학적 기반은 뒤로 물러나 있어 눈에 잘 띄지 않는다. 아마도 전쟁 기간 정도가 예외일 것이다. 전쟁은 폴 비릴리오가 '질주경dromoscopy'이라고 부른 것이 속도의 중요한 매개가 되는 시기다. 질주경은 "세계의 현대사회에서 가장 중요한 중심 축인—따라서 가장 파괴적일 수도 있는—속도를 이해하는 수단"이라 할 수 있다.[41]

에너지에 대한 접근, 그리고 교통통신의 근간인 광물과 금속은 불균등 모빌리티와 세계적 불평등에서 결정적인 차원이다. 우리는 교통과 통신에 필요한 에너지가 어디에서 공급되는지, 어떤 식으로 수출되는지, 그리고 그 대부분을 누가 사용하는지를 물어야만 모빌리티와 통신이 지닌 잠재력을 파악할 수 있다. 군사적인 뒷받침을 받는 이동 특권층들은 에너지·물·광물을 점점 더 독점적으로 통제하고 있으며, 희귀한 글로벌 자원을 통제하기 위해 역외 자금을 활용한다.[42] 석유와 금속 수요의 상당 부분은 군사적 수요(전쟁 상황이나 전쟁 준비)가 차지한다. 따라서 이 물질들의 소비는 어느 정도 지정학의 산물이다. 불균등한 에너지 소비는 단순히 소비자 수요의 결과라고 보기 어렵다. 저탄소 전환 문제는 이러한 광범위한 군사적 맥락 안에서 고려되어야 한다.

전쟁이 벌어지면 수송과 석유 생산 인프라를 타격하여 공급을 마비시키는 때가 많다. 석유와 금속은 현재 다른 것들의 비용을 결정하는 주요 상품이며 군사력의 핵심이다. 전쟁 물자의 공급과 파괴는 시장 바깥에서 일어나지만, (금속이 필수적인) 에너지와 기계와 수송은 많은 다른 상품과 제품의 비용을 결정하는 기반이므로 자본주의 시장경제 전체가 여기에 달려 있다. 그러므로 군사력이 저탄소 재생에너지에 의존하는 방향으로 바뀌지 않는 한, (기후변화와 직접적인 관계를 맺고 있는) 지구 전체의 에너지 소비 방식은 변화하지 않을 것이다. 만약 군사력의 에너지 소비 방식이 바뀐다면, 국가들은 화석연료 회사에 보조금을 제공하지 않고 대신에 군사력과 안보를 지탱해 줄 재생에너지 인프라를 지원할 것이다.

비릴리오와 하비를 다시 참고해 보면, 자본주의 세계경제에서 군사력과 전쟁이 속도의 증가에 결정적인 역할을 한다는 사실을 알 수 있다. 속도와 가속화된 모빌리티는 복잡한 모빌리티 체제, 공간적으로 고정된 인프라, 산업 플랜트, 물류시스템, 그리고 세계경제 체제를 형성하면서 계속 변화하는 군사적 균형이라는 형식들 속에 에너지를 '가둔다'. 현대 에너지 체제와 에너지를 둘러싼 환경은 기술적 효율성을 추구하거나 소비자 선택을 넓히거나 온실가스 배출을 감소시키는 국가정책을 내놓더라도 쉽게 변화하지 않는다.

물류(또는 물품 이동에 대한 관리)는 모빌리티의 핵심 시스템 중 하나다. 물류는 상품, 광물, 금속, 연료의 세계적인 이동을 이끄는 군사 인프라와도 관련이 있지만, 공간과 시간의 구성을 추동하는 상상력 및 상징적 의미와도 연결된다. 물류의 합리성을 연구한 데보라 코웬에 따르면, 물류는 제2차 세계대전 이후 중대한 변화를 겪으면서 군사전략과 전술에서만이 아니라 세계무역 내의 기업 활동에서도 원동력으로 작용했다.[43] 물류 관리를 위한 해운 컨테이너, 컴퓨터, 위성통신이 등장하면서 새로운 형태의 시스템적 사고가 대두되었고 노사 관계와 경제 환경과 안보 문제도 새롭게 재편되었다.

이제 드론의 시대가 열리면서, 군사적 우월성을 낳는 물리적 속도에는 데이터 처리 속도와 전송 속도까지 더해졌다. 통신의 가속화는 빠른 금융 거래만이 아니라 실시간 드론 운영도 가능하게 했다. 원격 드론 조종자들은 마우스에 손을 올려 놓고 몇 시간, 며칠, 몇 주 동안 목표물을 추적하면서 그 이동 패턴을 파악한 후, 필요하면 전 세계 어디든 즉시 시각 자료를 전송한다. 인류학자 휴 거스터슨Hugh Gusterson은 군사 드론 사용이 일종의 '원격제어 전쟁'이라고 규정하면서, 예전의 전쟁에서는 무기/전투원/대상 사이가 공간적으로 가까웠다면, 이제는 "밀집되어 있고 공간적으로 집중된 행위"가 해체되었다고 본다. 흥미롭게도 그는 전쟁에서 공간적 집중이 해체된 것을 모빌리티 자유의 한 형태라고 해석한다. "여기서 공간의 재편성 역학은 심오하고 비대칭적이다. 드론의 목표가 된 사람은 탈출할 수 없는 장소에 갇혔다고 느끼지만, 공격하는 사람은 자유롭게 이동할 수 있는 공간에 머물면서 온 세계에 가 닿을 수 있다."[44]

거스터슨은 드론 사례를 지역에 한정된 노동자(이동의 자유가 없는 노동자)와 "키를 몇 번 두드리면 세계 어디든 자유롭게 이동하는" 자본의 관계와 비교한다. "전쟁이든 글로벌 자본주의이든 세계적 스케일로 움직일 수 있는 이동의 자유가 중요하지만, 이것만이 결정적인 이점이라고는 말할 수 없다." 드론전쟁은 불균등한 공간 관계를 형성할 뿐만 아니라 "시간과 속도 역시 뒤죽박죽으로 만든다." 이는 우리로 하여금 또 다른 측면에 주목하게 만든다. "전쟁에서는 적대 행위의 템포를 조절하는 쪽이 유리하다." 드론전쟁의 시공간적 특성은 '분별, 비례성, 군사적 필요성의 원칙'을 내세우는 '의로운 전쟁'이라는 아우구스티누스적 전통을 훼손한다.[45] 드론전쟁의 공간적 해체는 결과적으로 정의에 어긋나고 국제법을 위반하는 전쟁범죄를 구성한다. 전쟁 지역 밖의 비전투원이 자주 표적이 되고, 민간인이 무차별적인 테러의 희생양이 될 때도 있다. 요컨대, 이는 또 다른 차원의 전 지구적 스케일에 걸친 모빌리티 정의 문제이다.

에너지 소비와 그 구체적인 결과물들은 모든 모빌리티의 기저를 이룬다. 에너지 소비는 금속, 화석연료, 다양한 에너지 생성, 인프라처럼 전 세계에 걸친 자원의 흐름들을 망라한다. 에너지 흐름은 군사력의 기초이며, 따라서 산업경제의 군사적 물류에 대한 국가의 지원을 이끌어 낸다. 드론전쟁은 기동력의 방정식에 치명적인 원거리 타격이라는 중요한 항을 추가했고, 이로 인해 어떤 전쟁에서는 에너지 소비와 물류 비용이 줄어들겠으나, 또 한편으로는 심각한 도덕적 비용을 치러야 한다. 드론전쟁은 매우 불균등한 모빌리티 역량 때문에 더 큰 모빌리티 불의를 낳음으로써 '정의로운 전쟁'의 균형을 무너뜨린다.

물류의 군사화에 대한 코웬의 연구는 어떻게 물류 공간이 주권 영토와 법적 관할권(노동법, 환경보호법 등)에서 빠져나와 군사적인 영토로 편입되는지, 어떤 방식으로 물류 공간이 모빌리티 및 통신과 연결되는지를 보여 준다. 코웬은 군사적 영역이 확보한 영토에서 군사적 논리가 공간을 재구성하고, 시민권이나 결사의 권리를 무시하면서 인종화된 이주민 노동력을 활용한다고 주장한다. 인종차별적으로 예속된 이 노동력과 인종화된 지역 공간은, 현대의 불평등 모빌리티와 밀접한 관계가 있는 지속 불가능한 에너지 사용과 생태계 파괴를 만들어 낸다.

따라서 지속 가능한 모빌리티로의 전환은 우리가 사는 도시에서 일상생활 중에 에너지를 사용하는 방식을 바꾸는 것, 그 이상의 변화를 요구한다. 현대적 생활 방식을 지속 불가능하게 하는 근본적인 세계 불평등을 향해 저항하지 않는다면 개개인의 저탄소 소비 실천은 세계를 변화시키지 못할 것이다. 다중 스케일적인 전환 과정을 이해하려면 개인의 선택이 세상을 바꾼다는 관점과, 특정 장소에 기반하는 지역주의에 바탕한 정의 이론들의 정주성과, '녹색' 소비자 경제를 넘어서야 한다.

세계적으로 온실가스 배출을 줄이기 위해서는 점점 더 분산되고 불균등한 방향으로 치닫는 현대적 생활의 물질적 배치 전부를 변화시켜야 하며, 에너지를 여러 스케일에 걸쳐 정당하고 공정하게 재분배해야 한다. 비릴리오가 말했듯이 질주학Dromology이 기술사회의 기초를 이루는 속도의 논리를 지칭한다면, 현대사회는 "질주 민주주의dromocratic"적인 사회이며 우리는 모두 속도의 논리에 연루되어 있다.[46] 그러므로 기후변화, 그리고 질주하는 사회가 낳은 여러 병폐들에 대응하려면, (현재의 주요한 정책적 조치들인) 에너지 수요 감소와 비-탄소 연료 전환에 만족할 것이 아니라, 비판적 자세를 견지하면서 속도의 감소와 더 유연하고 덜 파괴적인 모빌리티를 추구하며 궁극적으로는 속도 경쟁과 공중 장악에 큰 가치를 부여하는 사회적 평가를 거부해야 할 것이다. 이는 생태학적 지속 가능성과 생태계 복원을 이끌어 낼 글로벌 모빌리티의 탈군사화를 무엇보다 필요로 한다.

전 지구적 도시화

네트워크 자본이 점점 더 소수의 손에 집중되고 있지만, 지구에 사는 대부분의 인간은 강요 없이 이동하거나 거주할 역량이 포함된 잠재적 모빌리티 역량을 잃어 가고 있다. 우리는 결국 모빌리티 정의를 위한 정치적 투쟁에 초점을 맞춰야 한다. 이스터링의 말처럼 특수한 해외 경제 · 정치 · 군사지대의 창설은 영토 주권의 단편화를 낳았고, 궤도 공간 · 공중 · 주요 자원에 대한 군사적 통제도 늘어났다. 세계적 공유재에 대한 사유화와 군사화는 시민권과 정치적 반대운동의 토대를 침식했다. 모든 저탄소 전환 운동은 무엇보다 기존 사회-생태의 광범위한 지정학적 맥락을 고려해야만 한다.

다음으로는 현대의 건축 환경, 에너지 소비, 물류와 군사력의 초국가적인 물질적 기반을 이해하기 위해 채굴과 금속 생산 역사를 더 깊게 들여다볼 필요가 있다. 자원 추출과 통제는 초국적 민간기업만이 아니라 군의 손아귀에도 집중되었고, 이로 인해 지역 간·국가 간 인프라 통합이 놀라운 규모로 이루어져 도시의 통제를 벗어나고 정치적 투명성의 요구를 비껴 가게 되었다.

전 지구적 도시화planetary urbanization 이론은 에너지와 군사력이 도시와 전 세계에서 순환할 때 드러나는 다중 스케일적 모빌리티들을 해명하려는 접근 방식이다. 닐 브레너와 크리스티안 슈미트Christian Schmid는 "지구 전체에 걸쳐 다양한 사회경제적 조건, 영토 형성, 사회 변형적 변화를 가져오는 새로운 도시화 과정"이 나타났다고 주장했다.

ⓐ 해양과 대기 환경, 영토와 대륙을 포괄하면서 막대한 인프라 투자(고속도로, 운하, 철도, 컨테이너 항구, 공항, 수력발전댐, 해저케이블, 터널, 파이프라인, 위성)를 필요로 하는 거대도시 네트워크 사이의 전례 없는 밀집도.

ⓑ 새로운 수출 구역, 세계적인 저임금 노동 지역, 비영업 구역, 데이터 처리 시설과 복합 물류 물류 터미널 설치로 인한 전통적인 '배후 지역'의 구조조정 및 재배치.

ⓒ 자원 추출, (화석연료를 포함하는) 에너지 생산과 유통, 물과 폐기물 관리를 위한 대규모 토지 이용 시스템의 재생 및 공간 확장.

ⓓ 대규모 농업산업의 확대, 글로벌 농업 비즈니스 네트워크의 확장, 토지 압류 및 영토 봉쇄가 불러온 옛 '농촌' 지역의 중대한 사회적·환경적 변화.

ⓔ 자본주의적 도시화의 가속에 부응하기 위해 행해지는 열대우림, 사막, 고산지대, 극 지대, 대양, 대기 등 옛 '야생' 공간의 조직화.[47]

브레너와 슈미트는 도시화의 집중적인 형태와 확장적인 형태를 구분한다. 집중적 형태는 거대도시나 대도시처럼 인구 밀집 지역이며, 확장적인 형태는 에너지, 관광, 통신, 교통, 자원 추출, 농업산업 생산, 폐기물 관리 등 도시를 지원하기 위한 광범위한 인프라 '운영 환경 operational landscapes'에 해당한다. 전 지구적 도시화는 정치적이고 생태적인 기획이면서 동시에 근대화, 가속, 가벼움, 속도에 관한 담론들을 중심으로 조직된 문화 기획이다. 이 담론들은 배후지, 주변부, 멀리 떨어진 야생 지역의 환경 파괴와 오염을 기반으로 삼는 대규모 자연 추출과 도시 집중을 정당화해 주었다. 도시화 과정은 이제 막 등장한 초국가적 기업들이 가벼운 금속을 생산하기 위해서 열대 지역의 보크사이트 광산을 거대한 수력발전 프로젝트와 연결했던 '알루미늄의 시대'에 시작되었다. 이 가벼운 금속들은 교통, 항공, 물류, 통신에 관한 지구 전체 인프라들의 재탄생을 이끌었다.

우리는 도시 인프라, 토지 사용, 연결성 사이의 상호작용에 주의를 기울여야 한다. 이 요소들은 '확장된' 도시 시스템과 '운영 환경' 전반에 걸쳐 존재한다. '운영 환경'에 포함되는 광업, 석유 생산, 물과 에너지 공급은 교통과 물류 네트워크를 따라 도시 시스템에 집중된다.[48] 도시화의 확장을 지원하는 장거리 글로벌 물류 체계는 자원 추출을 기반으로 하여 지구 전체를 따라 형성된다. 이 물류 체계는 유동 네트워크를 확보하여 아주 먼 곳에 이르기까지 도시화를 확장시키고 지역 간의 광범위한 응집을 만들어 낸다. 도시화의 확장은 모든 민주적 통치를 훼손하는 군사자본주의의 정치적 조직화와 떼려야 뗄 수 없는 관계이다. 그러므로 '운영 환경'은 단순히 전 지구적 자본주의 도시화의 산물인 것만이 아니라, 자원 축적과 행성 물류를 군사적으로 장악하려는 국가적 과정이라고 해야 할 것이다. 우리는 지배적 사회-기술적 체제와 여기에 맞선 광범위한 저항운동들 간의 권력투쟁 역사를 더 잘 파악해야 하며, 이에 더해 에너지 효율을 개선하고 에너지 소비를 줄이며 생태 도시화를 촉진하려는 지금의 노력이 지닌 모순을 깊이 있게 인식해야 한다.

이런 입장은 주권, 민주주의, 세계적 정의에 관한 몇 가지 문제들을 설명하는 데 도움을 준다. 첫째, 소위 '자원의 저주'는 겉으로 보이는 것만큼 마술적인 현상이 아니다. 핵심 자원의 통제가 군사력의 기능이라고 본다면, 자원이 풍부한 국가들은 할 수 있는 유일한 게임을 하고 있을 따름이다. 석유, 철광석, 구리, 콜탄 등의 자원을 군사적으로 통제하는 것은 테이블 위에서 고를 수 있는 단 하나의 선택이다(국가가 직접 개입해 통제하거나, 국가폭력과 암살단의 지원을 받는 군사 엘리트들이 뒤에서 조종하는 경우가 많다). 그렇게 하지 않으면 외국 세력들이 자원을 탈취하고 그 대가는 거의 남겨 주지 않을 것이다. 또한 민주주의 체제에서도, 군사적 통제나 '질주 민주주의'와 마찬가지로 '주권자인 국민'과 부를 나누는 경우는 찾아보기 힘들다. 자원 추출은 비민주적 통치에서 번성하고, 비민주적 통치를 재생산한다. 정치지리학자 마틴 아르볼레다 Martín Arboleda는 '신채굴주의'를 내세우는 좌파 정권들마저도 석유 자원의 국가 수용을 노린다고 지적했다(베네수엘라가 좋은 예라고 할 수 있다).

아르볼레다에 따르면 "원자재의 가격 급등은 대규모 자원 추출 작업을 용이하게 하고 심지어 가속화하는 제도의 재구성을 촉진한다"[49] 에너지 자체는 적시에 적절한 장소로 이동해야 한다(국가 공급망을 따라 소비자에게 이동하고, 직류에서 교류로 바뀌며, 공급과 수요를 감안하여 최고 사용량과 최저 사용량 사이의 격차를 조절해야 한다). 그래야 많은 일들이 가능해진다. 구리와 알루미늄을 포함하는 다양한 금속으로 만들어진 전력망은 필수불가결하다. 제련소처럼 전기를 많이 필요로 하는 중공업 분야는 상당한 시간 동안 전기 구매를 보장해주며, 전력망의 균형을 유지시켜 준다.

그러나 원자재 가격 급등으로 인한 변화의 최전선에 있었던 세계 여러 곳의 농민들과 토착민 공동체들은 이를 막으려고 애를 썼다. 아르볼레다는 금융자본이 만든 '괴물이 지배하는 영토'라고 그가 이름 붙인 현대적 현상을 추적하면서 아래와 같이 서술했다.

광활한 삼림 벌채는 금융자산으로 바뀐다. 약탈적 대출의 부담을 진 농민들에게는 자살이 유행병처럼 번진다. 대량 퇴거로 심각한 사회적 불안이 발생한다. 투기를 위해 토착민 공동체를 박멸하려는 시도는 지

구의 자연에 무한한 진보를 강요하는 흉폭한 돈의 논리가 새긴 흔적의 일부에 불과하다.[50]

화석연료 연소가 가하는 직접적인 오염 이상으로, 모빌리티의 현대적 형태들은 환경적·사회적 비용이 엄청나게 불어나도록 만든다. 원자재 가격 급등, 운송과 에너지 저장 기술에 사용되는 금속 채굴, 폐기물 처리가 낳은 환경오염과 환경적 불의 등이 야기한 공해와 인권침해를 우리는 어떤 식으로 설명할 수 있을까?

환경적 불의와 경제적 불의는 같은 문제의 앞뒷면이며 서로 영향을 미친다. 또한 교통, 에너지, 그리고 삶을 영위하기 위한 기본적인 환경인 깨끗한 공기, 물, 음식, 주거지에 대한 접근성을 불균등하게 배분하는 상황 속에서 모빌리티 불의와도 깊게 얽혀 있다. 인권의 일부라고 할 수 있는 이런 요소들은 이제 '천연자원'으로서 자본화, 사유화되며, 거래 가능한 '생태계 서비스'라는 위험한 상품으로 등장한다. 자연 생태계가 전 지구적 도시화 속에서 살아남을 수 있을까? 미래에도 깨끗한 공기와 물이 인구 전체와 도시 지역에 공급될 수 있을까? 이것들은 이미 많은 사람들 앞에서 자취를 감췄다.

그러나 나는, 아르볼레다가 주장하는 것처럼 현재의 "(흔히 가격 폭락에 뒤이어 발생하는) 인프라, 에너지, 광산의 대규모 개발"이 단순히 비정상적인 "자본주의적 도시화"와만 관련된 것이 아니라 군사자본주의와, 혹은 군사적인 전 지구적 자본주의 도시화와 밀접한 관련이 있다고 생각한다. 우리가 인간의 통제 바깥에 있는 '자연'이라고 생각했던 것이 돈으로 환산되었을 뿐만 아니라 삶을 지탱하는 인프라를 파괴하고 부정하면서 군사화되고 무기화되었다. 불균등 모빌리티와 도시 인프라의 역사는 군사력 및 물류와 밀접한 관계를 맺어 왔으며, 군사력과 물류는 결과적으로 모든 인프라 공간의 정치적 성격에 영향을 끼친다.

비판적인 모빌리티 접근 방식을 발전시키기 위해서는 우선, 인프라 공간과 그 배치가 처한 넓은 지정학적 · 지질학적 맥락을 고려해야 한다. 둘째, 현대 건축 환경과 인프라 공간의 초국가적인 물질적 재료와 정치적 기반을 더 잘 이해하려면 자원 추출, 광업, 금속 생산의 감추어진 역사를 깊이 있게 파고들어야 한다. 마지막으로, 우리는 대항 지리학과 전복적 모빌리티의 가능성을 인식해야 한다. 모빌리티 정의를 옹호하는 사람들은 이를 활용해 자원 추출과 기후 파괴를 유발하는 이동 엘리트, 안보국가, 군사−물류적인 인식론에 도전할 수 있을 것이다.

모빌리티 정의는 인프라 공간에 대한 이동정치적 투쟁만이 아니라 세계의 공유재를 파괴하는 행위에 저항하는 긍정적인 흐름을 낳게 해 줄, 실천과 의미를 재현하는 저항의 시학도 필요로 한다. 모빌리티 정의의 전 지구적 측면을 발전시키기 위해, 우리는 다음과 같은 원칙들을 제시한다.

- 기후정의와 환경정의 원칙에 따라 한 장소에서의 모빌리티가 숙의, 투명성, 보상에 근거하는 합법적인 합의 없이 다른 지역으로 폐기물이나 오염을 내보내서는 안 된다.
- 온실가스 및 기타 형태의 오염에 가장 큰 원인을 제공한 산업 및 국가

는 그 행위가 끼친 영향을 최소화하고 가능한 한 대기와 환경을 복원해야 하는 배상적 정의에 관한 책임을 진다. 오염을 만든 측에서 지불해야 할 급격한 기후변화 재해로 인한 비용을 충당하기 위해 세계 신탁기금이 마련되어야 한다.

- 추출 에너지 산업에 대한 정부 보조금은 청정 재생에너지 개발로 방향을 전환해야 하며, 추출산업 투명성 계획을 마련하여 유해한 관행을 금지하고 로열티 지불, 관세, 이익을 추적해야 한다.
- 지구 공유지(지하수, 강, 대양, 해저, 산, 대기, 남극대륙, 북극, 외계 행성)의 보호는 세계적 자유무역에 대한 권리나 개인의 자원 추출 권리를 넘어선다.
- 모든 국가는 세계포럼에 참여해 탄소 예산(기타 온실가스 대책 포함)에 합의하고 온실가스 배출량을 정기적으로 측정하며 해당 기준에 맞춰야 한다. 그리고 다국적기업도 이에 대한 책임을 져야 한다.

그러나 이 원칙들은 출발 지점일 따름이다. 우리가 무엇을 향해 나아가야 할지는 알려 주지 않기 때문이다. 이 원칙들을 준수하려고 할 때 어떤 건축 형태, 사회 관행, 인프라, 이야기들이 더 정당한 모빌리티를 지지해 줄 수 있을까? 더 정당한 모빌리티 문화와 통치 형태를 여러 스케일에 걸쳐 즉각 구축해 나가려면 무엇에 주의를 기울여야 하는가?

이 질문들은 미래를 만들어 나갈 핵심적인 이동정치적 질문들이다. 신체 스케일에서 지구 인프라 공간 스케일에 이르는 모빌리티 불의들의 복잡한 공간적 연결을 더 잘 이해하게 해 줄 모델을 마련할 때까지는, 모빌리티와 주거에서 불균등하며 불평등한 세계를 만든 심층적 구조를 우리가 완전히 파악할 수 없을 것이다. 우리는 유토피아적 실험과는 아주 멀리 떨어져 있다. 특히 미국의 트럼프 대통령은 화석연료 산업을 구제하는 등 모든 이슈에서 반동적인 정책을 펼치고 있다. 그러나 이 상황은 우리가 문제를 더 명확하게 인식하도록 돕고 있기도 하다. 새로운 모빌리티 패러다임은 탈-탄소 정치 속의 우리가 권력, 정의, 불평등 문제에 주목해야 할 긴급한 상황에 처해 있다는 것을 일깨운다.

화석연료 분야의 자금에 기반하는 미국 정치인들의 반동적인 반발, 지금도 진행 중인 막대한 부의 역외 이전, 과제와 규제를 피하기 위한 특권층들의 도피, 전 세계에 걸쳐 벌어지는 물과 숲의 민영화, 미국에서 나타난 비극적이고 불합리한 기후변화 부정론과 에너지 수요 감축 필요성에 대한 거부, 그리고 물론 국가와 국가적 보호를 방해하고 해체하려는 트럼프 행정부가 만들어 내는 재앙들. 이 모두는 오늘날의 세계 속에서 사람, 자본, 상품, 정보의 구조적이고 관계적인 모빌리티/부동성이 낳은 결과들이다. 나는 이 세계적인 비극들을 변화시킬 가장 좋은 방법은 모빌리티 정의의 확산과 이동적 공유재의 방어라고 확신한다.

모빌리티 정의에 비판적으로 참여하면, 다양한 정치적이고 사회적인 운동들을 연결할 수 있다. 식민주의적이고 신식민주의적인 권력관계에 도전하고, 인종적 · 민족적 · 젠더적 평등을 촉진하며, 토착민 권리 운동과 자기 결정권 운동 사이의 연대를 꾀하고, 환경정의와 기후정의를 위해 싸울 수 있는 것이다. 모빌리티 정의 관점은 신체, 교통, 도시의 불균등 모빌리티를 이해하기 위해서만이 아니라 인프라 공간, 군사력, 전 지구적 도시화에서 나타나는 폭넓은 모빌리티 정치 차원에서도 중요하다. 우리가 새로운 정치적 비전을 창출하고 더 정당한 세계를 만들기 위해 활용할 모빌리티 역량을 구축하려고 한다면, 우리의 지구는 이 다중 스케일적 접근 방식을 필요로 할 것이다.

이동적 공유재

'공유재the commons' 개념은 최근의 사회운동, 사회주의 정치사상, 비판이론에서 강력한 구성 원리로 재발견되었다. 공유재 개념은 2001년 사회적 · 생태적 · 경제적 정의 문제들을 함께 묶어 줄 "공유재의 회복"을 요구한 반세계화 운동에서부터, "공유하는 삶의 새롭고 이동적인 배치를 구축"하여 '공통체commonwealth'와 '집회assembly'를 건설해 가려는 마이클 하트Michael Hardt와 안토니오 네그리Antonio Negri의 정치적 기획과, 공유재를 회복하고 강화하자는 조지 몬비오George Monbiot의 최근 주장까지 포괄한다. 공유재란 무엇일까? 몬비오는 이렇게 설명한다.

공유재는 국가도 시장도 아니다. 공유재에는 세 가지 주요 요소가 있다. 첫째는 토지, 물, 광물, 과학 연구, 하드웨어나 소프트웨어와 같은 자원이다. 둘째, 이 자원에 대한 동등한 권리를 함께 나누며 이를 관리하기 위해 스스로를 조직하는 사람들의 공동체이다. 셋째, 이를 유지하고 이익을 나누기 위해 만든 규칙, 체계, 협상이다.[1]

공유재는 공동 목초지, 공동의 숲, 함께 운영하는 관개 시스템만이 아니라 공유 소프트웨어, 리눅스 운영 체제, 위키피디아, 오픈 액세스

출판까지도 가리킨다. 주택 협동조합, 상호보험 집단, 그리고 다른 협동조합이나 공유 서비스들도 공유재라고 할 수 있다. 이 공유재들은 모두 노벨경제학상 수상자인 정치학자 엘리너 오스트롬Elinor Ostrom의 연구에 그 뿌리를 둔다. 오스트롬은 보통 사람들이 공유 자원을 지속 가능하고 공정하게 관리할 규칙과 제도를 만들 수 있고, 만들어 왔다는 것을 보여 주었다. 접근 개방, 협력 운영, 의사결정 참여는 공유재의 핵심적인 특징이다.

하트와 네그리는 '다중Multitudes', '공통체', '집회' 등의 주제들을 다루면서 공유재를 사적 자산이나 공공 자산의 정반대편에 있는 것으로 명확하게 규정하여 누구나 접근할 수 있는 공유된 공공 이익이라는 개념을 확장했다.

공유재는 새로운 형태의 자산이 아니라 오히려 자산이 아닌 것, 즉 자산의 사용과 관리를 조직하는 근본적으로 다른 수단이다. 공유재는 의사결정의 민주적 메커니즘으로 재화에 접근하는 평등하고 개방된 구조를 만들어 낸다. 더 쉽게 말해서, 공유재는 우리가 서로 공유하는 것, 혹은 공유를 위한 사회적 구조와 사회적 기술이다.[2]

하트와 네그리는 지구와 그 생태계의 잠재적 공유재들을 나열한다. 아이디어, 코드, 이미지 등의 비물질적인 재화들, 협동적인 형태의 사회 노동으로 생산된 물질적 상품들, 협력을 통해 생산된 사회적 영토(이른바 공유경제), 그리고 건강, 교육, 주택 및 복지를 목표로 하는 사회

기관과 서비스 등이다.

이와 비슷하게 페미니스트 이론가 깁슨Gibson-그레이엄Graham(두 성 사이에 줄을 그어 부모의 성을 공유함으로써 가부장이 성을 소유하는 관습에 도전하는 이름이다)도 공유재를 "모든 (잠재적인) 공통의 자산을 포함하도록 전통적 규정이 확장된 형태로, 대안 정치의 윤리적 좌표"라고 기술한다. 여기에는 "농경지, 유전자 풀, 대기, 야생, 데이터베이스, 어업, 인터넷, 지역사회 시설이나 지원 시스템, 그리고 공동체의 경제를 구성하는 모든 관계"가 포함된다.[3] 이 모든 설명들에서 공유재란, 사람이 없는 빈 공간이나 점유되지 않은 빈 공간이 아니라 사회적으로 생산된 공유 공간이자 온갖 공유를 위한 사회적 인프라이다.

그렇다면 공유재는 모빌리티 정의와 어떤 관계인가? 어떻게 보면 공유재는 사람들을 장소에 기반하는 공동체와 지역사회의 공유 문화에 묶어 두려고 하는 아주 정주적인 개념처럼 보인다. 어떤 이들은 공유재는 공동체를 낭만화하는 관념에 가깝고, 정치적 참여와는 거리가 먼 민족중심적 지역주의를 자극할 가능성이 높다고 우려한다. 그러나 또다른 사람들은 그 경계를 확장하고 더 이동적인 존재론적 기반을 공유재에 제공하려고 노력한다. 공유재 개념을 활용하면 우리가 경계짓기와 동질적인 공동체라는 전통적인 관념을 넘어설 수 있을까?

이동적 공유재mobile commons는 차이, 불안정성, 그리고 어떤 순간에 새로이 만들어지는 규정에 근본적으로 열려 있는 개념이다. 특히 비판적 흑인, 퀴어 이론가들은 공유재에 더 이동적인 상상력을 더해 정주적인 색채를 빼려고 노력했다. 모튼Moten과 하니Harney가 제시한 도망 노예의 '숨겨진 공유재undercommons' 개념은 공유재 개념을 그저 어떤 장소나 자원의 공유가 아니라 세계를 이동하는 방식, 관계적인 대항 지점, 타자와의 구체적 관계, 아래로부터의 존재론적 관점으로 활용할 수 있는 길을 넌지시 일러 준다.[4] 이들의 규정에 따르면 숨겨진 공유재는 어떤 정서, 변주, 틈새이며, "사람들의 목소리를 전달해" 주는, 다시 말해 공간을 가로질러 연결된 말과 소리를 퍼뜨리는 전복적 방식인 "숨겨진 언어, 지하, 수면 아래"라는 흑인 디아스포라의 요소들과 연결되는 시적인 개념이다.[5]

이동적 공유재에는 이민자와 이민자의 존재론도 포함한다. 하트와 네그리는 이주자가 새로운 공유재를 만드는 일에 참여하기 때문에 현대 세계를 형성하는 근본적 역할을 한다고 보았다.

국경, 국가, 사막, 바다를 건너 와 게토에서 살도록 강요받고, 생존을 위해 가장 굴욕적인 일들을 떠맡고, 경찰과 반이민 폭도들의 폭력을 감수하는 이 사람들은 번역 과정과 '공유' 경험 간의 주요 연결점들을 마련한다. 이동하거나 머무는 낯선 사람들인 다중들은, 다른 사람들과 의사소통하는 새로운 수단, 함께 행동하는 새로운 방식, 새로운 만남과 집회의 장소를 창조한다. 말하자면, 이들은 제 특이성을 잃지 않고 새로운 공유재를 구성한다.[6]

만남과 공유는 공동의 동질성이 아니라 차이를 계속 번역하려는 끊임없는 노력이라고 할 수 있으며, 이동적 공유재에 매우 중요하다. 민족중심주의와는 거리가 먼 이런 시각은 예를 들어, 로버트 라이히Robert Reich 전 미국 노동장관의 새 책《공동 선The Common Good》에서 말하는 '공동 선善' 개념과는 같지 않다. 라이히는 공동 선을 "같은 사회에서 함께 사는 시민으로서 서로에게 빚지고 있는 것에 관한 공유 가치"라고 규정한다. 라이히가 우리 모두 공유하는 미국의 '민주적' 가치를 강조하는 것은 정치의 "갈등 너머"에 있는 탈정치적인 이상을 확립하기 위함이다. 반대로 도덕 철학자 마이클 샌델Michael J. Sandel은 이 책에 대한 리뷰에서 "공동 선을 되살릴 최선의 길은 민주정치의 혼란스럽고 논쟁적인 영역에서 도덕적 논쟁을 활성화시키는 것"이라고 반박한다.[7]

하트와 네그리가 말하는, 이방인들의 다중이 형성하는 집회라는 개념도 공동 선을 내거는 입장과는 거리가 있다. 우리는 이 골치 아프고 논쟁적인 정치적 접근 방식을 퀴어 이론가 로렌 버틀란트Lauren Berlant의 주장과 비교해 볼 수 있다. 버틀란트는 공유재 개념이 "문제적인 시대를 문제화할 강력한 수단"이라고 본다. 공동체와 어떤 장소를 묶는 수단으로 보는 것이 아니라, "세계를 한데 모이게 하는 일이 비록 곤란하고 힘들다 하더라도 더 살 만한 세상을 지향하도록 자극해 주는" 개념으로 보는 것이다. 공유재 개념이 일관되지 않고 양가적이며 혼란스럽다 해도, "그 이름 아래, 세계의 공동체들은 소유권에 저항하고 자원정의를 내세우기 위해 점유운동의 유산을 활용하고, 그 이름 아래 사람들은 상호 애착, 상호 의존, 지속력이 살아 있는 목가적인 사회적 관계를 꿈꾼다."[8] 버틀란트의 시적인 묘사에 따르면 공유재는 활동, 동사, 운동, 연결된 매개이다. 정치의 미래를 희망적으로 바라보게 해 주는 퀴어 개념인 것이다.

이 기획들이 공유재를 정치적 행동으로서의 성격을 갖는, 그리고 이 시대의 요구에 따르는 이동적인 것으로 바라보는 관점을 점점 더 강화해 가고 있다는 사실은 흥미롭다. 만약 공유재를 영토, 공간, 자원, 생산물의 공유만이 아니라 정치와 멈춤부터 이동, 여행, 모임, 조합에 이르는 실천들을 유도하는 것으로, 그 실천들의 역량으로 이해할 수 있다면? 모빌리티 그 자체를 공유재로, 공유재를 이동적인 것으로 본다면 어떨까?

최근 14개국의 저탄소 전환 정책을 비교 연구한 결과를 내놓은 한 모빌리티 연구팀은 '공유적 모빌리티commoning mobility'라는 개념을 제시했다. 안나 니콜라에바Anna Nikolaeva를 비롯한 연구자들은 '공유재라는 렌즈'를 통해 바라보면 더 공정하고, 친환경적이며, 정당한 모빌리티를 가능하게 할 새로운 "모빌리티의 정치"의 일환인 "더 포괄적이고 협력적으로 관리되는" 도시로의 변화를 기대할 수 있다고 주장한다. 따라서 개인화된 '이동의 권리'에 머무르는 대신, 연구자들은 "집단적인 사회적 필요가 모빌리티를 통해 매개되는 방식"에 초점을 맞춘다.[9] 이 말은 공유 차량이나 공공 모빌리티 체계에 대한 접근을 의미할 수도, 공공 선을 위한 에너지 소비 감소를 뜻할 수도, 공동 접근 공간의 확대를 요구하는 것일 수도 있다. 그러나 이는 무엇보다 다른 종류의 정치를 시사하는 것이기도 하다.

공유재의 이동적 존재론이 모빌리티 정의 발전의 기초가 될 수 있다는 것이 나의 주장이다. 공유재 개념을 활용하면, 우리는 예기치 못한 공유 운동 공간을 창출해 낼 수 있다. 이웃들에게 음식을 제공하기 위해 비어 있는 부지에 공동 정원을 가꾸는 사람들, 신뢰를 쌓고 "이웃들이 더 나은 삶을 영위하도록" 공유 활동을 중심으로 공동체를 만들어나가는 '시카고 자전거 느리게 타기 운동'의 라이더들, 우리 사회가 어떻게 환대를 실천하는지 의구심을 품게 하는 지중해 관광지 해변의 난민들, 비공식적인 이웃들끼리 전기망을 나눠 쓰거나 다국적기업들이 만든 인프라를 거부하는 점거운동 참여자들이 그런 운동의 예이다. 우리의 몸, 우리의 거리, 도시, 인프라, 국가, 우리의 지구를 파편화하고 사유화하고 군사화한 불균등하고 차별적인 모빌리티를 약화시킬 방법을, 우리는 찾을 수 있을지도 모른다.

모빌리티 공유재의 기원

역사적으로 볼 때 인간은 사냥이나 채집을 위해 또 새로운 거주지를 찾거나 먼 거리까지 여행하고 거래하기 위해 자연스럽게, (어느 정도는) 자유롭게 지구 위를 돌아다녔다. 계절에 따라 특정한 리듬으로 움직이거나 멈추는 모빌리티/부동성을 통해 사람들은 흔적과 자취와 경로와 길을 남겼다. 땅 위로 이동하는 동물들은 흔적을 남겼고 사람들은 산등성이와 늪지대와 계곡 아래로 이동하기 위해 그 자취를 밟았으며, 이 길들은 현대의 도로로 이어지기도 한다. 이 자취들은 일종의 공유재였고 이후에는 자동차도로로 확장되었다. 지금의 브로드웨이는 맨하튼의 격자 구조 구획과 달리 섬을 비스듬하게 가로지르고 있는데,

뉴욕 원주민인 와핑거족이 위쿠아스긱Wickquasgeck Trail이라고 부르던 길을 따라 형성된 거리이기 때문이다. 누구나 이용할 수 있었던 옛날 영국의 공공 도보도로가 그랬던 것처럼 길은 그 자체가 공유재일 때가 많다. '길의 권리'는 재산권과는 달리 누구나 가진 공동의 권리였다.

엘리자베스 블랙마르Elizabeth Blackmar는 영국 농경지의 풍경을 변화시킨 인클로저에 대한 저항운동에서부터 1981년 북대서양 조약기구NATO가 그린햄 커먼에 크루즈 미사일을 배치하자 일어난 여성들의 반전시위•에 이르기까지 이르는 영국 부동산 관련 법과 정치투쟁의 역사를 따라 '공유재' 개념의 출현을 추적했다. 미국 시민권운동과 간디주의의 비폭력 정치 전술을 따라 10년 동안 진행된 그린햄 커먼Greenham Common 평화운동은 1980~90년대의 거리 되찾기 운동과 2011년의 월스트리트 점거 운동에도 영향을 미쳤다. 하딘Hardin의 유명한 논문 제목이기도 한 '공유지의 비극Tragedy of the Commons'을 극복하기 위해, 블랙마르는 엘리너 오스트롬의 연구를 참조하면서 공유재가 단순히 무질서한 무한경쟁 상태가 아니라 관습적 공유 선례에 따라 집단적으로 운영·관리되는 것이라고 파악한다.[10]

이반 일리치는 "도로는 공유재에서 차량 운행을 위한 단순한 자원으

• 그린햄 커먼Greenham Common은 이름에서 보다시피 마을의 공유지common였으나 제2차 세계 대전 시기에 영국군의 공군기지로 편입되었고 전후에는 미국 공군기지가 되었다. 1981년 12월 12일, 핵미사일이 이 기지에 배치되었다는 사실이 알려진 후 여성 평화운동단체 소속 36명이 항의 시위를 벌이다 체포되었다. 이 사건이 세계적인 관심을 끌면서 참여 인원이 점점 불어나 1982년에는 3만 명, 1984년에는 7만 명이 여성이 항의 시위에 가담하였다. 1991년 핵미사일 이전이 이루어졌고, 2000년에는 기지가 폐쇄되었다.

로 전락했다"고 지적한다.[11] 철도를 위시한 교통 인프라 구축은 19세기에 공공보조금을 받는 사업으로 시작되었고, 공익을 위해 사유재산을 압류하면서 당연히 그 땅의 '원주민'들을 몰아냈다. 근래에 와서는 고속도로 건설이 유색인 사회를 파괴하면서 많은 도시 빈곤 지역의 한가운데를 뚫고 지나갔고, 심지어 지역사회의 자동차 모빌리티 접근을 차단하기도 했다(진입로 부족, 높은 자동차 소유 비용, 흑인 운전자에 대한 경찰의 차별 등이 그 실례이다). 교통 인프라에 필요한 토지 확보는 19세기 철도든 20세기 고속도로든, '공익'을 내세우는 주장에 의존했고 접근성을 둘러싼 정치적 투쟁을 유발했다. 모빌리티 공유재에 대한 또 다른 인클로저라고 할 수 있는 이 교통 인프라 구축은 역사적으로 여러 저항과 부딪혔다. '유료도로 소요 사태'라고 불리는 여러 집단행동들, 그리고 히치하이킹이나 레일을 따라 걸어가는 사람들의 행동, 거리 회복 운동까지도 여기에 포함된다.

이동하고 모이고 사냥하고 낚시를 하거나 소통하고 무역을 하고 함께 즐기는 인간의 역량은 유럽의 식민지화와 토지 점유 이전부터 존재해 왔으며 여기에 저항하면서 계속 표출되어 왔다. 식민지 정착민들이 세운 국가들에서도, 토착민들과 맺은 최초의 조약들은 토착민들이 특정 지역에서 사냥하고 음식을 마련하기 위해 이동할 권리를 영구히 지닌다는 것을 명시하고 있다. 그러나 미국·캐나다·호주에서는 토착민들의 공유재가 완전히 말살되었고, 대부분 사적인(개인이나 기업의) 재산이나 공적인(국가의) 자산으로 완전히 넘어가 버렸다. 대부분의 자원 추출은 정착민의 식민주의, 수용, 추방으로 획득한 지역에서 이루어진다. 이 손실이야말로 진정한 '공유지의 비극'이다.

공유지와 공유 도로는 사유재산으로 기업에 의해, 국가에 의해 다양한 방식으로 차단되었다. 공유지를 따라 만들어진, 예전에 사람들이 공유하던 길은 인클로저가 진행되고 담장이 둘러지면서 모빌리티를 제약하게 되었고, 결국에는 사유재산과 국가 자산으로 포위되었다. 이 과정은 지금도 진행 중이다. 카리브해의 섬인 바부다는 흥미로운 현대의 사례라고 할 수 있다. 이 섬은 노예제 폐지 이후부터 바부다 주민들의 공유재였다. 땅의 주인이 없었고, 가족들이 모여 사는 곳에서는 다 같이 땅을 공유하면서 낚시하고 작물을 기르며 식량을 나누었다. 앤티가와 바부다, 두 섬으로 이루어진 국가의 일부분이기는 하지만 바부다 사람들은 집단적으로 섬을 다스리는 협의체를 구성하고 있었다. 그러나 허리케인 이르마가 이 섬을 파괴하면서 이 체제는 크게 흔들렸다.

'재난자본주의'의 전형적인 양상이 나타났다. 앤티가-바부다의 총리인 가스통 브라운은 이 '기회'를 놓치지 않고 토지를 사적 자산으로 바꿔서 재건을 용이하게 하려고 시도했다. 유람선 터미널, 항만, 관광 휴양지를 건설하려고 한 것이다. 바부다 주민들은 앤티가로 대피해야 했고, 다시 바부다로 돌아가지 못하게 여러 제약을 가했으므로 바부다 사람들은 이 압력에 집단적으로 저항하지 못했다. 카리브해에서의 여러 다른 사례들처럼, 여기에는 유명인과 자본가가 끼어들었다. 배우 로버트 드 니로는 호주의 억만장자 제임스 패커와 함께 자체 공항과 작은 요트 정박지까지 갖춘 '파라다이스 파운드 노부 리조트'라는 이름의 251에이커 규모에 달하는 리조트를 계획 중이다. 앤티가 정부는 섬의 경제부흥을 위한다는 명목으로 논란 많은 이 계획이 더 확장되도록 지원하고 있다. 세계의 공유재들은 사유화의 압력 아래에서 계속 신음 중이다.

오늘날 '세계의 공유재'는 민주적이고 협력적인 규제와 의사결정 메커니즘의 주체인 모든 인간과 인간 아닌 존재들이 접근하고 공유할 수 있는 모든 것을 가리킨다. 이러한 공유재는 현재를 위해서만이 아니라 미래 세대가 이용할 수 있도록 보호하고 보전할 협력적인 관리가 가능하냐에 달려 있다. 공유재는 다른 이들과 공유하고 손대지 않은 상태로 두어야 할 장소일 뿐만 아니라 알래스카 국립 야생동물보호구역처럼, 계속 존재하기 위해서는 인간이 가져올 붕괴에서 적극적으로 보호해야 하는 공유지이기도 하다. 인간이 만든 환경 속에도 식물, 동물, 어린이들이 잘 자라날 수 있는 공유재로서의 공간이 필요하다. 최근 수년간 논란을 벌여 온 미국 세금 법안이 통과되어 알래스카 보호구역의 석유 시추와 탐사가 가능해졌다. 석유회사들은 지구온난화로 인해 북극의 얼음이 녹아 새로운 북극 횡단 항로가 생길 것이라고 전망하면서 알래스카의 화석연료가 수출될 새로운 길이 열리리라 기대하고 있다. 이는 초국가적인 탄소 자본의 이익을 위해 세계의 공유재여야 할 곳에 말뚝을 박고 담장을 두르는 또 다른 인클로저, 사유화이다.

세계 공유재에는 바다, 공기, 대기, 담수, 강, 숲, 남극대륙 등의 장소들도 포함되지만, 다른 종류의 공유재들도 존재한다. 《코스모폴리탄 공유재The Cosmopolitan Commons》의 저자들은 "기술을 활용한 초국가적 공유재"들을 언급하면서 전자은행, 전파 스펙트럼, 일기예보를 예로

든다.[13] 통신 공유재들도 있다. 인쇄, 전화, 텍스트 메시지, 인터넷, 소셜미디어들은 서로 소통하려는 모든 인간 노력의 결정체이지만, 테크 회사들은 데이터를 모으고 광고를 연결하며 빅데이터 분석 회사들(예컨대 케임브리지 애널리티카 같은 정치 컨설팅 회사들)에게 정보를 팔아넘겨서 인간의 소통을 상업화하고 수익을 창출한다. 이 영역을 식민지화한 셈이다. 미국에서 '망 중립성'의 상실은 한때 '자유'였던 것에 울타리를 두르고 '공유'였던 것을 전유한 결과라고 할 수 있다. '오픈 데이터' 운동은 전자정보 공유재의 개방을 추구한다.

세계 공유재의 약탈, 그리고 자원 추출과 오염(채굴, 파쇄, 석유 시추 등)이 가하는 세계 공유재의 악화는 기후 파괴와도, 또 인간의 빈곤 및 강제이주와도 관련되어 있다. 동시에 이 행위들은 인간의 이동 자유라는 모빌리티 공유재를 빼앗아 모든 인간의 모빌리티를 막는 국경에 기대어 이익을 취한다. 국경은 정체성을 한 장소에 고정시키고, 이동의 자유를 부정하며, 우리가 공유하는 인간성을 훼손한다. 가난한 자들도 이동 특권층만큼 여행할 수 있다면? 혹은, 더 나은 상상을 해 보자면, 가난한 이들이 사는 곳에서도 이익을 거둘 잠재력이 남아 있어서 그곳을 떠날 필요가 없어진다면? 그리고 인간 아닌 여러 존재들이 인간의 파괴, 추방, 포획에서 벗어나 그들의 공유 장소를 계속 향유할 수 있다면?

이동적 공유재의 활성화

'이동적 공유재'라는 개념은 이주민 연구에서 처음으로 등장했다. 이주민 연구는 이주민 자신들의 시각에 입각한 자율적인 이해 방식으로 국가 중심의 접근 방식에 도전했다. 파파도풀로스Papadopoulos와 치아노스Tsianos는 이동적 공유재에 다섯 가지 주요 요소가 있다고 했다. "눈에 보이지 않는 모빌리티 지식"은 이동 경로, 피난처, 월경 등에 관한 지식이다. "연결 인프라"는 미디어 플랫폼, 입소문, 소셜 네트워크 등이며, "다양한 비공식 경제"는 단기 일자리나 밀수업자와의 연계 등에 관한 지식이고, "정의 중심의 초국가적인 공동체"는 단체들의 연대, 피난처, NGO를 가리키며. "돌봄의 정치"는 정서적인 지원, 신뢰 구축, 친척들을 돌보는 행위 등을 말한다. 이 설명은 지식, 연결성, 지원 체계 등을 포함하는 네트워크 자본 개념과 상당 부분 겹친다. 이주 연구들은 이제 "이동하는 사람의 존재론"을 논의하기 시작했다. "사람들의 이동"은 이동 중에 나타나는 "이주자들 간의 공유 지식, 정서적 협력, 상호 지원, 보살핌"이 포함되는 이동적 공유재를 "생산, 사용, 확장"한다.[14]

하트와 네그리에 따르면, "국경을 넘나드는 다중들은 고정된 정체성을 흔들고 세계질서의 물질적 구성을 불안정하게 만들 가능성을 갖고 있다." 이들은 주디스 버틀러가 "가능성의 장소"라고 말한 '사회적 취약성precarity' 개념을 빌려와, 취약성은 "공유재에 기초한 삶의 형태"를 지키는 수단이 될 수 있다고 본다. "자유롭고 자율적인 삶의 형태를 만들기 위한 강력한 기반인, 자본주의 경제의 안팎에서 나타나는 생산적인 사회적 협력의 개방적이고 확장된 네트워크"를 활용하기 때문이다.[15] 따라서 모빌리티 공유재는 사람들이 자본주의 바깥의, 국경을 넘어서거나 국경 아래에 잠복하는, 그 틈새에 존재하는 자율적이고 생산적인 사회적 협력 형태를 활용하도록 해 준다. 모빌리티 공유재는 지방, 지역, 세계에 동시에 나타나며 신체, 도시, 지구 스케일에 모두 걸쳐 있다. 이웃, 지역, 도시, 농촌, 국가, 초국가적 활동의 네트워크를 따라 퍼져 나가는 것이다.

그러므로 모빌리티 정의는 도시화, 이주민 수용, 기후변화라는 삼중의 위기에 대처하게 해 줄 "공유적 삶의 새롭고 이동적인 배치"를 통해 모빌리티 공유재를 보호하고 회복하려는 상호독립적인 사회적 운동이다. 집단 정치 행위의 능동적인 배치라고 할 수 있는 이동적인 대중들은 타자 및 세계와 접촉하는 가장 정당한 방식인 이동적 공유재를 방어하고 확장하는 방법, 다시 말해 접촉의 이동정치다. 이동적 대중의 새로운 가능성을 이동적 공유재의 보호에서 찾는다면 "민주적 참여와 민주적인 행위 능력을 가로막는 강력한 힘인 사유화, 사회적 배제, 불평등에 저항하는" 방법을 마련할 수 있을 것이다.[16]

모빌리티 공유재는 (물질적이거나 비물질적인) 협력적 사회 영역 및 공유 이동 인프라에 대한 접근이라고 할 수 있다. 즉, 인간과 (인간과 인간 아닌 존재들을 다 포함하는) 타자들 사이의 협력이 만들어 낸, 다시 말해 오랫동안 길을 공유하고 번역하고 공동 사용하면서 만들어 낸 이동과 공유와 소통의 경로, 방식, 수단이다. 이러한 공유 모빌리티 역량은 장벽, 관문, 기계, 자산, 영토가 대표하는 현대 세계에서도 끈질기게 살아 남아 있다. 달리 말하자면, 공유재는 땅이나 자원이 아니라 행동이고 동사이다. 삶을 공유하고, 공유 속에서 살게 하는 운동인 것이다.

그러므로 이동적 공유재는 모든 사람의 이동성을 극대화한다는 의

미도 아니고, 단순히 교통접근성이나 도시에 대한 권리를 가리키는 말도 아니다. 이동적 공유재는 인간과 인간 이상의 존재들이 모빌리티를 공유하고 자유로운 이동 공간을 마련할 수 있도록 과도한 이동성을 규제하고, 불필요한 속도를 제한하며, 기업을 규제하고, 외부효과를 낳는 교통은 그 대가를 지불하게 하며, 피해를 방지하는 것을 말한다. 앞서 말한 바 있듯이, 이 문제는 군사 영역이 지닌 권력 및 속도 특권에 맞서야 하므로 어려운 작업이다. 우리는 세계의 공유재 속에 잠깐 머무르다 떠나는 손님이자 관리인이다. 우리는 힘을 합쳐 보호에 나서야 한다. 모빌리티 공유재 개념은 제한된 장소나 공유 자원인 것만도 아니고, 이동의 자유라는 개인적 권리에 그치는 것도 아니다. 모빌리티 공유재는 다 함께 행동에 나섬으로써 공유되는 행위이며, 제한이 없고 탈영토적이며, 다면적이고 다의적이다.

이동적 공유재는 누군가 이를 망치고, 마음대로 써 버리고, 다른 사람이 쓰지 못하도록 빼앗아 버리지 않는다는 전제 아래에서, 이동과 일시적인 집단을 공유하는 잠시 동안에, 특정 장소에서, 누군가의 소유가 아닌 형태로 존재한다. 이 말은 숙의적 정의, 절차적 정의, 배상정의, 인식론적 정의의 원칙이 지켜져야 한다는 의미다. 타인과 공유하는 태도, 그리고 연대, 상호주의, 배려, 신뢰, 관대함, 관리자의 자세가 그 기반이다. 이동적 공유재는 과거, 현재, 미래 사이의 여러 세대에 걸친 관계를 유지하려고 애쓰는 태도를 지향한다. 우리는 부드럽게, 주의 깊게, 타자를 염려하면서, 그리고 무엇보다 차이를 건너뛰어 번역하고 동행하려는 수고를 기울이면서 우리가 지구에서 이동하는 방식의 변화를 모색해야 한다.

국가, 기업, 스마트 시티, 그리고 우리가 기술에 대해 품는 환상들이 낳는 이동적 공유재의 전유, 안보화, 식민지화는 인류의 탈정치화와 공동체의 디스토피아적 종말을 재촉한다. 기존의 자본주의적 성장, 전 지구적 도시화, 자원 추출 방식은 대기 온도를 높이고 지상의 모든 생명체를 위태롭게 만든다. 교통정의와 도시 공간 정의를 추구하는 접근 방식만으로 이 다중 스케일적인 과정을 멈추기엔 역부족이다. 새로 등장한 기술들과 공유경제가 탄소 자본과 이동 특권층, 그리고 군산복합적인 전 지구적 도시화 과정을 제어해 줄 것이라고도 보기 어렵다. 글로벌 사우스 토착민의 정치적 존재론은 이 난관을 헤쳐 나올 방법을 암시하고 있는지도 모른다.

인류학자 마리솔 드 라 카데나Marisol de la Cadena는 "삶의 활성화와 삶의 비활성화 중에서 어느 하나를 골라야 한다는 요구를 넘어서는, 자연과 인간이 공존하는 삶의 집합체"를 설명하기 위해 '비공유재uncommons'라는 신조어를 내놓았다. 안데스 사람들이 '지구-존재들earth-being'이라고 부르는 자연물 중 하나인 아우상가테산과 안테스 주민들의 관계를 설명하는 대목에서, 카데나는 자연을 자산으로 간주하는 추출주의를 거부할 뿐만 아니라, "국가가 추진하는 추출주의와, 이에 저항하는 환경주의자들이 말하는 공유재는 둘 다 소위 공통의 이익을 추구하면서 주체와 객체의 분리"를 상정하고 있다고 지적한다. 카데나는 추출주의를 이렇게 묘사한다.

추출주의는 석호를 없애고, 숲을 농장으로 바꾸고, 강의 물길을 틀며, 사막에 물을 공급하고, 산 전체를 광산으로 바꾸며, 바다에 연결되는 도로를 건설하는 지리-기술-금융 복합 산업단지를 형성한다. 추출주의는 개발에 자원을 투입하여 모두가 이득을 보는 공동 선을 창출한다고 선전한다. 광산이 직업을 만들고, 강에 댐을 세우면 에너지를 생산하며, 사막에 관개사업을 벌이면 농지가 생긴다는 것이다. 그러나 추출주의는 공동의 자원부터 환경까지를 포괄하는 공유재를 파괴한다.[17]

그러나 환경주의자들도 인간이 보호하려고 하는 '자연'에서 인간을 분리시킨다. 자연에서 인간을 쫓아냄으로써 그렇게 하려고 할 때도 많다. 달리 표현하자면 환경주의자들은 '공동 선'을 위해 '자원'을 캐내는 것은 문제가 많다고 여기지만, '공유재'를 보호한다는 환경주의자들의 관념은 자원(혹은 자연)과 인간을 서로 분리할 수 있는 것으로 본다는 것이다. 이는 안데스의 존재론에서는 찾아볼 수 없는 가정이다.[18] 이런 이원론을 어떤 식으로 극복할 수 있을까?

이동적 공유재 개념은 공유재를 인간의 이익을 위해 보호해야 할 어떤 장소나 자원으로 고정시키지 않기 때문에 이 난제를 해결하는 데 도움을 줄 수 있다. 정치적 동맹을 위한 협상 속에서 공유를 이질성과 함께 하는 관계적 실천으로 활용함으로써 이원론적 존재론을 바꾸려고 하는 것이다. 카데나의 비공유재 개념은 에스코바르의《다원적 세계를 위한 기획Designs for the Pluriverse》와 공명하는 바가 많다. 에스코바르는 다양한 '존재-정치적' 기획들을 예로 든다. 라틴아메리카의 부엔

비비르Buen Vivir 운동, "나는 우리이기 때문에 나로 존재한다"나 "타자를 향한 인간"으로 번역할 수 있는, 반투족의 응구니어 표현에서 유래한 남아프리카의 우분투Ubuntu 철학, 공동체를 건설하고 정치적 탈중심화를 통해 자기-통치에 초점을 맞추는 간디주의 개념인 스와라즈Swaraj, 그리고 "글로벌 사우스의/-에 의한/-를 위한 기획"으로 프레임을 전환하려는 탈성장 운동degrowth과 탈-추출주의postextractivism 등이다.[19]

모빌리티 정의 기획은 한편으로, 공유라는 살아 있는 과정을 통해 지구 그 자체를 보호하려는 것이며, 또 한편으로는 네트워크로 연결된 많은 이동적 대중들이 이동적 공유재의 보호를 위해 함께 움직이기를 요구하는 것이다. 우리는 각각의 시간성과 모빌리티/부동성을 지닌 다양한 지구-존재들, 동물-존재, 식물-존재, 인간-존재의/-를 위한/-에 의한 이동적 공유재를 설계할 수 있다. 공유재와 공유 모빌리티를 활용할 때 우리는 이동적 공유를 집단적 활동, 전환을 향해 움직이는 동사, 균질하지 않은 움직임, 연결된 매개로 인식하게 될 것이다. 모빌리티 정의를 위해 더 구체적인 사회-자연적 관계들을 맺고 운동의 공유를 진전시키는 어려운 과제를 해결해 나감으로써, 우리는 이 순간의 이동적 공유재를 함께 만들어 나갈 수 있다. 적극적으로 모빌리티 정의를 추구해야만 우리는 우리가 공유하는 미래를 보호할 수 있을 것이다.

모빌리티 정의의 원칙

- 각 개인의 모빌리티의 자유는 상호성의 규칙에 따라 제한되어야 한다. 즉, 다른 사람의 이동 역량을 짓밟거나 위협하거나 박탈하지 않아야 한다.

- 개인의 모빌리티가 물리적이든 상징적이든 폭력의 위협으로 인해 비자발적으로 제한되어서는 안 된다. 특정 복장을 강요하거나 이동 수단을 분리하거나 모빌리티를 시간적 · 공간적으로 불평등하게 한정해서는 안 된다.

- 젠더적, 성적 정체성 및 기타 정체성 표지들이 공공영역에서의 배제나 모빌리티 제한의 근거로 이용되어서는 안 된다.

- 인종, 민족, 국적에 따른 편견(원주민의 정체성이나 신체적 수행을 포함하여)이 그 전체 집단에 대한 감시나 개인에 대한 이동 자유의 제한으로 이어져서는 안 된다.

- 보편적 설계는 모든 공공시설에 누구나 접근 가능하게 적용되어야 한다. 특히 모든 대중교통과 대중매체에 접근 가능하게 설계되어야 한다.

- 아동과 노인, 임산부 및 기타 도움이 필요한 이들의 모빌리티에 대한 권리는 보호되어야 하며 또 디자인 및 계획에 반영되어야 한다.

- 인신보호청원은 시민과 비시민 모두에게 확대되어야 하며, 법적 대리인, 적법 절차, 법적 항의가 보장되지 않는다면 국가는

어떤 형태의 구금도 행해서는 안 된다.

- 공공 교통체계는 임의적으로 접근을 거부하거나, 부정적 외부 효과를 낳거나, 과도한 부담을 지우거나, 제한을 가해서는 안 된다.
- 도시는 사회적 배제 상태인 인구의 측정 결과와 접근성의 최소 기준치(마르텐스의 논의 참조)에 기반하여 사회적 편익 분석을 시행하고, 이에 따라 대중교통의 공평한 제공을 보장해야 한다. 또한 그동안 개인 자동차 모빌리티를 위해 취해진 지원 및 우대 조치를 뒤집을 방안을 모색해야 한다.
- '완전한 거리' 정책은 모든 이동 수단에게 공간이 제공되고 자동차와 같은 단 하나의 이동 수단이 거리를 점유하지 않도록 보장해야 한다.
- 도시는 공공공간을 보존해야 하며, 여러 방식이 공존하는 공유 공간이 되도록 지원해야 한다. 도시는 체계적으로 일부 집단에게 우수한 서비스를 제공하여 이득을 주고 다른 집단에는 낮은 수준의 서비스를 제공하여 불이익을 주는 분산형 인프라를 개발해서는 안 된다.
- 교통지향적 개발 기준은 접근성, 저렴한 주택 공급, 사회적 포용에 대한 도시 교통계획의 사회적 영향을 측정하고 평가하기 위해 사용되어야 하며, 모든 지역사회도 그 의사결정 과정에 포함되어야 한다.
- 교통, 통신 및 정보 공유를 위한 공공 인프라는 공공기금으로 제공되어야 하며 모든 사람이 이에 접근할 수 있어야 한다.

- 재해 복구에 이용되는 정보통신기술에는, 어떠한 정보격차 상황에서도, 자신의 역량 강화를 목표로 복구를 시도하는 자라면 누구나 가능한 한 접근할 수 있어야 한다.
- 공공 접근을 보장하기 위해 망 중립성과 개방된 데이터 저장소를 유지해야 하며, 공공기금으로 수행된 모든 연구는 공개 출판이 허용되어야 한다.
- 데이터 프라이버시는 법적 보호를 받아야 하며, 국가와 기업은 개인 데이터를 검색하고 압수하고 가져가거나 사용할 권리를 가져서는 안 된다.
- 소위 '역외' 금융에 대한 규제가 있어야 하며, 거주지에서의 재무 보고와 납세가 시행되어야 한다.
- 모든 사람들은 그들이 태어난 곳을 나가거나 다시 들어올 권리를 가진다.
- 폭력을 피해, 전쟁으로 주거지를 상실하여 이동한 난민들의 권리가 보장되어야 한다. 또, 기후난민의 망명을 위한 새로운 국제협약도 필요하다.
- 국경을 넘는 이동의 자유를 인정할 때 공평성과 공평성을 갖추어야 한다. 인종, 종교, 민족, 국적, 성, 건강 상태, 사회경제적 지위를 범주화하여 임의로 배제해서는 안 된다.
- 정당한 절차, 법적 보호, 항의할 권리를 인정하지 않으면서 억류나 추방이 이루어져서는 안 된다. 또한 '역외' 관할구역에 수용소를 만들어서도 안 된다.

- 관광은 공공 부자나 공동 토지를 수용하는 일이 없이, 모빌리티 권리를 과도하게 침해하거나 현지 거주자들이 접근하지 못하도록 막는 일이 없이, 과도한 폐기물과 오염을 남기지 않도록 공정하게 이루어져야 한다.

- 기후변화로 인해 이주한 사람들은 다른 국가들에, 특히 기후변화에 가장 크게 영향을 준 국가에 정착할 권리를 가진다.

- 기후정의와 환경정의 원칙에 따라 한 장소에서의 모빌리티가 숙의, 투명성, 보상에 근거하는 합법적인 합의 없이 다른 지역으로 폐기물이나 오염을 내보내서는 안 된다.

- 온실가스 및 기타 형태의 오염에 가장 큰 원인을 제공한 산업 및 국가는 그 행위가 끼친 영향을 최소화하고 가능한 한 대기와 환경을 복원해야 하는 배상적 정의에 관한 책임을 진다. 오염을 만든 측에서 지불해야 할 급격한 기후변화 재해로 인한 비용을 충당하기 위해 세계신탁기금이 마련되어야 한다.

- 추출 에너지 산업에 대한 정부 보조금은 청정 재생에너지 개발로 방향을 전환해야 하며, 추출 산업 투명성 계획을 마련하여 유해한 관행을 금지하고 로열티 지불, 관세, 이익을 추적해야 한다.

- 지구 공유지(지하수, 강, 대양, 해저, 산, 대기, 남극대륙, 북극, 외계행성)의 보호는 세계적 자유무역에 대한 권리나 개인의 자원 추출 권리를 넘어선다.

- 모든 국가는 세계포럼에 참여해 탄소 예산(기타 온실가스 대책

포함)에 합의하고 온실가스 배출량을 정기적으로 측정하며 해당 기준에 맞춰야 한다. 그리고 다국적기업도 이에 대한 책임을 져야 한다.

접근성Accessibility 장애를 겪는 사람들을 위한 제품, 장치, 서비스 또는 환경의
　　설계. 접근성은 범용 설계와 밀접한 관련이 있다. 범용 설계는 장애 여부와
　　상관없이 되도록 많은 사람들이 사용할 수 있고 광범위한 상황에서 작동할
　　수 있게 제품을 만드는 과정을 의미한다. 접근성은 많은 대중교통 시스템의
　　설계 원리로 채택되어 왔으며, 교통에서는 모빌리티, 연결성, 근접성 등을
　　포함하는 목적지 도달 용이성의 측정치를 의미하기도 한다.

'흑인의 생명도 소중하다BLM: Black Lives Matter' 흑인을 향한 폭력과 체계적 인
　　종차별에 항의하고자 2013년 아프리카계 미국인 활동가들이 만든 국제적
　　사회운동이다. 특히 미국의 형사 사법체계 속에서 논란이 된 경찰의 흑인 사
　　살, 인종 편견에 근거한 불심검문, 경찰의 잔인한 대처, 인종적 불평등에 저
　　항하는 운동을 벌이고 있다.

역량 접근법CA: Capabilities Approach 아마티야 센과 마사 누스바움이 주도한 경
　　제학과 정치철학에서의 윤리적 접근 방식. 복지를 경제적 측면에서 측정하
　　는 전통적인 방식 대신에 비경제적 용어로 복지를 측정하여, 개인들이 실질
　　적인 자유를 행사할 수 있도록 하는 기능적 역량의 보호를 강조한다. 유엔이
　　사용하는 '인간개발지수'를 만드는 데에도 영향을 주었다.

기후정의Climate Justice 지구온난화와 기후변화를 평등·인권·공동 권리에 관
　　한 정치적·윤리적 문제로 규정하는 접근 방식. 환경정의와 사회정의를 바
　　탕으로 삼아, 인위적인 기후변화에 구조적인 책임이 있는 측(선진국)은 반

대로 책임은 적으나 가장 큰 타격을 받는 측(저개발국가, 저소득층, 소수자 집단)에 대해 원상복구의 의무가 있음을 주장한다.

공유재Commons 조지 몬비오에 따르면 국가나 시장에 속하지도 않으며 사적인 것도 공적인 것도 아닌 공유재는 이를 유지하고 이익을 배분할 협상으로 만들어진 규칙을 가진 공동체의 공유 자원이다. 마이클 하트와 안토니오 네그리에 따르면, "공유재는 의사결정의 민주적 메커니즘으로 재화에 접근하는 평등하고 개방된 구조를 만들어 낸다 . … 공유재는 공유를 위한 사회적 구조와 사회적 기술이다."[1]

완전한 거리Complete Streets 연령, 능력, 사용하는 교통수단의 종류에 관계 없이 사용자가 안전하고 편리하며 편안하게 여행하고 접근할 수 있도록 거리를 계획·설계·운영 및 유지하는 교통정책 및 계획 방식.

비판적 장애 연구CDS: Critical Disability Studies 장애인들의 정치적 행동주의에 기반해 1970년대부터 시작된 학문 분야. 장애인의 경험을 중심으로 삼고, 사회를 형성하는 능력주의적 가정에 도전하며, 사회권력관계에 기반한 사회적·정치적 장애 개념을 재배치하려고 한다. '비판적 장애 연구 집단'에 따르면 "비판적 장애 연구는 제도·도시·사회가 어떻게 체계적이고 사회적으로 사람들이 '장애'를 겪게 만드는지, 그리고 신체와 신체 손상이 장애 논의에 어떤 식으로 비판적으로 통합될 수 있는지를 논의한다."[2]

크리티컬 매스Critical Mass 1980년대 혹은 1990년대 초에 샌프란시스코 근방에서 시작된 크리티컬 매스는 자전거 주행자들이 도로를 되찾아야 한다고 주장하며 특별한 주도 세력 없이 여럿이 모여 자전거를 타는 직접행동이다. 역사학자 잭 퍼니스Zack Furness는《자동차 줄이기One Less Car》에서, 이 운동에 참가하는 이들은 "공공공간을 자동차가 점령하는 현재의 정의롭지 못한 상황을 폭로하기 위해 어떤 변화가 있어야 하는지를 보여 줄 적극적인 비전"을

제시하기 위해 노력한다고 서술하였다.[3]

질주학Dromology 토지 개발에 따른 교통과 통신의 속도 증가를 분석 · 연구하는 학문. 프랑스의 이론가 폴 비릴리오의《속도와 정치Speed and Politics》(1977) 에 따르면, 속도의 논리는 '질주적인 사회'를 형성하면서 현대 기술사회의 근간이 되었다.

확장된 도시화 Extended Urbanization 도시이론가 닐 브레너와 크리스티안 슈미트는 도시화의 집중적인 형태와 확장적인 형태를 구분한다. 집중적 형태는 거대도시나 대도시처럼 인구밀집지역이며, 확장적인 형태는 에너지 · 관광 · 통신 · 교통 · 자원 추출 · 농업산업 생산 · 폐기물 관리 등 도시를 지원하는 광범위한 인프라 '운영 환경operational landscapes'에 해당한다. 정치지리학자 마르틴 아르볼레다는 중남미의 원자재 가격 폭등과 전 지구적 도시화를 분석하기 위해 이 개념을 정교하게 다듬었다.

추출주의Extractivism 일반적으로 추출주의는 농업 · 임업 · 어업 · 광업 · 탄화수소 채취 등의 분야에서 원자재 수출을 목적으로 하는 천연자원의 대규모 파괴(또는 '추출')에 기초한 경제모델을 가리킨다. 추출주의에 입각한 활동은 지역경제에 도움이 되지 않고 실업과 가난을 조장하며 부의 불평등을 초래하고 낭비와 오염을 낳는다는 비판이 많다. 특히 라틴아메리카에서는 탈-추출주의, 신-추출주의, 탈자본주의 등과 대립하며 정치적 논쟁의 주요 대상이 되었다.

인프라 공간 Infrastructure Space 켈러 이스터링Keller Easterling이《또 다른 운영의 기술: 인프라 공간 권력Extrastatecraft: The Power of Infrastructure Space》(Verso 2014)에서 발전시킨 개념으로, 이 책은 반복 가능한 공간 공식이 '도시 형성을 위한 공간 운영 체제'로 기능하는 방식을 설명한다. 이 주제에 관한 학술회의도 열렸고, 여러 글을 묶은《인프라 공간》(Ruby Press, 2017)도 출판되었다.

이 책에서는 인프라 시스템과 네트워크가 건물, 도시, 대도시 지역, 국가, 지구 자체의 구조를 결정하는 방식에 초점을 맞춘다.

교통정책개발연구소ITDP: Institute for Transportation and Development Policy 뉴욕에 기반을 둔 비영리 단체로 온실가스 배출과 대기오염을 줄이는 동시에 도시 생활과 경제적 기회를 향상시키는 교통 솔루션을 지원한다. 이들은 백 개가 넘는 세계의 도시들을 지원하면서 도시들이 더 환경적이고 주민친화적인 교통수단을 마련하도록 고무하고 정책에 영향을 미쳤으며, 도시들이 모빌리티 문제에 주의를 기울이도록 노력하고 있다.

이동적 공유재Mobile Commons 이동적 공유재는 협력적 사회 영역 및 공유 이동 인프라를 가리킨다. 즉, 인간과 (인간과 인간 아닌 존재들을 다 포함하는) 타자들 사이의 협력이 만들어 낸, 다시 말해 오랫동안 길을 공유하고 번역하고 공동 사용하면서 만들어 낸 이동과 공유와 소통의 경로, 방식, 수단이다. 이동적 공유재는 사람들이 자본주의 바깥의, 국경을 넘어서거나 국경 아래에 잠복하는, 그 틈새에 존재하는 자율적이고 생산적인 사회적 협력 형태를 활용하도록 해 준다.

모틸리티Motility 모빌리티의 잠재성. 모빌리티 이론가 빈센트 카우프만이 "개인이나 집단이 이동과 관계 있는 가능성의 영역을 전유하고 사용하는 방식"으로 정의한 일련의 모빌리티 역량을 말한다.

국경 없는 네트워크No Border network 주로 유럽에 기반을 둔 여러 조직들의 네트워크로서, 이동의 자유를 지지하고 국가의 인간 이주 통제에 저항하기 위해 국제적인 국경 농성, 시위, 직접행동, 반-추방운동을 이끈다. 《이동의 자유, 머무를 자유: 국경 없는 세상 운동Freedom to Move, Freedom to Stay: A No Borders Reader》(No Borders, 2007)을 참고할 것.

열린 거리Open Streets 자동차와 기타 엔진이 달린 교통수단들을 막고 사람들이 이용할 수 있는 거리 공간을 임시로 조성하는 지역사회 기반 프로그램. 나이와 능력, 배경에 상관없이 사람들이 모여서 건강을 증진시킬 수 있는 장소로 거리를 변화시키는 것을 목표로 한다. openstreetsproject.org 및 880cities.org을 참조할 것.

거리 되찾기 운동RTS: Reclaim the Streets 지배적 교통수단인 자동차에 대항하는 직접행동을 통해 공공공간의 집단적 소유권을 주장한 집단행동. 1990년대에 영국에서 나타난 이 운동은 세계화를 이끄는 기업 세력들에 대한 광범위한 저항에 동참했다.

시카고 자전거 느리게 타기 운동Slow Roll Chicago 2014년에 자말 줄리엔과 올라툰지 오보이 리드가 만든 시카고 자전거 느리게 타기 운동의 임무는 "자전거를 이용하는 다양한 사람들을 연결하고 자전거 타기 활동을 변화를 위한 수단으로 활용해서, 자전거 타기 커뮤니티를 조직하여 지역사회의 상태를 개선하고 삶을 변화시키는 것, 그리고 자전거 타기의 권리를 옹호하고 시카고 전체에 자전거 타기와 관련된 다른 프로그램들을 만드는 것"이다. slowrollchicago.org.을 참고할 것.

대중교통 중심 개발Transit Oriented Development 도보 가능성, 주거지역과의 접근성, 비즈니스와 레저 공간, 보행 시설 및 자전거 시설, 주차장 축소, 저렴한 주택 보호를 극대화하기 위하여 대중교통 중심으로 도시를 개발하는 것을 일컫는다.

숨겨진 공유재Undercommons 프레드 모튼이 제시한 시적 개념으로, 때로는 "숨겨진 언어, 지하, 수면 아래"에 있는 사람들의 목소리를 퍼뜨리는 역할을 하기도 한다.[4] 숨겨진 공유재는 자원이나 장소로서의 공유재가 공동체에 기반하는 개념인 것과 달리, 이동적 공유재나 서발턴 공유재가 지닌 분산적이고 탈주적인 측면을 떠올리게 해 준다.

언토커닝Untokening Untokening.org은 2016년에 만들어진 다인종 집단으로, 모빌리티 정의와 형평성 문제를 해결하기 위해 소외된 지역사회 사람들과 함께 그들의 문제에 적극적으로 참여하고 활동을 조직하며 그들을 옹호하는 활동을 벌인다. 소외된 정체성을 가진 이들의 살아 있는 경험을 중시한다. 애틀랜타와 로스엔젤레스에서 회의를 연 후 '모빌리티 정의의 원칙'을 내놓았다.

비전 제로Vision Zero 차량 충돌사고로 사망자나 중상자가 생기지 않는 도로 시스템 달성을 목표로 하고, 인명 손실을 단순한 손실로 처리하는 비용편익 분석을 거부하는 다국간 도로 교통 안전 프로젝트. 1997년 스웨덴에서 시작된 후, 세계 많은 도시에서 점차 받아들여지고 있다. "도로 교통체계 내에서 이동할 때 사람이 죽거나 중상을 입는 것은 윤리적으로 결코 용납될 수 없다"는 원칙을 내세우는 개념이다.

미주

머리말

1. N. Smith, "There's No Such Thing as a Natural Disaster," Understanding Katrina: Perspectives from the Social Sciences, June 11, 2006, available at understandingkatrina.ssrc.org/Smith; N. Klein, *The Shock Doctrine: The Rise of Disaster Capitalism* (New York: Henry Holt and Co., 2008).

2. N. Klein, "The Battle for Paradise: Puerto Ricans and Ultrarich 'Puertopians' Are Locked in a Pitched Struggle Over How to Remake the Island", *The Intercept*, March 20, 2018, available at theintercept.com. I discuss offshoring and "disaster capitalism" more extensively in M. Sheller, *Island Futures: Global Mobilities and Caribbean Survival* (Durham: Duke University Press, 2019).

3. J.G. Brida and S. Zapata, "Cruise tourism: economic, socio-cultural and environmental impacts," *International Journal of Leisure Tourism Marketing* 1 (3), 2010: 205-26.

4. M. Sheller, *Consuming the Caribbean: From Arawaks to Zombies* (London: Routledge, 2003); M. Sheller, "The Islanding Effect: Post-Disaster Mobility Systems and Humanitarian Logistics in Haiti," *Cultural Geographies* 20 (2), 2013: 185-204; Sheller, *Island Futures*.

5. A. Dawson, *Extreme Cities: The Peril and Promise of Urban Life in the Age of Climate Change* (London and New York: Verso, 2017), p. 12-13.

6. E. Hobsbawm, *The Age of Extremes: A History of the World, 1914-1991* (New York: Vintage Books, 1994), p. 585.

7. Untokening.org, lead co-organizers Zahra Alabanza and Adonia Lugo.

8. The Untokening, "Principles of Mobility Justice" (2017), available at untokening.org. Many thanks to Adonia E. Lugo for sharing her thoughts on the organization by email.

9. SlowRollChicago.org and Equiticity.org. Many thanks to Olatunji Oboi Reed for sharing his thoughts on these organizations during a visit to Philadelphia in March 2018.

10. E. Reid-Musson, "Shadow mobilities: regulating migrant bicyclists in rural Onatrio, Canada," *Mobilities*, published online first, 15 October 2017, p. 2; A. Golub, M. L. Hoffman, A. E. Lugo, and G. F. Sandoval, eds. *Bicycle Justice and Urban Transformation* (New York: Routledge, 2016); M.L. Hoffman, *Bike Lanes Are White Lanes: Bicycle Advocacy and Urban Planning* (Lincoln, NE: University of Nebraska Press, 2016); A. Lugo, "Decentering whitness

in organized bicycling: notes from inside" in Golub et al., *Bicycle Justice*, pp. 180-88; J. Stehlin, "Regulating Inclusion: Spatial Form, Social Process, and the Normalization of Cycling Practice in the USA," *Mobilities* 9 (1) 2014: 21-41.

11. The Untokening, "Principles of Mobility Justice."

12. A. Escobar, *Designs for the Pluriverse: Radical Interdependence, Autonomy, and the Making of Worlds* (Durham: Duke University Press, 2017).

서론: 삼중의 위기

1. S.A. Marston, "The Social Construction of Scale," *Progress in Human Geography* 24 (2), 2000: 219-42; N. Brenner, "The Limits to Scale? Methodological Reflections on Scalar Structuration," *Progress in Human Geography* 25 (4), 2001: 591-614. This description of mobilities as constellations of movement, meaning, and practice draws on Tim Cresswell, *On the Move: Mobility in the Modern Western World* (London: Routledge, 2006).

2. T. Birtchnell and J. Caletrio (eds.), *Elite Mobilities* (London: Routledge, 2014).

3. M. Sheller and J. Urry, "The New Mobilities Paradigm," *Environment and Planning A* 38 (2), 2006: 207-26; K. Hannam, M. Sheller, and J. Urry, "Mobilities, Immobilities, and Moorings," *Mobilities* 1 (1), 2006: 1-22; M. Sheller and J. Urry, "Mobilising the New Mobilities Paradigm," *Applied Mobilities*, 1 (1), 2016: 10-25; P. Adey, *Mobility*, rev. ed. (London: Routledge, 2017).

4. Cresswell, *On the Move*.

5. R.J. Brulle and R. Dunlap (eds.), *Climate Change and Society: Sociological Perspectives* (New York: Oxford University Press and the American Sociological Association, 2015); J. Urry, *Climate Change and Society* (Cambridge: Polity, 2011).

6. Brulle and Dunlap, *Climate Change and Society*; D. Tyfield and J. Urry (eds.), "Energizing Society," special issue, *Theory, Culture and Society* 31 (5), 2014.

7. R.J. Brulle, "Institutionalizing Delay: Building and Maintaining the US Climate Change Countermovement," *Climatic Change* 122, 2013: 681-94; R.J. Brulle, J. Carmichael, J.C. Jenkins, "Shifting Public Opinion on Climate Change: An Empirical Assessment of Factors Influencing Concern Over Climate Change in the US, 2002-2010," *Climatic Change* 114, 2012: 169-88. On "carbon capital," see J. Urry, *Societies Beyond Oil: Oil Dregs and Social Futures* (London: Zed Books, 2013).

8. N. Klein, *This Changes Everything: Capitalism vs. the Climate* (New York: Simon and Schuster, 2014).

9. G. Monbiot, *Out of the Wreckage: A New Politics for an Age of Crisis* (London: Verso, 2017).

10. M. Featherstone, N. Thrift, and J. Urry (eds.), *Automobilities* (London: Sage, 2004); M. Sheller and J. Urry, "The City and the Car," *International Journal of Urban and Regional Research*, 24, 2000: 737-57; P. Merriman, "Automobility and the Geographies of the Car,"

Geography Compass 3 (2), 2009: 586-89.

11. H. Girardet, *Cities People Planet: Urban Development and Climate Change* (Hoboken, NJ: John Wiley & Sons, 2008); D. Tyfield, *Liberalism 2.0 and the Rise of China: Global Crisis, Innovation and Urban Mobility* (London and New York: Routledge, 2018).

12. D. Tyfield, Liberalism 2.0, pp. 169-73; M. Sheller, "Automotive Emotions: Feeling the Car," *Theory, Culture and Society* 21 (4/5), 2004: 221-42.

13. M. Mostafavi and G. Doherty (eds.), *Ecological Urbanism* (Zurich: Lars Müller, 2013).

14. B. Flugge (ed.), *Smart Mobility: Connecting Everyone* (Dordrecht: Springer Vieweg, 2017); and see Tyfield, *Liberalism 2.0*.

15. P. Newman and J. Kenworthy, "Peak Car Use: Understanding the Demise of Automobile Dependence," *World Transport Policy and Practice* 17 (2), 2011: 31-42; K. Dennis and J. Urry, *After the Car* (Cambridge: Polity Press, 2009); P. Newman and J. Kenworthy, *The End of Automobile Dependence: How Cities Are Moving Beyond Car-Based Planning* (Washington: Island Press, 2015); D. Metz, "Peak Car in the Big City: Reducing London's Transport Greenhouse Gas Emissions," *Case Studies on Transport Policy* 3, 2015: 371-76; E. Zipori, and M.J. Cohen, "Anticipating Post-Automobility: Design Policies for Fostering Urban Mobility Transitions," *International Journal of Urban Sustainable Development*, 7 (2), 2015: 147-65.

16. S. Graham and S. Marvin, *Splintering Urbanism: Networked Infrastructures, Technological Mobilities and the Urban Condition* (London: Routledge, 2001).

17. N. Eidse, S. Turner, and N. Oswin, "Contesting Street Spaces in a Socialist City: Itinerant Vending-Scapes and the Everyday Politics of Mobility in Hanoi, Vietnam," *Annals of the American Association of Geographers* 106 (2), 2016: 340-49.

18. T. Schwanen, "Rethinking Resilience as Capacity to Endure: Automobility and the City," *City*, 20 (1), 2016: 152-60, p. 158.

19. N. Brenner (ed.), *Implosions/Explosions: Towards a Study of Planetary Urbanization* (Berlin: Jovis, 2014); S. Sassen, *Expulsions: Brutality and Complexity in the Global Economy* (Cambridge, MA: Belknap Press, 2014).

20. Klein, *The Shock Doctrine*.

21. M. Sheller, "Connected Mobility in a Disconnected World: Contested Infrastructure in Post-Disaster Contexts," *Annals of the Association of American Geographers*, 106 (2), 2016: 330-39; Sheller, *Island Futures*.

22. K. Gotham and M. *Greenberg, Crisis Cities: Disaster and Redevelopment in New York and New Orleans* (Oxford and New York: Oxford University Press, 2014), p. 223.

23. C. Johnson (ed.), *The Neoliberal Deluge: Hurricane Katrina, Late Capitalism, and the Remaking of New Orleans* (Minneapolis: University of Minnesota Press, 2011); S. Graham (ed.), *Disrupted Cities: When Infrastructure Fails* (New York and London: Routledge, 2009).

24. Brenner, *Implosions/Explosions*; N. Brenner and C. Schmid, "Towards a New Epistemology

of the Urban?", *City* 19 (2-3), 2015: 151-82.

25. J. Cidell and D. Prytherch (eds.), *Transport, Mobility and the Production of Urban Space* (London and New York: Routledge, 2015); M Grieco and J. Urry (eds.), *Mobilities: New Perspectives on Transport and Society* (Farnham: Ashgate, 2012).

26. For a thorough philosophical discussion of mobile ontologies, see Thomas Nail's forthcoming book, *Being and Motion* (Oxford: Oxford University Press).

27. Escobar, *Designs for the Pluriverse*, p. 101.

28. B. Maurer, "A Fish Story: Rethinking Globalization on Virgin Gorda, British Virgin Islands," *American Ethnologist* 27 (3), 2000: 670-701; A. Appadurai, *Modernity at Large: Cultural Dimensions of Globalization* (Minneapolis: University of Minnesota Press, 1996).

29. Maurer, "A Fish Story," p. 672.

30. Sheller and Urry, "The New Mobilities Paradigm"; Hannam, Sheller, and Urry, "Mobilities, Immobilities, and Moorings"; see, e.g., M. Sheller, *Consuming the Caribbean* (London and New York: Routledge, 2003) and M. Sheller, *Aluminum Dreams: The Making of Light Modernity* (Cambridge, MA: MIT Press, 2014).

31. For an overview of the field, see Sheller and Urry, "Mobilising the New Mobilities Paradigm."

32. J. Urry, *Mobilities* (Cambridge: Polity, 2007); J. Urry, *Climate Change and Society* (Cambridge: Polity, 2011); Sheller and Urry, "The New Mobilities Paradigm"; Hannam et al., "Mobilities, Immobilities, Moorings"; K. Dennis and J. Urry, *After the Car* (Cambridge: Polity, 2009); P. Vannini (ed.), *The Cultures of Alternative Mobilities: The Routes Less Travelled* (Farnham, UK and Burlington, VT: Ashgate, 2009).

33. D. Massey, "A Global Sense of Place," *Marxism Today* 35 (6), 1991: 24-29; D. Massey, *Space, Place and Gender* (Cambridge: Polity, 1994); D. Massey, *For Space* (London: Sage, 2005), p. 9.

34. This discussion draws on M. Sheller, "From Spatial Turn to Mobilities Turn," *Current Sociology* 65 (4), 2017: 623-39. And see D. Gregory and J. Urry (eds.), *Social Relations and Spatial Structures* (Basingstoke: Macmillan, 1985), p. 25; J. Urry, *Sociology Beyond Societies: Mobilities for the Twentyfirst Century* (London: Routledge, 2000); J. Urry, "Mobile Sociology."

35. E. Soja, *Postmodern Geographies: The Reassertion of Space in Critical Social Theory* (New York: Verso, 1989); D. Harvey, "From Space to Place and Back Again," in J. Bird et al. (eds.), *Mapping the Futures: Local Cultures, Global Change* (London: Routledge, 1993), pp. 3-29; N. Thrift, *Spatial Formations* (London: Sage, 1996); S. Sassen, *The Global City: New York, London, Tokyo* (Princeton: Princeton University Press, 1991).

36. E. Swyngedouw, "Neither Global Nor Local: 'Glocalization' and the Politics of Scale," in K. Cox (ed.), *Spaces of Globalization: Reasserting the Power of the Local* (New York and London: Longman, 1997), pp. 137-66; E. Swyngedouw, "Excluding the Other: The Contested Production of a New 'Gestalt of Scale' and the Politics of Marginalisation," in R. Lee and J. Wills (eds.), *Society, Place, Economy: States of the Art in Economic Geography* (London:

Edward Arnold, 1997), pp. 167-77; K. Cox, "Space of Dependence, Spaces of Engagement and the Politics of Scale, or: Looking for Local Politics," *Political Geography* 17 (1), 1998: 1-23; N. Brenner, "State Territorial Restructuring and the Production of Spatial Scale," *Political Geography* 16 (4), 1997: 273-306; N. Brenner, "Between Fixity and Motion: Accumulation, Territorial Organization and the Historical Geography of Spatial Scales," *Environment and Planning D: Society and Space* 16, 1998: 459-81. 37. Z. Bauman, *Liquid Modernity* (Cambridge: Polity, 2000).

38. P. Merriman, *Mobility, Space and Culture* (London and New York: Routledge, 2012).

39. Sheller and Urry, "Mobilising the New Mobilities Paradigm"; T. Cresswell, "Mobilities I: Catching Up," *Progress in Human Geography* 35 (4), 2011: 550-58; T. Cresswell, "Mobilities II: Still," *Progress in Human Geography* 36 (5), 2012: 645-53; T. Cresswell, "Mobilities III: Moving On," *Progress in Human Geography* 38 (5), 2014: 712-21.

40. A. Jonas, "Rethinking Mobility at the Urban-Transportation-Geography Nexus," in J. Cidell and D. Prytherch (eds.), *Transportation and Mobility in the Production of Urban Space* (London: Routledge, 2015): 281-93, p. 281.

41. C. Johnson, R. Jones, A. Paasi, L. Amoore, A. Mountz, M. Salter, and C. Rumford, "Interventions on Rethinking 'the Border' in Border Studies," *Political Geography* 30, 2011: 61-69; N. Parker and N. *Vaughan-Williams, Critical Border Studies: Broadening and Deepening the 'Lines in the Sand' Agenda* (London and New York: Routledge, 2014); C. Brambilla, "Exploring the Critical Potential of the Borderscapes Concept," *Geopolitics* 20 (1), 2015: 14-34.

42. J. Huysmans, *The Politics of Insecurity: Fear, Migration and Asylum in the EU* (Abingdon, Oxon: Routledge, 2006); V. Squire (ed.), *The Contested Politics of Mobility: Borderzones and Irregularity* (New York: Routledge, 2011); M. Leese and S. Wittendorp (eds.), *Security/Mobility: Politics of Movement* (Manchester: Manchester of University Press, 2017). And see the forthcoming special issue of *Mobilities* on mobilities and securities (2018).

43. Hannam, Sheller, and Urry, "Mobilities, Immobilities, and Moorings"; Cresswell, *On the Move*; S. Bergmann and T. Sager (eds.), *The Ethics of Mobilities: Rethinking Place, Exclusion, Freedom and Environment* (Aldershot: Ashgate, 2008).

44. M. Sheller, "Uneven Mobility Futures: A Foucaultian Approach," *Mobilities* 11 (1), 2015: 15-31; M. Flamm and V. Kaufmann, "Operationalising the Concept of Motility: A Qualitative Study," *Mobilities*, 1 (2), 2006: 167-89; A. Kellerman, "Potential Mobilities," *Mobilities* 7 (1), 2012: 171-83; D. Kronlid, "Mobility as Capability," in T.P. Uteng and T. Cresswell (eds.), *Gendered Mobilities* (Aldershot: Ashgate, 2008), 15-34; J.O. Bærenholdt, "Governmobility: The Powers of Mobility," *Mobilities* 8 (1), 2013: 20-34; J. Faulconbridge and A. Hui, "Traces of a Mobile Field: Ten Years of Mobilities Research," *Mobilities* 11 (1), 2016: 1-14.

45. T. Nail, *The Figure of the Migrant* (Stanford: Stanford University Press, 2015); T. Nail, *Theory of the Border* (Oxford: Oxford University Press, 2016).

46. Elliott and Urry, *Mobile Lives*, pp. 10-11; V. Kaufmann and B. Montulet, "Between Social and Spatial Mobilities: The Issue of Social Fluidity" in *Tracing Mobilities: Towards a Cosmopolitan Perspective*, edited by W. Canzler, V. Kaufmann and S. Kesselring (Farnham: Ashgate, 2008), 37-56.

47. A. Mountz, "Specters at the Port of Entry: Understanding State Mobilities Through an Ontology of Exclusion," *Mobilities* 6, 2011: 317-34; T. Vukov and M. Sheller, "Border Work: Surveillant Assemblages, Virtual Fences, and Tactical Counter-media," *Social Semiotics* 23 (2), 2013: 225-41.

48. H. Kotef, *Movement and the Ordering of Freedom: On Liberal Governances of Mobility* (Durham and London: Duke University Press, 2015), pp. 54, 37, 58.

49. Ibid., p. 63.

50. Ibid., p. 100.

51. Massey, *For Space*, p. 7.

52. Kotef, *Movement*, p. 114.

53. R. Clare, "Black Lives Matter: The Black Lives Matter Movement in the National Museum of African-American History and Culture," *Transfers* 6 (1), 2016: 122-25, p. 124.

54. M. Freudendal-Pedersen, *Mobility in Daily Life: Between Freedom and Unfreedom* (Farnham, UK and Burlington, VT: Ashgate, 2009).

55. M. Desmond, *Evicted: Poverty and Profit in the American City* (New York: Penguin Random House, 2016); M. Alexander, *The New Jim Crow: Mass Incarceration in the Age of Color Blindness* (New York: New Press, 2012).

56. Elliott and Urry, *Mobile Lives*; J. Bruder, *Nomadland: Surviving America in the Twenty-First Century* (New York and London: W.W. Norton and Co., 2017).

57. J. Shell, *Transportation and Revolt: Pigeons, Mules, Canals and the Vanishing Geographies of Subversive Mobilities* (Cambridge, MA: MIT Press, 2015), pp. 50-51; J.C. Scott, *The Art of Not Being Governed: An Anarchist History of Upland Southeast Asia* (New Haven and London: Yale University Press, 2009), p. 31.

58. P. Linebaugh and M. Rediker, *The Many-Headed Hydra: Sailors, Slaves, Commoners and the Hidden History of the Revolutionary Atlantic* (Boston: Beacon Press, 2001), p. 6.

59. Linebaugh and Rediker, *The Many-Headed Hydra*, p. 6; D. Cowen, *The Deadly Life of Logistics: Mapping Violence in Global Trade* (Minneapolis: University of Minnesota Press, 2014), p. 227.

1장 모빌리티 정의란 무엇인가?

1. R. Florida, *The New Urban Crisis: How our Cities are Increasing Inequality, Deepening Segregation and Failing the Middle Class—And What We Can Do About It* (New York: Basic

Books, 2017).

2. R. Perreira, T. Schwanen, and D. Banister, "Distributive Justice and Equity in Transportation," *Transport Reviews*, 37 (2), 2017: 170-91.

3. Perreira et al., "Distributive Justice," p. 2; and see N. Fraser, "Recognition or Redistribution? A Critical Reading of Iris Marion Young's Justice and the Politics of Difference," *Journal of Political Philosophy* 3 (2), 1995: 166-80; W. Kymlicka, *Contemporary Political Philosophy: An Introduction*, 2nd ed. (Oxford: Oxford University Press, 2002); I.M. Young, *Justice and the Politics of Difference* (London: Routledge, 1990).

4. Young, *Justice and the Politics of Difference*; R. Fincher and K. Iveson, "Justice and injustice in the city," *Geographical Research* 50 (3), 2012: 231-41.

5. Perreira et al., "Distributive Justice," p. 10.

6. R. Bullard and G. Johnson (eds.), *Just Transportation: Dismantling Race and Class Barriers to Mobility* (Gabriola Island, BC: New Society Publishers, 1997); R. Bullard, G. Johnson, and A. Torres, "Dismantling Transportation Apartheid: The Quest for Equity" in R. Bullard, G. Johnson, and A. Torres (eds.), *Sprawl City* (Washington, DC: Island Press, 2000), pp. 39-68; R. Bullard, G. Johnson, and A. Torres, *Highway Robbery: Transportation Racism and New Routes to Equity* (Cambridge: South End Press, 2004).

7. Reid-Musson, "Shadow mobilities," p. 3.

8. T. Cresswell, "The Vagrant/Vagabond: The Curious Career if a Mobile Subject," in T. Cresswell and P. Merriman (eds.), *Geographies of Mobilities: Practices, Spaces, Subjects* (Farnham and Burlington: Ashgate, 2011), pp. 239-54; N. Blomley, *Rights of Passage: Sidewalks and the Regulation of Public Flow* (New York: Routledge, 2011).

9. Kymlicka, *Contemporary Political Philosophy*; A. Sen, *The Idea of Justice* (Cambridge, MA: Harvard University Press, 2009).

10. M.J. Sandel, *Justice: What's the Right Thing To Do?* (New York: Farrar, Straus and Giroux, 2009).

11. Perreira et al., "Distributive Justice," p. 11.

12. J. Rawls, *A Theory of Justice*, revised edition (Cambridge, MA: Belknap Press of Harvard University Press, 1999); J. Rawls, *Justice as Fairness: A Restatement* (Cambridge, MA and London: Harvard University Press, 2001).

13. Perreira et al., "Distributive Justice," p. 6.

14. M. Nussbaum, *Creating Capabilities: The Human Development Approach* (Cambridge, MA: Harvard University Press, 2011); A. Sen, *The Idea of Justice* (Cambridge, MA: Harvard University Press, 2009).

15. Perreira et al., "Distributive Justice," p. 7.

16. J.M. Viegas, "Making Urban Road Pricing Acceptable and Effective: Searching for Quality and Equity in Urban Mobility," *Transport Policy*, 8 (4), 2001: 289-94; Bullard and Johnson, *Just Transportation*.

17. Perreira et al., "Distributive Justice," p. 8.

18. Ibid., p. 8.

19. K. Martens, *Transport Justice: Designing Fair Transportation Systems* (London and New York: Routledge, 2016); K. Martens, "Justice in Transport as Justice in Accessibility: Applying Walzer's 'Spheres of Justice' to the Transport Sector," *Transportation* 39 (6), 2012: 1035–53.

20. See, for example, C. Kaplan, *Questions of Travel: Postmodern Discourses of Displacement* (Durham: Duke University Press, 1996); T. Cresswell, "Citizenship in Worlds of Mobility." In *Critical Mobilities*, edited by O. Soderstrom, D. Ruedin, S. Randeria, G. D'Amato, and F. Panese (New York: Routledge, 2013), pp. 105–24; Cresswell, *On the Move*; Freudendal-Pedersen, *Mobility in Daily Life*.

21. *The Slow Roll Chicago Bicycle Equity Statement of Principle*, Draft Version, Revised August 15, 2017, p. 2, available at SlowRollChicago.org.

22. Perreira et al., "Distributive Justice," p. 12.

23. Ibid., p. 13.

24. V. Kaufmann and B. Montulet, "Between Social and Spatial Mobilities: The Issue of Social Fluidity," in W. Canzler, V. Kaufmann and S. Kesselring (eds.), *Tracing Mobilities: Towards a Cosmopolitan Perspective* (Farnham: Ashgate, 2008): 37–56, p. 45; and see V. Kaufmann, M. Bergman, and D. Joye, "Motility," *International Journal of Urban and Regional Research* 28 (4), 2004: 745–56.

25. O. Patterson, *Freedom, Vol. I: Freedom in the Making of Western Culture* (New York: Basic Books, 1991): 3–4.

26. Ibid., p. 3.

27. Ibid., p. 4.

28. A.N. Wright, "Civil Rights 'Unfinished Business': Poverty, Race, and the 1968 Poor People's Campaign," PhD Dissertation, University of Texas at Austin, 2007.

29. Ibid.

30. J. Butler, "Reflections on Trump," *Hot Spots*, Cultural Anthropology, accessed at culanth.org/fieldsights.

31. D. Kronlid, "Mobility as Capability," in T.P. Uteng and T. Cresswell (eds.), *Gendered Mobilities* (Aldershot: Ashgate, 2008), pp. 15–34; R. Hananel and J. Berechman, "Justice and Transportation Decision-making: The Capabilities Approach," *Transport Policy* 49, 2016: 78–85.

32. D. Schlosberg, *Defining Environmental Justice: Theories, Movements and Nature* (Oxford: Oxford University Press, 2007); and see K. Shrader-Frechette, *Environmental Justice: Creating Equality, Reclaiming Democracy* (Oxford: Oxford University Press, 2005).

33. D. Schlosberg, "Climate Justice and Capabilities: A Framework for Adaptation Policy," *Ethics and International Affairs* 26 (4), 2012: 445–61, p. 446; drawing on Nussbaum, *Creating Capabilities*; Sen, *The Idea of Justice*; Young, *Justice and the Politics of Difference*; and N.

Fraser, *Justice Interruptus: Critical Reflections on the "Postsocialist" Condition* (New York: Routledge, 1997).

34. J. Dryzek, R. Norgaard, and D. Schlosberg, *Climate-Challenged Society* (Oxford: Oxford University Press, 2013).

35. Escobar, *Design for the Pluriverse*, p. 207.

36. I return to these questions in the conclusion, drawing on A. Nikolaeva, P. Adey, T. Cresswell, J. Lee, A. Novoa, and C. Temenos "A New Politics of Mobility: Commoning Movement, Meaning and Practice in Amsterdam and Santiago," *Centre for Urban Studies Working Paper Series*, WPS 26 (2017), available at urbanstudies.uva.nl/working-papers/working-papers.html.

37. For a critique of policies based on mobility austerity and scarcity, see Nikolaeva et al., "A New Politics of Mobility: Commoning Movement, Meaning and Practice in Amsterdam and Santiago."

38. G. Ottinger, "Changing Knowledge, Local Knowledge and Knowledge Gaps: STS Insights into Procedural Justice," *Science, Technology and Human Values* 38 (2), 2013: 250-70.

39. The Untokening, "Principles of Mobility Justice."

40. Sheller, "From Spatial Turn to Mobilities Turn."

41. D. Harvey, *Social Justice and the City*, new ed. (London: Blackwell, 1988), pp. 98, 116-17.

42. E.W. Soja, *Seeking Spatial Justice* (Minneapolis and London: University of Minnesota Press, 2010).

43. Cresswell, "Towards a Politics of Mobility."

44. Soja, *Seeking Spatial Justice*, p. 31. Italics added.

45. Ibid., p. 41.

46. Ibid., pp. 42-43.

47. Ibid., pp. 45-46.

48. Ibid., p. 47.

49. Ibid., pp. 72-73.

50. Ibid., pp. 76.

51. Ibid., p. 80.

52. M. Sheller, *Democracy After Slavery: Black Publics and Peasant Radicalism in Haiti and Jamaica* (Basingstoke and London: Macmillan Caribbean, 2000).

53. Sheller, *Consuming the Caribbean*.

54. J. Overing and A. Passes, *The Anthropology of Love and Anger: The Aesthetics of Conviviality in Native Amazonia* (London: Routledge, 2000).

55. N. Brenner, *New State Spaces: Urban Governance and the Rescaling of Statehood* (Oxford and New York: Oxford University Press, 2004), p. 66; and see N. Brenner and N. Theodore (eds.) *Spaces of Neoliberalism: Urban restructuring in North America and Western Europe* (Oxford and Boston: Blackwell, 2002).

56. N. Brenner and C. Schmid, "Towards a new epistemology of the urban?" *City*, 19 (2-3), 2015:

151-82.

57. Soja, *Seeking Spatial Justice*, p. 33-34.

58. Ibid., p. 37.

59. J. Frith, "Splintered Space: The Smartphone as the Screen to the City," *Mobilities* 7 (1), 2012: 131-49; A. De Souza e Silva and M. Sheller (eds.), *Mobilities and Locative Media: Mobile Communication in Hybrid Spaces* (New York: Routledge, 2015).

60. Sheller, "From Spatial Turn to Mobilities Turn."

61. A.L. Stoler, *Duress: Imperial Durabilities in Our Times* (Durham: Duke University Press, 2016), p. 117.

62. Ibid., p. 118.

63. Ibid., pp. 120-21.

64. Ibid., p. 131.

65. Ibid.

66. Sheller, "The Islanding Effect"; and see Sheller, *Island Futures*.

2장 신체 이동과 인종정의

1. K. Sawchuk, "Impaired," in *The Routledge Handbook of Mobilities*, eds. P. Adey, D. Bissell, K. Hannam, P. Merriman, and M. Sheller (London: Routledge, 2014): 570-84, p. 409.

2. Cresswell, *On the Move*.

3. T.P. Uteng and T. Cresswell (eds.), *Gendered Mobilities* (Aldershot: Ashgate, 2008).

4. R. Braidotti, *Nomadic Subjects: Embodied and Sexual Difference in Contemporary Feminist Theory* (New York: Columbia University Press, 1994); Kaplan, *Questions of Travel*; Benko and Strohmayer, *Space and Social Theory*, which included Cresswell's early mobilities writing; and see Cresswell, *On the Move*.

5. See, for example, L. McDowell, *Gender, Identity and Place* (Cambridge: Polity, 1999); Massey, *For Space*; N. Puwar, *Space Invaders: Race, Gender and Bodies Out of Place* (Oxford and New York: Berg, 2005).

6. Stoler, *Duress*; Gilroy, *The Black Atlantic*.

7. It is at this juncture that my work *Consuming the Caribbean* (2003) and co-edited volume *Uprootings/Regroundings: Questions of Home and Migration* (2003) could be located, building on my earlier work in theorizing freedom and citizenship in post-slavery societies, *Democracy After Slavery* (2000).

8. A. Amin and N. Thrift, *Cities: Reimagining the Urban* (Cambridge: Polity, 2002), p. 26.

9. D. Massey, "A global sense of place," in T. Oakes and L. Price (eds.) *The Cultural Geography Reader* (London: Routledge, 2008), p. 165, as cited in Sawchuk, "Impaired," p. 411.

10. Massey, "A global sense of place," p. 161, cited in Sawchuk, "Impaired," p. 411.

11. Cresswell, *On the Move*; Uteng and Cresswell, *Gendered Mobilities*.

12. P. Virilio, *Negative Horizon: An Essay in Dromoscopy*, trans. Michael Degener (London and New York: Continuum, 2005), p. 37.

13. Virilio, *Negative Horizon*, pp. 38-39.

14. Kaplan, *Questions of Travel*.

15. On this point, see also M. Jacqui Alexander, "Not Just (Any) Body Can Be a Citizen: The Politics of Law, Sexuality and Postcoloniality in Trinidad and Tobago and the Bahamas," *Feminist Review* 48, 1994: 5-23.

16. A. Appadurai, *Modernity at Large: Cultural Dimensions of Globalization* (Minneapolis: University of Minnesota Press, 1996), p. 44.

17. Massey, *Space, Place and Gender*.

18. A. Brah, *Cartographies of Diaspora: Contesting Identities* (Abingdon and New York: Routledge, 1996), p. 182. Emphasis in original.

19. Young, *Justice and the Politics of Difference*.

20. Young, *Justice and the Politics of Difference*; L. Murray, "Motherhood, Risk and Everyday Mobilities" in T.P. Uteng and T. Cresswell (eds.), *Gendered Mobilities* (Ashgate, 2008), 47-64; A.J. Jorgensen, "The Culture of Automobility," in Uteng and Cresswell, *Gendered Mobilities*, 99-114.

21. Braidotti, *Nomadic Subjects*; T. Cresswell, "Introduction: theorizing place," in *Mobilizing Place, Placing Mobility*, edited by G. Verstraete and T. Cresswell (Amsterdam: Rodopi), 11-32, pp. 15-18; Urry, *Sociology Beyond Societies*, Ch. 2.

22. B. Skeggs, *Class, Self, Culture* (London: Routledge, 2004), pp. 48-49; Massey, *Space, Place and Gender*.

23. S. Subramanian, "Embodying the Space Between: Unmapping Writing About Racialised and Gendered Mobilities," in Uteng and Cresswell, *Gendered Mobilities*, 35-46.

24. Murray, "Motherhood, Risk and Everyday Mobilities."

25. E. Scheibelhofer, "Gender Still Matters: Mobility Aspirations among European Scientists Working Abroad," in Uteng and Cresswell, *Gendered Mobilities*, 115-28, p. 116, 124.

26. K. Boyer, R. Mayes, and B. Pini, "Narrations and Practices of Mobility and Immobility in the Maintenance of Gender Dualisms," *Mobilities*, 12 (6), 2017: 847-60.

27. R. Law, "Beyond 'Women and Transport': Towards New Geographies of Gender and Daily Mobility," *Progress in Human Geography* 23 (4), 1999: 567-88, p. 575.

28. J.K. Gibson-Graham, *A Postcapitalist Politics* (Minneapolis: University of Minnesota, 2006), p. 127.

29. K. McKittrick, *Demonic Grounds: Black Women and the Cartographies of Struggle* (Minneapolis: University of Minnesota Press, 2006), p. xxvi.

30. McKittrick, *Demonic Grounds*, p. xxvi; Cresswell, "Black Moves"; Sheller, *Citizenship from Below*.

31. K. Kempadoo, *Sexing the Caribbean: Gender, Race, and Sexual Labor* (New York and London: Routledge, 2004).

32. S. Frohlick, "'I'm More Sexy Here': Erotic Subjectivities of Female Tourists in the 'Sexual Paradise' of the Costa Rican Caribbean," in Uteng and Cresswell, *Gendered Mobilities*, 129–42.

33. Appadurai, *Modernity a Large*, p. 39.

34. G. Anzaldua, *Borderlands/La Fronters: The New Mestiza*, 4th ed. (Aunt Lute Books, 2012); E. Luibheid and L. Cantu Jr. (eds.), *Queer Migrations: Sexuality, US Citizenship, and Border Crossings*, 3rd ed. (Minneapolis: University of Minnesota Press, 2005); K. Chavez, *Queer Migration Politics: Activist Rhetoric and Coalitional Possibilities* (Urbana: University of Illinois Press, 2013).

35. See, e.g., C.J. Nash and A. Gorman-Murrary, "LGBT Neighborhoods and 'New Mobilities': Towards Understanding Transformations in Sexual and Gendered Urban Landscapes," *International Journal of Urban and Regional Research*, 38 (8), 2014: 756–72; C.J. Nash and A. Gorman-Murray, "Sexuality, Urban Public Space and Mobility Justice," in D. Butz and N. Cook (eds.), *Mobilities, Mobility Justice and Social Justice* (London: Routledge, forthcoming).

36. L. Parent, "The Wheeling Interview: Mobile Methods and Disability," *Mobilities* 11 (4), 2016: 521–32.

37. B. Gleeson, *Geographies of Disability* (London: Routledge, 2006), pp. 129, 137, as cited in G. Goggin, "Disability and Mobilities: Evening Up Social Futures," *Mobilities* 11 (4), 2016: 533–41, p. 535.

38. R. Imrie, "Disability and Discourses of Mobility and Movement," *Environment and Planning A* 32 (9), 2000: 1,641–56, p. 1,641

39. Cresswell, "Politics of Mobility," p. 21, as cited in Goggin, "Disability and Mobilities," p. 535. And see M. Oliver, *Understanding Disability* (Basingstoke: Macmillan, 1996).

40. Cresswell, *On the Move*, p. 167; Sawchuk, "Impaired," pp.

41. Sawchuk, "Impaired," p. 413.

42. N. Blomley, "Sidewalks," in P. Adey, D. Bissell, K. Hannam, P. Merriman, and M. Sheller (eds) *The Routledge Handbook of Mobilities* (New York: Routledge, 2014), 472–82.

43. O.O. Reed, public talk in Philadelphia, March 26, 2018.

44. The terminology used here draws on M. Omi and H. Winant, *Racial Formation in the United States*, 3rd ed. (New York: Routledge, 2015).

45. S. Wynter, "Unsettling the Coloniality of Being/Power/Truth/Freedom: Towards the Human, After Man, Its Overrepresentation—An Argument," *CR: The New Centennial Review* 3 (3), 2003: 257–337, pp. 260–61; as discussed in McKittrick, Demonic Grounds, pp. 131–33.

46. Kotef, *Movement*, p. 121.

47. I. Baucom, *Specters of the Atlantic: Finance Capital, Slavery, and the Philosophy of History* (Durham: Duke University Press, 2005).

48. N. Lightfoot, *Troubling Freedom: Antigua and the Aftermath of British Emancipation* (Durham: Duke University Press, 2015); and see N. Lightfoot, *Fugitive Cosmopolitanism* (Durham: Duke University Press, forthcoming).

49. Patterson, *Freedom*.

50. R. Price (ed.), *Maroon Societies: Rebel Slave Communities in the Americas*, 2nd ed. (Baltimore and London: Johns Hopkins University Press, 1987).

51. Lightfoot, *Troubling Freedom*, p. 47. See also M. Sheller, *Democracy After Slavery: Black Publics and Peasant Radicalism in Haiti and Jamaica* (Basingstoke: Macmillan Caribbean, 2000).

52. R. Price, *Maroon Societies*, p. 3.

53. McKittrick, *Demonic Grounds*, xxi.

54. F. Moten and S. Harney, *The Undercommons: Fugitive Planning and Black Study* (London: Minor Compositions, 2013), n.p.

55. Gibson-Graham, *A Postcapitalist Politics*, p. 127.

56. Z. Furness, *One Less Car: Bicycling and the Politics of Automobility* (Philadelphia: Temple University Press, 2010), p. 30.

57. S. Browne, *Dark Matters: On the Surveillance of Blackness* (Durham and London: Duke University Press, 2015).

58. C. Seiler, "Racing Mobility, Excavating Modernity: A Comment," *Transfers: Interdisciplinary Journal of Mobility Studies*, 6 (1), 2016: 98–102; and see C. Seiler, *A Republic of Drivers: A Cultural History of Automobility in America* (Chicago and London: University of Chicago Press, 2008).

59. M. Hennesy-Fiske, "Walking in Ferguson: If you're black, it's often against the law," *Los Angeles Times*, March 5, 2015.

60. M. Alexander, *The New Jim Crow*, p. 133.

61. Dawson, *Extreme Cities*, p. 197.

62. T.L. Langden, "'Public' Transit for 'Every-Body': Invisabilizing Bodies of Difference," *Environment and Planning D: Society and Space*, Forum on Investigating Infrastructures, October 2017, available at societyandspace.org.

63. D. Moran, N. Gill, D. Conlon (eds.), *Carceral Spaces: Mobility and Agency in Imprisonment and Migrant Detention* (London: Routledge, 2013); P. Nyers and K. Rygiel (eds.), *Citizenship, Migrant Activism and the Politics of Movement* (London: Routledge, 2012); Chavez, *Queer Migration Politics*.

64. T. Vukov, "Strange Moves: Speculations and Propositions on Mobility Justice," in L. Montegary and White (eds.), *Mobile Desires: The Politics and Erotics of Mobility Justice* (Palgrave Macmillan, 2015); M. Maldonado, A. Licona, S. Hendricks, "Latin@ Immobilities and Altermobilities Within the US Deportation Regime," *Annals of the AAG*, 106 (2), 2016: 321–9.

1. J. Flink, *The Car Culture* (Cambridge, MA: MIT Press, 1975); J. Flink, *The Automobile Age* (Cambridge, MA: MIT Press, 1988); C. McShane, *Down the Asphalt Path: The Automobile and the American City* (New York: Columbia University Press, 1994); P. Wollen and J. Kerr (eds.), *Autopia: Cars and Culture* (London: Reaktion Books, 2002); J. Urry, "The System of Automobility," *Theory, Culture and Society*, 21 (4/5), 2004: 25-39; S. Böhm et al. (eds.), *Against Automobility* (Malden, MA: Blackwell/Sociological Review, 2006).

2. Dennis and Urry, *After the Car*; Urry, *Societies Beyond Oil*.

3. Furness, *One Less Car*, p. 52.

4. M. Sheller and J. Urry, "The City and the Car," *International Journal of Urban and Regional Research* 24 (4), 2000: 737-57, pp. 737-38.

5. Statista, "Number of Passenger Cars and Commercial Vehicles in Use Worldwide from 2006 to 2015 (In 1000 Units)," available at statista.com.

6. Elliott and Urry, *Mobile Lives*, p. 133.

7. USDOE, *Transportation Energy Data Book*, Edition 30 (2011) and Edition 36 (2017), Oak Ridge National Laboratory; US Energy Information Administration, eia.gov/tools/faqs.

8. See the series of regular reports on these trends by Sivak and Schoettle at umtri.umich.edu.

9. M. Sheller and J. Urry, "The City and the Car," *International Journal of Urban and Regional Research* 24, 2000: 737-57; J. Urry "The 'System' of Automobility," *Theory, Culture and Society* 21 (4/5), 2004: 25-39; Dennis and Urry, *After the Car*; Furness, *One Less Car*; G. Dudley, F. Geels, and R. Kemp (eds.), *Automobility in Transition?: A Socio-Technical Analysis of Sustainable Transport* (London and New York: Routledge, 2011).

10. For example, in April 2018, the Environmental Protection Agency led by Scott Pruitt announced that it would roll back the Obama-era fuel efficiency standards that had required light cars and trucks sold in the US to average more than 50 miles per gallon by 2025. This was widely considered a "win" for the "power of the auto industry." J. Eilperin and B. Dennis, "EPA to roll back car emissions standards, handing automakers a big win," *Washington Post*, April 2, 2018, available at washingtonpost.com.

11. R. Nixon, *Slow Violence and the Environmentalism of the Poor* (Cambridge, MA: Harvard University Press, 2011).

12. D. Hughes, *Energy Without Conscience: Oil, Climate Change, and Complicity* (Durham and London: Duke University Press, 2017).

13. J. Arbib, Plenary on "The Gamechanger: Electric, Shared and Automated," *Geography 2050: The Future of Mobility*, American Geographical Society, Fall Symposium, Columbia University, New York City, November 16, 2017.

14. S. Buckley, Plenary on "Mobility and the City of the Future," *Geography 2050: The Future of Mobility,* American Geographical Society, Fall Symposium, Columbia University, New York

City, November 16, 2017.

15. A. Greenfield, *Radical Technologies* (London and New York: Verso, 2017), p. 278.

16. Linda Bailey, Plenary on "Mobility and the City of the Future," *Geography 2050: The Future of Mobility,* American Geographical Society, Fall Symposium, Columbia University, New York City, November 16, 2017.

17. B. Schaller, "Unsustainable? The Growth of App-Based Ride Services and Traffic, Travel and the Future of New York City," Schaller Consulting, February 2017, accessible at schallerconsult.com/rideservices/unsustainable.htm.

18. J. Urry, *What Is the Future?* (Cambridge: Polity Press, 2016).

19. M. Sheller, "Automotive Emotions"; M. Sheller, "The Emergence of New Cultures of Mobility: Stability, Openings, and Prospects," in G. Dudley, F. Geels, and R. Kemp (eds.), *Automobility in Transition?: A Socio-technical Analysis of Sustainable Transport* (London and New York: Routledge, 2012), pp. 180–202; D. Nixon, "A Sense of Momentum: Mobility Practices and Dis/ Embodied Landscapes of energy use," *Environment and Planning A* 44, 2012: 661–78.

20. E.g., Illich, *Energy and Equity*; A. Hay, "Equity and Welfare in the Geography of Public Transport Provision," *Journal of Transport Geography* 1 (2), 1993: 95–101; A. Hay and E. Trinder, "Concepts of Equity, Fairness, and Justice Expressed by Local Transport Policymakers," *Environment and Planning C: Government and Policy*, 9 (4), 1991: 453–65; Bullard and Johnson, *Just Transportation*; Bullard et al., "Dismantling Transportation Apartheid"; Bullard et al., *Highway Robbery*.

21. Lucas et al., "Transport and Its Adverse Social Consequences".

22. V. Kaufmann, M. Bergman, and D. Joye, "Motility: Mobility as Capital," *International Journal of Urban and Regional Research* 28 (4), 2004: 745–56.

23. N. Cass, E. Shove, and J. Urry, "Social Exclusion, Mobility and Access," *The Sociological Review* 53 (3), 2005: 539–55; Cresswell, "Towards a Politics of Mobility;" J. Preston and F. Rajé, "Accessibility, Mobility and Transport-Related Social Exclusion," *Journal of Transport Geography* 15 (3), 2007: 151–60.

24. S. Graham and S. Marvin, *Splintering Urbanism: Networked Infrastructures, Technological Mobilities and the Urban Condition* (London: Routledge, 2001).

25. S. Graham, "Elite Avenues: Flyovers, Freeways and the Politics of Urban Mobility," *City* (online first, 2018), p. 2; Bullard et al., *Highway Robbery*; J. Henderson, "Secessionist Automobility: Racism, Anti-Urbanism, and the Politics of Automobility in Atlanta, Georgia," *International Journal of Urban and Regional Research* 30 (2), 2006: 293–307; A.A. Ortega, "Manila's Metropolitan Landscape of Gentrification: Global Urban Development, Accumulation by Dispossession and Neoliberal Warfare Against Informality," *Geoforum* 70, 2016: 35–50.

26. G. Fuller, "Queue," in P. Adey, D. Bissell, K. Hannam, P. Merriman, and M. Sheller (eds.), *The Routledge Handbook of Mobilities* (New York: Routledge, 2014), 205–13, p. 212.

27. D. Harvey, *The Condition of Postmodernity* (Cambridge, MA: Blackwell, 1990).

28. P. Gilroy, "Driving While Black," in Daniel Miller (ed.), *Car Cultures* (New York: Berg), pp. 81-104; D. Mitchell, *The Right to the City: Social Justice and the Fight for Public Space* (New York: Guildford Press, 2003); Cresswell, *On the Move*; Seiler, *A Republic of Drivers; P. Norton, Fighting Traffic: The Dawn of the Motor Age in the American City* (Cambridge, MA: MIT Press, 2011).

29. K. Franz, "The Open Road," in Bruce Sinclair (ed.), *Technology and the African-American Experience: Needs and Opportunities for Study* (Cambridge, MA: MIT Press, 2004), 131-54; C. Seiler, "'So That We as a Race Might Have Something Authentic to Travel By': African-American Automobility and Cold War Liberalism," *American Quarterly* 48 (4), 2006: 1,091-1,117; G. Zylstra, "Whiteness, Freedom and Technology: The Racial Struggle Over Philadelphia's Streetcars, 1859-1867," *Technology and Culture* 52 (4): 678-702, p. 685.

30. J. Henderson, "Secessionist Automobility: Racism, Anti-Urbanism, and the Politics of Automobility in Atlanta, Georgia," *International Journal of Urban and Regional Research* 30 (2), 2006: 293-307; P. Gilroy, "Driving While Black," in Daniel Miller (ed.), *Car Cultures* (New York: Berg, 2001), pp. 81-104; A. Blake, "Audible Citizenship and Automobility: Race, Technology and CB Radio," *American Quarterly* 63 (3), 2011: 531-53; S. Hutchinson, "Waiting for the Bus," *Social Text* 63, 2000: 107-20.

31. D. Hayden, *The Grand Domestic Revolution* (1984), p. 152, as cited in P. Adey, *Mobility*, new revised edition (London: Routledge, 2017), p. 122.

32. J. Wajcman, *Feminism Confronts Technology* (College Park, PA: Penn State Press, 1991), cited in Adey, *Mobility*, p. 122.

33. R. Imrie, "Disability and Discourses of Mobility and Movement," *Environment and Planning A* 32 (9), 2000: 1,641-56, p. 1,643.

34. R. Wilkinson and M. Marmot (eds.), *Social Determinants of Health: The Solid Facts*, 2nd ed. (Copenhagen: World Health Organization, 2003).

35. M. Sheller, "Racialized Mobility Transitions in Philadelphia: Urban Sustainability and the Problem of Transport Inequality," *City and Society* 27 (1), 2015: 70-91; J. Nicholson and M. Sheller, "Introduction: Race and the Politics of Mobility," *Transfers: Interdisciplinary Journal of Mobility Studies*, 6 (1), 2016: 4-11.

36. IPCC, "Mitigation of Climate Change," *Fifth Assessment Report of the Intergovernmental Panel on Climate Change* (AR5) (Cambridge: Cambridge University Press, 2014), pp. 606, 648.

37. A. Leonard, *The Story of Stuff: The Impact of Overconsumption on the Planet, Our Communities, and Our Health—And How We Can Make It Better* (New York: Freepress, 2010), p. 254.

38. A. Delbosc, G. Currie, "Causes of Youth Licensing Decline: A Synthesis of Evidence," *Transport Reviews* 33 (3), 2013: 271-90; D. Pickrell and D. Pace, "Driven to Extremes: Has Growth in Automobile Use Ended?", John A. Volpe National Transportation Systems Center,

Research and Innovative Technology Administration, US Department of Transportation, Washington, DC (May 2013); D. Short, "Vehicle Miles Driven: Population-Adjusted Fractionally Off Its Post-Crisis Low," Advisor Perspectives (September 21, 2013); M. Sivak, "Has Motorization in the US Peaked? Part 2: Use of Light-Duty Vehicles," University of Michigan Transportation Research Institute, Detroit, Michigan, 2013; M. Sivak and B. Schoettle, "More Americans of All Ages Spurning Driver's Licenses," January 20, 2016, available at umtri.umich.edu.

39. National Household Travel Survey, data extraction tool, available at nhts.ornl.gov/det.

40. Drawing on S. Böhm , C. Jones, C. Land, M. Paterson (eds.), *Against Automobility*. (Oxford: Blackwell Sociological Review Monograph, 2006); A. Millard-Ball and L. Schipper, "Are We Reaching Peak Travel?: Trends in Passenger Transport in Eight Industrialized Countries," *Transport Reviews* 31, 2011: 357–78; D. Tyfield, "Putting the Power in 'Socio-Technical Regimes': E-Mobility Transition in China as Political Process," *Mobilities* 9, 2014: 285–63; E. Rosenthal, "The End of Car Culture," *New York Times*, June 29, 2013.

41. S. Shaheen, A. Cohen, and I. Zohdy, *Shared Mobility: Current Practices and Guiding Principles*. Washington, DC: US Department of Transportation, Federal Highway Administration (2016).

42. The Untokening, "Untokening Mobility: Beyond Pavement, Paint and Place," eds. A. Lugo, N. Doerner, D. Lee, S. McCullough, S. Sulaiman and C. Szczepanski (January 2018), p. 11–12.

43. "What's the Greatest Risk Cities Face?," *Politico*, July/August 2017, politico. com.

44. M. Sheller, "Automotive Emotions: Feeling the Car," *Theory, Culture and Society* 21 (4/5), 2004: 221–42; Urry, *Sociology Beyond Societies; Vannini, Cultures of Alternative Mobilities*.

45. S. Gössling, *Psychology of the Car: Automobile Admiration, Attachment and Addiction* (Amsterdam: Elsevier, 2017); J.P. Huttman, "Automobile Addiction: The Abuse of Personal Transport", *Society* (July 1973) 10 (25): 25–29.

46. H. Tabuchi, "'Rolling Coal' in Diesel Trucks, to Rebel and Provoke," *New York Times*, September 4, 2016, nytimes.com.

47. R. Sims et al., "Transport," in *Climate Change 2014: Mitigation of Climate Change. Contribution of Working Group III to the Fifth Assessment Report of the Intergovernmental Panel on Climate Change*. (Cambridge and New York: Cambridge University Press, 2014), p. 603.

48. Sims et al., "Transport," pp. 605, 612–13; see E. Shove, "Beyond the ABC: Climate Change Policy and Theories of Social Change," *Environment and Planning A* 42, 2010: 1,273–85.

49. Brulle and Dunlap, *Climate Change and Society*.

50. "Three Revolutions in Urban Transportation," ITDP and UC Davis, May 2017, available at itdp.org.

51. C. Knudsen and A. Doyle, "Norway Powers Ahead (Electrically): Over Half of New Car Sales Now Electric or Hybrid," Reuters, January 3, 2018, available at reuters.com.

52. G. Dudley, F. Geels, F., and R. Kemp (eds.), *Automobility in Transition?: A Socio-Technical Analysis of Sustainable Transport* (London and New York: Routledge, 2011).

53. M. Arboleda, "Spaces of Extraction, Metropolitan Explosions: Planetary Urbanization and the Commodity Boom in Latin America," *International Journal of Urban and Regional Research* 40 (1), 2016: 96-112.

54. Incidentally, the IPCC sought input from mobilities theorist John Urry, and cites his work and my own on automobility systems in R. Sims, R. Schaeffer, F. Creutzig, X. Cruz-Núñez, M. D'Agosto, D. Dimitriu, M. J. Figueroa Meza, L. Fulton, S. Kobayashi, O. Lah, A. McKinnon, P. Newman, M. Ouyang, J. J. Schauer, D. Sperling, and G. Tiwari, Ch.8: Transport. In: *Climate Change 2014: Mitigation of Climate Change. Contribution of Working Group III to the Fifth Assessment Report of the Intergovernmental Panel on Climate Change* (Cambridge and New York: Cambridge University Press, 2014), p. 613, 618.

55. O.B. Jensen, *Staging Mobilities* (London: Routledge, 2013); O.B. Jensen, *Designing Mobilities* (Aalborg: Aalborg University Press, 2014); Elliott and Urry, *Mobile Lives*; De Souza e Silva and Sheller, *Mobilities and Locative Media*.

56. Adey, *Aerial Life*; Sheller, *Aluminum Dreams*; J. Urry, *Climate Change and Society* (Cambridge: Polity, 2011).

57. Tyfield, *Liberalism 2.0 and the Rise of China*, p. 171.

58. "How BRT TransCaribe Improved Transport in Cartagena, Colombia," *Institute for Transportation and Development Policy*, September 6, 2017, available at itdp.org.

59. S. Ureta, *Assembling Policy: Transantiago, Human Devices, and the Dream of a World-Class Society* (Cambridge, MA: MIT Press, 2015).

60. P. Jiron, "Unravelling Invisible Inequalities in the City through Urban Daily Mobility: The Case of Santiago de Chile," *Swiss Journal of Sociology* 33 (1), 2007; J.C. Munoz, J.D. Ortuzar and A. Gschwender, "Transantiago: The Fall and Rise of a Radical Public Transport Intervention," in W. Saaleh and G. Sammer (eds.), *Success and Failure of Travel Demand Management: Is Road User Pricing the Most Feasible Option?* (Aldershot: Ashgate, 2008, 151-72).

61. "MOBILIZE Santiago: Just and Inclusive Cities Become the New Normal," Institute for Transportation and Development Policy, August 1, 2017, available at itdp.org.

62. "Child Friendly Cities are Friendly Cities for Everyone," Institute for Transportation and Development Policy, August 8, 2017, available at itdp.org.

63. "The New and Improved TOD Standard," Institute for Transportation and Development Policy, June 25, 2017, available at itdp.org.

64. Ibid.

65. Martens, "Justice in Transport"; Martens, *Transport Justice*.

66. Perreira et al., "Distributive Justice"; Kronlid, "Mobility as Capability"; Hananel and Berechman, "Justice and Transportation Decision-Making."

67. P. Healey, *Collaborative Planning: Shaping Places in Fragmented Societies* (Vancouver: UBC Press, 1997); J.E. Innes, "Consensus Building: Clarifications for the Critics," *Planning Theory* 3 (1), 2004: 5-20.

68. "Untokening Mobility," p. 18.

69. J. Henderson, "From Climate Fight to Street Fight: The Politics of Mobility and the Right to the City," in J. Cidell and D. Prytherch (eds.), *Transport, Mobility, and the Production of Urban Space* (Oxford: Routledge, 2015), 101-16, p. 112. And see J. Henderson, *Street Fight: The Politics of Mobility in San Francisco* (Amherst: University of Massachusetts Press, 2013).

70. "Untokening 1.0—Principles of Mobility Justice," accessed at untokening.org.

71. "Philly Free Streets" and the International Open Streets Movement, Institute for Transportation and Development Policy, April 12, 2017, available at itdp.org.

72. Furness, *One Less Car*, pp. 78-83.

73. Ibid., p. 92.

74. See ovarianpsycos.com, and thanks to Anna Davidson, whose PhD dissertation (2018) "Mobilizing Bodies: Difference, Power and Ecology in Urban Cycling Practices," in the School of Geography and the Environment at Oxford University, brought this group to my attention.

4장 스마트 도시와 인프라 정의

1. S. Kesselring and G. Vogl, "The New Mobilities Regimes," in S. Witzgall, G. Vogl, and S. Kesselring (eds), *New Mobilities Regimes in Art and Social Sciences* (Farnham: Ashgate, 2013), 17-36, p. 20.

2. Definition of "Infrastructure," *Oxford Living Dictionaries, English*, available at en.oxforddictionaries.com.

3. K. Easterling, *Extrastatecraft: The Power of Infrastructure Space* (London and New York: Verso, 2015).

4. D. Cowen, "Infrastructures of Empire and Resistance," Verso Blog, January 25, 2017, available at versobooks.com.

5. L. Berlant, "The Commons: Infrastructures for Troubling Times," *Environment and Planning D: Society and Space* 34 (3), 2016: 393-419, pp. 393-94.

6. "Disrupt the Flows: War Against DAPL and Planetary Annihilation," December 6, 2016, accessed February 3, 2017 at itsgoingdown.org.

7. Cowen, "Infrastructures of Empire and Resistance."

8. Ibid.

9. A. Carse, "Nature as Infrastructure: Making and managing the Panama Canal watershed," *Social Studies of Science*, 42 (4), 2012: 539-63, p. 539; A. Carse, *Beyond the Big Ditch: Politics, Ecology, and Infrastructure at the Panama Canal* (Cambridge: MIT Press, 2014).

10. S.L. Star, "The Ethnography of Infrastructure," *American Behavioral Scientist* 43 (3), 1999: 377–91; S. Star and G. Bowker, "How to Infrastructure," in L. Lievrouw and S. Livingstone (eds.), *The Handbook of New Media* (London: Sage, 2002), 151–62; J. Packer and S.C. Wiley (eds.), *Communication Matters: Materialist Approaches to Media, Mobility and Networks* (New York: Routledge, 2012); L. Parks and N. Starosielski (eds.), *Signal Traffic: Critical Studies of Media Infrastructures* (Chicago: University of Illinois Press, 2015); D. Cowen, *The Deadly Life of Logistics: Mapping Violence in Global Trade* (Minneapolis: University of Minnesota Press, 2014); Easterling, *Extrastatecraft.*

11. B. Larkin, "The Politics and Poetics of Infrastructures," *Annual Review of Anthropology* 42, 2013: 327–43.

12. These questions arise out of the conference "Mobile Utopia: Pasts, Presents, Futures" held at Lancaster University, UK, November 2–5, 2017, the themes of which built on Ruth Levitas, *Utopia as Method: The Imaginary Reconstitution of Society* (Hampshire: Palgrave Macmillan, 2013).

13. A. Amin and N. Thrift, *Cities: Reimagining the Urban* (Cambridge: Polity, 2002), p. 82; Sheller and Urry, "The City and the Car."

14. Sheller and Urry, "The New Mobilities Paradigm"; Hannam, Sheller, and Urry, "Mobilities, Immobilities and Moorings"; Urry, *Climate Change and Society*; Urry, *Societies Beyond Oil*; Sheller, *Aluminum Dreams.*

15. D. Harvey, *Spaces of Global Capitalism: Towards a Theory of Uneven Geographical Development* (London and New York: Verso, 2006), p. 101.

16. S. Graham, *Vertical* (London: Verso, 2016); L. Parks and J. Schwoch, *Down to Earth: Satellite Technologies Industries and Cultures* (New Brunswick: Rutgers University Press, 2012); L. Parks and N. Starosielski (eds.), *Signal Traffic: Critical Studies of Media Infrastructures* (Urbana and Chicago: University of Illinois Press); N. Starsioleski, *The Undersea Network* (Durham: Duke University Press, 2015).

17. T. Paglen, "Some Sketches on Vertical Geographies," *e-flux architecture*, 2016, available at e-flux.com; E. Weizman, *Hollow Land* (London: Verso, 2007); Graham, *Vertical*; Arboleda, "Spaces of Extraction."

18. Cowen, "Infrastructures of Empire and Resistance."

19. Easterling, *Extrastatecraft*, p. 73.

20. Ibid., pp. 74–75

21. M. Sheller and J. Urry, *Tourism Mobilities: Places to Play, Places in Play* (London: Routledge, 2004); T. Birtchnell and J. Caletrio (eds.), *Elite Mobilities* (London: Routledge, 2014).

22. B. Fischer, B. McCann, and J. Auyero. (eds.), *Cities from Scratch: Poverty and Informality in Urban Latin America* (Durham: Duke University Press, 2014); A. Mountz, *Seeking Asylum: Human Smuggling and Bureaucracy at the Border* (Minneapolis: University of Minnesota

Press, 2010); Graham, *Disrupted Cities*.

23. Brenner and Schmid, "Planetary Urbanization"; Sheller and Urry, *Tourism Mobilities*.

24. B. Larkin, *Signal and Noise: Media, Infrastructure, and Urban Culture in Nigeria* (Durham: Duke University Press, 2008); H. Horst, "The Infrastructures of Mobile Media: Towards a Future Research Agenda," *Mobile Media and Communication* 1 (1), 2013: 147–52; Parks, *Signal Traffic*.

25. De Souza e Silva and Sheller, *Mobility and Locative Media*.

26. Easterling, *Extrastatecraft*, pp. 133–4.

27. B. Fischer, B. McCann, and J. Auyero. (eds.), *Cities from Scratch: Poverty and Informality in Urban Latin America* (Durham: Duke University Press, 2014); Graham and Marvin, *Splintering Urbanism*; J. Packer, *Mobility Without Mayhem: Safety, Cars, and Citizenship* (Durham: Duke University Press, 2008); T. Vukov and M. Sheller, "Border Work: Surveillant Assemblages, Virtual Fences, and Tactical Counter-Media," *Social Semiotics* 23 (2), 2013: 225–41.

28. C. McFarlane and A. Vasudevan, "Informal Infrastructures," in P. Adey, D. Bissell, K. Hannam, P. Merriman, and M. Sheller (eds.), *The Routledge Handbook of Mobilities* (New York: Routledge, 2014), 256–64.

29. Graham and Marvin, *Splintering Urbanism*; Graham, *Disrupted Cities*; S. Graham and N. Thrift, "Out of Order: Understanding Repair and Maintenance," *Theory, Culture and Society* 24 (3), 2007: 1–25.

30. K. Gotham and M. Greenberg, *Crisis Cities: Disaster and Redevelopment in New York and New Orleans* (Oxford and New York: Oxford University Press, 2014), pp. ix, 223; N. Smith, "There Is No Such Thing as a Natural Disaster," 2006, available at understandingkatrina.ssrc. org; Graham, *Disrupted Cities*.

31. M. Sheller, "The Islanding Effect: Post-Disaster Mobility Systems and Humanitarian Logistics in Haiti," *Cultural Geographies* 20 (2), 2013: 185–204; M. Sheller, *The Islanding Effect*, forthcoming.

32. Sheller, *The Islanding Effect*.

33. K.J. Hsu and M. Schuller, "Dumb and Dumber: Foregrounding Climate Justice from Harvey to Haiti's Matthew," *Huffington Post*, September 2, 2017, available at huffingtonpost.com.

34. J. Sterling and C. Santiago, "For first time in 300 years, no one is living on Barbuda," CNN, September 15, 2017, available at cnn.com.

35. Klein, "The Battle for Paradise;" Sheller, *Island Futures*.

36. D. Wood and S. Graham, "Permeable Boundaries in the Software-sorted Society: Surveillance and the Differentiation of Mobility," in M. Sheller and J. Urry (eds.), *Mobile Technologies of the City* (London and New York: Routledge. 2006), pp. 177–91.

37. Sheller and Urry, *Mobile Technologies of the City*, pp. 5–6.

38. J. Farman, "The Materiality of Locative Media: On the Invisible Infrastructure of Mobile

Networks" in A. Herman, J. Hadlaw, and T. Swiss (eds.), *Theories of the Mobile Internet: Materialities and Imaginaries* (New York and London: Routledge, 2015), pp. 45-59; McCormack, "Pipes and Cables"; Parks and Schwoch, *Down to Earth*; Parks and Starosielski, *Signal Traffic*; N. Starosielski, *The Undersea Network* (Durham: Duke University Press, 2015).

39. N. Thrift, *Non-Representational Theory: Space, politics, affect* (New York: Routledge, 2008).

40. Greenfield, *Radical Technologies*, p. 32, 52, 62.

41. J. Packer and S.C. Wiley (eds.), *Communication Matters: Materialist Approaches to Media, Mobility and Networks* (New York: Routledge, 2012); J. Packer and C. Robertson (eds.), *Thinking with James Carey: Essays on Communications, Transportation, History* (New York: Peter Lang, 2007).

42. De Souza e Silva and Sheller, *Mobilities and Locative Media*; E. Gordon and A. de Souza e Silva (eds.) *Net-locality: Why location matters in a networked world* (Malden, MA: Wiley Blackwell, 2011); A. de Souza e Silva and D. Sutko (eds.) *Digital Cityscapes: Merging virtual and urban play spaces* (New York: Peter Lang, 2009).

43. De Souza e Silva and Sheller, *Mobilities and Locative Media*.

44. M. Dodge and R. Kitchin, *Code/Space: Software and Everday Life* (Cambridge: MIT Press, 2011), p. 263.

45. J. Rifkin, *The Zero Marginal Cost Society: The Internet of Things, the Collaborative Commons, and the Eclipse of Capitalism* (London: Macmillan, 2014); P. Mason, *Post Capitalism: A Guide to Our Future* (London: Allen Lane, 2015).

46. N. Thrift, "Lifeworld Inc—And What to Do About It," *Environment and Planning D: Society and Space* 29, 2011: 5-26, pp. 8-11.

47. A. Shapiro, "Design, Control, Predict: Cultural Politics in the Actually Existing Smart City," PhD dissertation, Annenberg School of Communication at the University of Pennsylvania, 2018.

48. Urry, *Mobilities*; Elliott and Urry, *Mobile Lives*.

49. Shapiro, "Design, Control, Predict."

50. D. Mitchell, "Against Safety, Against Security: Reinvigorating Urban Live," *The Right to the City: A Verso Report* (iBooks, 2017), p. 134, originally published in Michael J. Thompson (ed.), *Fleeing the City: Studies in the Culture and Politics of Anti-Urbanism* (Palgrave Macmillan, 2009).

51. O.B. Jensen, "Flows of Meaning, Cultures of Movement—Urban Mobility as Meaningful Everyday Life Practice," *Mobilities* 4 (1), 2009: 139-58; O.B. Jensen, "Negotiation in Motion: Unpacking a Geography of Mobility," *Space and Culture* 13 (4), 2010: 389-402; Cresswell, *On the Move*.

52. O.B. Jensen, "Dark Design: Mobilities and Exlcusion by Design," in D. Butz and N. Cook (eds.), *Mobilities, Mobility Justice and Social Justice* (London and New York: Routledge,

forthcoming).

53. Examples drawn from "Paradise Papers" report , *Guardian*, November 6, 2017, available at theguardian.com.

54. L. Budd. "Aeromobile Elites: Private Business Aviation and the Global Economy," in T. Birtchnell and J. Caletrio (eds.), *Elite Mobilities* (London and New York: Routledge, 2013).

55. R. Frank, "For Millionaire Immigrants, a Global Welcome Mat," *New York Times*, February 26, 2017, Business Section, p. 3.

56. La Vida Golden Visas, goldenvisas.com.

57. Easterling, *Extrastatecraft*, pp. 49, 55.

5장 유동 국경과 이주정의

1. "IOM's Missing Migrants Project," joint initiative of the International Organization for Migration (IOM) and the Global Migration Data Analysis Centre (GMDAC), available at missingmigrants.iom.int.

2. R. Jones and C. Johnson, "Corridors, Camps, and Spaces of Confinement," *Political Geography* 59, 2017: 1-10, p. 1.

3. Z. Bauman, *Legislators and Interpreters* (Cambridge: Polity, 1998), p. 87.

4. G. Verstraete, "Technological Frontiers and the Politics of Mobilities," *New Formations* 43 (2001): 26-43, p. 29; G. Verstraete, "Technological Frontiers and the Politics of Mobility in the European Union," in S. Ahmed, C. Castañeda, A.M. Fortier, and M. Sheller (eds.), *Uprootings/ Regroundings: Questions of Home and Migration*, e (Oxford : Berg, 2003), 225-49.

5. J. Torpey, *The Invention of the Passport: Surveillance, Citizenship and the State.* (Cambridge: Cambridge University Press, 2000); M. Salter, "The Global Visa Regime and the Political Technologies of the International Self: Borders, Bodies, Biopolitics," *Alternatives: Global, Local, Political* 31 (2), April 2006: 167-89; M. Salter, ed. *Politics at the Airport* (Minneapolis: University of Minnesota Press, 2008).

6. H. Cunningham and J. Heyman (eds.), "Movement on the Margins: Mobility and Enclosures at Borders," special issue, *Identities: Global Studies in Culture and Power* 11 (3), 2004: 287-87; W. Walters, "Mapping Schengenland: Denaturalizing the Border," *Environment and Planning D: Society and Space* 20 (5), 2002: 561-80; W. Walters, "Secure Borders, Safe Haven, Domopolitics," *Citizenship Studies* 8 (3), 2004: 237-60.

7. T. Brian and F. Laczko (eds.), *Fatal Journeys Volume 2: Identification and Tracing of Dead and Missing Migrants*, Geneva: International Organization for Migration, 2016.

8. B. Anderson, N. Sharma, and C. Wright, "Editorial: Why No Borders?" *Refuge* 26 (2), 2009: 5-18; N. Sharma, *Home Rule: The Partition of 'Natives' and 'Migrants' in the Postcolonial New World Order* (Durham: Duke University Press, forthcoming).

9. R. Cohen, "Broken Men in Paradise," *New York Times*, Sunday Review, December 9, 2016, p. SR1, accessed February 26, 2017 at nytimes.com.

10. D. Cave, "Trapped in a Refugee Camp of Broken Hopes and Promises," *New York Times*, November 19, 2017, p. A15.

11. T. Miles, "UNHCR Says Australia Abandoned Refugees, Must Clear up the Mess it Made," *Reuters News*, December 22, 2017 available at usnews.com.

12. J. Sudbury (ed.), *Global Lockdown: Race, Gender, and the Prison-Industrial Complex* (Abingdon and New York: Routledge, 2005), p. xii.

13. E.g., during the French-Indian War (1754-63), Native peoples were driven out of the Eastern seaboard through warfare and disease; the Indian Removal Act of 1830 drove over 70,000 Native Americans from their homes;, during the California Gold Rush of 1848-1855 the Lakota Sioux were forced out of their ancestral lands on the Great Plains, and a purposeful genocide of the Native people of California followed.

14. Seiler, *A Republic of Drivers*, p. 232.

15. N. De Genova and N. Peutz (eds.), *The Deportation Regime: Sovereignty, Space, and the Freedom of Movement* (Durham: Duke University Press, 2010).

16. G. Younge, "End Immigration Controls," *Guardian*, October 16, 2017, available at theguardian. com.

17. D. Baines and N. Sharma, "Migrant Workers as Non-Citizens: The Case Against Citizenship as a Social Policy Concept," *Studies in Political Economy* 69, 2002: 75-107.

18. E. Raithelhuber et al., "The Intersection of Social Protection and Mobilities: A Move Towards a 'Practical Utopia' Research Agenda," *Mobilities*, forthcoming.

19. T. Nail, Theory of the Border (Oxford: Oxford University Press, 2016), p. 65.

20. Sassen, Expulsions, p. 2.

21. H. Kotef, Movement and the Ordering of Freedom: On Liberal Governances of Mobility (Durham and London: Duke University Press, 2015), p. 127.

22. S. Sassen, "When National Territory Is Home to the Global: Old Borders to Novel Borderings," New Political Economy 10 (4), 2005: 523-41; G. Popescu, "Controlling Mobility," in G. Popescu, Bordering and Ordering the Twentyfirst Century: Understanding Borders (Lanham: Rowman and Littlefield, 2011), pp. 91-120.

23. S. Sassen, "When Territory Deborders Territoriality," Territory, Politics, Governance 1 (1), 2013: 21-45, p. 30

24. Ibid., p. 21.

25. Ibid., p. 23.

26. J. Tegenbos and K. Büscher, "Moving Onwards?: Secondary Movers on the Fringes of Refugee Mobility in Kakuma Refugee Camp, Kenya," Transfers 7(2), 2017: 41-60.

27. Y. Jansen and R. Celikates et al. (eds.), The Irregularization of Migration in Contemporary Europe: Detention, Deportation, Drowning (London: Rowman and Littlefield International,

2014.

28. P. Adey, Mobility, new revised ed. (London: Routledge, 2017).

29. A. Mountz, "Specters at the Port of Entry: Understanding State Mobilities Through an Ontology of Exclusion," Mobilities 6, 2011: 317-34. p. 332.

30. T. Vukov and M. Sheller, "Border Work: Surveillant Assemblages, Virtual Fences, and Tactical Counter-Media," Social Semiotics 23 (2), 2013: 225-41.

31. Jorgen Ole Baerenholdt, "Governing Circulation Through Technology Within EU Border Security Practice-Networks," Mobilities 13 (2), 2018: 185-92.

32. J.O. Baerenholdt., "Governmobility: The Powers of Mobility." Mobilities 8 (1), 2013: 20-34, p. 31. 33. M. Sheller, "On the Maintenance of Humanity: Learning from Refugee Mobile Practices, CARGC Paper 5, Annenberg School of Communication, fall 2016. And see "The Refugee Project" at artisticlab.forumviesmobiles.org.

34. K. Rygiel, "Bordering Solidarities: Migrant Activism and the Politics of Movement and Camps at Calais," Citizenship Studies 15 (1), 2011: 1-19; M. Sheller and J. Urry (eds.), Tourism Mobilities: Places to Play, Places in Play (London: Routledge, 2004).

35. Tegenbos and Büscher, "Moving Onwards?"

36. J. Carens, The Ethics of Immigration (Oxford: Oxford University Press, 2013).

37. R. Jones, Violent Borders: Refugees and the Right to Move (London: Verso, 2016), p. 22.

38. A. Mountz, Seeking Asylum: Human Smuggling and Bureaucracy at the Border (Minneapolis: University of Minnesota Press, 2010). 9781788730921 Mobility Justice (063B) 1st pass.indd 201 20/04/2018 11:34 202 notes for pages xx to xx

39. Jones, Violent Borders, p. 23.

40. Ibid., p. 24.

41. A. Mountz, K. Coddington, R.T. Catania, and J. Loyd, "Conceptualizing Detention: Mobility, Containment, Bordering and Exclusion," Progress in Human Geography 37 (4), 2012: 522-41, p. 524.

42. J. Loyd, E. Mitchel-Eaton and A. Mountz, "The Militarization of Islands and Migration: Tracing Human Mobility Through US Bases in the Caribbean and the Pacific," Political Geography 53 (2016), 65-75, p. 68.

43. Loyd, Mitchel-Eaton, Mountz, "The Militarization of Islands," p. 65.

44. A. Kalhan, "Rethinking Immigration Detention," Columbia Law Review Sidebar 110 (July 21, 2010): 42-58.

45. A. Stoler, Duress: Imperial Durabilities in Our Times (Durham: Duke University Press, 2016), pp. 78, 113

46. Stoler, Duress.

47. Mountz, "Specters at the Port of Entry"; A. Mountz, "The Enforcement Archipelago: Detention, Haunting, and Asylum on Islands," Political Geography 30, 2011: 118-28.

48. P. Vannini, The Cultures of Alternative Mobilities: The Routes Less Travelled (Farnham and

Burlington, VT: Ashgate, 2009); P. Vannini, "Mind the Gap: The Tempo Rubato of Dwelling in Lineups," Mobilities 6 (2), 2011: 273–299.

49. W. Lin "Aeromobile Justice: A Global Institutional Perspective," forthcoming in D. Butz and N. Cook (eds.), Mobilities, Mobility Justice and Social Justice (London: Routledge); W. Lin, "The Politics of Flying: Aeromobile Frictions in a Mobile City," Journal of Transport Geography 38, 2014: 92–99.

50. S. Gössling and S. Cohen, "Why Sustainable Transport Policies Will Fail: EU Climate Policy in the Light of Transport Taboos," Journal of Transport Geography 39, 2014: 197–207; and see S. Gössling, J.-P. Ceron, G. Dubois, and C.M. Hall, "Hypermobile Travelers," in S. Gössling and P. Upham (eds.), Climate Change and Aviation (Earthscan, 2009), pp. 131–49; A. Schäfer, J.B. Heywood, H.D. Jacoby, and I.A. Waitz, Transportation in a Climate-Constrained World (Cambridge, MA: MIT Press, 2009).

51. Michael O'Regan and Kevin Hannam, 'The Future Looks Seamless' panel at RGS-IBG 2017.

52. A. Elliott, "Elsewhere: Tracking the Mobile Lives of Globals," in Birtchnell and Caletrio, Elite Mobilities.

53. S.R. Khan, "The Ease of Mobility," in Birtchnell and Caletrio, Elite Mobilities.

54. M. Sheller, "Infrastructures of the Imagined Island: Software, Mobilities and the Architecture of Caribbean Paradise." Environment and Planning A 41, 2009: 1,386–403.

55. P. Adey, Aerial Life: Spaces, Mobilities, Affects (Chichester: Wiley-Blackwell, 2010), p. 86.

56. L. Amoore, "Biometric borders: Governing mobilities in the war on terror," Political Geography, 25: 336–51; L. Amoore and A. Hall "Taking Bodies Apart: Digitized Dissection and the Body at the Border," Environment and Planning D: Society and Space 27 (3), 2009: 444–64; D. Lyon, "Filtering Flows, Friends, and Foes: Global Surveillance" in Mark Salter (ed.) Politics at the Airport (Minneapolis: University of Minnesota Press, 2008), pp. 29–50; M. Salter (ed.), Politics at the Airport (Minneapolis: University of Minnesota Press, 2008).

57. Adey, Aerial Life, pp. 88–9.

58. Amoore, "Biometric Borders"; Amoore and Hall, "Taking Bodies Apart"; Salter, Politics at the Airport.

59. V. Vicuña Gonzalez, Securing Paradise: Tourism and Militarism in Hawai'i and the Philippines, 2013, p. 149

60. Vicuña Gonzalez, Securing Paradise, p. 218.

61. T. Paglen, Blank Spots on the Map: The Dark Geography of the Pentagon's Secret World (New York: Penguin, 2009).

62. Cresswell, On the Move; T. Cresswell, "Towards a Politics of Mobility," Environment and Planning D: Society and Space 28 (1), 2010: 17–31; Adey, Aerial Life; Adey et al., Routledge Handbook of Mobilities.

1. For a fascinating description, see B. Szerszynski, "Planetary Mobilities: Movement, Memory and Emergence in the Body of the Earth," *Mobilities* 11 (4), 2016: 614-28. See also T. Nail, *Being and Motion* (Oxford: Oxford University Press, forthcoming).

2. D. Tyfield and J. Urry (eds.), "Energizing Society," special issue, *Theory, Culture and Society* 31 (5), 2014.

3. M. Sheller, "Global Energy Cultures of Speed and Lightness: Materials, Mobilities and Transnational Power," in "Energizing Society," special issue, *Theory, Culture and Society* 31 (5), 2014: 127-54.

4. T.P. Hughes, *Networks of Power: Electrification in Western Society, 1880-1930* (Baltimore: Johns Hopkins University Press, 1983); T.P. Hughes, "Evolution of Large Technological Systems" in W.E. Bijker, T.P. Hughes, and T.J. Pinch(eds.), *The Social Construction of Technological Systems: New Directions in the Sociology and History of Technology* (Cambridge, MA: MIT Press, 1989), pp. 51-82; S. Guy and E. Shove, *A Sociology of Energy, Buildings and the Environment: Constructing Knowledge, Designing Practice* (London: Routledge, 2000).

5. J. Urry, *Mobilities* (Cambridge: Polity, 2007), pp. 47-48.

6. D. Miller, *Stuff* (Cambridge: Polity, 2010); H. Molotch, *Where Stuff Comes From: How Toasters, Toilets, Cars, Computers, and Many Other Things Come to Be as They Are* (New York: Routledge, 2005).

7. Szerszynski, "Planetary Mobilities".

8. Guy and Shove, *A Sociology of Energy*, p. 5.

9. D. McCormack, "Pipes and Cables" in P. Adey, D. Bissell, K. Hannam, P. Merriman, and M. Sheller (eds.), *The Routledge Handbook of Mobilities Research* (London: Routledge, 2014), pp. 225-32; N. Starosielski, "Fixed Flow: Undersea Cables as Media Infrastructure," in L. Parks and N. Starosielski (eds.), *Signal Traffic: Critical Studies of Media Infrastructures* (Chicago: University of Illinois Press, 2015), pp. 53-70; J. Farman, "The Materiality of Locative Media: On the Invisible Infrastructure of Mobile Networks" in A. Herman, J. Hadlaw, and T. Swiss (eds.), *Theories of the Mobile Internet: Materialities and Imaginaries*(New York and London: Routledge, 2015), pp. 45-59; L. Parks, *Down to Earth: Satellite Technologies, Industries and Cultures* (New Brunswick, NJ: Rutgers University Press, 2012).

10. D. Cowen, *The Deadly Life of Logistics: Mapping Violence in Global Trade* (Minneapolis: University of Minnesota Press, 2014).

11. Hannam et al., "Mobilities, Immobilities and Moorings."

12. Graham and Marvin, *Splintering Urbanism*; M. Sheller and J. Urry (eds.), "Materialities and Mobilities," special issue, *Environment and Planning D: Society and Space* 38, 2006.

13. R. Vitalis, *America's Kingdom: Mythmaking on the Saudi Oil Frontier* (Stanford, CA: Stanford University Press, 2007); P. Levinson, *The Box: How the Shipping Container Made the World Smaller and the World Economy Bigger* (Princeton: Princeton University Press, 2006); A. Leonard, *The Story of Stuff: The Impact of Overconsumption on the Planet, Our Communities, and Our Health—And How We Can Make It Better* (New York: Free Press, 2010).

14. M. Huber, *Lifeblood: Oil, Freedom and the Forces of Capital* (Minneapolis: University of Minnesota Press, 2013), p. xi.

15. Ibid., p. xvi.

16. Ibid., p. 23.

17. Ibid., pp. 23, 74

18. J. Parikka, *What Is Media Archaeology?* (London: Polity, 2012).

19. P. Bélanger, cited in *New Geographies* 9 "Posthuman", M. Gomez-Luque and G. Jafari (eds.) (Cambridge, MA: Harvard Graduate School of Design, 2017), p. 79.

20. G. Dudley, F. Geels, and R. Kemp (eds.), *Automobility in Transition? A Sociotechnical Analysis of Sustainable Transport* (London: Routledge, 2011).

21. I. Illich, *Energy and Equity*, 1972, available at preservenet.com.

22. Shin'ichi Tsuji, *Slow is Beautiful: Culture as Slowness* (Surô izu byûtifuru: Ososa toshite no bunk [Tokyo: Heibonsha, 2001]), trans. Andre Haag, n.p., available at keibooiwa.files. wordpress.com.

23. R.B. Fuller, *Critical Path* (New York: St Martin's Griffin, 1981).

24. D. Harvey, *The Condition of Postmodernity: An Enquiry into the Origins of Cultural Change* (Malden: Blackwell, 1990); B. Agger, *Fast Capitalism* (Bloomington: University of Indiana Press, 1989); Virilio, *Speed and Politics*, trans. M. Polizzotti (Los Angeles: Semiotext(e), 1986 [1977]).

25. S. Lash and J. Urry, *Economies of Signs and Space* (London: SAGE, 1994); Z. Bauman, *Liquid Modernity* (London: Polity, 2000); Sarah Redshaw, "Acceleration: The Limits of Speed" in H. McNaughton and A. Lam (eds.), *The Reinvention of Everyday Life: Culture in the Twenty-First Century.* (Christchurch: University of Canterbury Press, 2006), pp. 195–206.

26. J. Schor, *Plenitude: The New Economics of True Wealth* (New York: Penguin Press, 2010).

27. R. Botsman and R. Rogers, *What's Mine is Yours: The Rise of Collaborative Consumption* (New York: Harper Business, 2010).

28. D. Hill, "The Battle for the Infrastructure of Everyday Life," *National Gallery of Victoria Triennial* (Melbourne, 2017), available at medium.com; J. Bridger, "Don't Call it a Commune: Inside Berlin's Radical Co-Housing Unit," *Metropolis Magazine*, June 20, 2015, available at metropolismag.com. On off-grid rural intentional communities, see M. Sundeen, *The Unsettlers: In Search of the Good Life in Today's America* (New York: Riverhead Books, 2016).

29. T. Birtchnell and J. Urry, *A New Industrial Future?: 3D Printing and the Reconfiguration of Production, Distribution and Consumption* (New York and London: Routledge, 2016).

30. R. Eglash, "An Introduction to Generative Justice," *Revista Teknokultura* 132 (2), 2016: 369–404, quotes from pp. 382, 373.

31. R.D.G. Kelley, "Coates and West in Jackson," *Boston Review*, available at bostonreview.net.

32. Malcolm X Grassroots Movement, "The Jackson Plan: A Struggle for Self-Determination, Participatory Democracy, and Economic Justice," available at mxgm.org.

33. J.K. Gibson-Graham, *A Postcapitalist Politics* (Minneapolis: University of Minnesota Press, 2006), Chapter 5.

34. A. Vasudevan, "Re-imagining the Squatted City," in *The Right to the City: A Verso Report* (London: Verso, 2017), p. 119.

35. Ibid., p. 120.

36. P. Virilio, *Speed and Politics*, p. 90.

37. Fuller, *Critical Path*, p. 216.

38. C. Kaplan, *Aerial Aftermaths: Wartime from Above* (Durham: Duke University Press, 2018).

39. R. Chow, *The Age of the World Target: Self-Referentiality in War, Theory, and Comparative Work* (Durham: Duke University Press, 2006); S. Graham, *Vertical*.

40. S. Graham, "Satellite: Enigmatic Presence," in *New Geographies* 9 "Posthuman," M. Gomez-Luque and G. Jafari (eds.) (Cambridge, MA: Harvard Graduate School of Design, 2017), pp. 90–95.

41. Virilio, *Speed and Politics*.

42. Urry, *Offshoring*, p. 201.

43. Cowen, *Deadly Life of Logistics*.

44. H. Gusterson, *Drone: Remote Control Warfare* (Cambridge: MIT Press, 2016), p. 45.

45. Ibid., pp. 45–46, 85.

46. Virilio, *Speed and Politics*.

47. N. Brenner and C. Schmid, "Towards a New Epistemology of the Urban?" *City* 19 (2–3), 2015: 151–82, pp. 152–53.

48. N. Brenner (ed.), *Implosions/Explosions: Towards a Study of Planetary Urbanization* (Berlin: Jovis, 2014); Brenner and Schmid, "Towards a New Epistemology of the Urban"; Sheller, "Global Energy Cultures"; M. Arboleda, "Spaces of Extraction, Metropolitan Explosions: Planetary Urbanization and the Commodity Boom in Latin America," *International Journal of Urban and Regional Research* 40 (1), 2016: 96–112.

49. Arboleda, "Spaces of Extraction."

50. M. Arboleda, "On the Alienated Violence of Money: Finance Capital, Value, and the Making of Monstrous Territories," in *New Geographies* 9 "Posthuman," M. Gomez-Luque and G. Jafari (eds.) (Cambridge, MA: Harvard Graduate School of Design, 2017), p. 99.

1. N. Klein, "Reclaiming the Commons," *New Left Review* 9, 2001: 81-89; M. Hardt and A. Negreo, *Assembly* (New York: Oxford University Press, 2017); G. Monbiot, "The Fortifying Commons," December 15, 2016, and "Common Wealth," October 2, 2017, both available at monbiot.com; and see Monbiot, *Out of the Wreckage.*

2. A. Hardt and M. Negri, *Assembly* (Oxford: Oxford University Press, 2017), p. 97-98.

3. Gibson-Graham, *A Postcapitalist Politics*, p. 96.

4. F. Moten and S. Harney, *The Undercommons: Fugitive Planning and Black Study* (London: Minor Compositions, 2013).

5. F. Moten, *Black and Blur* (Durham and London: Duke University Press, 2017), p.160.

6. Hardt and Negri, *Assembly*, pp. 152-53.

7. R. Reich, *The Common Good* (New York: Alfred A. Knopf, 2018); M.J. Sandel, "A Just Society," *New York Times Book Review*, April 7, 2018, p. 21.

8. Berlant, "The Commons," pp. 395-96.

9. Anna Nikolaeva has developed the idea of mobility commons through conference presentations at the T2M Conference (Mexico City, 2016), the Sixth World Sustainability Forum (Cape Town, 2017), and the International Sociological Association RC21 Conference (Leeds, 2017). See A. Nikolaeva, P. Adey, T. Cresswell, J. Yeonjae Lee, A. Novoa, and C. Temenos, "A New Politics of Mobility: Commoning Movement, Meaning and Practice in Amsterdam and Santiago," *Centre for Urban Studies Working Paper Series*, WPS26 (2017) available at urbanstudies.uva.nl.

10. E. Blackmar, "Appropriating 'the Commons': The Tragedy of Property Rights Discourse" in S. Low and N. Smith (eds.), *The Politics of Public Space* (New York and London: Routledge, 2006), pp. 49-80.

11. I. Illich, "Silence Is a Commons," *The CoEvolution Quarterly* (Winter 1983), p. 3.

12. J. Wattles and P. Harlow, "Robert De Niro Wants to Help Rebuild Barbuda After Hurricane Irma," CNN Money, September 15, 2017, available at money.cnn.com.

13. N. Disco and E. Kranakis (eds.), *Cosmopolitan Commons: Sharing Resources and Risks Across Borders* (Cambridge, MA and London: MIT Press, 2013).

14. D. Papadopoulos and V.S. Tsianos, "After Citizenship: Autonomy of Migration, Organisational Ontology and Mobile Commons," *Citizenship Studies* 17 (2), 2013:178-96, pp. 191-92; N. Trimikliniotos, D. Parsanoglou, and V.S. Tsianos, *Mobile Commons, Migrant Digitalities and the Right to the City* (Basingstoke and New York: Palgrave Macmillan, 2015), p. 19; N. Trimikliniotos, D. Parsanoglou, and V.S. Tsianos, "Mobile Commons And/ In Precarious Spaces: Mapping Migrant Struggles and Social Resistance," *Critical Sociology* 42 (7-8), 2016: 1,035-49, p. 1,041; C.A. Pasel, "The Journey of Central American Women Migrants: Engendering the Mobile Commons," forthcoming in *Mobilities*.

15. Hardt and Negri, *Assembly*, p. 60.
16. M. Sheller, "Mobile Publics: Beyond the Network Perspective," *Environment and Planning D: Society and Space* 22, 2004: 39−52, p. 50.
17. M. de la Cadena, "Uncommons," *Theorizing the Contemporary, Cultural Anthropology* website, March 29, 2018, available at culanth.org.
18. Ibid.
19. Escobar, *Designs for the Pluriverse*, pp. 206−7.

용어 해설

1. Hardt and Negri, *Assembly*, pp. 97−8.
2. See Critical Disability Studies Working Group, "What is Critical Disability Studies?" available at mia.mobilities.ca/criticaldisability.
3. Furness, *One Less Car*, pp. 78−83.
4. Moten, *Black and Blur*, p.160.

모빌리티 정의

2019년 12월 10일 초판 1쇄 발행

지은이 ∣ 미미 셸러
옮긴이 ∣ 최영석
펴낸이 ∣ 노경인 · 김주영

펴낸곳 ∣ 도서출판 앨피
출판등록 ∣ 2004년 11월 23일 제2011-000087호
주소 ∣ 우)07275 서울시 영등포구 영등포로 5길 19(양평동 2가, 동아프라임밸리) 1202-1호
전화 ∣ 02-336-2776 팩스 ∣ 0505-115-0525
블로그 ∣ bolg.naver.com/lpbook12
전자우편 ∣ lpbook12@naver.com

ISBN 979-11-87430-80-3 94300